Sur l'auteur

Françoise Gilot est née en 1921 à Neuilly-sur-Seine. De 1941 à 1945, elle étudie le dessin et la peinture aux Ateliers André Rozsda, Souverbie, aux académies Julian et Section d'Or. En 1943, elle fait la connaissance de Picasso, avec lequel elle acquiert des notions nouvelles sur l'art pictural. Ses œuvres, qui lui ont valu une grande renommée, sont exposées à de nombreuses reprises, depuis 1950 à Paris (galeries La Hune, Louise Leiris, Coard), Lyon (galerie Folklore), Londres (The Mayor Gallery), divers salons et expositions : Surindépendants, Salon de mai, Salon des Tuileries, École de Paris, galerie Charpentier, galerie David Findlay (New York, 1965).

En outre, Françoise Gilot a illustré des livres de Paul Éluard, André Miguel, Jacques Prévert (1952-1953), Janine Charrat lui a commandé, en 1953, les maquettes de son ballet Héraclès, au théâtre des Champs-Élysées. Le musée d'art moderne de Paris, celui de New York, ainsi que des collections privées, en France, aux États-Unis, en Angleterre, en Suède et au Japon, exposent des toiles de Françoise Gilot.

Carlton Lake est l'auteur d'un dictionnaire de peinture moderne. Depuis 1950, il est le correspondant parisien, en tant que critique d'art, du *Christian Science Monitor*. Il collabore aussi à différents hebdomadaires d'art américains dont le *New Yorker*. Ses critiques sur Picasso, Chagall et Henry Moore ont été très remarquées. Il est décédé en 2006.

Du même auteur
aux Éditions 10/18

VIVRE AVEC PICASSO (en collaboration avec Carlton Lake), n° 3873
MATISSE ET PICASSO, n° 3874

FRANÇOISE GILOT
et CARLTON LAKE

VIVRE AVEC PICASSO

10/18

Titre original :
Life with Picasso

ISBN 978-2-264-04260-6
10/18 – 92 avenue de France, 75013 PARIS

À Pablo

INTRODUCTION

Pendant les années que j'ai partagées avec Picasso, j'eus le privilège d'être le témoin de son activité créatrice ; et il me fut aussi donné d'entretenir avec lui un long dialogue, au cours de la vie quotidienne. Très jeune alors, les impressions que je reçus se gravèrent en moi avec d'autant plus d'intensité que j'en ressentais toute l'importance. Une somme de connaissances m'enrichit, notamment dans le domaine de la peinture.

Ma première entrevue avec Carlton Lake, critique d'art américain, auteur d'un dictionnaire très estimé de la peinture moderne, eut lieu dans mon atelier en 1956. Il préparait, à ce moment-là, un article sur Picasso. Je compris vite combien nos opinions concordaient sur la méthode la plus efficace pour apprécier justement une œuvre complexe.

Ce fut le début d'une amitié. Nous prîmes l'habitude d'échanger nos points de vue sur la peinture et de discuter de l'évolution de mon œuvre. Bien que l'on m'eût proposé à plusieurs reprises de faire un livre sur mes années d'apprentissage avec Picasso, il a fallu cette rencontre pour que je me décide à entreprendre ce qui me semblait une gageure.

En février 1961, Carlton Lake m'ayant demandé au cours d'un déjeuner de travailler avec moi, j'acceptai sa collaboration avec beaucoup d'intérêt et nous nous mîmes à l'ouvrage.

Françoise GILOT

I

Je ne cherche pas, je trouve.

J'ai rencontré Pablo Picasso en mai 1943, pendant l'Occupation. J'avais vingt et un ans, et je sentais que la peinture serait ma vie. Une amie de pension, Geneviève, originaire de Montpellier, passait un mois chez mes parents. J'étais allée dîner avec elle et l'acteur Alain Cuny, un mercredi, dans un petit restaurant de la rive gauche, *Le Catalan*, rue des Grands-Augustins.

Nous venions de nous asseoir quand j'ai vu Picasso pour la première fois. Il dînait à la table voisine avec un groupe d'amis : un homme que je n'ai pas reconnu et deux femmes. L'une, Marie-Laure, vicomtesse de Noailles, égérie des surréalistes, avait un long visage étroit, un peu décadent, encadré d'une coiffure compliquée qui me rappelait le portrait de Louis XIV par Rigaud. À l'époque, elle ne peignait pas encore, mais elle avait écrit un petit ouvrage poétique, *La Tour de Babel.*

L'autre était Dora Maar, peintre et photographe yougoslave, qui, chacun le savait, était la compagne de Picasso depuis 1936. Elle avait un très beau visage ovale, avec une mâchoire un peu lourde, l'une des caractéristiques, du reste, de la plupart des portraits que Picasso a faits d'elle. Elle était coiffée de façon austère, ses cheveux noirs sévèrement tirés en arrière. J'ai remarqué l'intensité de ses yeux vert bronze, la finesse de ses mains aux longs doigts fuselés, mais ce qu'elle avait de plus remarquable était son extraordinaire immobilité. Elle parlait peu, ne faisait aucun geste, et il y avait dans son maintien plus que de la dignité, presque de la raideur.

Je fus un peu surprise par l'apparence de Picasso, parce que je ne l'avais pas tout à fait imaginé ainsi. Mon impression était basée sur la photo de Man Ray, publiée dans le numéro spécial des *Cahiers d'Art* consacré à Picasso, en 1936 : l'œil perçant, les cheveux noirs, trapu, solide – un bel animal. Maintenant, avec ses cheveux blanchissants, son air absent – peut-être distrait ou ennuyé –, je lui trouvais une expression fermée, énigmatique, qui me faisait penser au *Scribe accroupi* du Louvre. Cependant, il n'y avait rien de raide ou de figé en lui : il s'agitait et, par moments, se retournait ou gesticulait.

Pendant le repas, j'ai vu qu'il nous observait et, de temps en temps, parlait plus fort, à notre intention. Il était clair qu'il avait reconnu Cuny et faisait des remarques que nous étions censés entendre. Chaque fois qu'il disait quelque chose de particulièrement amusant, il souriait dans notre direction plutôt que vers ses amis. À la fin, il se leva, vint à notre table, un compotier de cerises à la main. Il nous en offrit, avec un fort accent espagnol. Il prononçait *cerisses*, en doublant doucement l'« s ».

Geneviève était très belle, d'origine catalane française et de type grec : la ligne du nez en prolongement direct de celle du front. Picasso me dit, plus tard, que c'était un visage comme il en avait déjà peint dans sa période ingresque. Geneviève aimait souligner cet aspect, et, ce soir-là, portait une tunique plissée.

« Alors, Cuny, dit Picasso, est-ce que vous allez me présenter à vos amies ? »

Cuny s'exécuta.

« Françoise, c'est l'intelligence et – désignant Geneviève – elle, la beauté. N'est-elle pas juste comme un marbre attique ? »

Picasso haussa les épaules :

« Vous parlez en acteur. Et comment caractérisez-vous l'intelligence ? »

Ce soir-là, je portais un turban vert qui couvrait en grande partie mon front et mes joues. Geneviève répondit :

« Françoise est une vierge florentine.

– Oui, mais pas de l'espèce ordinaire, ajouta Cuny, c'est une vierge sécularisée. »

Tout le monde se mit à rire.

« C'est encore plus intéressant si elle n'est pas de l'espèce ordinaire, dit Picasso. Mais qu'est-ce qu'elles font, vos deux réfugiées de l'Histoire de l'Art ?

– Nous sommes peintres », répondit Geneviève.

Picasso éclata de rire :

« C'est bien la chose la plus drôle que j'aie entendue de la journée. Des filles qui ont cet air-là ne peuvent pas être peintres ! »

Je lui dis que Geneviève ne faisait que passer des vacances à Paris, mais qu'elle travaillait avec Maillol à Banyuls et que, si je n'étais l'élève de personne, j'étais tout de même peintre. En fait, ajoutai-je, nous avions toutes deux, juste en ce moment, une exposition dans une galerie de la rue Boissy-d'Anglas.

Picasso nous regarda avec une surprise feinte.

« Eh bien, moi aussi, je suis peintre, dit-il. Il faut que vous veniez à mon atelier voir *mes* tableaux.

– Vraiment ? Mais quand ?

– Demain, après-demain. Quand vous voulez. »

Je consultai Geneviève. Nous ne pouvions pas y aller le lendemain, mais peut-être au début de la semaine suivante. Picasso s'inclina. « Comme vous voudrez », dit-il. Il nous serra la main, reprit son compotier de cerises et nous quitta.

Nous étions encore à table lorsque Picasso et ses amis s'en allèrent. La soirée était fraîche. Il portait une grosse canadienne et un béret, Dora Maar un manteau de fourrure aux épaules rembourrées, et des souliers à semelles de bois et très hauts talons. Avec ses talons, ses épaules carrées et sa démarche hiératique, c'était une majestueuse amazone, qui dominait d'une bonne tête l'homme à la canadienne et au béret basque.

Le lundi suivant, vers onze heures, nous avons gravi, Geneviève et moi, un petit escalier en spirale, dissimulé dans un angle de la cour pavée du 7, rue des Grands-Augustins, pour frapper à la porte de Picasso. Après une longue attente, la porte s'ouvrit de quelques centimètres, et le nez pointu de son secrétaire, Jaime Sabartès, apparut. Nous ne l'avions jamais rencontré auparavant. Mais nous avions vu des reproductions de dessins que Picasso avait faits de lui et Cuny nous avait averties : ce serait Sabartès qui nous ouvrirait. Il nous toisa d'un air soupçonneux et demanda :

« Vous avez un rendez-vous ?

– Oui », répondis-je.

L'air inquiet et méfiant derrière ses grosses lunettes, il nous fit entrer dans un vestibule plein de plantes et d'oiseaux ; de ces plantes vertes qu'on voit souvent dans les loges des concierges. Là, elles étaient disposées de manière plus agréable, et faisaient devant la haute fenêtre ouverte un assez bel effet. Un mois auparavant, exposé dans un recoin de la galerie Louise Leiris – malgré l'interdit nazi dont était frappé Picasso –, j'avais remarqué un portrait magnifique de Dora Maar en rose et gris. À l'arrière-plan, il y avait une croisée à petits carreaux, semblable à la vieille fenêtre que j'avais maintenant sous les yeux, une cage d'oiseaux et l'une de ces plantes vertes.

Nous suivîmes Sabartès dans une seconde pièce, tout en longueur. Disposés sur plusieurs vieux canapés et chaises Louis XIII, il y avait des guitares, des mandolines et d'autres instruments de musique que, selon moi, Picasso avait dû utiliser pour ses tableaux de l'époque cubiste. Il me dit plus tard qu'il les avait achetés après avoir peint les tableaux et qu'il les conservait en souvenir de cette période. La pièce était de belles proportions, mais il y régnait le plus grand désordre. Une table, devant nous, et deux établis de menuisier bout à bout contre le mur de droite, étaient couverts de livres, de revues, de journaux, de photos, de chapeaux et d'objets divers. Sur l'un des établis, il y avait un bloc d'améthyste brut, gros comme une tête. Au centre de ce bloc une petite cavité, complètement enclose, contenait un liquide en suspension. Au-dessous, sur une planche, je pouvais voir une pile de vieux vêtements et trois ou quatre paires de souliers.

En passant le long de la grande table du milieu, je remarquai que Sabartès faisait un détour pour éviter un objet brun mat qui était posé à terre, près de la porte conduisant à la pièce suivante. En m'approchant, je vis que c'était un crâne, sculpté en bronze.

La pièce suivante était un atelier où s'entassaient des sculptures. J'ai vu ainsi *L'Homme au mouton*, maintenant sur la place du marché de Vallauris, et qui, à l'époque, n'était encore qu'un plâtre. Il y avait aussi plusieurs grandes têtes de femmes que Picasso avait sculptées à Boisgeloup, en 1932, un amas de guidons de bicyclettes, et de bouts de métal, des rouleaux de toile, un christ espagnol en bois polychrome du XVe siècle, une sculpture assez baroque de femme tenant d'une main une pomme, et dans son autre bras quelque chose qui ressemblait à une bouillotte.

Dans l'ombre, posés contre des meubles ou des sculptures, on remarquait un Vuillard ancien aux tons feutrés, un Douanier Rousseau, un Modigliani brun et gris et d'autres toiles. Cependant, je fus surtout saisie par l'éclat d'un Matisse, une nature morte de 1912 avec un compotier d'oranges sur nappe rose contre un fond outremer et rose tyrien. À elle seule, elle semblait absorber toute la lumière. Je ne pus m'empêcher de m'écrier : « Oh ! quel beau Matisse ! » Sabartès se retourna et dit, austère : « Ici, il n'y a que Picasso. »

Un autre petit escalier en colimaçon, au bout de la pièce, conduisait à la seconde partie des ateliers. À l'étage, le plafond était beaucoup plus bas. Nous entrâmes dans une grande pièce au fond de laquelle se tenait Picasso, entouré de six ou huit personnes. Il portait un vieux pantalon qui pendait de ses hanches et un maillot rayé de marin. Dès qu'il nous vit, son visage s'éclaira. Il quitta le groupe et vint à notre rencontre. Sabartès grommela quelques mots concernant notre rendez-vous et disparut.

« Aimeriez-vous que je vous montre *les lieux* ? demanda Picasso.

— Certes. »

Nous aurions aimé qu'il nous montrât quelques tableaux mais n'osions pas le demander. Il nous reconduisit à l'étage du dessous, dans l'atelier de sculpture. « Avant que je m'installe ici, dit-il, c'était l'atelier d'un tisserand. Jean-Louis Barrault se trouvait au-dessus. C'est ici, dans cette pièce, que j'ai peint *Guernica*. À part ça, je ne travaille presque jamais dans cet atelier. J'ai sculpté *L'Homme au mouton* en un jour et demi, mais je peins là-haut.

« L'escalier que vous avez pris, pour venir jusqu'ici, est celui que le jeune peintre du *Chef-d'œuvre inconnu*, de Balzac, grimpait pour venir voir le vieux Porbus, l'ami de Poussin qui peignait des toiles devenues indéchiffrables à force de travail. Allons, retournons là-haut. » Il abandonna sa table et nous précéda dans l'escalier. Nous le suivîmes à travers le grand atelier, autour du groupe de visiteurs dont pas un ne leva la tête sur notre passage, et enfin jusqu'à une petite pièce, tout à fait au fond.

« Ici, je fais ma gravure, dit-il. Et, regardez. » Il alla vers l'évier, tourna le robinet. Bientôt, l'eau dégagea un nuage de vapeur. « C'est merveilleux, hein ? Malgré la guerre, j'ai de l'eau chaude. Du reste, ajouta-t-il, vous pouvez venir prendre un bain quand vous voudrez. » Ce n'était pas l'eau chaude qui nous intéressait le plus, même si, à cette époque, personne n'en avait.

Il se lança dans un petit cours sur la technique de l'eau-forte. Geneviève et moi jetions des regards désespérés, pensant qu'il nous faudrait probablement partir sans avoir vu aucune de ses œuvres, et pour ne jamais revenir, quand, enfin, il nous emmena dans le grand atelier et nous montra quelques tableaux. Je revois un coq aux lignes puissantes, aux couleurs franches, poussant un vigoureux cocorico. Je me souviens aussi d'un autre tableau de la même époque, mais très sévère, tout en noir et blanc.

Vers une heure, le groupe de visiteurs se sépara et tout le monde prit congé. Je fus frappée, dès ce premier jour, par l'ambiance recueillie, quasi religieuse, qui régnait dans l'atelier. Sabartès officiait, et toutes les personnes présentes semblaient participer à cette dévotion sauf, toutefois, celui-là même à qui elle s'adressait. Il semblait n'y attacher aucune importance, comme s'il voulait bien montrer qu'il n'avait nul désir d'être l'objet d'un culte.

Nous nous dirigions vers la porte lorsqu'il nous dit : « Si vous voulez revenir, bien sûr, revenez. Mais si vous le faites, ne venez pas comme des pèlerins vont à La Mecque. Venez parce que vous vous plaisez en ma compagnie, et parce que vous voulez avoir avec moi un échange simple et direct. Si vous voulez seulement voir ma peinture, vous pouvez aussi bien aller au musée. »

Je n'ai pas pris cette remarque très au sérieux. D'abord, il n'y avait presque aucun Picasso dans les musées parisiens à l'époque. De plus, il était sur la liste des peintres interdits par les Allemands ; aucune galerie privée ne pouvait montrer ses toiles ouvertement, les livres de reproductions ne tenaient lieu que d'aide-mémoire. Si l'on voulait mieux connaître son œuvre, et c'était mon cas, le plus simple était d'aller rue des Grands-Augustins.

Quelques jours après cette visite, je suis passée à la galerie où Geneviève et moi avions notre première exposition. Encore tout émue, la propriétaire me dit que, le matin même, un petit homme aux yeux perçants, portant un maillot rayé de marin, était entré. À sa grande surprise, elle avait finalement reconnu Picasso. Ayant étudié les tableaux avec soin, il était sorti sans mot dire.

Je dis à Geneviève qu'il était probablement allé voir à quel point nos toiles étaient mauvaises, pour vérifier sa déclaration du *Catalan* : « Des filles qui ont cet air-là ne peuvent pas être peintres. »

Geneviève fut plus idéaliste. « Je trouve que c'est un geste touchant, dit-elle, cela montre qu'il s'intéresse vraiment au travail des jeunes. »

Je n'en étais pas si convaincue. Au mieux, il ne pouvait s'agir que de curiosité. « Il voulait juste voir si par hasard nous avions quelque chose dans le ventre.

— Oh ! vous êtes cynique, me dit-elle. Il m'a semblé très gentil, ouvert et simple. »

Je lui rétorquai qu'il voulait peut-être paraître simple, mais que j'avais bien regardé ses yeux, et que j'y trouvais quelque chose de moins rassurant. Cela ne m'avait pas fait peur, puisque j'avais, au contraire, envie de le revoir. J'ai temporisé encore quelques jours, et puis, un beau matin, entraînant Geneviève, je suis allée frapper rue des Grands-Augustins. Naturellement, ce fut encore Sabartès qui ouvrit, passant sa petite tête aiguë dans l'embrasure de la porte. Cette fois, il nous laissa entrer sans intervenir. Nous souvenant de la charmante entrée avec ses plantes et ses oiseaux exotiques, nous avions décidé d'ajouter une touche de couleur à la verdure et apportions un pot de cinéraires. Quand Picasso nous vit, il se mit à rire : « Personne n'apporte de fleurs à un vieux monsieur », dit-il. Puis il remarqua que ma robe était de la même couleur que les pétales, ou le contraire : « Vous pensez à tout. » Je poussai Geneviève devant moi. « Voici la beauté, suivie de l'intelligence », lui rappelai-je.

Il nous examina en riant. « Restons-en aux étiquettes esthétiques pour l'instant, disons : la Grèce antique et Jean Goujon ! »

Lors de notre première visite, il n'avait montré que très peu de tableaux. Cette fois, il se rattrapa et fit presque un échafaudage. Il y avait une toile sur un chevalet ; il en planta une au-dessus, une de chaque côté, d'autres encore plus haut, jusqu'à composer un savant numéro d'équilibre. Je découvris par la suite qu'il les arrangeait ainsi, presque tous les jours. Elles tenaient comme par miracle, mais si quelqu'un d'autre y touchait, tout s'écroulait. Ce matin-là, il y avait des coqs, un buffet du *Catalan* avec des cerises sur un fond brun, noir et blanc, des petites natures mortes, quelques-unes avec un citron et beaucoup avec des verres, une tasse, une cafetière, ou bien des fruits sur une nappe à carreaux. Il semblait jouer avec les couleurs en choisissant les toiles pour les empiler sur l'échafaudage. Il y avait un grand nu couché, de trois quarts dos, qui, par un artifice plastique, se montrait en même temps de face, en teintes très proches de la palette de l'époque cubiste. Il y avait aussi des scènes de l'île du Vert-Galant. Dans ces toiles-là, on voyait des arbres dont chaque branche était faite de touches séparées, à la manière de Van Gogh. Il y avait aussi des maternités avec d'énormes enfants qui remplissaient la toile, un peu selon l'esprit des primitifs catalans. Beaucoup des tableaux qu'il nous a montrés ce matin-là avaient une base culinaire : lapins écorchés ou pigeons aux petits pois, compensation aux restrictions de l'époque. D'autres avaient un saucisson plaqué, presque comme un papier collé, sur des arrière-plans soigneusement composés. Il y avait aussi des portraits de femmes portant des chapeaux surmontés de fourchettes, ou de poissons, ou de plats divers. Enfin, Picasso nous montra un ensemble de portraits de Dora Maar, de formes très torturées, qu'il avait exécutés au cours des deux dernières années. Je crois qu'ils sont parmi les plus beaux tableaux qu'il ait jamais peints. Se détachant sur un fond généralement terne et vide, la composition semble un symbole de la tragédie humaine, plutôt que la simple déformation d'un visage de femme, comme on peut le penser superficiellement.

Soudain, il décida qu'il en avait assez montré et s'éloigna de sa pyramide. « J'ai vu votre exposition », dit-il en se tournant vers moi. Comme je n'avais pas le courage de lui demander ce qu'il en pensait, je me contentai de prendre un air surpris. « Vous êtes douée pour le dessin, continua-t-il. Je crois que vous devez continuer à travailler – dur – tous les jours. Je suis curieux de savoir comment vous évoluerez. J'espère que vous me montrerez de nouvelles choses, de temps en temps. » Puis il s'adressa à Geneviève : « Je pense qu'avec Maillol vous avez trouvé le maître qu'il vous faut. Un bon Catalan en mérite un autre. »

Après, je ne fis guère attention à ce qu'il dit ce matin-là. Je quittai la rue des Grands-Augustins, impatiente de retrouver mon atelier et de me remettre au travail.

Peu après cette seconde visite, Geneviève repartit pour le Midi. J'avais envie de retourner toute seule rue des Grands-Augustins, mais je pensais que c'était un peu tôt pour montrer des toiles récentes à Picasso, bien que son invitation à venir le voir aussi souvent que je le voudrais eût été chaleureuse.

Je me suis demandé plus d'une fois s'il m'aurait remarquée, me rencontrant seule. En me voyant avec Geneviève, il avait dû reconnaître un thème qui se retrouve dans toute son œuvre, surtout dans celle des années 30 : deux femmes, l'une tout en courbes, l'autre exprimant des conflits intérieurs avec une personnalité qui va au-delà du pictural ; l'une plus végétative et plastique, l'autre, révélée dans une expression dramatique. Quand il nous rencontra, il vit en Geneviève une perfection de formes, et en moi une inquiétude qui faisait écho à sa propre nature. Et, pour lui, ce rapport créa l'image. C'est là sûrement l'origine de l'intérêt qu'il nous porta. Quand je retournai le voir, il commença assez vite à me montrer un autre aspect de l'attrait que je lui inspirais. Il y avait toujours beaucoup de personnes qui attendaient pour le voir : les unes dans la longue pièce de l'étage inférieur où régnait Sabartès, les autres dans l'atelier de l'étage au-dessus. J'ai vite remarqué que Picasso cherchait toujours un prétexte pour me conduire dans une autre pièce, où nous pouvions être seuls quelques instants. La première fois, c'était pour me donner des tubes de peinture. Je lui demandai pourquoi il ne les apportait pas. Et Sabartès, qui n'était jamais loin, renchérit :

« Mais oui, Pablo, tu devrais les lui apporter.

— Pourquoi ? demanda Picasso. Je lui fais un cadeau, elle peut faire trois pas pour venir le chercher. »

Un autre jour, j'étais venue à bicyclette. En route, il s'était mis à pleuvoir et j'avais les cheveux trempés.

« Mais regarde-la donc ! dit Picasso à Sabartès. On ne peut pas la laisser dans cet état. » Il me prit par le bras.

« Venez avec moi dans la salle de bains et laissez-moi vous sécher les cheveux.

— Écoute, Pablo, dit Sabartès, je pourrais demander à Inès de le faire. Elle le ferait mieux.

— Laisse Inès où elle est », répondit Picasso.

Il me conduisit dans la salle de bain et sécha mes cheveux, soigneusement.

Une aussi belle occasion ne s'offrait pas à chaque fois. Il lui fallut inventer, et, par exemple, me montrer un papier à dessin spécial qu'il allait dénicher dans un des innombrables recoins de l'atelier. Mais quel que fût le prétexte, il était évident que Picasso voulait découvrir jusqu'à quel point j'étais disposée à recevoir ses attentions. Je n'avais nul désir de le laisser seul en décider. Je m'amusais trop à regarder ses manœuvres d'approche.

Il me dit : « Je veux vous montrer mon musée » et m'emmena dans une petite pièce contiguë à l'atelier de sculpture. Contre le mur de gauche, une vitrine d'environ deux mètres de haut, un mètre cinquante de large et trente centimètres d'épaisseur, contenait, sur quatre ou cinq planches, une grande variété d'objets d'art. « Voici mes trésors », fit-il. Il me conduisit au centre de la vitrine, et, me montrant du doigt un très beau fragment sculpté : « Il date de l'ancien Empire. Toute l'Égypte est dans ce pied. Avec un fragment comme celui-là, je n'ai pas besoin du reste de la statue. »

Une dizaine de très longues statuettes de femmes, en bronze, hautes de trente à cinquante centimètres, étaient alignées sur la planche du haut. « J'ai sculpté celles-ci en

1931, et regardez ! » Me poussant avec une grande douceur vers un côté de la vitrine, il m'indiqua un groupe de petites pierres sur lesquelles étaient incisés des profils de femmes, une tête de taureau et un faune. « Je les ai toutes taillées avec ceci », dit-il, sortant de sa poche un canif à une seule lame, marqué *Opinel.* Sur une autre planche, à côté d'un avant-bras et d'une main en bois qui venaient de l'île de Pâques, je remarquai un petit morceau d'os plat, d'environ dix centimètres de long. Sur toute la longueur, des deux côtés, étaient peintes de petites lignes parallèles imitant des dents de peigne. Au centre, entre les deux rangées de « dents », un cartouche représentait deux insectes au corps à corps, l'un prêt à avaler l'autre. Je demandai à Picasso de quoi il s'agissait. « C'est un peigne à poux, dit-il ; je vous le donnerais bien, mais j'imagine que vous n'en avez pas besoin. » Il passa ses doigts dans mes cheveux, écartant les mèches çà et là. « Non, dit-il, de ce côté, vous n'avez rien à craindre. »

Au centre de la vitrine, il y avait une épreuve en bronze de son *Verre d'absinthe*, évidé sur le devant et surmonté d'une vraie cuiller et d'un faux morceau de sucre. « J'ai fait ça bien avant votre naissance, dit-il, en 1914. Je l'ai modelé en cire, et puis j'ai ajouté une cuiller. J'ai fait couler six bronzes et je les ai peints chacun de façon différente. Tenez, ça va vous amuser. » Et, me prenant par le bras, il m'attira vers l'autre extrémité de la vitrine. Je découvris alors une petite boîte d'allumettes, sur laquelle il avait peint une tête de femme de style postcubiste. Je lui demandai à quelle époque il avait fait cela. « Oh ! il y a deux ou trois ans, dit-il, celles-là aussi. » Il montrait du doigt un ensemble de boîtes à cigarettes sur lesquelles il avait peint des femmes assises dans des fauteuils. Trois de ces boîtes étaient datées de 1940. « Vous voyez, je les ai construites en relief, en collant d'autres bouts de carton à divers endroits. » Il désigna celle du milieu : « Pour celle-ci, j'ai cousu le panneau qui forme la partie centrale du torse. Regardez les cheveux, c'est de la ficelle détorsadée. Ces choses-là sont à mi-chemin entre la sculpture et la peinture. » Les montants de la chaise occupée par la femme au torse cousu étaient aussi composés en partie d'un morceau de ficelle nouée.

Il y avait plusieurs théâtres miniatures, découpés et peints à l'intérieur de boîtes de cigares, avec des acteurs en carton aussi petits que des épingles. Mais les objets qui me parurent les plus curieux étaient des reliefs divers, composés, à la manière surréaliste, d'un assemblage d'objets hétérogènes – des allumettes, un papillon, un petit bateau, des feuilles, une brindille – et couverts de sable. Je me renseignai, une fois encore. Il haussa les épaules : « Oh ! un amusement. Pendant tout un été, il y a dix ans, j'ai fait des choses comme ça, sur la surface ou le revers de petites toiles. J'assemblais les compositions – certaines de ces pièces sont cousues –, je les couvrais de colle et puis de sable. »

J'entrouvris une porte qui donnait sur une autre petite pièce, encombrée de cadres. Au fond, la photo découpée d'un paysan catalan, grandeur nature, semblait monter la garde devant les trésors du musée. Je fis demi-tour. Face à la vitrine, contre l'autre mur, il y avait une table et des outils. Picasso ramassa une lime : « Voilà une chose dont je me sers tout le temps. En passant, je donne toujours un coup ici ou là. »

Il reposa la lime, en ramassa une autre. « Celle-ci est pour des surfaces plus fines. » Tour à tour, il saisit un rabot, des pinces, des clous de toute sorte, un marteau, et, les tenant à la main, il se rapprochait de moi. Quand il eut jeté le dernier objet sur la table, il se retourna vivement et m'embrassa à pleine bouche. Je le laissai faire. Il me regarda avec surprise :

« Cela ne vous ennuie pas ?

— Non, répondis-je, pourquoi ? »

Il eut l'air choqué.

« Mais c'est dégoûtant, dit-il, vous auriez pu au moins me repousser. Sans cela, je pourrais croire que je peux faire tout ce que je veux avec vous. »

Je souris et dis :

« Je suis à votre disposition. »

Il était médusé et m'observait avec attention. Il demanda : « Est-ce que vous m'aimez ? » Je répondis que je ne pouvais rien affirmer, mais qu'en tout cas j'étais extrêmement attirée vers lui. Je me sentais très à l'aise avec lui et ne voyais aucune raison de fixer d'avance des limites à nos relations. Il dit encore : « C'est dégoûtant. Comment voulez-vous que je séduise quelqu'un dans des conditions pareilles ? Si vous ne résistez pas, alors c'est hors de question. Il faut que j'y réfléchisse. » Et il retourna dans l'atelier de sculpture pour retrouver les autres.

Quelques jours plus tard, il me posa la même question. Je dis que je ne pouvais rien promettre d'avance, mais qu'il pouvait toujours essayer. Il verrait bien. Cela l'irrita.

« Malgré votre jeune âge, dit-il, j'ai l'impression que vous avez beaucoup d'expérience dans ce domaine.

— Non, répondis-je, pas spécialement.

— Alors je ne vous comprends pas. La façon dont vous agissez n'a aucun sens. »

Je n'y pouvais rien. C'était ainsi, que cela ait un sens ou non. D'autre part, n'ayant pas peur de lui, il m'était difficile d'agir comme si j'avais peur. « Ah ! vous êtes trop compliquée pour moi », dit-il.

Une semaine plus tard, je retournai le voir. Usant d'une technique maintenant bien éprouvée, il s'arrangea pour m'attirer dans sa chambre. Il prit un livre sur une chaise, près de son lit. « Vous avez lu le marquis de Sade ?

— Non.

— Ah ! Je vous choque, hein ? » fit-il, tout fier.

J'avais *lu* Choderlos de Laclos et Restif de La Bretonne. Il me semblait que je pouvais me passer de Sade. Mais il n'en était peut-être pas de même pour lui, suggérai-je. De toute façon, la dialectique du bourreau et de la victime ne m'intéressait pas. Je ne me voyais pas très bien dans l'un ou l'autre rôle. « Non, non, ce n'est pas ce que je voulais dire ! s'écria-t-il. Je me demandais juste si cela vous choquerait. » Il avait l'air un peu déçu. « Je crois que vous êtes plus anglaise que française. Vous avez la réserve anglaise. »

Ensuite, sa campagne marqua un temps. Il était tout aussi amical quand je passais le voir, mais comme je n'avais pas encouragé ses premières avances, il hésitait à en faire de nouvelles. Ma « réserve anglaise » le tenait à distance. Je ne m'en plaignais pas.

Un matin, vers la fin juin, il me dit qu'il voulait me montrer la vue de la « forêt ». Il faisait allusion à l'assemblage des poutres de soutènement du toit. Il me conduisit dans un petit réduit à côté de l'atelier du haut. Là, contre le mur, une échelle de meunier menait à une trappe, située à un mètre au-dessus de nos têtes. Il s'inclina galamment : « Vous d'abord. » Je ne me sentais pas tout à fait à l'aise, mais discuter était un peu délicat ; je l'ai donc précédé. La trappe poussée, nous nous sommes trouvés dans une pièce d'environ quatre mètres sur dix, juste sous l'avancée du toit. Au milieu, à droite, il y avait une petite fenêtre ouverte qui descendait presque jusqu'au sol. Et j'eus alors sous les yeux une composition cubiste de toits et de cheminées. S'approchant, Picasso m'entoura de ses bras. « Il vaut mieux que je vous tienne, dit-il, je ne voudrais pas que vous tombiez et donniez mauvaise réputation à la maison. » Il faisait plus chaud depuis quelques jours, et il portait ce qui devait être sa tenue habituelle d'été pour recevoir ses amis le matin : un short blanc et des pantoufles. « C'est beau, les toits de Paris », dit-il. Je regardais toujours par la fenêtre. En face, un peu sur la droite, de l'autre côté de la cour, on reconstruisait une maison. Sur l'un des murs extérieurs, un ouvrier avait peint à la chaux un énorme phallus, d'environ deux mètres, orné d'attributs particulièrement baroques. Picasso parlait toujours de la vue et de la beauté des vieux toits, contre le gris-bleu très clair du ciel. Il avait glissé ses mains vers le haut, et elles étaient maintenant posées sur mes seins. Je ne bougeais pas. Enfin, un peu trop innocemment à mon sens, il s'écria : « Tiens ! Ce dessin à la chaux là-bas, que croyez-vous qu'il représente ? » Je m'efforçai de prendre un ton aussi dégagé pour répondre que je n'en savais rien. Je lui dis que cela ne me semblait pas du tout figuratif.

Il retira ses mains. Non pas brusquement, mais avec soin, comme s'il reposait deux pêches dont la forme et la couleur l'eussent attiré.

Il fit quelques pas en arrière. Je me retournai. Il avait un peu rougi et semblait content. J'ai eu l'impression, alors, qu'il était heureux que je ne me sois pas engagée, en le repoussant ou en capitulant trop facilement. Il me guida doucement par le bras vers la trappe et m'aida à trouver l'échelle. Je le précédai à nouveau et nous rejoignîmes les autres dans l'atelier. Tous parlaient avec animation comme si notre disparition et notre retour n'avaient pas été remarqués.

Cet été-là, passant mes vacances avec Geneviève en zone libre, dans le petit village de Fontès près de Montpellier, je traversai une crise morale. Picasso n'en était pas la cause. Il y avait déjà quelque temps qu'elle se préparait quand je le rencontrai. C'était une sorte de mise au point, rendue inévitable par le conflit entre la vie que j'avais menée jusque-là et l'idée que je me faisais de celle que je devrais mener.

Depuis mon enfance, je dormais peu et passais une grande partie de mes nuits à lire. Comme je lisais vite, j'avais fini par venir à bout d'un assez grand nombre d'ouvrages. Mon père avait du reste encouragé ce penchant. De formation scientifique, il était en même temps passionné de littérature et possédait une bibliothèque qui m'était toujours ouverte. Il m'avait lu lui-même des morceaux entiers de Joinville, de Villon, de Rabelais, d'Edgar Poe, de Baudelaire et de Jarry. J'étais plutôt fière de mes connaissances et me plaisais à penser que je connaissais la vie, même si ce que j'en connaissais était purement livresque.

Mon physique ne me semblait pas extraordinaire, mais je ne le trouvais pas un handicap. Je ne craignais rien, je me sentais objective, détachée dans mes jugements, et sereinement dénuée de toutes les illusions qui embarrassent la jeunesse. Bref, je me sentais une âme de philosophe chevronné, sous les apparences d'une jeune fille. Mon père essayait de me ramener à la réalité : « Tu flottes dans les nuages. Tu ferais mieux de mettre des semelles de plomb et de revenir sur terre. Sinon, tu iras vers de rudes désillusions. »

J'ai pris conscience de mes limites quand j'ai commencé à peindre. Au cours de mes études, et même dans les matières qui ne m'intéressaient pas, comme les mathématiques, ou le droit, je n'avais pas rencontré de vraies difficultés. En peignant, je dus, malgré mes efforts, faire face à des obstacles multiples, dans le domaine de la conception aussi bien que dans celui de la technique. Longtemps, j'ai pensé que j'étais dans une impasse. Et puis tout à coup, j'ai compris qu'au fond une grande partie de mes problèmes venait de mon manque d'expérience du réel. Car, intellectuellement, je ne manquais pas de maturité.

J'avais commencé à peindre à l'âge de dix-sept ans. Depuis deux ans, je travaillais sous la direction d'un peintre hongrois nommé Rozsda. Je préparais en même temps une licence de lettres et mon droit. Mon père ne m'aurait jamais permis d'abandonner mes études pour me consacrer à la peinture, mais je manquais mes cours du matin pour aller peindre dans l'atelier de Rozsda.

Rozsda était arrivé à Paris, de Budapest, en 1938. La Hongrie étant un satellite de l'Allemagne, il aurait dû servir dans l'armée allemande. De plus, il était juif du côté maternel, si bien qu'aux yeux des nazis c'était non seulement un juif, mais aussi un déserteur. Il était en danger permanent d'être arrêté et prit la décision de regagner son pays. Je l'accompagnai à la gare de l'Est en février 1943. J'étais triste de le voir partir, car c'était un véritable ami. Je me demandais ce que j'allais faire. Avec qui, lui dis-je, allais-je travailler ? Le train démarrait. Il sauta sur le marchepied et cria : « Ne vous inquiétez pas. Dans trois mois vous connaîtrez Picasso. »

Il a eu raison, à quelques jours près.

Entre dix-sept et vingt ans, j'avais été très amoureuse d'un garçon de mon âge. Il passait par la même crise d'adolescence que moi. Si je décidais que je pouvais me donner à lui, il se sentait plein de scrupules, et quand il faisait montre de plus de courage, c'était toujours à ce moment-là que, moi, j'avais des doutes. Nos familles pensaient que nous avions une mauvaise influence l'un sur l'autre et ne songeaient qu'à nous séparer. Et puis il est tombé malade. Après sa convalescence, j'avais décidé de briser mes entraves. Je dus faire montre de tant d'agressivité qu'il en fut effaré. Il me déclara qu'il ne m'aimait pas et qu'il valait donc mieux que je ne compte pas sur lui.

Au lieu de comprendre que j'avais toute une vie devant moi, je dramatisai cette rupture jusqu'à me dire qu'après le départ de Rozsda, et cet abandon, il ne me restait plus rien à perdre. C'est à ce moment-là que j'ai rencontré Picasso. Après nos entrevues de mai et juin lorsque je suis partie passer l'été avec Geneviève, j'étais encore toute meurtrie par ce qui s'était passé avant que je ne le rencontre. J'avais l'impression que ma vie était décidée du dehors et qu'elle serait un échec. Aussi ma conclusion fut-elle : désormais, c'est à moi de jouer.

La première chose à faire, me semblait-il, était d'aller trouver mon père pour lui dire que j'entendais me consacrer à la peinture et abandonner mes études. Connaissant son intransigeance, je me rendais bien compte qu'une telle déclaration amènerait la rupture entre nous. Mais je savais aussi qu'en l'acceptant je franchirais le mur qui me séparait de tous mes désirs.

Jusque-là, j'étais enveloppée par l'espèce de cocon que mon milieu formait autour de moi. J'avais l'impression que les bruits de la vie me parvenaient assourdis, et sous une forme purifiée. Mais je savais bien que c'est au contact du réel que l'artiste puise la qualité de sa vision et qu'il définit son œuvre. Il me fallait sortir de mon cocon. C'était plus qu'une crise intellectuelle : presque une seconde naissance, et quand j'eus pris ma décision, je me suis sentie aussi nue que le jour où je suis née.

En octobre, j'écrivis à mon père une lettre pour lui expliquer tout cela. Il m'envoya ma mère, qui, comme moi, avait toujours été sous sa domination. Elle devait me ramener à Paris sur-le-champ. Il nous attendait à la maison, bouillant de colère. Mon attitude était scandaleuse, dit-il, et je devais être folle. Me donnant une demi-heure pour changer d'avis, il sortit faire une course. Je savais qu'il fallait faire vite. J'ai quitté la maison sans rien dire et j'ai couru me réfugier chez ma grand-mère, qui habitait à proximité. Il me rejoignit là bientôt et, après une scène terrible, me laissa chez elle en me disant que, désormais, je n'existais plus pour lui.

Chez ma grand-mère, je connaissais des difficultés d'argent. Je n'avais pour vêtements que ceux avec lesquels je m'étais enfuie, et il ne m'était pas possible d'aller en chercher d'autres chez mon père.

Nous habitions près du bois de Boulogne et j'avais beaucoup pratiqué l'équitation. Je suis donc allée voir mon ancien maître de manège, pour lui dire qu'il me fallait du travail. Il me proposa de donner des cours aux débutants. Et comme, quelquefois, il fallait que j'aille à Maisons-Laffitte, cela me prenait beaucoup de temps.

Je ne suis pas retournée chez Picasso avant le mois de novembre. Dès que je l'ai revu, une chose m'a frappée : la facilité avec laquelle je pouvais communiquer avec lui. Les relations avaient toujours été difficiles entre mon père et moi. Mes rapports avec le garçon que je croyais aimer étaient souvent ardus et compliqués, presque négatifs. Soudain, avec quelqu'un qui avait trois fois mon âge, la compréhension était spontanée. C'était miraculeux.

Après une absence de quatre ou cinq mois et à travers mon expérience de l'été, j'eus l'impression de retrouver un ami dont la nature était très proche de la mienne. Souvent, durant mon adolescence, je m'étais sentie comme un voyageur solitaire. En dehors de mes études, j'étais timide et restais silencieuse, même au milieu d'amis. Cette fois, j'étais parfaitement à l'aise avec quelqu'un que je connaissais à peine. En principe, nous n'avions rien de commun, Picasso et moi, mais quand je lui dis, un matin, avec une chaleur soudaine bien différente de la « réserve anglaise » que je lui avais témoignée jusque-là, combien je me sentais naturelle auprès de lui, il s'écria, me saisissant par le bras : « Mais c'est exactement ce que je ressens moi-même ! Quand j'étais jeune, même plus jeune que vous, je ne trouvais jamais personne qui me ressemblât. J'avais l'impression de vivre dans une solitude complète et je ne parlais jamais de ce que je pensais vraiment. Je me réfugiais complètement dans la peinture. Puis, au cours de ma vie, j'ai rencontré des gens avec qui je pouvais parler un peu, enfin, un peu plus. Devant vous, j'ai tout de suite su que nous pourrions nous comprendre. »

Je lui dis que cela me rassurait ; avant les vacances, j'hésitais plutôt à venir le voir, et maintenant, je ne voulais pas le déranger trop souvent. « Entendons-nous là-dessus tout de suite, dit-il. De toute façon, que vous veniez ou non, je suis dérangé par quelqu'un. Quand j'étais jeune et inconnu, je pouvais travailler toute la journée. Peut-être qu'à ce moment-là, même sans dire un mot, vous m'auriez dérangé. Maintenant, il y a tant de gens qui me dérangent ! Si ce n'est pas vous, ce sera quelqu'un d'autre. Franchement (ici son visage grave s'éclaira d'un sourire), il y en a d'autres qui m'ennuient plus que vous. »

Les matins où je ne donnais pas de leçons d'équitation – deux ou trois fois par semaine – j'allais rue des Grands-Augustins. La plupart des gens que j'y voyais y venaient presque chaque jour. Si Picasso avait envie de leur montrer des tableaux, alors ils regardaient. S'il n'en avait pas envie, ils restaient là, assis, ne parlant pas beaucoup. À l'heure du déjeuner ils repartaient, chacun de son côté. C'étaient des gens qui étaient liés d'une façon ou d'une autre à la vie de Picasso ; comme Christian Zervos, l'éditeur des *Cahiers d'Art*, qui publiait le catalogue de ses œuvres et amenait souvent son photographe pour prendre des photos de peintures ou de dessins récents.

Et puis il y avait le « baron » Jean Mollet, qui avait été le « secrétaire » de Guillaume Apollinaire, quand Apollinaire était le porte-parole officiel du mouvement cubiste. Apollinaire était mort depuis vingt-cinq ans, mais le Baron était un ornement plus ou moins permanent de l'atelier de Picasso.

Un autre visiteur assidu était André Dubois, qui fut préfet de police et qui, depuis, est entré à *Paris-Match*. À l'époque, il se trouvait au ministère de l'Intérieur, et, comme les Allemands cherchaient toujours chicane à Picasso et risquaient de lui faire des ennuis plus sérieux, André Dubois venait, presque chaque jour, s'assurer que tout allait bien.

Jean-Paul Sartre aussi venait fréquemment, ainsi que Simone de Beauvoir et le poète Pierre Reverdy. Sartre et Simone de Beauvoir parlaient surtout entre eux. Je trouvais que Sartre avait l'air bien abstrait ; quand par hasard il avait quelque chose à dire en ma présence, il prenait un air mystérieux : sans doute était-il question de la presse clandestine ou de la Résistance. Je préférais écouter Jacques Prévert. À cette époque, où la plupart des gens n'avaient guère tendance à plaisanter, Prévert arrivait toujours à trouver quelque chose de drôle. Picasso avait fait exécuter un moulage d'une de ses mains, en bronze. Un jour, Prévert nous a tous amusés en l'enfonçant dans sa manche pour aller serrer la main de tous les arrivants, et laisser cette main de bronze dans la leur.

Un matin de cet hiver, je suis allée rue des Grands-Augustins avec quelques toiles que je venais d'achever et que je voulais montrer à Picasso. Je remarquai que plusieurs des habitués de l'atelier du haut se trouvaient dans la longue pièce où travaillait Sabartès. Avec un air de conspirateur, celui-ci me fit signe de le suivre. Dès que nous fûmes sortis de la pièce, il chuchota : « Il m'a dit que je ne devrais laisser monter que vous. »

En arrivant dans l'atelier de peinture, je vis Picasso en conversation avec un homme mince, brun, au regard intense, qui, je dois le dire, me donna un certain choc. C'était André Malraux. Plus que personne à ce moment-là, il était l'idole de notre génération. Nous avions tous dévoré *Les Conquérants*, *La Condition humaine*, *L'Espoir*, et nous en étions enthousiasmés, comme nous l'étions par ses exploits en Chine, en Indochine, en Espagne, et maintenant dans le maquis de Corrèze, dont il était l'un des chefs.

Picasso me présenta à Malraux et me demanda de leur montrer à tous deux mes toiles. Affreusement intimidée, je m'exécutai. J'indiquai qu'un détail m'avait été inspiré par le souvenir d'un voyage aux Baux, l'été précédent. Ceci rappela à Picasso que Malraux et lui-même s'étaient retrouvés là par hasard, à Noël, cinq ans plus tôt.

« En regardant le Val d'Enfer du haut des ruines du château, je ne peux m'empêcher de penser à Dante, dit Picasso.

— C'est possible, répondit Malraux. Pendant son exil, Dante y est passé au cours de ses pérégrinations ; on raconte qu'il y a conçu une partie de *L'Enfer*. »

Après le départ de Malraux, Picasso remarqua :

« J'espère que vous appréciez la surprise que je viens de vous faire. »

Je ne savais si je devais ou non le remercier. Jusque-là, la légende me comblait. Mais en voyant l'homme pour la première fois, son visage torturé de tics, j'avais éprouvé une impression d'angoisse.

Tout à l'opposé, il y avait Jean Cocteau. Un jour de cet hiver-là, il vint avec Jean Marais pour annoncer à Picasso que Marais tenait le rôle de Pyrrhus : « Mon petit Jeannot va avoir un succès énorme, il a lui-même dessiné les costumes et les décors, pour cette reprise d'*Andromaque.* » Ah ! si seulement Picasso *pouvait* imaginer combien il avait l'air royal, dans sa superbe cape pourpre, longue de cinq mètres, quand, dans l'un de ses plus beaux effets, il se jetait au bas de l'escalier ! Il n'y avait qu'une difficulté : Jeannot avait besoin d'un sceptre. Picasso pouvait-il en faire un ?

Picasso réfléchit un moment puis demanda : « Vous connaissez le marché de la rue de Buci ? » Cocteau et Marais avaient l'air surpris. « Bon, dit Picasso. Allez-y et rapportez-moi un manche à balai. » Ils étaient un peu déconcertés. Pourtant, ils y allèrent et revinrent avec le manche à balai. Picasso s'en saisit : « Revenez dans deux jours, j'arrangerai quelque chose. »

Quand ils furent partis, il prit un tisonnier, le fit rougir dans son grand poêle et brûla ainsi, sur le manche, une décoration abstraite de style primitif. Je trouvais le sceptre un peu long. « Cela empêchera Jeannot de s'empêtrer dans sa magnifique cape pourpre, me dit-il, et puis, il peut s'appuyer dessus. »

Picasso ne voulut pas aller à la première, fût-ce pour voir Jeannot brandir le sceptre qu'il avait façonné, et il me donna son invitation. Les femmes étaient habillées de façon fort modeste, de la pointe du menton jusqu'aux pieds, tandis que les hommes gambadaient, vêtus de courtes tuniques qui les mettaient fort en valeur.

Les colonnes noires du palais étaient aussi une réussite. Chaque fois que Pyrrhus s'y appuyait, l'enduit lui collait aux mains. Lorsque, dans un grand geste, il courut saisir Andromaque dans ses bras, il laissa l'empreinte noire de sa main sur sa longue robe blanche. Assez vite, elle eut l'air plus avant-garde que grec. L'auditoire se mit à hurler. Ce fut bientôt un concert de huées et de rires. Je crois que la pièce a tenu l'affiche trois jours.

Brassaï aussi était un habitué de l'atelier, où il venait souvent photographier les sculptures. Picasso adorait le taquiner et l'accueillait généralement par un « Alors, qu'est-ce que vous allez me casser aujourd'hui ? » qui suffisait à mettre en branle une maladresse naturelle. Picasso travaillait, à l'époque, à la sculpture de la chatte enceinte. Il dit un matin à Brassaï : « Pour l'amour de Dieu, n'approchez pas de cette chatte, vous allez la faire tomber. » Brassaï prit obligeamment du champ, tourna son tripode, fit un pas de côté, et, naturellement, cassa la queue de la chatte. Dès qu'il réussit à se dépêtrer de la sculpture, il se mit à rééquilibrer son tripode. « Cessez donc de tirer sur ce tripode, tirez plutôt sur vos yeux ! » cria Picasso. Ce qui n'était pas une remarque aimable, puisque Brassaï souffrait d'une affection qui lui exorbitait les yeux. Mais j'ai tout de suite vu que personne ne se fâchait des quolibets de Picasso. Brassaï se mit à rire si fort qu'il se prit les pieds dans son tripode et tomba à la renverse dans une grande bassine d'eau que Picasso avait toujours à l'atelier pour Kasbek, son chien afghan. En tombant, Brassaï éclaboussa tout le monde. Cela suffit à mettre Picasso de bonne humeur pour le reste de la matinée.

« Si personne ne venait me voir, je serais à plat pour travailler l'après-midi, me dit-il par la suite. Ces contacts rechargent ma batterie, même si ce qui se passe semble n'avoir aucun rapport avec mon travail. C'est comme la flambée d'une allumette, et cela éclaire toute ma journée. »

Les Allemands avaient interdit à quiconque d'exposer ses tableaux. À leurs yeux, c'était un artiste « dégénéré », un ennemi du régime franquiste. Ils étaient toujours à l'affût de mauvais prétextes. Tous les huit ou quinze jours, un groupe d'occupants en uniforme venaient demander d'un air sinistre :

« C'est ici que M. Lipchitz habite, n'est-ce pas ?

— Non, répondait Sabartès, ici, c'est M. Picasso.

— Oh ! non, nous savons que c'est l'appartement de M. Lipchitz.

— Mais non, insistait Sabartès, ici, c'est chez M. Picasso.

— M. Picasso n'est pas juif, par hasard ?

— Bien sûr que non », disait Sabartès.

Comme on était classé aryen ou non sur présentation du certificat de baptême des grands-parents, personne ne pouvait prétendre que Picasso était juif. Mais ils venaient quand même, disant qu'ils recherchaient le sculpteur Lipchitz, qu'ils savaient très bien être en Amérique et n'avoir de toute façon jamais habité là. Ils insistaient :

« Nous voulons en être certains. Nous allons entrer et voir si nous trouvons des papiers. »

Trois ou quatre d'entre eux entraient alors, avec un officier très poli qui parlait français. Le désordre des lieux les encourageait. Ils fouillaient partout.

Picasso me raconta un jour, avec une grande satisfaction, qu'il avait eu d'autres escarmouches avec les Allemands. Une des premières initiatives qu'ils prirent, juste après l'armistice, fut d'inventorier tous les coffres dans les banques. Naturellement, dès que les inventaires commencèrent, la plupart des gens qui n'étaient pas à Paris revinrent aussitôt. Tout le monde avait compris qu'au début, avant l'arrivée des « techniciens » d'Allemagne, les choses seraient réglées un peu au hasard par les soldats d'occupation. On avait donc plus de chance de protéger ses biens. En s'occupant de son coffre, Picasso avait également pris soin de celui de Matisse. Matisse avait subi une très grave opération et s'était installé dans le Midi. Ses tableaux se trouvaient au siège de la B.N.C.I., dans une chambre forte voisine de celles de Picasso. Au moment de l'ouverture, Picasso s'était arrangé pour être là. Il y avait trois grandes pièces pleines de tableaux au sous-sol : deux pour Picasso, une pour Matisse. Le directeur de la banque était l'ami des deux peintres. Picasso étant de nationalité espagnole, il aurait été difficile aux Allemands de toucher à ce qui lui appartenait. Mais comme il était *persona non grata* pour le régime de Franco, sa situation était précaire. En plus, le fait que lui et Matisse soient considérés comme « dégénérés » par les nazis n'arrangeait pas les choses. Les inspecteurs allemands étaient deux soldats, très disciplinés et pas trop intelligents, me raconta-t-il. Il les dupa en les conduisant vivement d'une pièce dans l'autre, tirant une toile par-ci par-là, les inspectant, puis revenant sur ses pas. Les Allemands étaient désorientés. Comme ils ne connaissaient ni l'œuvre de Picasso ni celle de Matisse, ils n'avaient aucune idée de ce qu'ils regardaient, que ce fût dans une pièce ou dans l'autre. Aussi s'arrangea-t-il pour n'inventorier qu'un tiers des tableaux, et quand il arriva à ceux de Matisse, il dit : « Oh ! nous avons déjà vu ceux-ci. » Les pauvres soldats, incapables de distinguer un tableau d'un autre, retournèrent à leur point de départ, et demandèrent à combien étaient évaluées ces toiles. Picasso déclara huit mille francs pour l'ensemble de ses œuvres, et autant pour celles de Matisse. Ils le crurent sur parole. Rien ne fut jamais pris : « Les Allemands ont le respect de l'autorité, sous quelque forme que ce soit, conclut-il. Le fait que je sois quelqu'un dont tout le monde a entendu parler, et que je sois venu en personne leur donner le détail exact des formats, des valeurs et des dates, tout cela les a beaucoup impressionnés. Ils ne pouvaient imaginer qu'on puisse prendre le risque de les tromper. »

Il régnait une incertitude toute kafkaïenne à l'endroit de certains habitués épisodiques de l'atelier. Il y avait, en particulier, un historien d'art assez mystérieux, et un photographe qui venait de temps à autre, chargé d'une vague mission. Picasso se méfiait, mais il était impossible de trouver une raison valable pour les empêcher d'entrer. Ce qu'il craignait le plus, c'était qu'un jour un de ces Allemands présumés – par exemple le photographe, qui venait bien plus souvent que les autres – ne cachât quelque pièce à conviction que la Gestapo « découvrirait » par la suite.

Picasso faisait vraiment preuve de courage en restant là, étant donné la condamnation prononcée par Hitler contre son œuvre, et aussi l'attitude des autorités d'occupation à l'égard des intellectuels. Beaucoup d'artistes et d'écrivains – Léger, André Breton, Max Ernst, André Masson, Zadkine et d'autres – étaient partis pour l'Amérique avant l'arrivée des Allemands. Il avait dû paraître à beaucoup d'entre eux plus sage d'émigrer. J'ai demandé, un jour, à Picasso pourquoi il avait pris, lui, ce risque : « Oh ! répondit-il, je ne recherche pas le danger, mais je n'aime pas céder à la force. J'y suis, j'y reste. La seule force qui pourrait me faire partir serait le désir de partir. Rester n'est pas vraiment un acte de courage ; c'est tout juste une forme d'inertie. Je pense que je préfère être ici. Alors j'y resterai quoi qu'il en coûte. »

Je continuais à venir régulièrement, le matin, rue des Grands-Augustins. Sabartès devint plus maussade en ma présence. Un matin, alors qu'il n'y avait que lui, Picasso et moi dans l'atelier de peinture, il dut décider qu'il avait assez usé de diplomatie. J'eus l'impression, alors, qu'ils parlaient déjà de moi avant mon arrivée, car, peu après, Sabartès enchaînait, comme s'il ne faisait qu'apporter un élément de plus à une conversation qui durait depuis un moment : « Tout cela ne me dit rien de bon, Pablo. Et ça finira mal. Je te connais. En plus, elle change trop souvent de robe, ce n'est pas bon signe. » C'était vrai qu'une semaine ou deux auparavant ma mère avait eu la gentillesse de m'apporter en cachette des vêtements chez ma grand-mère. J'imagine que j'avais dû en profiter. « Ne t'occupe pas de ça, Sabartès, dit Picasso, tu ne comprends rien. Tu n'as pas l'intelligence de voir que cette fille fait de la corde raide. Et les yeux fermés, en plus. Tu veux la réveiller ? Tu veux la faire tomber ? Tu ne nous comprends pas, nous les somnambules. Et ce que tu ne comprends pas non plus, c'est qu'elle me plaît, cette fille. Je l'aimerais juste autant si c'était un garçon. En fait, elle est un peu comme Rimbaud. Alors garde pour toi tes mauvaises pensées tristes. Tu ferais mieux de retourner en bas et de travailler un peu. »

Sabartès n'avait pas l'air convaincu. Il poussa un gros soupir et descendit. Picasso secoua la tête.

« Quel trésor d'incompréhension ! dit-il. Dans la vie, on lance la balle, on espère qu'elle atteindra un mur pour rebondir et qu'on pourra la renvoyer. Les amis devraient être ce mur. Eh bien, ils ne le sont presque jamais. Ils sont comme de vieux draps mouillés. La balle qu'on lance arrive sur ces vieux draps, et tombe. » Me jetant un regard du coin de l'œil, il ajouta : « J'imagine que je mourrai sans avoir aimé. » Je ris : « Vous n'avez pas besoin de vous décider tout de suite. Vous n'en êtes pas encore là. »

Picasso resta silencieux un moment, puis reprit : « Vous souvenez-vous du jour où nous sommes montés dans la "forêt", regarder les toits ? –... Oui. – Il y a une chose que j'aimerais beaucoup, dit-il, c'est que vous restiez, à partir de cet instant, là-haut, dans la forêt, que vous disparaissiez complètement, et que personne ne sache jamais où vous êtes. Je vous apporterais à manger deux fois par jour. Vous pourriez travailler en paix, et j'aurais un secret dans ma vie que personne ne saurait m'enlever. La nuit, nous pourrions nous promener ensemble, où cela vous plairait, et vous, qui n'aimez pas les foules, vous seriez très heureuse, car vous n'auriez à vous soucier de personne, si ce n'est de moi. » Je lui dis que c'était une très bonne idée. Mais il avait commencé à réfléchir et reprit : « Je ne sais pas si c'est une si bonne idée, parce que cela me serait une contrainte. Si je vous fais perdre votre liberté, cela veut dire que je n'en aurai pas non plus. »

Pourtant, je voyais qu'il lui était difficile d'abandonner cette idée. « Ce serait tout de même bien, continuait-il. Vous vivriez ici sans voir personne d'autre que moi, vous écririez ou vous feriez de la peinture. Je vous donnerais tout ce dont vous auriez besoin pour votre travail. Nous aurions ce secret en commun. »

Au moins, sur un plan poétique, l'idée me séduisait beaucoup. Vivre là-haut m'aurait séparée de tout, pour me laisser en contact avec une personne qui m'intéressait énormément et qui, alors, me suffisait. Je savais qu'il n'était pas encore question d'amour, mais aussi qu'il y avait entre nous une très forte attirance.

Au moment où j'allais partir, Picasso me dit encore : « Je suis aussi fatigué que vous des reproches de Sabartès. Puisqu'il n'est jamais là après le déjeuner, pourquoi ne viendriez-vous pas me voir l'après-midi maintenant ? » Je répondis que je viendrais, mais qu'il ne fallait pas encore compter sur moi pour la forêt. Comme on était en février, j'avais l'impression que je n'aurais pas très chaud sous les toits. « Je suis d'accord, dit-il. En plus, j'ai une meilleure idée pour février. Puisque personne n'a le droit de venir ici l'après-midi et que je ne réponds même pas au téléphone, nous serons tout à fait tranquilles, et je pourrai vous donner des leçons de gravure. Cela vous plairait-il ? »

Oui, cela me plairait.

Avant ma première visite, l'après-midi, rue des Grands-Augustins, j'ai téléphoné à Picasso pour prendre rendez-vous. Je suis arrivée à l'heure, dans une robe de velours noir à haut col de dentelle blanche, mes cheveux roux foncé encadrant mon visage à la manière d'une infante de Vélasquez. Picasso resta bouche bée : « C'est le genre de toilette que vous portez pour apprendre la gravure ? demanda-t-il enfin. – Certainement pas, mais comme je pense que vous n'avez pas la moindre intention de m'apprendre la gravure, j'ai mis le costume qui me semble le plus approprié aux circonstances. En d'autres termes, j'ai seulement essayé d'être belle. »

Il leva les mains au ciel : « Mon Dieu ! Quelle audace ! Vous faites tout ce que vous pouvez pour me compliquer la tâche. Est-ce que vous ne pouvez pas au moins *prétendre* être dupe, comme font généralement les femmes ? Si vous ne vous prêtez pas à mes subterfuges, comment voulez-vous que nous y arrivions ? » Il se tut, parut reconsidérer ses critiques ; puis, plus lentement, reprit : « Vous avez raison, vraiment. C'est mieux ainsi, les yeux ouverts. Mais vous réalisez, bien sûr, que si vous ne voulez rien que la vérité – pas de subterfuges – vous demandez que rien non plus ne vous soit épargné. Le grand jour est bien dur. »

Il s'arrêta, comme s'il n'était pas très sûr. « Enfin, dit-il, on a le temps. On verra. »

Je le suivis dans la grande pièce où Sabartès travaillait le matin. Picasso sortit un instant et revint avec un gros album qu'il posa sur la table, après avoir fait un peu de place en repoussant quelques tas de papiers et des livres. Il rabattit la couverture de l'album. À l'intérieur, il y avait une épaisse pile de gravures. « Vous voyez, nous en arrivons à la gravure tout de même. C'est une série de cent eaux-fortes, que j'ai réalisées pour Vollard dans les années 30. » Sur le dessus de la pile se trouvaient trois portraits à l'eau-forte d'Ambroise Vollard, dont deux à l'aquatinte. Picasso se mit à rire. « La plus belle femme du monde n'a jamais eu son portrait, peint, dessiné ou gravé plus souvent que Vollard : par Cézanne, Renoir, Rouault, Bonnard, Forain. Je crois qu'ils l'ont tous fait par émulation, chacun voulant le réussir mieux que les autres. Renoir l'a peint en toréador, me chipant *ma* spécialité. Mais c'est tout de même mon portrait cubiste qui est le meilleur. »

Il arrivait à une gravure représentant un nu blond, assis, et portant une capeline couverte de fleurs. Devant se tenait une autre femme aux yeux et aux cheveux sombres, debout, à demi drapée. Il la désigna du doigt : « C'est vous. Vous vous reconnaissez ? Vous savez, j'ai toujours été hanté par un certain type de visages, et le vôtre en fait partie. » Il me montra ensuite une jeune femme auprès d'un étrange personnage qui la tenait par la main : un peintre, sans doute, car il avait dans l'autre main une palette et des pinceaux. Très poilu, il portait une collerette et un chapeau cabossé. « Vous voyez ce type truculent, avec les cheveux frisés et la moustache ? C'est Rembrandt. Ou peut-être Balzac. Je ne sais pas. C'est un compromis, je suppose. Cela n'a pas vraiment d'importance. Ce ne sont que deux des personnages qui me hantent. Chaque être humain est toute une colonie, vous savez. »

Il fit défiler plusieurs autres gravures. Elles étaient peuplées de minotaures, de centaures, de faunes, d'hommes barbus ou rasés, de toutes sortes de femmes. Tout le monde était nu, ou presque, et semblait participer à quelque scène mythologique.

« Tout cela se passe dans une île rocheuse de la Méditerranée, dit Picasso. La Crète, par exemple. C'est là que vivent les minotaures, le long de la côte. Ce sont les riches seigneurs de l'île. Ils savent qu'ils sont des monstres et gaspillent, en dilettantes, une vie qui exhale la décadence, dans des maisons remplies d'œuvres d'artistes les plus en vogue. Ils adorent être entourés de jolies femmes, que les pêcheurs de l'endroit vont chercher dans les îles avoisinantes. Quand la chaleur du jour est tombée, ils convient les sculpteurs et leurs modèles à des fêtes, où, au son de la musique, tout le monde se gorge de moules et de champagne, jusqu'à ce que la joie succède à la mélancolie. À partir de là, c'est une orgie. »

Il me présenta une autre gravure où, dague en main, un gladiateur donnait le coup de grâce à un minotaure agenouillé sur le sol de l'arène. Une foule de figures, surtout féminines, les regardaient, massées derrière une barrière. « On nous apprend que Thésée est venu tuer le minotaure, mais ce n'était en fait qu'un combat parmi d'autres. Il y en avait chaque dimanche : un jeune Grec venait du continent, et quand il tuait le minotaure, toutes les femmes étaient heureuses, en particulier les vieilles. Un minotaure entretient ses femmes dans le luxe, mais il règne par la terreur, et elles sont heureuses de le voir mourir. »

Picasso parlait très doucement : « Un minotaure ne peut pas être aimé pour lui-même. En tout cas, il ne voit vraiment pas pourquoi il le serait. » Il passait à une autre gravure, celle d'un minotaure veillant sur une femme endormie.

« Il l'étudie, tâche de lire sa pensée, pour deviner si elle l'aime *parce qu'il est un monstre*. Vous savez, les femmes sont assez étranges pour ça. » Il regarda de nouveau la gravure : « Il est difficile de dire s'il veut l'éveiller ou la tuer. » Puis il passa à une autre planche : « Les peintres ont un peu perdu contact avec la réalité. Regardez celui-là : quelqu'un lui amène une fille, et qu'est-ce qu'il dessine ? Une ligne. C'est un non-figuratif ! Quoi qu'il en soit, les peintres mènent une vie plus organisée que les sculpteurs. Vous remarquerez que, partout où il y a des orgies, il y a des barbes. Ce sont les sculpteurs : de la chair tiède dans une main, du champagne glacé dans l'autre. Il n'y a pas de doute, les sculpteurs sont en plein accord avec la réalité ! »

Il y avait un nu blond, dans les bras d'un sculpteur, en effet. Sur un socle, près d'eux, était posée une tête de femme, de profil, qui ressemblait à plusieurs sculptures que j'avais vues dans l'atelier de Picasso. « Le sculpteur aussi est un peu perdu, vous voyez. Il ne sait pas comment travailler. Naturellement, si vous remarquez les différentes formes, tailles et couleurs de tous ses modèles, vous pouvez comprendre son embarras. Il ne sait pas ce qu'il veut. Donc, il n'est pas étonnant que son style soit si ambigu. C'est comme Dieu. Dieu n'est qu'un artiste comme les autres. Il a inventé la girafe, l'éléphant, le chat. Il n'a pas vraiment de style. Il continue à expérimenter. C'est la même chose pour le sculpteur. D'abord, il travaille d'après nature ; puis il s'essaie à l'abstraction. Pour finir, il ne fait plus rien, il caresse ses modèles. Et, regardez. » Il montrait du doigt un modèle, debout devant une construction qui semblait faite de morceaux de fauteuil rococo, et dont certaines parties rappelaient des formes féminines. « Qui peut faire une sculpture avec un pareil bric-à-brac ? demanda-t-il en souriant. Évidemment, il se prend au sérieux ; le fait qu'il se laisse pousser la barbe le prouve. Et puis, aussi (il montrait dans une autre eau-forte un modèle blond reposant dans les bras d'un sculpteur), ils tressent des guirlandes et s'en couronnent, quel narcissisme ! » Il regarda de plus près : « Je pense que ce sont des clématites sauvages dans ses cheveux à elle. Dans les siens, c'est du lierre. Les hommes sont toujours tellement plus fidèles que les jeunes filles ! »

Sur la gravure suivante, l'air très content de lui, un sculpteur travaillait à un buste. Des rayons l'auréolaient. « Pendant qu'il y travaille, vous voyez, il est sûr que c'est du pur génie. » Dans une autre encore, le sculpteur était assis devant son œuvre, son modèle entre lui et la statue. « Elle est en train de lui dire : "Je n'ai jamais ressemblé à cela." »

Il regarda de nouveau la gravure, puis m'observa : « Mais bien sûr, c'est encore vous. Si je devais dessiner vos yeux maintenant, je les ferais juste de la même manière. »

La planche suivante représentait un personnage sombre et barbu, face à un jeune peintre coiffé d'un bonnet phrygien. Picasso soupira : « Tous les peintres se prennent pour Rembrandt. Même celui-là, et vous pouvez voir par le décor qui l'entoure qu'il faisait florès il y a au moins trois mille ans. Tout le monde a les mêmes illusions. »

Dans une autre gravure, le poids et la courbe du modèle étaient indiqués harmonieusement. « Le sculpteur a une expression sereine, n'est-ce pas ? dit Picasso. Quand il a créé une ligne pure, alors il est sûr qu'il a réussi. Si les formes sont parfaites et les volumes pleins, il suffit de verser sur la sculpture l'eau d'une cruche ; elle doit en être baignée. »

Il prit une nouvelle planche. Une femme à demi drapée était debout près d'une autre, assise devant un tableau représentant quelque chose comme un bouquet de fleurs échevelé. « Celle qui est assise ressemble à un modèle de Matisse, qui aurait décidé de poser pour un autre peintre et, après avoir vu les résultats, regretterait d'être venue. L'autre est en train de lui dire : "C'est un génie. As-tu vraiment besoin de comprendre ce que cela veut dire ?" »

Il me regarda : « Et qu'est-ce que cela veut dire, après tout ? Est-ce que vous le savez, vous ? » Je répondis que je n'en étais pas vraiment sûre, mais que je commençais du moins à en avoir une idée. « Dans ce cas, vous en avez vu assez, pour aujourd'hui. » Il referma l'album. « Montons, dit-il. J'aimerais me faire une idée d'une autre chose aussi. »

Nous avons gravi l'escalier tournant. Picasso glissa son bras sous le mien et me guida vers sa chambre. Au milieu de la pièce, il s'arrêta et se tourna vers moi : « Je vous ai dit que je voulais me faire une idée de quelque chose. Je veux savoir si votre corps correspond à l'image que je m'en suis faite. Je veux aussi voir comment il s'harmonise avec votre tête. » Je suis restée là et il m'a dévêtue. Puis il posa mes vêtements sur une chaise. Enfin il recula vers le lit, à deux ou trois mètres de moi, et se mit à m'étudier. « Vous savez, c'est incroyable à quel point je vous avais imaginée ainsi. »

Je ne devais pas avoir l'air très sûre de moi, debout comme cela au milieu de la chambre. Il s'assit sur le lit et me dit de venir à lui. Je m'approchai, il m'attira sur ses genoux. Je crois qu'il a vu que j'étais embarrassée et que je ferais tout ce qu'il demanderait, non parce que je le voulais vraiment, mais parce que j'y étais décidée. Il devait avoir senti que, dans une certaine mesure, je demeurais incertaine et n'éprouvais pas de vrai désir, car il a voulu me rassurer. Il a dit qu'il voulait m'avoir là, près de lui, mais qu'il ne pensait pas que la consommation de nos relations fût irrévocablement fixée, comme la sonnerie d'une pendule, pour un moment précis. Il ajouta que, quoi qu'il pût arriver entre nous, ce serait une chose merveilleuse et que nous devions tous deux nous sentir complètement libres.

J'avais dit que je viendrais le voir : je savais où cela mènerait. J'aurais agi pour lui faire plaisir, uniquement.

Il sentait la différence. Au moment où il m'étudiait, tandis que je restais là, au milieu de la chambre, toute ma façon de voir se mit à changer. Je sentis, soudain, que je pouvais me fier complètement à lui et que je commençais à vivre le début de ma vie.

Il m'allongea sur le lit et s'étendit à mes côtés. Il me regardait avec attention, plus tendrement, glissant sa main doucement le long de mon corps, comme un sculpteur le long d'une forme qu'il a créée. Il était très doux. Aujourd'hui encore, je garde le souvenir de cette douceur extraordinaire.

Il me dit que, dès ce moment, tout ce que je ferais et tout ce qu'il ferait serait d'une extrême importance : le moindre mot, le moindre geste prendraient un sens, et tout ce qui se passerait entre nous nous transformerait continuellement. « Et c'est pourquoi, dit-il, j'aimerais pouvoir arrêter le temps à cet instant précis, garder les choses exactement comme elles sont. Nous avons une quantité précise, mais inconnue, d'expériences à notre disposition. Aussitôt que le sablier sera retourné, le sable se mettra à couler et il ne s'arrêtera qu'au dernier grain. J'aimerais pouvoir empêcher ce mouvement. Nous devrions faire un minimum de gestes, prononcer un minimum de paroles, nous voir aussi rarement que possible, si cela pouvait prolonger le présent. Nous ne savons pas de combien de temps nous disposons, et nous devons prendre bien soin de ne pas détruire la beauté de ce que nous possédons. Tout existe en quantités limitées – particulièrement le bonheur. Si un amour doit naître, il est inscrit quelque part, en même temps que sa durée et son contenu. Si l'on pouvait arriver à une intensité totale le premier jour, tout serait accompli aussitôt. S'il s'agit d'une entente qu'on désire prolonger, il faut porter une extrême attention à ce qui pourrait l'empêcher de se développer au maximum. »

Je restais là, allongée dans ses bras, tandis qu'il s'expliquait. Je me sentais parfaitement heureuse, n'éprouvant d'autre désir que celui d'être avec lui. Il se tut. C'était bien le début de quelque chose de merveilleux. Il ne disait pas qu'il m'aimait. On ne peut dire si vite à quelqu'un qu'on l'aime. Il l'a dit et prouvé, mais plus tard. S'il m'avait prise alors, ou s'il avait déclaré son amour dans un flot de sentiments, je n'aurais pas pu le prendre au sérieux. Mais, comme cela, je le croyais.

Jusque-là, il avait été pour moi le grand peintre que tout le monde connaît et admire, un homme très intelligent et spirituel, mais, en un sens, impersonnel. Dès lors, il devenait réel. D'abord, il avait éveillé mon intérêt, occupé mon esprit. Maintenant, mes émotions, ma sensibilité étaient engagées. Je n'avais pas pensé qu'il pût jamais être question de l'aimer. Je savais enfin qu'il ne pouvait en être autrement. Il avait su éviter les formules stéréotypées, dans ses rapports humains comme dans son art. On reconnaît ces stéréotypes même si l'on n'a pas beaucoup d'expérience. Il prit en main la situation en arrêtant le jeu intellectuel, en évitant le jeu érotique. Il plaçait nos relations sur le plan où elles pouvaient signifier quelque chose pour lui et – comme je le réalisais déjà – pour moi.

« Il ne faut pas que nous nous voyions trop souvent, dit-il. Si les ailes du papillon doivent garder leur éclat, il ne faut pas y toucher. Nous ne devons pas abuser de ce qui doit éclairer nos deux vies. Tant de choses me pèsent et empêchent la lumière d'entrer. Ce que j'ai avec vous est pour moi comme une fenêtre qui s'ouvre. Je veux qu'elle reste ouverte. Il faut nous voir, mais pas trop souvent. Quand vous le voudrez, appelez-moi. »

En partant ce jour-là, je savais que ce qui arriverait – merveilleux, douloureux, ou les deux à la fois – serait d'une importance extrême. Depuis six mois, nous nous provoquions d'un air ironique, et maintenant, en l'espace d'une heure, dans notre premier vrai tête-à-tête, l'ironie avait disparu. C'était devenu très grave.

Ce jour gris et froid de février demeure à jamais pour moi inondé d'un soleil d'été.

II

Jeune fille, beau menuisier
qui cloue des planches
avec les épines des roses,
ne pleure pas une larme
de voir saigner le bois.

Durant cet hiver et le printemps 1944, j'ai travaillé plus sérieusement que jamais. Quelquefois, je présentais un dessin ou une toile à Pablo. Il ne faisait jamais une critique directe, mais il suffisait que je mette en pratique ses théories pour faire des progrès. Il remarquait par exemple : « Vous voyez, on a besoin d'un seul outil. C'est de cette façon que la main se fait, qu'elle devient souple et adroite. L'usage de cet outil unique crée une mesure qui se reflète harmonieusement dans tout ce qu'on exécute. » Les Chinois enseignaient que pour une aquarelle ou un lavis, il faut se servir d'un seul pinceau. Ainsi, tout procède d'une même proportion. Cette proportion crée l'harmonie de l'œuvre, d'une façon bien plus évidente que si l'on avait utilisé des pinceaux de tailles différentes. Et puis, se forcer à utiliser des moyens limités est une contrainte qui libère l'invention. Cela oblige à progresser d'une manière qu'on ne peut pas imaginer a priori.

Il me faisait faire une composition, avec un morceau de papier bleu – celui d'un paquet de cigarettes, par exemple –, une allumette et un bout de carton. Il dessinait un rectangle sur une feuille de papier et me disait : « Organisez ces éléments, faites tout ce que vous voudrez, mais faites-en une composition qui tienne debout. » C'est incroyable le nombre de possibilités qu'on a avec un point de départ aussi simple. Il me répétait souvent : « Il faut toujours travailler non pas juste à la limite, mais toujours un peu en dessous de ses possibilités. Si vous pouvez manier trois éléments, n'en utilisez que deux. Si vous pouvez en manier dix, oubliez-en cinq. Ainsi, vous composez avec plus de soin, plus de maîtrise, et vous donnez le sentiment d'avoir des forces en réserve. »

À cette époque-là, il peignait une série de vues des quais, des ponts de la Seine, de Notre-Dame et des bateaux, superposés dans une vision synthétique et simultanée. Il avait aussi entrepris une série de toiles du Vert-Galant, avec un arbre énorme – qui n'existe plus maintenant – tout penché, soutenu par une espèce de béquille. Cette pointe de l'île de la Cité a toujours été un rendez-vous d'amoureux, au printemps, et cela, ajouté à la légende galante d'Henri IV, avait inspiré à Pablo plusieurs versions du paysage. On y retrouvait les amoureux, la Seine, mais l'élément essentiel du tableau était le gros arbre penché. Pablo aimait à se promener le long des berges, entre le quai des Grands-Augustins et le pont du Carrousel. Même pendant la guerre, beaucoup de peintres venaient travailler là. Il fit d'eux une série de caricatures, dans un vieux registre, avec des ailes d'ange et des oreilles d'âne. Il disait : « Chaque fois que je m'approche d'un peintre qui travaille d'après nature, et que je regarde sa toile, je vois toujours de la mauvaise peinture. »

Souvent, lorsque j'arrivais rue des Grands-Augustins, l'après-midi, Pablo n'était pas encore au travail. Un jour, après m'avoir fait entrer, il m'emmena dans son studio. Sur un chevalet se trouvait une toile qu'il avait dû commencer un jour ou deux plus tôt, puis laisser de côté. Il y avait une grosse tache ronde, comme un soleil vert, au centre de la toile. Une forme triangulaire violette, venue du coin inférieur gauche, parcourait toute cette toile pour se terminer en pointe, juste au-dessus du soleil vert. Une épaisse ligne noire, sorte de V légèrement arrondi, reliait une forme à l'autre en traversant les deux. Je lui demandai ce que ce tableau allait devenir. « C'est déjà une nature morte, répondit-il. C'est l'idée picturale. Il importe peu que l'élément principal devienne un verre ou une bouteille. Ça, ce n'est qu'un détail. À certains moments, la réalité est toute proche, à d'autres elle s'éloigne. La marée monte ou descend, mais la mer est toujours là.

« Ce que vous voyez maintenant, c'est la première donnée : la tache de vert, la poussée de violet, et cette ligne noire qui les joint. Ces éléments luttent entre eux, et l'intrigue est partout. La tache verte, par exemple, tend à grossir, à s'étendre loin du centre. Elle n'est pas contenue par une ligne ou par une forme – la couleur ne doit jamais l'être. Elle est là pour rayonner. Elle est dynamique de nature. De l'autre côté, le violet, d'abord large, s'affine jusqu'à sa pointe. Outre la lutte entre les formes du vert et du violet, il y a lutte entre les couleurs elles-mêmes, juste comme il y a lutte entre la ligne droite et la courbe. Dans chaque cas, elles sont étrangères l'une à l'autre. Maintenant, il faut que j'accuse le contraste. »

Je lui ai demandé si, d'après lui, le vert était équilibré par le violet. « Ce n'est pas là le problème, dit-il, je n'ai pas besoin de savoir cela. Je n'essaie pas de rendre cette première donnée plus cohérente. Pour l'instant, je la veux troublante. Après, je commencerai à construire, mais non pas à harmoniser.

« Jusqu'ici, voyez-vous, c'était instinctif. Maintenant, il faut que j'établisse quelque chose de bien plus audacieux. Le problème c'est : Comment secouer cette première donnée ? Comment la rendre unique – pas simplement neuve – mais dépouillée et lacérante ? Pour moi, peindre un tableau c'est engager une action dramatique au cours de laquelle la réalité se trouve déchirée. Ce drame l'emporte sur toute autre considération. L'action plastique n'est que secondaire, en ce qui me concerne. Ce qui compte, c'est le drame de l'acte lui-même, le moment où l'univers s'échappe pour rencontrer sa propre destruction.

« Juan Gris disait : "Je prends un cylindre et j'en fais une bouteille", inversant en un sens la remarque de Cézanne. Son idée était de commencer par une forme idéale – un cylindre – et de faire entrer un morceau de réalité – la bouteille – dans cette forme. La méthode de Gris était celle d'un grammairien. Je pense qu'on pourrait dire que la mienne est complètement romantique. Je commence avec une tête, et je finis avec un œuf. Ou bien, même si je commence avec un œuf et finis avec une tête, aucun des deux termes ne me satisfait vraiment. Ce qui m'intéresse, c'est d'établir ce qu'on pourrait appeler des rapports de grand écart, rapports très inattendus entre les choses dont je veux parler. Dans cette difficulté, il y a un intérêt, et dans cet intérêt, il y a une tension qui, pour moi, est bien plus importante que l'équilibre stable de l'harmonie, qui ne m'intéresse pas du tout. La réalité doit être transpercée, dans tous les sens du mot. Ce que les gens oublient, c'est que tout est unique. La nature ne fait jamais deux fois la même chose. D'où mon insistance à rechercher les rapports de grand écart : une petite tête sur un grand corps, une grande tête sur un petit corps. Je veux attirer l'esprit vers une direction à laquelle il n'est pas habitué, et le réveiller. Je veux dévoiler au spectateur quelque chose qu'il ne peut découvrir sans moi. C'est pourquoi j'insiste sur la dissemblance entre l'œil droit et l'œil gauche. Un peintre ne devrait pas les faire pareils. Ils ne sont pas comme ça. Mon but est de mettre les choses en mouvement, de provoquer ce mouvement par des tensions contradictoires, des forces contraires. Ainsi, j'espère capter le meilleur moment. »

Je lui ai dit que s'il n'avait jamais peint un seul tableau de sa vie, nous aurions sans doute entendu parler de lui comme philosophe. Il a ri : « Quand j'étais enfant, ma mère me disait : "Si tu deviens soldat, tu seras général. Si tu deviens moine, tu finiras pape." J'ai voulu être peintre, et je suis devenu Picasso ! »

Cet été-là, juste avant la Libération, il n'y avait guère d'autre moyen de locomotion dans Paris que le métro. On y restait parfois bloqué toute la journée, car les alertes se succédaient. Aussi allais-je à bicyclette. Comme je me rendais chez Picasso par tous les temps, j'arrivais souvent couverte de boue. Une fois, me voyant apparaître dans cet état, il se mit à rire : « De mon temps, les jeunes filles se donnaient beaucoup de peine pour se maquiller le visage et les yeux ; maintenant, la dernière mode est à la boue sur les mollets. »

Quelques jours avant la Libération, je parlais à Pablo au téléphone, car il était presque impossible d'aller chez lui. On commençait déjà à dépaver les rues pour construire les barricades ; même les enfants s'y étaient mis, surtout dans le VIe arrondissement où il habitait, autour du Sénat et jusqu'au pont Sully. La Résistance s'organisait aussi vers la préfecture de police, et il y avait des Allemands partout. Il m'a raconté qu'il regardait par la fenêtre ce matin-là, quand une balle avait sifflé à quelques centimètres de sa tête et s'était logée dans le mur. Il ajouta qu'il avait l'intention d'aller passer quelques jours avec sa fille Maya, âgée de neuf ans, et sa mère, Marie-Thérèse Walter, qui habitaient boulevard Henri-IV. On se battait beaucoup par là et il s'inquiétait pour elles.

Peu après le 25 août, Pablo est rentré rue des Grands-Augustins avec deux petites gouaches, qu'il avait peintes durant ce séjour. Elles venaient d'une reproduction de bacchanale de Poussin : *Le Triomphe de Pan*.

À la Libération, Hemingway faisait partie des premières troupes américaines qui entrèrent dans Paris. Pablo se trouvait encore chez la mère de Maya. La concierge de la rue des Grands-Augustins était réservée, mais peu timide. Elle avait l'habitude de voir les amis et admirateurs de Picasso déposer des cadeaux pour lui, quand il était absent. À plusieurs reprises, des amis sud-américains avaient laissé des vivres. Souvent, Picasso partageait ses colis avec la concierge. Quand elle dit à Hemingway que Pablo était absent, il demanda s'il pouvait laisser un message. Ainsi qu'elle nous l'a rapporté par la suite, elle proposa : « Mais ne désirez-vous pas laisser un cadeau pour Monsieur ? » Hemingway répondit qu'il n'y avait pas pensé, mais que c'était une bonne idée. Il alla jusqu'à sa Jeep et revint avec une caisse de grenades qu'il déposa dans la loge avec cette inscription : « Pour Picasso, de la part de Hemingway. » Quand la concierge eut déchiffré les autres indications portées sur la caisse, elle sortit en courant de sa loge et refusa d'y rentrer jusqu'à ce qu'on eût retiré le colis.

Aussitôt après la Libération, l'épuration commença dans les services culturels comme la direction des musées de France. Pablo ayant été le peintre interdit numéro un, la première revanche prise sur les Allemands fut de monter une grande rétrospective Picasso. L'exposition, organisée par Jean Cassou, conservateur du musée d'Art moderne, faisait partie du Salon d'automne. Elle fit immédiatement scandale et s'attira un feu nourri de deux groupes en particulier : les réactionnaires en art et les agitateurs politiques. Le premier groupe rassemblait les gens qui n'avaient jamais vu une grande collection représentative des tableaux de Picasso, surtout ceux de la période de guerre, avec leurs formes torturées, ou même ceux de la période 32-36, d'un réalisme lyrique. Ces gens-là étaient révoltés par l'exposition massive d'un art violent, devenu pour ainsi dire officiel du jour au lendemain.

Le second groupe était surtout composé d'étudiants de droite et d'ex-pétainistes. Ils venaient en masse exprimer leur désapprobation et essayaient d'arracher les tableaux du mur. C'était en réalité une manifestation politique, sous le couvert d'une condamnation esthétique.

Parmi les communistes qui avaient participé héroïquement à la Résistance, Laurent Casanova était l'un des plus marquants. Sa femme, Danielle, avait été tuée par les Allemands. Lui, prisonnier de guerre, avait tenté à trois reprises de s'évader, mais avait toujours été repris. La quatrième fois, il arriva aux environs de Paris. Des amis se mirent en contact avec Paul Eluard, pour tenter de cacher Casanova, de préférence chez des gens qui ne le connaîtraient pas. Paul demanda à Michel Leiris s'il était prêt à recevoir un communiste chez lui pendant un mois ou deux, et sans lui dire en effet de qui il s'agissait. C'était évidemment risquer la mort, à cette époque, que de cacher un évadé, un communiste. Michel Leiris accepta, et Casanova vint habiter, 53 *bis*, quai des Grands-Augustins, l'appartement que les Kahnweiler avaient acheté avant l'Occupation et que les Leiris occupaient maintenant. Kahnweiler était le marchand de tableaux de Picasso – plus ou moins attitré suivant les périodes – depuis de nombreuses années. Comme il était allemand, il avait dû fuir la France pendant la première guerre, et ses tableaux, confisqués, avaient été vendus par le gouvernement français. Il avait repris le métier de marchand de tableaux après la guerre.

Louise (Zette), sa belle-sœur, épouse de Michel Leiris, était depuis vingt ans sa collaboratrice, et, en 1940, quand Kahnweiler, fuyant les Allemands parce qu'il était juif, alla se réfugier en zone libre, elle put avec l'aide de quelques amis – tel le collectionneur Lefèvre – garder la galerie ouverte en changeant la raison sociale. À dater de ce jour, la galerie devint la galerie Louise Leiris.

Casanova, chez les Leiris, exerça une assez grande influence sur tout le groupe. C'était une des premières fois que Pablo avait l'occasion de parler à un communiste de cette valeur. Et c'est à la suite de leurs contacts avec Casanova qu'un certain nombre d'intellectuels, dont Picasso, ont adhéré au Parti communiste.

Bien que l'art de Picasso fût une énigme pour la majorité des dirigeants, ceux-ci mesuraient très bien le prestige que son nom pouvait apporter à la cause. Je savais que Casanova avait fait une forte impression sur Picasso. Je savais aussi que deux de ses amis les plus intimes,

Louis Aragon et Paul Eluard, avaient joué un rôle dans sa conversion. Mais quand je lui ai demandé ce qui, au juste, l'avait fait adhérer au Parti – étant donné que toutes les « déclarations » que j'avais lues dans la presse ne ressemblaient pas à de véritables citations – il répondit simplement : « Je suis venu au Parti comme on va à la fontaine. » Les groupes de droite, qui manifestaient si bruyamment contre l'exposition, essayaient de discréditer Picasso afin de neutraliser l'utilité qu'il pourrait avoir pour le Parti communiste.

J'étais souvent de service à l'exposition, en compagnie d'autres jeunes peintres et étudiants qui admiraient l'œuvre de Picasso. Notre mission était de protéger cette exposition et de remettre en place les tableaux que les manifestants parvenaient, de temps en temps, à décrocher. Deux mois plus tôt, des miliciens armés tiraient sur la population dans les rues. Maintenant que la Libération était accomplie, l'agitation continuait, mais sous d'autres formes. Les gens venaient voir l'exposition pour crier et dégorger leur venin politique.

Beaucoup de tableaux, intitulés *Femme couchée*, étaient des portraits très rythmés de Marie-Thérèse Walter. Certains avaient déjà été exposés dans la galerie de Paul Rosenberg. Il y en avait d'autres, plus récents, et bien plus tourmentés, de Dora Maar, et des natures mortes avec une bougie, une tête de taureau, un chat attrapant un oiseau, toutes plutôt hallucinantes et sombres. Après le cauchemar de l'Occupation, cela devait être un vrai choc pour le grand public de se trouver face à face avec une œuvre si proche en esprit des années qu'il venait de traverser. Regarder l'image d'une période où l'on avait piétiné toutes les valeurs devait être presque plus difficile que de l'avoir vécue.

D'un seul coup, Picasso devint l'« homme du jour ». Pendant les semaines qui suivirent la Libération, on ne pouvait traverser son atelier sans trébucher sur le corps allongé de quelque jeune G.I. Ils allaient tous voir Picasso, mais ils étaient si fatigués qu'ils arrivaient à peine à gagner l'atelier avant de tomber endormis. Une fois, j'en ai compté vingt, assoupis à divers endroits de l'atelier. Au début, c'étaient surtout de jeunes écrivains, des artistes, des intellectuels : après, ce furent des touristes. Tout en haut de leur liste, au même titre que la tour Eiffel, il devait y avoir l'atelier de Picasso.

Dès lors, Picasso cessa d'être simplement un grand peintre pour devenir une vedette. Je me rappelle avoir traversé un jour la place Clichy à bicyclette, et m'être arrêtée à un croisement, près d'un kiosque à journaux. J'ai levé les yeux : Picasso me dévisageait sur la couverture d'une revue comme *Match* ou *Life*, son pigeon favori perché sur sa tête. Je blêmis. J'avais réalisé, naturellement, qu'il était une personne publique. Mais pour moi c'était une façade qui dissimulait une personne réelle, intacte et inaccessible. Lorsque j'ai vu sa photo avec cet oiseau, si sauvage que personne sauf lui ne pouvait le toucher et qui s'envolait dès qu'une autre personne approchait, cela me sembla une invitation au monde à participer à ce qui devrait rester secret. J'ai eu un moment de vertige. J'ai compris soudain à quel point Picasso était dédié à la foule.

Un des premiers visiteurs de l'immédiat après-guerre fut un marchand de tableaux que j'appellerai Jacques. Il avait acheté quelques-unes des plus belles toiles de Picasso, puis il avait quitté Paris avant la guerre pour s'installer à New York. La guerre finie, il était revenu en Europe sur un *Liberty ship*, à la recherche de trésors. Quand il arriva rue des Grands-Augustins, il avait déjà perdu un peu de son enthousiasme. Il raconta à Pablo comment il avait emporté dans ses bagages une boîte de trois livres de bismuth – parce qu'il souffrait d'un ulcère – et une grande quantité de cigarettes américaines, craignant de n'en pas trouver en Europe. Les douaniers du Havre avaient arrêté ce chargement suspect.

Jacques avait tenté d'expliquer que la boîte contenait du bismuth pour son ulcère. Mais les douaniers avaient d'autres idées : c'était, au moins en partie, de la cocaïne, par exemple ; les cigarettes pouvaient peut-être contenir de la marijuana ; ils confisquèrent le tout aux fins d'analyse. Pendant ce temps, Jacques était consigné dans un hôtel du Havre. Deux jours plus tard, et le résultat des analyses étant négatif, on lui permit de continuer vers Paris, après règlement de frais de laboratoire assez importants et d'un droit prohibitif sur les cigarettes.

L'adhésion de Pablo Picasso au Parti communiste avait refroidi certains acheteurs américains. On enregistrait aussi une baisse de ses ventes et de leurs cours en Amérique. Jacques pensait que c'était vraiment dommage. Il assura Pablo qu'il n'avait pas la moindre intention de laisser un détail comme celui-là affecter son amitié, ou son intérêt pour ses œuvres. « Envers et contre tout, je suis ici pour acheter, dit-il, si vos prix sont raisonnables. Vous savez bien que je ne suis pas homme à profiter de la malchance d'autrui. Quand Renoir est mort, je l'ai appris à dix heures du matin. À dix heures trente, un homme vient dans ma galerie pour m'acheter des Renoirs. Je me demande comment il a appris la nouvelle si vite, mais je lui montre deux ou trois petites toiles. Il me dit qu'il veut quelque chose de plus important. Alors, je me rends compte qu'il sait. Je sors une toile beaucoup plus grande. Il m'en demande aussitôt le prix. Je ne peux pas supporter l'idée qu'on trafique sur la mort d'un peintre ; je lui fais alors un prix pour Renoir mort, pas pour Renoir vivant. »

Picasso n'était pas très ému. « Je suis sûr que vous ne spéculez pas sur la mort des artistes, dit-il, mais cela ne vous profitera pas d'essayer de spéculer sur moi vivant. Je trouve que vous devriez retourner en Amérique et dénicher des Picassos au prix d'avant-guerre. Ici, il y a une certaine plus-value à être encore en vie, malgré la guerre, et cela fait monter les prix.

— Vous n'avez pas de cœur, protesta Jacques. Que faites-vous de notre amitié ? Vous retournez tous mes arguments. Et quand je pense que je voulais vous rendre service ! »

Mais comme Picasso n'avait pas envie de traiter avec lui ce jour-là, ils ne firent pas d'affaires.

Quelques semaines plus tard, Jacques revint voir Pablo. Le marché des Picassos était excellent et Jacques brûlait d'envie d'acheter. Je crois qu'il avait réellement beaucoup d'affection et d'admiration pour Pablo, mais il voulait aussi des tableaux. Il est arrivé, presque à bout de souffle, rue des Grands-Augustins. Il était très maigre et ne devait guère peser plus de cinquante kilos. Ce jour-là, il semblait presque gras. Il était littéralement bourré de dollars. « Enfin, je vais avoir quelques tableaux. J'ai de l'argent : regardez ! » disait-il, tirant des liasses de ses poches et les empilant sur la table. De temps à autre, il en agitait une sous le nez de Pablo, qui restait impassible. Jacques continuait d'extraire de plus en plus de billets. Pablo le regardait tristement :

« C'est terrible, mon pauvre ami. Vous n'êtes vraiment plus assez riche pour moi. Je crains que vous ne puissiez plus jamais m'acheter de tableaux.

— Mais qu'est-ce que vous dites ? cria Jacques. Vous vendez à Kahnweiler, même à Carré. Pourquoi pas à moi ? Regardez ! »

Il découvrit une poche encore pleine et en sortit de nouvelles liasses de billets. Finalement, il saisit son chéquier, le posa sur la table. Picasso secouait la tête. Puis il remarqua le chapeau de Jacques :

« C'est un joli chapeau, dit-il. Il me plaît.

— Naturellement, dit Jacques. Il vient de chez Lock, à Londres. »

Et, le retirant, il montra à Pablo l'étiquette et ses initiales en or sur la bande. Pablo l'essaya. Il était si petit pour lui qu'il restait perché sur sa tête.

« Mais j'irai en chercher un à votre taille, offrit Jacques.

— Bon, très bien, dit Picasso. Si vous allez à Londres et me rapportez un chapeau – juste comme celui-là – alors, *peut-être* qu'en dépit de tout je vous vendrai une toile, parce que je suis gentil et que je vous aime bien. »

Jacques partit sur-le-champ, sauta dans le premier avion à destination de Londres et revint le lendemain à l'atelier avec la réplique de son chapeau de chez Lock, portant les initiales de Pablo sur la bande. « Bon ! » dit Picasso. Il mit le chapeau, se regarda dans la glace, puis, se tournant vers Jacques, dit tristement : « Vous savez, il ne me flatte pas du tout, ce chapeau. Vous pouvez le garder », et il en coiffa vivement Jacques. Le chapeau était bien trop grand. Picasso le lui enfonça jusqu'aux oreilles et s'éloigna. Jacques n'eut pas encore de tableaux ce jour-là.

Quand Picasso était jeune, les marchands de tableaux voulaient tirer de lui le plus de profit possible, et ils fixaient les prix. À un certain moment, les choses ont changé. Tout le monde voulait des Picassos, et c'était lui qui décidait. Dès lors, la seule question était de savoir si un marchand aurait ou non des toiles, et si oui, lesquelles, car Pablo gardait toujours les meilleures. Il se donnait une peine inouïe pour laisser ignorer au marchand, jusqu'au bout, s'il lui céderait des toiles, et de quelle sorte : tableaux importants, ou choses relativement insignifiantes. J'ai vite eu l'occasion de me rendre compte qu'avec les marchands, comme avec tout le monde, Picasso avait une manière bien à lui d'appliquer le « diviser pour régner ». En 1944 et 1945, Kahnweiler n'avait pas l'exclusivité et Picasso vendait assez souvent à Louis Carré. Il s'arrangeait quelquefois pour qu'ils viennent tous les deux le même jour, rue des Grands-Augustins. Ensuite, Picasso veillait à ce qu'ils aient à faire antichambre ensemble pendant près d'une heure. Puis, après la longue attente, il admettait l'un d'eux dans le saint des saints. Généralement, comme il préférait Kahnweiler, il faisait entrer Louis Carré le premier. Afin que Kahnweiler eût le temps de souffrir, il le faisait attendre bien plus longtemps qu'il n'était nécessaire pour régler ses affaires avec Carré. Celui-ci savait que Kahnweiler s'apprêtait anxieusement à surprendre son expression, se disant : « Si Carré sourit, c'est qu'il a des tableaux ; s'il a l'air triste, c'est qu'il n'en a pas. » Et Carré avait la finesse de se prêter à ce petit jeu ; si bien que, tout particulièrement quand il n'avait rien obtenu, il sortait tenant Pablo par l'épaule, lui donnant du « cher ami » et faisant montre de la satisfaction la plus vive. J'ai vu quelquefois la figure de Kahnweiler devenir cendreuse à ce spectacle. Il n'y pouvait rien. C'était plus fort que lui. Ce n'était pas seulement une jalousie professionnelle. Je crois vraiment que Kahnweiler éprouvait une espèce de sentiment possessif pour Picasso et pour son œuvre, en plus de l'intérêt normal du marchand de tableaux. Lorsque Carré sortait l'air ravi, cela ne semblait pas seulement signifier qu'il avait obtenu des toiles, cela voulait dire aussi qu'une autre personne avait été admise dans l'intimité de cet homme qui importait tant à Kahnweiler. Le plus souvent il n'en était rien. Mais Kahnweiler imaginait le contraire, et cette supposition le mettait dans un état de souffrance aiguë qui l'amollissait. Picasso le faisait entrer. Kahnweiler était si déprimé qu'il devenait alors plus facile de l'influencer. Si, par exemple, Pablo voulait monter ses prix, il se servait de cette mise en scène. Carré, qui paraissait très jeune à l'époque, avait beaucoup d'entrain, une silhouette trapue et bien découplée, une grande aisance de paroles et de gestes : c'était le type de l'homme d'action. Kahnweiler avait toujours été, lui, plutôt renfermé, comme il sied à un homme élevé à Francfort dans l'atmosphère puritaine de collèges protestants. Dans ces moments pénibles, il devait envier l'aisance et le brio d'un homme comme Carré.

Ce fut l'un de mes premiers aperçus de la technique de Picasso, qui consistait à se servir des gens comme au jeu de quilles, visant une personne avec la boule pour en faire tomber une autre.

Cet hiver-là, Pablo m'avait donné à lire l'*Autobiographie d'Alice B. Toklas*. Ce livre m'ayant beaucoup intéressée, je lui dis que j'aimerais faire la connaissance de Gertrude Stein. Il m'annonça un matin : « Nous allons voir Gertrude cette semaine. Cela va vous amuser. De plus, j'ai grande confiance en son jugement. Si elle vous apprécie, voilà qui renforcera la bonne opinion que je peux avoir de vous. » Entendant cela, je perdis tout désir de la connaître. Mais il fallait bien y aller, puisque le rendez-vous était pris.

J'avais déjeuné avec Pablo au *Catalan*. Il était très gai, mais moi je ne pouvais avaler une bouchée. Vers trois heures trente, nous avons gravi le grand escalier froid et éventé de la maison de la rue Christine. La porte fut entrouverte avec parcimonie comme celle de la rue des Grands-Augustins, et j'aperçus, dans l'embrasure, un visage étroit et mat aux paupières lourdes, au long nez crochu, à la bouche mince ombrée d'un duvet noir fourré. Lorsque cette apparition eut reconnu Pablo, la porte s'ouvrit un peu plus, et j'eus sous les yeux une petite personne coiffée d'un énorme chapeau. C'était Alice B. Toklas.

Elle nous fit entrer dans le vestibule et salua Pablo d'une voix de baryton. Quand Pablo me présenta, elle grommela un « Bonjour, mademoiselle », avec l'accent d'un Américain d'opérette lisant un guide de conversation.

Après avoir accroché nos manteaux dans une petite penderie, nous traversâmes une galerie pleine de tableaux, de l'époque cubiste surtout, la plupart de Pablo et de Juan Gris, pour arriver dans un salon inondé de soleil. Là, dans un fauteuil, face à la porte, sous son portrait peint par Picasso en 1906, était assise Gertrude Stein, large, solide, imposante, ses cheveux gris presque rasés. Elle portait une jupe marron qui descendait jusqu'aux chevilles, une espèce de blouse beige, et elle avait les pieds nus dans de grosses sandales de cuir.

Picasso me présenta et elle me fit signe de m'asseoir sur un canapé de crin qui lui faisait face. Pablo s'installa sur un rebord de fenêtre, près d'elle mais un peu en retrait, le dos à la lumière, comme s'il se promettait de regarder la scène sans avoir trop à y participer. Une lueur dans ses yeux m'indiquait qu'il comptait bien s'amuser. Alice Toklas s'assit sur le même canapé que moi, mais aussi loin que possible. Au centre de notre petit cercle étaient disposés plusieurs guéridons ornés d'assiettes de petits fours, de gâteaux, de biscuits, et de toutes sortes de friandises qu'on avait perdu l'habitude de voir pendant la guerre.

J'étais un peu intimidée, parce que les premières questions de Gertrude Stein étaient abruptes et cousues de fil blanc. Il était évident qu'elle se demandait ce qu'il pouvait y avoir entre Pablo et « cette petite ». D'abord en anglais, puis en français, elle essaya de me faire parler. C'était pis que l'oral du bachot.

Je répondais de mon mieux à ses questions, mais l'énorme chapeau d'Alice Toklas bordé d'un petit galon fantaisie me donnait des distractions. Vêtue de gris anthracite et de noir, elle semblait s'être préparée pour un enterrement, mais la coupe était de première qualité. J'appris par la suite qu'elle s'habillait chez Balmain.

À tout prendre, cette proximité n'était pas très réconfortante. Je sentais sur moi un regard sans indulgence. Alice se contentait de donner de temps à autre une précision à Gertrude Stein. Elle parlait alors d'une voix très grave et râpeuse ; on pouvait entendre l'air siffler entre ses dents. Cela rendait un son très désagréable, comme l'affûtage d'une faux.

Au fur et à mesure que l'après-midi s'écoulait, l'interrogatoire de Gertrude Stein se fit moins serré. Elle voulait savoir dans quelle mesure je connaissais son œuvre, et si j'avais lu des écrivains américains. Heureusement j'en avais lu beaucoup. Elle me dit qu'elle était leur mère spirituelle à tous : Sherwood Anderson, Hemingway, Scott Fitzgerald. Elle insista tout particulièrement sur l'influence qu'elle avait eue sur Dos Passos, sur Erskine Caldwell. Elle voulait me faire saisir son importance, même à l'égard de ceux qui n'étaient jamais venus s'asseoir à ses pieds, comme Faulkner et Steinbeck, par exemple. Elle m'affirma que, sans elle, il n'y aurait pas eu de littérature américaine moderne.

Après avoir fait le point des questions littéraires, elle passa à la peinture et se mit à m'interroger sur le cubisme. Mais comme j'étais, moi aussi, assez bas-bleu à l'époque, je lui fournis, avec toute la pédanterie de mes vingt-trois ans, les précisions qui me semblaient requises sur le cubisme analytique, le cubisme synthétique, l'influence de l'art nègre, de Cézanne, etc. Je ne voulais pas tant faire bonne impression sur Gertrude Stein qu'être sûre de ne pas lui laisser le dernier mot, au moins pour éviter de décevoir Pablo. À la fin, elle se retourna et, désignant son portrait, me demanda : « Et que pensez-vous de mon portrait ? » Je lui répondis que je savais que ses amis avaient pensé qu'il ne lui ressemblait pas beaucoup au début, mais qu'au bout d'un certain temps elle s'était mise à lui ressembler. Mais, continuai-je, il me semblait qu'elle avait maintenant dû rebrousser chemin car elle s'était beaucoup plus rapprochée de l'idée que je me faisais d'un moine du Tibet. Elle me regarda sans aménité. Le plus déroutant, c'était que pendant tout ce temps Alice Toklas ne restait pas en place une minute : elle se levait, allait et venait avec de nouveaux gâteaux, les déposait sur les guéridons, les offrait à la ronde. Son visage s'obscurcissait un peu plus à chacune de mes réponses. Elle ne devait pas les trouver assez respectueuses. Certes, j'admirais Gertrude Stein, mais je ne voyais pas que ce fût une raison pour la couvrir de fleurs. Chaque fois que je disais quelque chose qui aurait pu déplaire, Alice Toklas me présentait vite une autre assiette de gâteaux et j'étais forcée d'en prendre un et d'y mordre. Comme ils étaient tous très onctueux et sucrés et qu'il n'y avait rien à boire, cela ne facilitait pas la conversation. J'imagine que j'aurais dû dire un mot de ses talents culinaires, mais je me contentais de manger les gâteaux d'Alice Toklas et de parler à Gertrude Stein. Je pense que j'ai dû me faire une ennemie d'Alice Toklas ce jour-là. Mais Gertrude Stein semblait – au moins à en juger par ses éclats de rire – me trouver plutôt amusante, pour le moment. Vers la fin de l'après-midi, elle quitta la pièce et revint avec trois de ses livres. L'un d'entre eux était, je m'en souviens : *Wars I Have Seen*. Elle me les dédicaça tous et dans ce dernier inscrivit : « Rose est une rose est une rose est une rose – une fois de plus pour Françoise Gilot. »

Nous allions partir lorsque Gertrude Stein me dit : « Maintenant, vous pouvez venir me voir quand vous voudrez. » Alice Toklas me lança encore un regard sombre. Je me promis de ne plus jamais remettre les pieds dans cet appartement.

Pablo n'avait soufflé mot, mais l'éclat de ses yeux m'avait permis de deviner ses pensées, de temps à autre. Il était bien décidé à me laisser contourner les sables mouvants, de mon mieux. Nous étions sur le pas de la porte quand il dit, innocemment : « Eh bien, vous n'avez pas découvert de nouveaux peintres récemment ? » Gertrude Stein dut sentir le piège, car elle demanda : « Que voulez-vous dire ? – Il n'y a aucun doute, Gertrude, vous êtes la grand-mère de la littérature américaine, reprit-il, mais êtes-vous certaine qu'en peinture vous ayez eu un jugement aussi sûr à l'égard de la génération qui nous a suivis ? Quand il y avait Matisse et Picasso à découvrir, tout allait bien. Vous êtes allée jusqu'à Gris, mais depuis, il me semble que vos découvertes ont été moins intéressantes. »

Elle paraissait mécontente, mais ne répondit rien. Pour retourner le fer dans la plaie, Pablo continua : « Vous avez aidé à découvrir une génération, et c'est merveilleux, mais découvrir deux ou trois générations, ça, c'est vraiment difficile, et je ne crois pas que vous l'ayez fait. »

Il y eut un moment de silence, puis elle dit : « Écoutez, Pablo, je montre à un peintre ce qu'il fait de bon et l'encourage ainsi à cultiver son talent. Ce qu'il a de mauvais disparaît, parce qu'il l'oublie. Je ne sais pas si mon sens critique s'est émoussé. Mais les conseils que je donne aux peintres ont toujours été constructifs. »

Par la suite, j'ai revu Gertrude Stein, rue de Buci, faisant quelques courses aux alentours de midi. Elle semblait toujours porter le costume – généralement recouvert d'une cape – que je lui avais vu le jour de ma visite avec Pablo. Elle me pressait chaque fois, avec amitié, de revenir rue Christine. Je répondais affirmativement mais n'en fis jamais rien, parce qu'il m'était plus facile de me passer d'elle que de la voir sous l'œil sévère d'Alice B. Toklas.

Avant que je rencontre Picasso, ma peinture était figurative, d'une manière expérimentale. Au début de 1944, j'ai décidé que ce qu'on appelait en jargon « anecdote » n'avait aucun intérêt et je me suis mise à travailler de façon non figurative. Ma grand-mère, qui montait chaque soir dans mon atelier pour voir ce que j'avais fait pendant la journée, avait été très choquée, quelques mois plus tôt, par des portraits et natures mortes, figuratives, mais de formes torturées. Par contre, elle a tout de suite aimé mes toiles abstraites.

« Je ne comprends pas ce que tu faisais auparavant, me dit-elle, ni ce que tu as entrepris maintenant, mais cela me plaît. Je peux voir l'harmonie des couleurs et des lignes, et comme tu ne tords ni ne tortures plus la nature, j'aime mieux cela. »

Je lui ai répondu que ces toiles-là ne me semblaient pas plus agréables que les autres. Au contraire, les compositions que je faisais maintenant avaient une intention dramatique et ne m'étaient pas agréables, à moi. Je lui ai demandé alors si elle ne les trouvait pas dramatiques. « Non, pas du tout, répondit-elle. Je peux les regarder durant des heures et les trouver reposantes. »

J'ai raconté cela à Pablo. Il a ri. « Bien sûr, la peinture non figurative n'est jamais subversive. C'est toujours une espèce de sac dans lequel le spectateur peut jeter tout ce dont il veut se débarrasser. On ne peut pas imposer sa pensée à quelqu'un, s'il n'existe aucun rapport entre la peinture qu'on lui offre et ses habitudes visuelles. Je ne parle pas du connaisseur. Je parle du profane, dont les expériences visuelles sont plutôt conventionnelles. Depuis l'enfance, il regarde un arbre d'une certaine manière. Un homme cultivé peut retrouver Cézanne dans un paysage d'Aix, ou Van Gogh en Arles. Mais, d'une façon générale, les gens voient la nature de façon stéréotypée et refusent qu'on y touche. Ils veulent bien qu'on leur montre des toiles qui ne ressemblent à rien, parce qu'elles peuvent correspondre à un vague rêve intérieur. Mais si on prend un spectacle ordinaire et qu'on essaie d'y changer le moindre détail, tout le monde crie : “Oh ! non, ce n'est pas possible, la nature n'est pas comme cela.”

« Quand je peins, j'essaie toujours de donner une image à laquelle les gens ne s'attendent pas et qui soit assez écrasante pour être inacceptable. C'est ça qui m'intéresse. Et dans ce sens, je veux être subversif. C'est-à-dire que je donne aux gens une image de la nature et d'eux-mêmes. Les éléments épars viennent de la manière courante de voir les choses en peinture traditionnelle, mais ils sont réassemblés de façon assez inattendue et troublante pour forcer les spectateurs à se poser des questions. »

Je dis à Pablo que personne n'aurait pu faire de la peinture complètement non figurative mieux que lui. « Peut-être. Dans ces portraits cubistes polyédriques en blanc, gris et ocre que j'ai faits à partir de 1909, il y a des références aux formes de la nature. Mais au tout début, il n'y en avait pratiquement pas. J'ai ajouté ces références par la suite. Je les qualifie d'attributs. À cette époque-là, je peignais pour peindre. C'était vraiment de la peinture pure, et la composition était faite pour la composition. Vers la fin seulement j'ajoutais les attributs. Quelquefois, je ne mettais que trois ou quatre touches noires, et ce qu'il y avait autour de ces touches devenait un gilet. Je pense que j'use de ce mot "attribut" comme le ferait un écrivain plutôt qu'un peintre, dans le sens d'une phrase avec sujet, verbe et attribut. L'attribut est un adjectif. Il sert à qualifier le sujet. Mais, en réalité, le verbe et le sujet font tout le tableau. Mes attributs n'étaient que les petits points de repère destinés à ramener l'œil vers la réalité visuelle, reconnaissable par tous. Et je m'en suis également servi pour dissimuler la peinture pure. Je n'ai jamais cru à la peinture destinée uniquement à l'élite. J'ai toujours pensé que la peinture doit éveiller quelque chose même chez celui qui n'a pas l'habitude de regarder des tableaux, juste comme dans Molière : il y a toujours une réplique pour faire rire l'homme de la rue et une autre pour faire sourire l'homme cultivé. C'est la même chose avec Shakespeare. Et dans mon œuvre, comme dans Shakespeare, il y a toujours des détails burlesques et même vulgaires. Ainsi, je touche tout le monde. Ce n'est pas que je veuille me prosterner devant le public, c'est que je veux offrir quelque chose à tous les niveaux.

« Mais, pour en revenir aux attributs : vous connaissez mon portrait cubiste de Kahnweiler ? » Je répondis que je le connaissais, en effet, tout au moins en reproduction. « Bon, dit-il, dans sa première forme, j'ai cru qu'il allait s'en aller en fumée. Mais quand je peins de la fumée, je veux qu'on puisse y enfoncer un clou. Alors, j'ai ajouté des attributs – un soupçon d'œil, une ondulation de cheveux, un bout d'oreille, les mains croisées – et maintenant c'est dur et solide, on peut y enfoncer un clou.

« J'avais l'impression que ce que je voulais exprimer dans ces toiles était plutôt difficile à comprendre. C'est comme Hegel. Il est au sommet pour ceux qui veulent bien prendre la peine de le lire, et qui sont à la recherche de ce qu'il peut leur donner. Mais si on veut offrir une nourriture de cet ordre en peinture, et à des gens qui ne peuvent l'absorber facilement parce qu'ils n'ont pas les organes adéquats, il faut bien user de subterfuges. C'est comme pour donner une explication compliquée à un enfant : on ajoute des détails qu'il saisit immédiatement, pour soutenir son attention et l'aider à comprendre les passages difficiles. La plupart des gens n'ont pas l'esprit d'invention, ni de création. Comme dit Hegel, ils ne peuvent reconnaître que ce qu'ils connaissent déjà. Comment s'y prendre alors pour leur apprendre quelque chose de nouveau ? En mélangeant ce qu'ils connaissent avec ce qu'ils ignorent. Alors, quand ils perçoivent vaguement dans le brouillard quelque chose qu'ils comprennent, ils se disent : "Ah ! j'ai déjà vu ça." Et leur esprit s'avance dans l'inconnu. »

Tout cela me semblait très raisonnable, et je le lui ai dit. « Bien sûr, c'est raisonnable, s'écria-t-il, c'est du Hegel tout pur ! »

J'étais frappée par l'application qu'il faisait du philosophe et je lui ai demandé s'il avait beaucoup lu Hegel.

« Pas une ligne, me répondit-il. Je vous ai dit qu'il y avait très peu de gens qui voulaient se donner cette peine. Tout ce que je sais de lui, je l'ai appris par Kahnweiler. Mais je m'écarte tout le temps de mes attributs. Il faut que vous compreniez que, si les attributs – ou, dans un sens plus général, les objets – formaient l'essentiel de ma peinture, je les choisirais avec le plus grand soin. Dans un tableau de Matisse, par exemple, l'objet joue un rôle majeur. Aussi l'honneur de devenir objet dans une toile de Matisse est-il réservé à des choses inhabituelles, rares ou précieuses. Tandis que les objets qui entrent dans ma peinture ne sont pas du tout comme cela, ils sont usuels : une cruche, un verre de bière, une pipe, un paquet de tabac. Je ne vais pas chercher un objet rare dont personne n'a jamais entendu parler, comme ces chaises vénitiennes de Matisse, en forme d'huître, pour le transformer. Cela n'aurait aucun sens pour moi. L'objet le plus quotidien est un vaisseau – un véhicule de ma pensée. Ce que la parabole était pour le Christ. Il avait une idée ; il la formulait ainsi pour la rendre accessible à tous. Dans ces "lieux communs", je mets ce que j'ai à dire, ce sont mes paraboles. »

Je fis remarquer à Pablo qu'il faisait des progrès dans la voie de la sainteté : Hegel d'abord, puis le Christ. À qui le tour maintenant ? Il réfléchit : « Je ne sais pas. Peut-être Aristote. En tout cas, quelqu'un qui pourrait remettre la peinture sur le bon chemin. » Je demandai quand elle en était sortie. « Ah ! c'est une histoire embrouillée, mais comme vous êtes attentive, je vais vous la raconter. Il faut retourner aux Grecs et aux Égyptiens. Nous appartenons malheureusement à une époque où il n'y a ni ordre ni canon qui permette de soumettre la production artistique à des règles. Les Grecs, les Égyptiens avaient cela. Pour eux, la beauté était par définition contenue dans ces règles. Mais quand la peinture a perdu tout rapport avec la tradition et quand l'impressionnisme a permis à chaque peintre de faire ce qu'il voulait, ce fut l'anarchie. On décida que, seules, les sensations et les émotions comptaient, et que chacun pouvait recréer la peinture comme il l'entendait, à partir de n'importe quelle base. Alors il n'y a plus eu de peinture, il n'est resté que des individus. La sculpture est morte de la même mort.

« Depuis Van Gogh, nous sommes tous des autodidactes – on pourrait presque dire des peintres primitifs. La tradition ayant elle-même sombré dans l'académisme, nous devons recréer tout un langage. Et chaque peintre de notre temps est habilité à recréer ce langage de A à Z. On ne peut lui appliquer aucun critère a priori, puisque les règles fixes n'ont plus cours. D'un certain point de vue, c'est une libération, mais c'est en même temps une limitation terrible : quand l'artiste commence à exprimer sa personnalité, ce qu'il gagne en liberté il le perd en ordre, et c'est très mauvais de ne plus pouvoir s'attacher à une règle. »

Je pensais au cubisme et demandai s'il ne s'agissait pas, là, d'une certaine forme d'ordre. Il haussa les épaules. « Oui, c'était la manifestation d'un vague désir de retour à l'ascèse. Nous essayions d'aller dans une direction opposée à celle de l'impressionnisme. C'est pour cela que nous avons abandonné la couleur, l'émotion, les sensations et les autres apports de l'école impressionniste. Nous étions à la recherche d'une base architectonique dans la composition, d'une austérité qui pourrait réinstaurer l'ordre. Le plus souvent, nous ne signions même pas nos toiles ; la plupart de celles qui sont signées l'ont été des années plus tard. C'est que nous étions tentés par l'idée d'un art anonyme, dans son principe plutôt que dans ses manifestations. Nous voulions unir nos efforts pour élaborer ce nouvel ordre. Personne n'avait besoin de savoir qui avait peint telle ou telle toile. Mais l'individualisme était déjà trop fort et ce fut un échec ; quelques années plus tard, tous les cubistes valables ne l'étaient déjà plus. Braque disait l'autre jour : “Le cubisme est un mot inventé par les critiques, mais nous n'avons jamais été cubistes.” Ce n'est pas tout à fait exact. Nous avons, à un certain moment, vécu cette recherche, mais, en nous en éloignant, nous nous sommes aperçus qu'avant tout nous étions des individus. Après avoir compris que l'aventure collective était une cause perdue, chacun de nous est reparti, solitaire, comme Van Gogh, vers une aventure essentiellement tragique. J'ai dit tout à l'heure que nous étions des autodidactes. C'est vrai, je crois. Lorsque le mouvement cubiste se désagrégea, nous fûmes sauvés de l'isolement total par le fait que, malgré nos différences, nous étions tous des artistes “modern style” ! Il y avait tant de courbes délirantes dans ces bouches de métro et autres manifestations du “style nouille” que, par réaction, je me limitai presque exclusivement aux lignes droites. Malgré cela, je participais à ma manière au “modern style”. Être contre un mouvement, c'est encore en faire partie. On ne peut pas échapper à son époque. On prend parti d'un côté ou de l'autre ; on est cependant dans la mêlée. Nous avions même l'habitude de nous demander en riant : "Peins-tu comme le Louvre ou comme Dufayel ?" et l'autre répondait : "Comme Dufayel, naturellement !" »

Je dis à Pablo que j'avais toujours considéré le cubisme comme le règne de la peinture pure. Ensuite, l'artiste avait évolué mais ne l'avait pas transcendé. Picasso avait réalisé depuis lors une œuvre plus puissante, d'une force plus immédiate et plus expressive, mais n'avait rien accompli qui parût dépasser son œuvre cubiste.

« Nous verrons ce que vous en penserez dans cinq ans, dit-il. En attendant, vous pouvez étudier le cubisme de plus près. Je ne peux vraiment vous en vouloir de penser cela. À l'époque, c'est exactement l'opinion que j'avais moi-même. Mais je n'avais pas l'avantage d'en juger rétrospectivement. » Il souriait : « À ce moment-là, presque chaque soir j'allais voir Braque dans son atelier, ou bien il venait chez moi. Il fallait absolument que nous discutions du travail accompli pendant la journée. Une toile n'était finie que si chacun de nous en jugeait ainsi. Je me souviens qu'un soir Braque était en train de travailler sur une grande nature morte ovale avec un paquet de tabac, une pipe, et autres vases sacrés du cubisme. J'ai regardé la toile, reculé et dit :

« "Mon pauvre ami, c'est épouvantable, je vois un écureuil dans ta toile.

« — Mais c'est impossible, répondit Braque.

« — Oui, c'est paranoïaque, mais, que veux-tu, je *vois* un écureuil. Or, cette toile ne doit pas donner une illusion d'optique. Puisque les gens ont besoin de reconnaître un objet, tu veux qu'ils voient un paquet de tabac, une pipe et d'autres éléments nécessaires. Mais, pour l'amour du Ciel, débarrasse-toi de cet écureuil."

« Braque a reculé de quelques pas, regardé avec soin la toile et aperçu l'écureuil, parce que ce genre de vision est contagieux. Il s'est battu avec l'écureuil des jours entiers. Il changeait les formes, la lumière, la composition, mais l'écureuil revenait toujours. Enfin, au bout de huit ou dix jours, il est arrivé à déjouer l'illusion et la toile est redevenue un paquet de tabac, une pipe, un jeu de cartes, et, surtout, une toile cubiste. À cette époque, notre œuvre était une sorte de laboratoire de recherche et il n'y entrait aucune prétention ni vanité personnelles. »

Je dis que je pouvais admirer cela et que j'avais toujours éprouvé une sorte de vénération pour le cubisme. Mais je ne comprenais pas très bien la nécessité intérieure qui les avait amenés aux papiers collés. J'avais toujours l'impression que le papier collé était une sorte de sous-produit crépusculaire du cubisme. « Pas du tout, répondit Pablo. Le papier collé fut vraiment au centre de la découverte, même si, esthétiquement, on peut préférer les toiles cubistes. Un des points fondamentaux du cubisme visait à déplacer la réalité ; la réalité n'était plus dans l'objet, elle était dans la peinture. Quand le peintre cubiste pensait : "Je vais peindre un compotier", il se mettait au travail, sachant qu'un compotier en peinture n'avait rien de commun avec un compotier dans la vie. Nous étions réalistes, mais dans le sens du dicton chinois : "Je n'imite pas la nature, je travaille comme elle." »

Je demandai de quelle manière un peintre pouvait agir comme la nature. « Eh bien, dit-il, à part le rythme, la différence des textures est une des choses qui nous frappent le plus dans la nature : la transparence de l'espace opposée à l'opacité de l'objet dans cet espace, la matité d'un paquet de tabac à côté d'un vase de porcelaine, et, en plus, le rapport de la forme, de la couleur et du volume à la texture. Pourquoi évoquer ces différences avec de monotones touches de peinture à l'huile et chercher à "rendre" le visuel grâce à des conventions torturantes et rhétoriques : perspective, etc. ? Le but du papier collé était de montrer que des matériaux différents pouvaient entrer en composition pour devenir, dans le tableau, une réalité en compétition avec la nature. Nous avons essayé de nous débarrasser du trompe-l'œil pour trouver les "trompe-l'esprit". Un morceau de journal n'était jamais utilisé pour représenter un journal ; on s'en servait pour définir une bouteille, un violon ou un visage. On n'employait aucun élément dans son sens littéral, mais toujours hors de son contexte habituel, pour produire un choc entre la vision originelle et sa nouvelle définition finale. Si un morceau de journal peut devenir une bouteille, cela donne à réfléchir sur le compte des journaux, aussi bien que des bouteilles. Cet objet déplacé est entré dans un univers pour lequel il n'était pas fait et auquel il demeure étranger. Sur cette étrangeté, nous voulions faire réfléchir les gens, parce que nous étions conscients de vivre en exil dans un monde peu rassurant. »

À la suite de cette première discussion, j'ai suivi le conseil de Pablo et me suis mise à étudier le cubisme de plus près. Mes réflexions m'ont ramenée aux origines du mouvement et, plus en arrière encore, aux premières années de Picasso à Paris, de 1904 à 1909, sa vie au *Bateau-Lavoir*, alors qu'il devait rencontrer Fernande Olivier, peindre la série de ses saltimbanques, les nus roses qui ont suivi sa période bleue, enfin ses premières toiles cubistes.

Il me parlait souvent de cette époque avec un peu de nostalgie. J'étais arrivée, un mardi, dans l'intention de passer l'après-midi rue des Grands-Augustins, tandis que Pablo travaillerait. Mais il m'attendait sur le seuil, vêtu pour affronter un assez frais après-midi d'automne. Il portait une gabardine mastic très délavée, son habituel pantalon fripé et un vieux feutre déformé, rabattu très bas sur les yeux. Le pan d'un long cache-nez verdâtre était rejeté par-dessus son épaule, à la manière d'Aristide Bruant. « Je vous emmène au *Bateau-Lavoir*, me dit-il. Il faut que j'aille voir une vieille amie qui habite tout près. »

Marcel, le chauffeur, nous conduisit presque au sommet de la Butte. Pablo le fit s'arrêter près d'un coin éventé et désert, et nous abandonnâmes la voiture.

Toutes les feuilles étaient déjà tombées. Les maisons, petites et décrépites, avaient quelque chose de touchant dans leur air d'abandon tranquille. Paris semblait bien loin. À l'exception de quelques grands immeubles poussés ici ou là, j'aurais pu croire que nous avions fait un long voyage dans le temps, pour aboutir à ce coin fané du passé. Pablo m'indiqua une masure, un peu en retrait, en haut d'une petite pente. « C'est là que vivait Modigliani », dit-il. Nous descendions lentement en direction d'une maison grise, avec une grande baie, face au nord. « Ici, c'était mon premier atelier. » Nous avons tourné sur la droite et descendu encore la pente, rue Ravignan. Pablo me montrait une maison étroite, perchée comme une boîte sur une petite hauteur, à notre droite, dans un jardinet masqué par une grille. « Pierre Reverdy habitait ici. » Enfin j'aperçus, à droite, la rue d'Orchampt, avec ses petits pavillons et ses réverbères qui semblaient sortis d'une lithographie d'Utrillo.

Nous avons atteint une petite place, assez harmonieuse et mélancolique. L'hôtel *Paradis* s'élevait devant nous, et, à côté, il y avait ce bâtiment d'un seul étage avec deux portes, que j'ai tout de suite reconnu : c'était le *Bateau-Lavoir*. Pablo hocha la tête : « Nous y sommes », et désigna sur la gauche la fenêtre aux volets fermés. « C'est là que travaillait Juan Gris. » Il a ouvert la porte et nous sommes entrés. Une odeur de moisi, des murs grisâtres et bruns. Le plancher disjoint gémissait sous nos pas. « Cela n'a pas beaucoup changé en quarante ans », dit Picasso, avec un rire forcé.

Un escalier étroit menait à l'étage inférieur. Pablo montra une petite porte : « Max Jacob habitait là, presque sous mon atelier. À côté, il y avait un marchand de quatre-saisons : Soriol. Un soir, Max, Apollinaire et toute la bande étaient dans mon atelier. Nous faisions tant de bruit que Soriol ne pouvait se reposer. Il s'est mis à crier : “Eh ! fumiers ! vous ne pouvez pas laisser dormir les honnêtes travailleurs !” J’ai tapé sur mon plancher – son plafond – avec un gros bâton, et Max hurlait : “Soriol, ta gueule, ta gueule ! Soriol, ta gueule, ta gueule !” Nous avons continué assez longtemps, afin qu’il comprenne qu’il eût mieux valu ne pas protester. Il ne s’est plus jamais plaint. »

Pablo secoua la tête : « Max était étonnant : il savait toujours trouver le point sensible. Naturellement, il adorait taquiner Apollinaire ; connaissant sa jalousie ombrageuse, il annonça au cours d’un dîner qu’il avait composé une chanson en l’honneur de Marie Laurencin. Il se leva et se mit à chanter :

Ah ! l’envie me démange
De te faire un ange
De te faire un ange,
En farfouillant ton sein
Marie Laurencin
Marie Laurencin.

Marie Laurencin devint écarlate, Apollinaire violet, mais Max gardait un air angélique !

« Je crois vraiment qu’Apollinaire était sa cible favorite. Max savait l’atteindre au défaut de la cuirasse. La mère d’Apollinaire, qui se faisait appeler comtesse de Kostrowitzky, était une personne assez voyante. Mais Apollinaire l’adorait et ne permettait pas la moindre allusion péjorative sur son compte. Un soir, Max commença une chanson :

Épouser la mère d’Apollinaire
De quoi qu’on aurait l’air ?
De quoi qu’on aurait l’air ?

mais ne l’a jamais finie. Apollinaire s’était levé, furieux, et le poursuivit tout autour de la table.

« Apollinaire était assez avare. Un soir, il nous invita chez lui, Max et moi. Marie Laurencin était là. Il avait acheté un assez gros saucisson et coupé huit rondelles – deux pour chacun, j'imagine – mais ne nous en avait pas offert. Marie Laurencin et lui semblaient légèrement éméchés. Après quelques minutes, ils quittèrent tous deux la pièce. Comme nous savions que nous risquions d'attendre assez longtemps le saucisson, nous en avons mangé chacun une rondelle. En revenant, Apollinaire a compté les rondelles. Voyant qu'il n'en restait que six, il nous a regardés d'un air soupçonneux mais ne dit rien. Il en a coupé deux autres. Quelques minutes plus tard, ils ont de nouveau quitté la pièce. Max et moi avons mangé ces deux rondelles. Mais nous les avions à peine avalées qu'Apollinaire était de retour et comptait encore. Six. Il en recoupa deux. Quand, à la fin, il revint pour de bon, tout le saucisson avait disparu, deux rondelles à la fois. »

Pablo jeta un regard le long d'un autre corridor, rebroussa chemin et monta à l'étage. Cette fois, contournant la cage d'escalier, nous arrivâmes devant une porte sur laquelle était épinglée une carte de visite. Il regarda : « Je ne sais qui habite ici maintenant, dit-il. Mais en tout cas, c'était mon atelier. » Il posa une main sur mon bras et l'autre sur la poignée. « Il suffit de faire tourner cette poignée, dit-il, et nous nous trouverons de nouveau à l'intérieur de l'époque bleue. Vous étiez faite pour cette période et vous auriez dû me rencontrer à ce moment-là. Si nous nous étions connus alors que je vivais ici, tout aurait été parfait, nous serions restés rue Ravignan. Avec vous, je n'aurais jamais voulu quitter cette maison. » Il fit tourner la poignée, frappa, mais n'obtint aucune réponse. Il essaya d'entrer. La porte était close. L'époque bleue est restée de l'autre côté. J'ai repensé au jour où Pablo m'avait offert d'habiter sous les toits, rue des Grands-Augustins, afin que nous puissions vivre ensemble en secret. Parfois il reprenait cette idée, autrement : « Vous devriez porter une robe noire qui descende jusqu'au sol, et un voile sur la tête. Ainsi, vous seriez encore moins aux autres, ils ne vous posséderaient pas. Même des yeux.

« Si une personne est précieuse, il faut la garder pour soi, parce que tous les contacts accidentels avec le monde extérieur ne peuvent que la ternir et, dans une certaine mesure, la dénaturer. »

Nous avons retrouvé la petite place, elle était toujours déserte. Nous nous sommes approchés de la fontaine. « Quand j'ai aperçu Fernande Olivier pour la première fois, elle puisait de l'eau à cette fontaine. »

Nous avons descendu quelques marches, de l'autre côté de la place, pour pénétrer dans une petite rue derrière l'hôtel *Paradis*. Une allée conduisait à l'autre façade du *Bateau-Lavoir*. Nous l'avons suivie et Pablo m'a montré deux grandes fenêtres : « Voici mon atelier. » La pente était assez raide. Et les fenêtres étaient situées trop haut pour qu'on puisse regarder à l'intérieur. Il y avait plusieurs échoppes au niveau du sol. J'ai remarqué que l'ensemble avait l'air bien près de s'écrouler. « Il en a toujours été ainsi, dit Pablo. Ça tient debout par habitude.

« Quand je vivais là, continua-t-il, il y avait une petite fille, la fille de la concierge, qui jouait à la marelle et sautait à la corde toute la journée. Elle était si gentille que j'aurais voulu qu'elle ne grandisse jamais. Une fois, lorsque je suis revenu ici, après avoir déménagé, j'ai vu qu'elle était devenue une jeune femme grave. Plus tard, je l'ai trouvée épaissie. Et puis, des années après, je l'ai revue. Elle m'a paru âgée. J'en ai été terriblement déprimé. Dans mon esprit, c'était toujours une petite fille qui sautait à la corde. J'ai réalisé que le temps passait vite et que j'étais loin de la rue Ravignan. » Il reprit l'allée en sens contraire, dominant avec peine son émotion. Il ne dit plus un mot jusqu'à la petite place.

Je pouvais mieux comprendre ce que le *Bateau-Lavoir* signifiait pour lui. C'était son âge d'or, quand tout était encore frais et intact, avant qu'il ait conquis le monde pour découvrir que la conquête est réciproque. Quand l'ironie de ce paradoxe le frappait soudain, il était prêt à tout essayer pour retrouver l'âge d'or.

Nous avons gravi la pente jusqu'à la rue des Saules. Là, après avoir frappé à la porte d'une maison, il est entré sans attendre. J'ai vu une petite vieille, maigre, malade et édentée, allongée sur son lit. Je suis restée adossée à la porte tandis que Pablo lui parlait à voix basse. Après quelques instants, il a déposé un peu d'argent sur la table. Elle l'a remercié, les larmes aux yeux, et nous sommes sortis. Pablo ne disait rien. Je lui ai demandé pourquoi il m'avait emmenée voir cette femme. « Je veux que vous appreniez la vie, me dit-il doucement. Cette femme s'appelle Germaine Pichot. Quand elle était jeune et très jolie, elle a tant fait souffrir un de mes amis peintres qu'il s'est suicidé. Lorsque nous sommes arrivés à Paris, lui et moi, les premières personnes que nous avons rencontrées étaient des blanchisseurs, chez qui elle travaillait. On nous avait donné leur adresse en Espagne, et ils nous invitaient assez souvent à déjeuner. Elle a fait tourner bien des têtes, maintenant elle est vieille, pauvre et malheureuse. »

Pablo croyait me montrer un spectacle nouveau et frappant, un peu comme on montrerait un crâne pour pousser à la méditation sur la vanité de l'existence. Mais ma grand-mère l'avait devancé. Elle m'avait déjà donné, des années auparavant, quelques leçons de ce genre, ayant l'habitude d'aller chaque jour au cimetière de l'autre côté de la rue, d'un pas lent, parce qu'elle était vieille et fatiguée. Elle s'asseyait tranquillement sur la tombe où reposaient son mari, trois de ses enfants et d'autres membres de la famille. Sans mot dire, elle souriait vaguement. Pour moi qui n'avais pas vingt ans à l'époque, une telle familiarité avec la mort était impressionnante. Je lui demandais pourquoi elle s'asseyait là.

« Tu verras, me disait-elle. Il arrive un moment où la souffrance pose une énorme pierre sur notre cœur. Alors, on peut désirer s'asseoir sur une pierre comme celle-ci. Lorsque nos espoirs meurent avant nous, on ne vit plus pour soi-même, on vit autant pour la vue d'une fleur, pour un parfum ou pour un passant dans la rue, qu'on vivait pour les êtres aimés ou les désirs personnels. Nous sommes en sursis. »

Dès 1945, je restais quelquefois une semaine, quinze jours ou même deux mois sans aller voir Pablo. Malgré les sentiments que j'éprouvais et son désir de m'avoir près de lui, je m'étais assez vite aperçue qu'il y avait entre nous un véritable conflit de caractères. En outre, il était d'humeur très changeante.

Dans nos conversations, il m'encourageait à lui dire tout ce qui me passait par la tête. Je trouvais cela très stimulant. Mais je le sentais aussi : l'intérêt que je lui inspirais le laissait perplexe. Si je l'amusais, les sentiments plus profonds qui entraient en jeu l'inquiétaient, au moins de temps en temps. Je savais qu'il se disait alors : « Il ne faut pas que cela aille trop loin. » Il y avait ce mouvement de balance entre l'attrait qu'il éprouvait et le trouble ainsi provoqué. Dans l'expression de ses sentiments, il en était de même : s'il se laissait aller, un jour, à être fort tendre, la fois suivante il était inévitablement brutal. Pablo pensait certes pouvoir tout se permettre avec tout le monde, mais je trouvais parfois qu'il était difficile de « tout » accepter.

De temps en temps il me disait : « Il ne faudrait pas croire que je pourrais m'attacher à vous de façon permanente. » Je pensais, moi, que nous n'avions qu'à continuer, sans nous demander où nous allions, et, puisque je ne demandais rien, il n'avait pas besoin de se défendre. Je ne voulais pas qu'il me prenne en charge. Mais il le désirait, et j'imagine que c'est pour cela qu'il éprouvait le besoin de nier l'évidence. Il ne se défendait pas contre moi, mais contre l'effet que je produisais sur lui. Il trouvait nécessaire de lutter.

Quand il répétait : « Il ne faut pas croire que je tienne à vous ; tout cela ne signifie rien. » Je répondais : « Évidemment, c'est ce que je pense aussi. »

J'appris à ne pas donner signe de vie pendant une semaine ou deux. Lorsque je revenais, il était tout miel et tout sourire.

Un après-midi, il me dit : « Je ne sais pourquoi je vous ai permis de venir. Ce serait plus agréable d'aller au bordel. » Je lui demandai pourquoi, dans ces conditions, il n'y allait pas. « Mais c'est justement ça ! s'écria-t-il. À cause de vous, je n'ai même pas envie d'y aller. Vous gâchez ma vie. »

Je savais qu'il n'aimait pas les putains à ce point. Mais cela faisait partie du folklore. Il m'avait du reste raconté qu'un jour il avait ramassé une fille, boulevard des Capucines. « Je l'ai emmenée dans un bar et je lui ai expliqué tous les soucis que les femmes me causent. Elle a été très gentille. Elle comprenait. Elle m'a dit que j'avais un trop grand sens du devoir. C'était une réaliste. Voilà probablement le genre de femme auprès de qui je trouverais un réconfort. » Je lui ai conseillé de suivre cette voie : je comprenais son cas.

« Mais cela ne m'amuse pas, cela m'assomme. » Il gémit, puis se mit de nouveau sur la défensive en citant un de ses aphorismes favoris : « Il n'y a rien qui ressemble à un caniche autant qu'un autre caniche. Pour moi, il n'y a que deux sortes de femmes : déesse ou tapis-brosse. » Et chaque fois qu'à son gré je tournais trop à la déesse, il faisait tout son possible pour me transformer en tapis-brosse. Un jour, nous regardions la poussière voleter dans un rayon lumineux qui filtrait d'une fenêtre. « Personne ne compte vraiment pour moi, dit-il. Les autres sont comme ces grains de poussière qui dansent dans le soleil. Un bon coup de balai, et voilà, ils sont partis. » Je m'étais souvent aperçue qu'il traitait les gens ainsi. Mais, par chance, j'étais un petit grain de poussière doué d'un mouvement autonome, et je n'avais pas besoin du coup de balai. Je pouvais sortir toute seule. Et je suis sortie. Je ne suis pas retournée voir Pablo pendant trois mois. Pourtant, je tenais à lui, mais je ne voulais pas plier devant cette espèce d'impérialisme. Était-ce là que je voyais se manifester sa vraie grandeur ? Certes non. Je pouvais admirer profondément l'artiste, sans désirer pour cela devenir son souffre-douleur, ou sa victime, ce qui était arrivé à certains de ses amis : Dora Maar, par exemple. Lorsqu'il l'avait rencontrée, elle appartenait au groupe surréaliste et connaissait depuis toujours Michel Leiris, Man Ray, André Breton, Paul Eluard. Elle était un peu plus jeune que les poètes de ce mouvement, mais faisait tout à fait partie du groupe. Son père était un architecte yougoslave assez connu. Sa mère, d'origine orthodoxe, et très mystique, s'était convertie par la suite au catholicisme. Au moment de sa rencontre avec Pablo, Dora était photographe. Il m'a dit qu'il voyait une parenté entre ses photos et les premières toiles de Chirico. Elles représentaient souvent une longue galerie à arcades débouchant sur la lumière, avec un objet difficile à identifier, à contre-jour. Elle lui avait proposé de prendre quelques photos de lui et il s'était rendu à son studio.

« Les dentistes et les photographes ne sont jamais satisfaits de leur travail, disait-il ; tous les dentistes voudraient être médecins et tous les photographes aimeraient être peintres. Brassaï dessine très bien, Man Ray n'est pas mauvais peintre, et Dora n'échappait pas à cette règle. En Dora photographe, une Dora peintre essayait de naître. »

C'était Dora qui lui avait trouvé l'atelier de la rue des Grands-Augustins. Peu de temps après, elle s'était installée non loin de là, dans un appartement de la rue de Savoie. Elle fit alors de plus en plus de peinture et, peu à peu, liquida son matériel de photo. Certains de ses appareils – projecteurs, écrans, etc. – avaient échoué rue des Grands-Augustins. Les rideaux noirs ont beaucoup servi pendant l'Occupation, et Pablo a souvent peint la nuit, à la lumière d'un de ces projecteurs.

J'avais vu rue des Grands-Augustins, tout au début, les deux premières toiles que Dora avait données à Pablo. Ces deux têtes symboliques et ésotériques (plus que plastiques) semblaient être le fruit de préoccupations occultes. Elles avaient une certaine ressemblance avec les toiles que je connaissais de Victor Brauner.

Pablo m'a raconté une de leurs premières rencontres aux *Deux-Magots*. Elle portait des gants noirs brodés de petites fleurs roses. Elle avait enlevé ses gants et pris un long couteau pointu qu'elle plantait dans la table, entre ses doigts écartés. De temps à autre, elle manquait le but d'une fraction de millimètre et sa main était couverte de sang.

Pablo était fasciné. C'est ce qui l'avait incité à s'intéresser à elle. Il avait demandé à Dora de lui donner ses gants, et il les conservait dans une vitrine, rue des Grands-Augustins, parmi d'autres souvenirs.

Dans les années qui suivirent, Dora subit le cours instable de l'humeur de Pablo. Elle venait rarement rue des Grands-Augustins. Il lui téléphonait quand il voulait la voir. Elle ne savait jamais, d'un jour à l'autre, si elle devait déjeuner ou dîner avec lui, mais elle devait toujours être prête à sortir s'il téléphonait, et présente s'il passait la voir. Elle ne pouvait répondre qu'elle ne serait pas libre pour dîner, par exemple, et ne devait accepter une autre invitation qu'à la dernière minute. Même alors, si Pablo venait la chercher, il était mécontent d'apprendre qu'elle avait d'autres projets.

Au printemps 1945, Dora Maar exposa à la galerie Jeanne Bucher, boulevard du Montparnasse. Les toiles qu'elle montrait étaient parmi les meilleures qu'elle ait jamais peintes. Ces natures mortes, sévères, étaient d'une sensibilité méditative très originale. On pouvait y trouver le reflet d'une certaine communion d'esprit avec Picasso. Mais les formes n'avaient rien de raide ni d'angulaire. Elle avait une manière très personnelle de manier le clair-obscur. Partant d'une lampe, d'un réveil ou d'un morceau de pain, elle donnait le sentiment d'être moins intéressée par les objets eux-mêmes que par leur solitude : l'horrible solitude et le vide qui entouraient toutes choses dans cette pénombre.

Je suis allée à son exposition, ne pensant pas y rencontrer Picasso. Il est arrivé peu après. Je portais une robe rayée de toutes les couleurs de l'arc-en-ciel, et le contraste entre ma robe et l'œuvre aussi bien que l'aspect de Dora Maar (elle était tout de noir vêtue) me donnèrent l'impression d'être si peu à ma place que je me suis éclipsée. Je pensais éviter ainsi des complications. Je n'ai fait qu'en créer. En effet, Pablo m'a poursuivie dans l'escalier en criant : « Où allez-vous ? Vous ne m'avez même pas dit bonjour. » Je me suis arrêtée juste assez longtemps pour lui répondre, puis j'ai sauté sur ma bicyclette.

Un après-midi de printemps, deux mois après l'exposition de Dora Maar, j'ai décidé d'aller le voir, parce que je pensais que le beau temps contribuerait à l'égayer. Quand je lui ai téléphoné, il m'a dit « Très bien », mais sans trop d'enthousiasme. J'ai précisé que je viendrais à deux heures. Je suis arrivée un peu en retard, comme toujours, et, m'approchant de la maison, j'ai vu qu'il m'attendait, assis sur les marches de l'escalier. (Il m'avait souvent dit, avec sa manière ambiguë de faire des compliments, que le meilleur de mes visites tenait dans le temps qu'il passait ainsi à me guetter par la fenêtre, son pigeon favori perché sur son épaule.) Cet après-midi-là, j'étais un peu déçue, car il me semblait, à en juger par l'expression de son visage, que mes prévisions météorologiques étaient inexactes. Je lui ai demandé ce qui se passait. Visiblement, quelque chose n'allait pas. « Montez et je vous le dirai. » Nous sommes allés dans sa chambre et il s'est assis sur le lit. Il m'a pris la main. Cette galanterie ne lui était pas coutumière. Puis, il est resté sans parler pendant quelques minutes. J'ai compris qu'il n'était pas fâché, mais bouleversé. Enfin, il a dit : « Je suis content que vous soyez venue. Maintenant, me voici un peu calmé. Depuis deux semaines, j'avais le sentiment que quelque chose n'allait pas. J'ai d'abord gardé le silence. À présent, je voudrais savoir ce que vous en pensez. Il y a une quinzaine de jours, je suis allé chercher Dora pour dîner et ne l'ai pas trouvée chez elle. Je l'ai attendue. Enfin, elle est arrivée. Elle m'a dit qu'un homme avait volé son chien, un petit ténériffe que je lui avais donné, et auquel elle tenait beaucoup. Bien sûr, l'histoire peut être vraie. Mais pourquoi quelqu'un voudrait-il voler un petit chien comme ça ? Deux nuits plus tard, il y eut un autre incident. Un agent avait trouvé Dora errant sur le quai, près du Pont-Neuf. Elle prétendait qu'on avait volé sa bicyclette. L'agent l'a raccompagnée chez elle, parce qu'elle semblait très déprimée. Et puis, on a retrouvé sa bicyclette, intacte, quelques heures plus tard. Elle avait dû l'abandonner là. Elle pensait que je ne lui témoignais plus le même intérêt, et sans doute avait-elle inventé cela pour attirer mon attention, se faire remarquer de façon dramatique.

« Je n'ai pas pris la chose très au sérieux. Et puis, hier soir, je suis allé la chercher pour dîner. Je l'ai trouvée agitée. Elle a critiqué violemment ma façon de vivre, m'a dit que je ferais bien de réfléchir à ce qui m'attendait, dans l'au-delà. Je lui ai répondu que je n'aimais pas du tout qu'on me parle sur ce ton. Je connaissais son mysticisme et son goût de l'occultisme, mais elle n'avait jamais essayé d'imposer ses vues à d'autres. Si elle avait raconté tout cela avec humour, je n'aurais pas été contrarié, mais elle était très sérieuse. Elle m'a prié de me repentir, pendant qu'il en était temps encore. J'ai voulu la faire taire, car les questions de conscience sont l'affaire de chacun. “Organisez votre salut comme vous l'entendez et gardez vos conseils !” ai-je dit. Enfin je l'ai convaincue de venir dîner et d'abandonner ce sujet de discussion. Pendant le repas, elle paraissait absente ou répondait par monosyllabes. Je l'ai raccompagnée, ensuite, en lui promettant de venir la voir, le lendemain.

« Ce matin, en me levant, j'étais anxieux. J'ai téléphoné à Eluard, en lui demandant de passer tout de suite. Je savais qu'il aimait beaucoup Dora et je voulais avoir son opinion. Il est venu. Je commençais tout juste à lui raconter ce qui s'était passé lorsque Dora est entrée. En nous voyant ensemble, elle s'est mise à déclamer : “Vous devriez tous les deux vous mettre à genoux, mécréants ! Si vous continuez à vivre comme vous le faites, vous allez tous deux à la catastrophe !" Elle nous prit par le bras et tenta de nous faire mettre à genoux. Je demandai à Sabartès d'appeler mon ami, le docteur Lacan. Il arriva peu de temps après et partit avec Dora.

« Eluard était bouleversé et m'a accusé d'avoir fait souffrir Dora. J'ai répondu que lui-même et les surréalistes portaient une lourde responsabilité, avec tous leurs beaux discours prônant la libération des forces irrationnelles, et le dérèglement de tous les sens. Eluard, furieux, hurla que l'influence des surréalistes était indirecte et théorique, tandis que moi, je l'avais rendue malheureuse d'une façon très réelle. En vérité, après m'avoir rencontré, elle a mené une vie plus constructive, plus concentrée. La photographie ne la satisfaisait pas. Elle s'est mise à peindre et progressa rapidement. C'est moi qui l'ai faite ce qu'elle est. »

Je répliquai qu'il l'avait formée en effet, mais aussi qu'il s'était détaché d'elle en un moment critique. « Si elle avait assez de force, elle devrait continuer, me répondit-il. Il y avait en elle une faille dont je ne suis pas responsable. Quand l'épreuve est venue, elle n'a pas résisté, à cause de cette faille et non à cause de moi. C'est comme le feu qui couve longtemps sous la cendre et jaillit quand on souffle dessus. N'oubliez pas que les principaux surréalistes, ceux qui ont survécu aux beaux jours du mouvement, Breton, Eluard, Aragon, ont de puissantes personnalités. Ceux qui les suivaient, plus faibles, ne s'en sont pas si bien tirés : c'est une idéologie qui a semé la tempête. Les sources du surréalisme sont assez troubles. Il n'est guère étonnant qu'avec un mélange pareil beaucoup soient perdus. »

Son histoire m'avait beaucoup émue et je pensais que, maintenant, il préférait être seul. Il a dit : « Non, restez, le présent prend toujours le pas sur le passé. C'est une victoire pour vous. D'ailleurs, n'en parlons plus. La nature de chacun est déterminée, ceux qui ne peuvent s'adapter sont éliminés d'office. La vie doit continuer, et la vie c'est nous. »

Je lui ai fait remarquer que c'était là une manière bien rapide, et facile, d'écarter de sa vie quiconque traverse un moment difficile. Je trouvais qu'il n'avait pas le droit de dire : « Moi je continue à marcher ; il ne tient qu'à elle d'en faire autant. »

Je crois qu'avec son orgueil espagnol Pablo jugeait que Dora avait perdu la face devant lui. Dans cette faiblesse, il y avait l'odeur de la mort, et cela aussi, je m'en suis aperçue plus tard, était sans excuse pour Pablo.

Pablo continuait, néanmoins, à lui rendre visite comme par le passé. Je lui ai demandé d'être attentif avec elle et de ne pas lui laisser supposer, au moins pour le moment, qu'il y avait quelqu'un d'autre dans sa vie. J'ai même ajouté que j'étais prête à le voir moins souvent, si cela pouvait arranger les choses. « Très bien, dit-il, j'ai proposé à Dora de l'emmener dans le Midi, en vacances. » Il avait accepté une invitation au Cap-d'Antibes chez sa grande amie, Marie Cuttoli. Je suis partie en Bretagne, cet été-là, l'esprit plus tranquille. À peine étais-je arrivée que je reçus une lettre de Pablo : il avait loué un petit appartement pour moi, chez un graveur nommé Louis Fort, à Golfe-Juan : « Je vous en prie, venez tout de suite, disait-il : je m'ennuie affreusement. » Jouer le bon Samaritain n'était pas le rôle qui convenait le mieux à Pablo. Si j'acceptais son invitation, il abandonnerait Dora, de temps en temps, l'après-midi, et elle en découvrirait vite la raison. Je n'étais pas sûre de vouloir être si proche moi-même de Pablo durant une période assez longue. À Paris, je le voyais quand j'en avais envie. Il me déplaisait d'être entièrement à sa disposition, et aussi de créer de nouvelles difficultés à Dora Maar. J'ai répondu que je ne viendrais pas. Mon été en Bretagne était assez morne, mais il me permettait de travailler et de réfléchir.

De retour à Paris, je ne suis pas allée rue des Grands-Augustins. Je jugeais préférable de ne pas intervenir.

En plus, d'un point de vue tout à fait égoïste, je risquais, en insistant, d'aborder des problèmes auxquels je ne pourrais faire face. Je suis restée chez moi pendant plus de deux mois, bien décidée à dominer mes sentiments pour Pablo et à ne pas le revoir. Mais plus le temps passait, et plus je me rendais compte que j'avais vraiment besoin de lui. Parfois même, il me semblait physiquement impossible de continuer à respirer hors de sa présence. Vers la fin de novembre, voyant que je ne me guérissais pas et qu'après tout mon absence ne réparerait rien entre Dora Maar et lui, j'ai téléphoné.

Je suis donc retournée rue des Grands-Augustins le 26 novembre, en l'honneur de mon anniversaire. J'ai trouvé Pablo plongé dans la lithographie. « J'ai cru que vous ne reviendriez plus, m'a-t-il dit, et cela m'avait mis d'une humeur massacrante. Mourlot m'a demandé, il y a quelque temps, si j'aimerais refaire de la litho. Comme je n'avais pas utilisé cette technique depuis quinze ans, j'ai trouvé que c'était une bonne occasion de m'y remettre. En outre, j'étais de plus en plus dérangé par un flot continu de visiteurs, anglais, américains, français. J'ai saisi ce moyen de m'échapper de la rue des Grands-Augustins, pour une réclusion toute relative dans l'imprimerie Mourlot. »

Jusqu'à ce jour, Pablo n'avait fait que quelques dessins de moi, et deux portraits à l'huile, gris-noir et blanc, avec des profils contrastés. En regardant les épreuves des lithos qu'il me montrait maintenant, je pouvais me rendre compte que j'avais beaucoup occupé son esprit, car la plupart des silhouettes et des visages me ressemblaient. Un profil nostalgique rappelait un portrait de lui-même enfant. Une autre série représentait une jeune fille assise auprès d'une femme endormie. La plus juvénile était manifestement moi. Pour l'autre, je n'étais sûre de rien. C'était soit Dora Maar, soit mon amie Geneviève. À l'origine, Pablo m'avait montré six états de cette litho, mais il la modifia jusqu'à en tirer dix-huit états différents tout au long de l'hiver. Dans son état définitif, elle avait changé radicalement de caractère : très figurative au début, elle était devenue peu à peu complètement abstraite. En perdant sa réalité picturale, la femme endormie avait retrouvé son identité. Pablo me prouva qu'il s'agissait de Dora Maar.

Il me montra sur les dernières épreuves deux insectes qu'il avait exécutés, en grand détail, dans la marge. Il trouvait que Dora avait une personnalité kafkaïenne. Chaque fois qu'il remarquait une tache ou une marque sur les murs de son appartement, il y travaillait à la plume et la transformait en insecte. Le fait qu'il ait été conduit à ce genre de « commentaire » dans la marge de la pierre lui avait révélé que la femme endormie était bien Dora. Les oiseaux dans les marges du haut et du bas étaient pour moi, me dit-il.

J'étais heureuse de cet intérêt pour la lithographie. Je connaissais sa passion pour l'eau-forte et je l'avais souvent entendu parler de la lithographie en termes peu flatteurs. Je pensais que si, maintenant, il abordait cette technique, ce ne serait pas là une préoccupation passagère. Pendant quatre mois, il a travaillé constamment chez Mourlot.

Une des lithos les plus intéressantes qu'il ait faites à ce moment-là est une course de taureaux. Il a pris un morceau de papier report, et, après l'avoir appliqué contre une surface rugueuse, il a crayonné dessus en plusieurs endroits, avec le plat d'un crayon lithographique, afin de rendre le grain d'un frottage. Puis, ayant découpé dans la partie la plus sombre la silhouette d'un picador, il l'a collée à droite dans une zone claire. Il a inséré d'autres éléments, comme un taureau et le soleil, en les peignant à l'encre lithographique. De chaque côté du taureau, il y avait un picador : à gauche, un picador en blanc (créé par le vide qu'avait laissé son découpage) sur fond noir grainelé, et, à droite, un picador en noir (celui qu'il avait collé) sur fond blanc. C'était un tour de force que personne n'avait jamais tenté. Mourlot était ravi de cet essai si neuf, de la part d'un *outsider*.

« Il faut toujours travailler avec une grande économie de moyens, disait Pablo. Vous voyez, je me suis servi de la même silhouette deux fois : la première fois en positif, la seconde fois en négatif. Cela donne mes deux picadors. En plus, c'est une sorte de référence plastique, une rime, qui est très efficace dans la composition. »

De temps à autre, Pablo m'emmenait chez Mourlot. C'était à cette époque-là, rue de Chabrol, un endroit sombre, désordonné, encombré, vétuste, humide et froid, plein de piles d'affiches, de pierres et de zincs. Depuis de nombreuses années, les plus belles lithographies sortaient de cet antre. Il était impossible de chauffer la plus grande partie des ateliers, car la cire de l'encre lithographique aurait été trop fluide. Il fallait éviter aussi la lumière du soleil, qui aurait trop vite séché les pierres et le papier. C'était presque là une scène à la Daumier, toute en noir et blanc, avec quelques taches vives sur les grandes presses qui servaient à imprimer les affiches en couleur des expositions. Il y avait du Daumier, d'ailleurs, dans ces pierres. Beaucoup servaient depuis le milieu du siècle dernier. Après chaque impression, on écrase la pierre pour en effacer le dessin. Mais cette pierre calcaire, assez poreuse, absorbe un peu d'encre à chaque fois, et le dessin pénètre plus ou moins sous la surface. Quelquefois, des vestiges d'un vieux dessin réapparaissent. C'est ce que les lithographes appellent la « mémoire ». On pouvait voir ainsi une pierre se « souvenir » d'un passage de Daumier.

Lorsque Pablo arrivait chez Mourlot, il saluait les dessinateurs et les imprimeurs, en faisant le tour des ateliers. Il appelait les gens par leur prénom, s'intéressait à leur travail. Les jeunes ouvriers lui montraient tous leurs trésors : pin-up, coureurs cyclistes et autres héros populaires découpés dans les illustrés. Ils avaient la langue acérée, mais tous étaient fort sympathiques, indisciplinés jusqu'à l'anarchie. Tous, sauf un.

Tout à fait au fond, dans le coin le plus obscur, travaillait le vieux M. Tuttin, qui n'avait pas son égal pour imprimer à la presse à main le travail le plus délicat. Il n'avait en rien l'allure débraillée de la plupart des employés de Mourlot. Avec ses yeux bleus perçants, ses lunettes à monture d'acier, ses traits pointus, ses cheveux blancs, et son complet noir soigneusement boutonné, il avait plutôt l'air d'un vieux comptable sorti d'un roman de Dickens. Le problème, c'est que M. Tuttin n'aimait pas ce que faisait Picasso. Il en avait même horreur.

Pablo avait réalisé une litho d'un de ses pigeons et, une fois de plus, de manière tout à fait inhabituelle. La couche de base était à l'encre lithographique et le pigeon avait été peint dessus, à la gouache blanche. Il y a de la cire dans l'encre lithographique. Donc, la gouache ne pourrait pas adhérer facilement dessus. Malgré tout, Pablo avait merveilleusement réussi sur le papier report. En voyant ce qu'il venait de faire, Mourlot avait tout de suite demandé : « Mais comment voulez-vous que nous imprimions cela ? C'est impossible. » Pablo avait calculé que, lorsque le dessin serait transféré du papier sur la pierre, la gouache protégerait la pierre et l'encre ne couvrirait que les parties dépourvues de gouache ; Mourlot expliqua que c'était exact en principe, mais qu'en réalité une partie de la gouache se dissoudrait sûrement et se mettrait à couler. « Donnez-le à M. Tuttin, dit Pablo, il saura s'y prendre. »

Quand nous sommes retournés chez Mourlot, M. Tuttin était encore sur le pigeon.

« Personne n'a jamais fait quelque chose comme ça, grommelait-il. Je ne peux rien en faire. Cela ne sortira jamais.

— Mais je suis sûr que vous vous en tirerez, dit Pablo. En plus, je crois que Mme Tuttin serait très contente d'avoir une épreuve du pigeon. Je lui en dédicacerai une.

— Merci beaucoup ! s'écria M. Tuttin, dégoûté. Et puis, avec la gouache, tout va se mélanger.

— Bon, très bien, dit Pablo. J'emmènerai votre fille dîner un de ces soirs et je lui raconterai quel genre d'imprimeur elle a pour père. (M. Tuttin était stupéfait.) Je sais bien, continua Pablo, qu'un tel travail aurait été un peu délicat pour la plupart des gens d'ici, mais je pensais, à tort probablement, que si quelqu'un pouvait le faire, c'était vous. »

À la fin, M. Tuttin s'est incliné, bien à contrecœur, et, son orgueil professionnel aidant, s'est débrouillé pour réussir.

Picasso lui apportait aussi des lithos dessinées au crayon ordinaire, et non au crayon lithographique. M.Tuttin était horrifié. « Que peut-on imprimer à partir de ça ? criait-il. C'est monstrueux ! » À la fin, quand Pablo l'avait assez taquiné, puis encouragé, il acceptait et, d'une façon ou d'une autre, finissait toujours par arriver au résultat. J'ai l'impression qu'il en était venu à aimer ces défis, qui lui donnaient l'occasion de prouver à Pablo qu'il était juste aussi fort que lui !

En février 1946, je suis tombée dans l'escalier de la maison, un soir, pendant une coupure de courant, et me suis cassé le coude. Il a fallu m'opérer. Dix jours de clinique. Un après-midi, un commissionnaire est arrivé, chargé d'un énorme paquet : une azalée géante, rouge vif, parsemée d'une foule de petits nœuds roses et bleus. C'était laid ! À hurler. Mais aussi, irrésistiblement drôle. Une carte de Pablo m'expliquait qu'il avait vu cette plante dans une devanture et l'avait trouvée si cocasse qu'il n'avait pu résister au désir de me l'envoyer. Il pensait que j'apprécierais. Je crois que le plus joli bouquet du monde n'aurait pu faire l'effet de cet absurde assemblage de couleurs. Je comprenais à merveille le sentiment de Pablo : un bouquet de plus ou moins, qu'est-ce que cela signifiait ? Mais une monstruosité pareille, c'était inoubliable.

En sortant de la clinique, je décidai d'aller passer quelque temps dans le Midi avec ma grand-mère. Pablo me donna l'adresse de son vieil ami, le graveur Louis Fort, qui avait encore ses presses à bras, ses plaques de cuivre et tout le matériel nécessaire pour l'eau-forte. Il savait que je devais me reposer, mais je pouvais, en résidant chez lui, tenter d'apprendre quelque chose. J'ai laissé ma grand-mère à Antibes, où elle avait coutume d'aller, et me suis installée à Golfe-Juan.

Pablo avait loué pour moi les deux étages du haut de la maison, et j'avais demandé à Geneviève de venir de Montpellier passer quelques jours avec moi. La maison était du même style que l'azalée géante. De l'extérieur, elle ressemblait aux autres maisons du port. Mais à l'intérieur, c'était une autre histoire : il y avait trois étages et deux pièces par étage. Dans sa naïveté, M. Fort s'était donné beaucoup de peine pour décorer les lieux de façon (trop) originale.

Une pièce était d'un bleu profond éclaboussé de blanc. Le plafond, les murs étaient parsemés de nébuleuses et d'astres errants, sertis d'une décoration stellaire sur fond rouge, tout le mobilier étant également peint en rouge, et avec des étoiles blanches. Le quatrième côté était entièrement occupé par une grande baie qui donnait sur la mer. L'ensemble ne manquait pas de poésie. Il évoquait à la fois la pacotille d'un cirque et les espaces infinis d'un planétarium. Dans le reste de la maison, malheureusement, l'inspiration ne s'était pas maintenue à une telle altitude. Les meubles de bois blanc ornés de marguerites ou de branches d'amandier en fleur, les guirlandes de feuilles de marronnier pyrogravées grimpant à l'assaut des corniches, étaient vraiment hideux, et malgré tout assez touchants.

M. Fort était un vieillard menu tout cassé par les ans, le visage écarlate, les cheveux blancs, avec un nez bulbeux, des yeux bleus un peu noyés, abrités par un béret basque. Après s'être penché pendant tant d'années sur ses plaques de cuivre, il ne pouvait plus se redresser. Il avait aussi toujours l'air un peu ivre, et quand j'ai vu que sa femme, qui devait bien avoir trente ans de moins que lui, le menait à la baguette, j'ai compris pourquoi il lui fallait reprendre un peu de courage, de cette façon-là.

Il était artisan graveur de métier et avait imprimé une grande partie des illustrations pour les éditions d'Ambroise Vollard, y compris la fameuse série des *Saltimbanques*. Il m'a montré les rudiments des diverses techniques de la gravure et de l'eau-forte. J'ai appris ainsi à me servir du vernis, à mordre avec l'acide ; je me suis familiarisée avec les divers instruments – la pointe, le grattoir, le brunissoir – et je me suis fait un peu la main sur quelques plaques de cuivre. À la fin de la semaine, enthousiasmée, j'ai écrit à Pablo, qui avait proposé de me rendre visite, de ne pas se déranger car je travaillais bien. J'ai été stupéfaite, deux jours plus tard, lorsqu'il a fait irruption dans la grande pièce, accompagné de Marcel. Je lui ai demandé pourquoi il était venu, puisque je me débrouillais très bien toute seule.

« Justement, me dit-il. Je ne sais pas pour qui vous vous prenez, mais comment osez-vous m'écrire que vous vous passez parfaitement de moi ? »

Je ne m'attendais évidemment pas à une telle interprétation de ma pensée. Il ajouta : « Et je n'aime pas du tout qu'on puisse se passer de moi. » Le lendemain, il était déjà mécontent d'être venu.

Geneviève était arrivée de Montpellier avec une semaine de retard. La première initiative de Pablo fut de l'envoyer s'installer dans un petit hôtel-restaurant : *Chez-Marcel*, au bas de la rue. J'ai protesté, mais il ne voulait aucune compagnie, pas même celle d'une jolie fille comme Geneviève. Elle avait été élevée très strictement, n'avait pas un grand sens de l'humour, et je crois que Pablo la trouvait empesée.

J'allais voir ma grand-mère à Antibes chaque après-midi. Dès le premier soir, j'avais compris que Pablo et Geneviève étaient à couteaux tirés, mais avec une certaine réserve de part et d'autre. Le troisième jour après ma visite à Antibes, je les ai trouvés tous deux dans la pièce du devant, au second, Pablo écarlate et furieux,

Geneviève livide, mais encore plus irritée. Ils se mesuraient du regard.

« Je veux vous parler seule, Françoise, dit Geneviève.

— C'est moi qui vais parler », contra Pablo.

J'imaginais assez bien ce qu'ils avaient à dire. Je préférais affronter Pablo plus tard et suis descendue avec Geneviève pour la raccompagner à l'hôtel.

« Comment pouvez-vous supporter un tel monstre ? me dit-elle.

— Pourquoi, un monstre ?

— Ce n'est pas seulement ce qu'il a fait, ou ce qu'il a essayé de faire, mais c'est la manière. Il m'a reconduite à la maison, quand nous vous avons laissée à Antibes. Il devait me donner une leçon de gravure, et puis, sans leçon ni rien, m'a juste regardée, en me disant : "Je vais profiter de l'absence de Françoise, et de vous en même temps." Naturellement je pensais qu'il n'en ferait rien. Alors, il m'a poussée sur le lit : "Et, en plus, je vais vous faire un enfant. C'est exactement ce qu'il vous faut." Je me suis levée d'un bond, parce que je suis sûre que c'est bien ce qu'il avait l'intention de faire ! »

Geneviève commençait à reprendre un peu de couleurs, mais sa colère ne tombait pas. Je devinais bien, naturellement, que Pablo avait agi dans le but de se débarrasser d'elle, mais je ne pouvais guère le lui expliquer. Je lui ai dit que je la croyais. Seulement, elle aurait mieux fait de ne pas prendre les choses au tragique. Si elle lui avait ri au nez, elle s'en serait sûrement mieux tirée. « Vous pouvez peut-être le faire, me répondit-elle, mais moi, malheureusement, je n'ai pas ce genre d'humour. »

Dans l'heure qui a suivi, elle a voulu me convaincre que la seule chose à faire, la seule façon de sauver du moins mon âme (Geneviève avait toujours été plus sensible que moi aux enseignements des religieuses pendant nos années de pension), était de partir pour Montpellier avec elle, le lendemain. De plus, mon coude se remettrait beaucoup mieux dans le calme de la maison de ses parents, m'assura-t-elle, qu'en compagnie d'un monstre comme Pablo !

J'ai répondu que je réfléchirais et que je reviendrais la voir le lendemain matin. « Mais de toute façon, me dit-elle, je rentre demain à Montpellier. »

À mon retour chez M. Fort, j'ai trouvé, comme je m'y attendais, Pablo tout à fait calme : « Je ne sais pas les horreurs qu'elle a pu inventer », commença-t-il.

J'étais bien décidée à lui donner une bonne leçon. J'ai dit que je connaissais Geneviève depuis des années et que j'avais confiance en elle. J'ai ajouté qu'elle partait pour Montpellier le lendemain et que je l'accompagnerais. Il fronça les sourcils et secoua la tête : « Comment pouvez-vous croire une fille qui essaie de me séduire derrière votre dos ? Comment pouvez-vous, même, avoir une amie comme elle ? Je ne peux pas le comprendre. Me laisser et partir avec elle ne comporte qu'une seule explication : il existe un lien anormal entre vous deux. »

J'ai employé la méthode que j'avais conseillée à Geneviève, j'ai éclaté de rire. « Ah ! vous avez manqué votre vocation, ai-je dit. C'est du pur jésuitisme. »

En colère, de nouveau, il s'est écrié : « Petit monstre ! serpent ! vipère ! »

Je riais toujours. Petit à petit, il s'est calmé.

« Combien de temps allez-vous rester là-bas ? »

J'ai répondu que j'y resterais. Il était devenu morose : « Je suis venu pour être avec vous. À Paris, nous ne sommes jamais vraiment seuls plus de quelques heures. Maintenant, je suis ici et vous décidez de partir. Je n'ai plus beaucoup d'années à vivre. Et vous n'avez pas le droit de me priver du peu de bonheur qui me reste. » Il a continué sur ce ton pendant près d'une heure, jusqu'à l'épuisement de toutes les variantes. Quand je me suis aperçue qu'il était vraiment repentant, j'ai accepté de rester. Je suis allée à l'hôtel le lendemain prévenir Geneviève.

« Vous allez droit au désastre », m'a-t-elle dit.

J'ai répondu qu'elle avait sans doute raison, mais que c'était le genre de désastre que je ne désirais pas éviter. Elle est retournée à Montpellier, et moi à Pablo.

Après le départ de Geneviève, l'humeur de Pablo est devenue assez agréable. Un jour ou deux plus tard, il m'a dit : « Puisque nous sommes ici, allons voir Matisse. Mettez votre blouse mauve et votre pantalon vert saule ; ce sont deux couleurs qu'il aime beaucoup. »

À ce moment-là, Matisse vivait dans une maison qu'il avait louée, pendant l'Occupation, à Vence, non loin de l'endroit où se trouve maintenant sa chapelle. Lorsque nous sommes arrivés, il était couché, car il ne pouvait, depuis son opération, se lever qu'une heure ou deux par jour. Il semblait plein de bienveillance et de sérénité.

Il découpait des formes dans des feuilles de papier peintes à la gouache selon ses indications. « J'appelle cela dessiner aux ciseaux », dit-il. Quand il avait fini ses découpages, Lydia, sa secrétaire, épinglait les formes, puis les déplaçait jusqu'à ce qu'il ait décidé de leur position exacte et de leurs rapports de voisinage. Ensuite, elle les collait sur le papier qui servait de fond à la composition. Il nous a raconté aussi qu'il faisait épingler des papiers au plafond et y dessinait de son lit avec un fusain attaché au bout d'une perche de bambou.

Ce jour-là, nous avons vu plusieurs peintures auxquelles il travaillait : il y avait, entre autres, des variations sur deux femmes dans un intérieur. Une toile représentait un nu, assez peu transposé et peint en bleu. La composition ne paraissait pas tout à fait équilibrée. Pablo le lui fit remarquer :

« Il me semble que, dans une telle composition, le bleu ne peut être le ton local, parce que ce genre de dessin suggère un rose. Si l'ensemble était plus audacieux, la couleur du nu pourrait être le bleu, mais ici ce n'est pas possible. »

Matisse trouva la remarque justifiée et affirma qu'il retoucherait cette toile. Puis il se tourna vers moi en riant :

« En tout cas, si je commençais un portrait de Françoise, je lui ferais les cheveux verts.

— Mais pourquoi feriez-vous un portrait d'elle ? demanda Picasso.

— Parce qu'elle a du caractère, répliqua Matisse, avec ses sourcils en accent circonflexe et cette énorme masse de cheveux.

— Je ne suis pas dupe, dit Pablo, si vous les peigniez verts, ce serait pour aller avec le tapis d'Orient.

— Et vous, vous feriez le corps bleu pour aller avec les carreaux rouges de la cuisine ! » répliqua Matisse.

Pablo n'avait encore peint que deux petits portraits de moi, en gris et blanc. Mais quand nous sommes retournés vers la voiture, il a été pris tout à coup d'un instinct possessif : « Vraiment, c'est trop fort ! Est-ce que je peins des portraits de Lydia, moi ? » Je lui fis remarquer que je ne voyais pas le rapport. « Bon. Enfin, maintenant, je sais comment je devrais faire votre portrait », conclut-il.

Quelques jours plus tard, j'ai annoncé à Pablo que j'étais prête à rentrer.

« À Paris, dit-il, je veux que vous veniez vivre avec moi ! »

Il avait déjà émis ce désir de façon plus nuancée. Mais je n'avais pas envie d'y donner suite. Ma grand-mère me laissait toute liberté, et l'idée de la quitter me souriait d'autant moins qu'elle ne m'avait pas abandonnée quand j'avais eu besoin d'elle.

J'ai dit à Pablo qu'il me serait impossible de lui faire admettre une telle décision.

« C'est vrai. Alors, venez sans la prévenir. Votre grand-mère a moins besoin de vous que moi. »

Je l'ai assuré que je tenais profondément à lui, mais que je n'étais pas encore prête à faire ce pas en avant.

« Réfléchissez, dit-il. Ce que vous pouvez donner à votre grand-mère, à part l'affection que vous lui portez, n'est pas essentiellement constructif. Quand vous êtes avec moi, par contre, vous m'aidez à réaliser quelque chose de positif. C'est plus logique et plus intelligent, puisque j'ai vraiment besoin de vous. En ce qui concerne votre grand-mère, il y a des choses qu'on peut expliquer, et d'autres qu'il faut accomplir par coup d'État, parce qu'elles dépassent l'entendement de l'autre personne. C'est presque mieux de porter un grand coup, puis de la laisser se remettre et accepter le fait accompli. »

La solution me semblait trop brutale.

« Parfois, on ne peut pas épargner les autres, dit-il. Cela peut coûter d'agir ainsi, mais il y a des moments, dans la vie, où nous n'avons pas le choix. S'il existe une nécessité qui domine toutes les autres, nous sommes bien obligés d'agir mal vis-à-vis de certains. Il n'y a pas de pureté totale et absolue autre que la pureté du refus. En acceptant une passion que l'on juge importante, et avec la part de tragédie qu'elle comporte, on sort des lois habituelles. On acquiert le droit d'agir autrement que dans les circonstances ordinaires. »

Je lui ai demandé comment il en était venu à ce raisonnement.

« À partir d'un instant comme celui-là, dit-il, on s'inflige à soi-même les souffrances qu'on a infligées à autrui. Il s'agit de reconnaître sa destinée, non de faire preuve de sadisme ou d'insensibilité. En théorie, on peut penser qu'on n'a pas le droit de chercher sa part de bonheur, si infime soit-elle, aux dépens du bonheur de quelqu'un d'autre. Mais le problème ne peut pas être résolu sur cette base théorique. Nous vivons toujours un mélange de bien et de mal, et les divers éléments d'une situation sont tout enchevêtrés. Le bien-être de l'un est contraire à celui de l'autre. Choisir quelqu'un, c'est toujours, dans une certaine mesure, tuer quelqu'un d'autre. Il faut donc le courage du chirurgien ou du meurtrier, il faut accepter la culpabilité qui en découle et essayer de faire face, ensuite, aussi décemment que possible. Dans certaines situations, on ne peut pas être un ange. »

Je lui ai fait remarquer que son point de vue était d'un dynamisme assez primitif. Pour moi, il était essentiel de distinguer le bien du mal, et il fallait essayer d'exister en accord avec certains principes. « Laissez là vos théories, dit-il, vous devez vous rendre compte que dans la vie tout a un prix. Tout ce qui a de la valeur – une création, une idée nouvelle – apporte en même temps sa zone d'ombre. Il faut bien l'accepter. Sinon, on stagne dans l'inaction. Chaque geste a sa part de néant. On ne peut y échapper. Chaque valeur positive a son prix en termes négatifs, et on ne voit jamais quelque chose de grand qui n'ait, d'une façon ou d'une autre, un côté horrible. Le génie d'Einstein mène à Hiroshima. »

J'ai dit que j'avais souvent pensé qu'il était le diable et que, maintenant, j'en étais sûre.

Ses yeux se sont rétrécis : « Et vous, vous êtes un ange, fit-il avec mépris, mais un ange d'en bas. Si je suis le diable, vous êtes donc un de mes sujets, et je vais vous marquer. » Il prit la cigarette qu'il était en train de fumer et la planta sur ma joue droite. Cela me fit horriblement mal, mais j'étais décidée à ne pas lui donner la satisfaction de me voir crier. Après un moment qui m'a semblé très long, il la retira. « Non, dit-il, ce n'est pas une bonne idée. Après tout, j'aurai peut-être encore envie de vous regarder. »

Nous sommes rentrés à Paris le lendemain en voiture. Pablo n'aimait pas du tout s'asseoir à l'arrière, et nous étions donc tous trois devant, Pablo assis entre Marcel et moi. Marcel prenait librement part à la conversation. De temps en temps, Pablo recommençait à argumenter pour que je me décide à vivre avec lui. Marcel, qui nous regardait avec un demi-sourire, s'immisça dans la discussion en déclarant : « Je crois qu'elle a raison. Ne la pressez pas. Donnez-lui le temps de réfléchir. » Comme Pablo avait grande confiance en Marcel, à notre arrivée à Paris je suis rentrée chez ma grand-mère. Mais, à partir de ce moment, Pablo n'a cessé d'insister pour que j'accomplisse ce pas décisif.

Quelques semaines après mon retour, je travaillais dans mon atelier, selon mon habitude : je me levais sans prendre la peine de me laver ou de déjeuner, et je me mettais à peindre jusqu'à midi, les cheveux ébouriffés, enfouie dans un vieux peignoir de ma grand-mère, tout couvert de peinture et serré à la taille par une ficelle. Il s'agissait là d'une sorte de mise en train, qui me permettait plus d'efficacité et de précision pendant l'après-midi. Toute à mon inspiration, je brandissais mon couteau à palette et mes pinceaux, ayant l'air d'une sorcière, quand soudain la porte s'ouvrit.

Pablo me fixait, presque dissimulé par deux douzaines de roses blanches à longues tiges. Nous étions stupéfaits, car je ne l'avais jamais imaginé tenant un bouquet de fleurs à la main, et lui n'avait guère eu l'occasion de me voir attifée ainsi, pieds nus et échevelée. Après un instant de surprise, nous avons éclaté de rire. J'attaquai : « Ne me dites pas que vous avez acheté ces roses.

— Naturellement non, fut la réponse. Quelqu'un me les a données, mais j'ai voulu vous les apporter parce que leur couleur s'accordait à votre douceur. Maintenant j'en doute. Je n'aurais jamais cru que vous puissiez avoir cet air-là. »

Je lui demandai d'attendre un moment et j'allai me changer. Une voix puissante et grave m'appela à plusieurs reprises.

« Qu'est-ce que c'est ? s'écria Pablo. Un homme ici ? »

Je dis que ce n'était pas un homme : c'était ma grand-mère. Sceptique comme toujours, il répondit qu'il aimerait faire sa connaissance. En allant déjeuner, nous l'avons rencontrée sur le palier. Elle était sortie de sa chambre pour me dire au revoir. Ce fut un moment historique, car, malgré sa petite taille, elle avait une forte personnalité : un visage léonin tailladé de rides, et une crinière de cheveux blancs. Cette tête de « Sekhmet » et cette voix extrêmement profonde formaient une combinaison inoubliable. Pablo chuchota : « Je viens de rencontrer le grand chef d'orchestre allemand. » Le surnom lui est resté.

En rentrant, l'après-midi, je demandai à ma grand-mère son opinion sur Pablo : « C'est extraordinaire, me dit-elle, tout en lui est lisse, poli comme un marbre… »

Je ne comprenais pas, elle insista : « Mais si, le regard glisse sur lui, il est dur et solide, je t'assure, juste comme une statue. »

Lorsque Pablo me fixait avec ses yeux de diamant noir, il exerçait sur moi une sorte de fascination, mais sur elle, il était resté sans prise, le choc avait eu lieu : roc contre roc.

Outre ma répugnance à quitter ma grand-mère, et toutes les autres bonnes raisons que j'avais, ou pensais avoir, de ne pas vivre avec Pablo, un empêchement supplémentaire était le lien qui subsistait entre Dora Maar et lui. Il m'assurait, naturellement, que personne n'importait dans sa vie, sauf moi. En fait, disait-il, il avait déjà laissé entendre à Dora que tout était fini. Selon lui, ils étaient parfaitement d'accord sur ce point. Pourtant, j'hésitais. Il me suppliait alors de l'accompagner chez elle, pour me rendre compte. Une telle démarche me paraissait impensable. Mais il insistait.

Quelques semaines après sa première rencontre avec ma grand-mère, Pablo est passé en voiture avec Marcel, pour m'accompagner à une exposition de tapisseries, consacrée surtout à la série de *La Dame à la licorne*. Nous nous étions arrêtés près d'une vitrine, au centre du hall, où était exposée une corne de narval, trophée qui ressemblait à l'ornement frontal de l'animal fantastique. La salle était presque vide, et j'aperçus, à quelques pas devant nous, Dora Maar qui examinait une tapisserie. J'étais un peu mal à l'aise, mais Pablo avait l'air ravi de la voir. Il se mit à lui poser mille questions sur l'exposition. À la fin, il proposa : « Pourquoi ne déjeunerions-nous pas ensemble ? » Il était visible que, pour elle, *nous* signifiait : lui et elle. Mais Pablo reprit : « Bon, parfait, vous avez l'esprit large et je vous emmène toutes les deux *Chez-Francis.* » Dora eut l'air surprise et déçue, mais ne dit rien. Marcel, qui nous attendait, nous conduisit place de l'Alma.

« Avez-vous une objection à ce que je commande ce qu'il y a de plus cher ? demanda Dora. J'imagine que j'ai encore droit à un peu de luxe ?

— Mais bien sûr, dit Pablo. Tout ce qui vous plaira. »

Dora commença par du caviar et commanda le reste à l'avenant. Pendant tout le repas, elle ne cessa de parler de façon très spirituelle, mais Pablo ne riait pas du tout. Par contre, chaque fois que j'essayais de dire quelque chose d'un peu intelligent, pour ne pas être trop éclipsée, il riait si fort que c'en était embarrassant. Et il répétait à Dora : « Elle est merveilleuse, n'est-ce pas ? Quel cerveau ! Vraiment, j'ai fait une découverte !... etc. » Il était heureux comme un enfant qui brise tous ses jouets avec son marteau neuf.

Après le déjeuner, il dit à Dora : « Bon, vous n'avez pas besoin que je vous raccompagne ! Vous êtes assez grande maintenant. » Dora ne sourit pas. « En effet, dit-elle, je suis tout à fait capable de rentrer seule. Je vois, par contre, que vous avez besoin de vous appuyer sur la jeunesse. J'imagine qu'au bout d'un quart d'heure vous mourrez d'ennui. »

Lorsque j'allais voir Pablo l'après-midi, il m'invitait parfois à dîner, et comme je n'avais pas envie qu'on nous voie ensemble au restaurant, Inès, la femme de chambre, préparait un repas léger. Ou bien il allait puiser dans les stocks de conserves que les G.I. avaient apportés chez lui au moment de la Libération. Un soir, après avoir consommé les inévitables petites saucisses de Francfort, il me dit : « Allons nous promener un peu, vous rentrerez chez vous ensuite. De cette façon, je prendrai l'air avant de me remettre au travail. J'ai envie d'aller au *Flore.* » C'était bien le dernier endroit qui me tentât, parce que je savais que beaucoup de ses amis y seraient, et que, le lendemain, tout Paris serait au courant de notre liaison. Je le lui dis. Il fut d'accord. « Vous avez raison. Nous n'irons que jusqu'au boulevard Saint-Germain. » Je répondis que, boulevard Saint-Germain, nous rencontrerions les mêmes gens, allant au *Flore* ou en revenant. « Ah ! c'est vrai. Eh bien, nous n'irons que jusqu'à la rue de l'Abbaye. » Je fis remarquer qu'au bout de la rue de l'Abbaye nous serions pratiquement au *Flore.* « Vous êtes bien difficile, dit-il. Écoutez, nous n'entrerons pas. Nous resterons dehors et je regarderai juste à l'intérieur. » Je finis par céder. À ce moment-là, il n'y avait pas encore de terrasse couverte au *Flore.* Tout le monde était à l'intérieur. « Je vais juste jeter un coup d'œil, dit Pablo. Personne ne me reconnaîtra. » Mais dès qu'il eut regardé, il s'écria : « Oh ! il y a Dora Maar avec des amis. Je suis sûr qu'elle m'a vu, et cela semblerait bizarre, maintenant, de ne pas la saluer. »

Nous entrâmes. D'excellente humeur, Pablo s'approcha de la table de Dora : « Quand j'ai vu que vous étiez là, je n'ai pas voulu passer sans vous dire bonsoir. Vous vous souvenez de Françoise ? »

Dora n'eut pas l'air de me voir. Elle se contenta de remarquer que Pablo n'avait pas besoin d'accomplir tout ce trajet pour la rencontrer. Il n'avait que deux pas à faire de son atelier à la rue de Savoie.

« Bien sûr, dit Pablo, toujours d'humeur délicieuse, ce serait bien mieux chez vous.

— Pourquoi pas ? » demanda Dora, pensant, j'imagine, qu'il s'agissait de lui seul.

À la sortie, il me dit : « Vous voyez, elle nous a invités à venir la voir. » Je répondis que ce n'était pas là du tout ce que j'avais compris, et que, de toute façon, je n'irais pas. « Mais si, nous irons. J'y suis décidé. J'ai une ou deux choses à régler avec elle, et je veux que vous appreniez de sa bouche et de la mienne qu'il ne reste aucun lien entre nous. »

Une semaine plus tard, Pablo s'est à nouveau arrangé pour rencontrer « par hasard » Dora Maar au *Flore*. Cette fois, il lui a dit qu'il voulait lui parler chez elle, dans une heure. Je redoutais cette visite. J'ai supplié Pablo de ne pas y aller, mais il refusait de m'écouter. Quand nous sommes arrivés, Dora nous a regardés d'un air glacial, mais tout en se contrôlant fort bien. Pablo lui a demandé de nous montrer des tableaux. Elle a sorti cinq ou six natures mortes. J'ai dit que je les trouvais très belles. Elle s'est adressée à Pablo :

« J'imagine que vous n'êtes pas venu pour cette raison ?

— C'est exact, reconnut-il. Françoise est tourmentée et s'imagine avoir une part de responsabilité dans notre rupture, elle hésite à venir vivre avec moi parce qu'elle a peur de prendre votre place. Je lui ai affirmé que tout était fini entre nous, et je veux que vous le lui disiez aussi, pour qu'elle le croie. »

Dora Maar me jeta un coup d'œil rapide et écrasant. En effet, il n'y avait plus rien entre eux, mais je ne devais pas craindre d'être la cause de cette rupture, cette idée était tout à fait ridicule.

Je paraissais jeune pour mon âge. Et, ce soir-là, je portais une jupe écossaise, un chandail vague et des souliers plats. J'avais les cheveux dans le dos. Mon apparence ne suggérait certainement rien de « fatal ». Pablo était entré en me tirant par la main, et je suppose que lorsqu'il a commencé sa tirade Dora a pensé qu'il avait perdu la raison. Elle lui dit qu'il devait être fou de croire qu'il pourrait vivre « avec cette écolière ».

J'avais un peu l'impression d'être une élève assistant à une dispute entre un professeur et le directeur de l'école. Beaucoup de leurs allusions ne signifiaient rien pour moi. Aucun des deux, non plus, ne s'adressait à moi. Alors je cherchai la porte des yeux, espérant profiter d'un moment d'inattention pour m'enfuir.

« Vous êtes vraiment bizarre, reprit Dora. Vous prenez toutes ces précautions pour vous embarquer dans une aventure qui ne va pas durer jusqu'au coin de la rue.

On retrouvera cette pauvre fille dans la poubelle avant trois mois. Vous êtes incapable de vous attacher. Vous n'avez jamais aimé personne, vous ne savez pas aimer.

— Vous êtes mal placée pour savoir si je sais aimer ou non », répliqua-t-il furieux.

Dora le fixa un moment, puis soupira :

« Je crois que nous nous sommes tout dit.

— Exactement », lança Pablo, qui se dirigea vers la porte en me traînant derrière lui.

Dehors, je sortis de mon hébétude. Je voulais aller immédiatement à Neuilly. Il décida de m'accompagner jusqu'au métro Pont-Neuf. En traversant le pont, je lui demandai comment il avait pu précipiter une scène aussi pénible, avouer ses sentiments de manière aussi déplaisante. Sa façon d'agir révélait un manque total de compréhension d'autrui. Cela ne me donnait en rien le désir de me réfugier dans ses bras. Au contraire, je me sentais très loin de lui, et je me demandais vraiment si je comprendrais un jour le ressort de ses actions. Il explosa : « J'ai fait cela pour vous faire comprendre que personne, à part vous, ne compte dans ma vie. Et voilà comment vous me remerciez : froideur, dédain, et récriminations. Vous êtes incapable d'éprouver des sentiments intenses. Vous n'avez aucune prise sur la vie réelle. Je devrais vous jeter dans la Seine. C'est tout ce que vous méritez. » Il me saisit et me poussa dans l'un des entablements semi-circulaires du pont. Il me maintint ainsi contre le parapet et, me tournant face au vide, demanda : « C'est ça que vous voulez ? » Je lui dis de me pousser s'il en avait envie – c'était le printemps et j'étais bonne nageuse. Enfin, il me lâcha et je courus vers l'escalier du métro, le laissant derrière moi sur le pont.

J'imagine que mes sentiments pour Pablo auraient dû se trouver anéantis après la scène qui avait eu lieu et ses implications. Mais il n'en était rien, je négligeais les signaux noirs du destin, mon amour était devenu plus fort que tous les avertissements. Il m'est difficile de trouver à cela une explication, sauf en revenant quelques années en arrière, sur l'éducation que j'avais reçue, et sur mon propre caractère.

Mon père avait quatre sœurs et sa mère était devenue veuve alors qu'il avait seize ans. Cet entourage uniquement féminin avait dû lui peser. J'étais fille unique, et il m'a souvent reproché de n'être pas un garçon. On m'habillait du reste avec pantalon et chandail, les cheveux coupés très court, à une époque où cela ne se faisait pas beaucoup dans notre milieu. Il s'occupait de mes études et tenait vivement à ce que je fasse du sport. J'étais censée passer les mêmes épreuves que les garçons, sauter et courir comme eux.

L'été, il m'emmenait faire du bateau, et il m'apprit à adorer la mer. Ce n'était qu'au large, quand nous étions seuls sur le voilier sans autre témoin que le ciel, que nous arrivions à nous entendre. Mon père était un homme solitaire. J'ai appris de lui à aimer les côtes sauvages et désolées de la Bretagne. Là, il souriait fréquemment, ce qui ne lui arrivait jamais à la maison, et parlait sans contrainte. Mais dès que nous rentrions à Paris, nous nous heurtions de nouveau.

L'hiver, mon père m'emmenait chasser en Brière, région marécageuse à l'embouchure de la Loire. Le paysage y est plat, fait de petites îles et de péninsules : eau et roseaux. Nous partions loin sur les étangs dans une barque à fond plat. Il y avait des milliers d'oiseaux de toutes sortes – canards, sarcelles, courlis, oies sauvages, grues et hérons – qui venaient du large pour dormir la nuit sur les marais et repartaient vers l'Océan au matin. Je me levais à cinq heures pour regarder les oiseaux s'envoler vers la mer, comme une myriade de points sombres dans l'aurore froide et triste. Ces visions sont à l'origine de ma peinture : subtiles mutations de lumière dans ces étendues vert-gris pâle.

Quand j'étais petite, j'avais peur de tout. Si je me coupais et que le sang se mît à couler, je m'évanouissais. Je redoutais aussi l'obscurité et les endroits élevés. Mon père réagit vigoureusement contre ces tendances.

Il me faisait grimper sur des rochers et sauter. C'était déjà assez effrayant d'avoir à grimper, mais me lancer dans le vide devenait un véritable cauchemar. S'il avait décidé de quelque chose, je pouvais protester pendant des heures : je finissais toujours par le faire. Et chaque fois que je réussissais, il me forçait à entreprendre un autre exploit. Mon impuissance devant cette volonté de fer me mettait dans une telle colère qu'il ne restait plus de place pour la peur. Mais comme je ne pouvais manifester ouvertement cette colère, je me mis à nourrir un grand ressentiment.

J'avais peur de l'eau : il voulait que j'apprenne à nager. Tous les jours j'avais droit à un bain forcé, et quand, enfin, je sus nager, il se mit à mesurer les distances et à chronométrer les temps. À huit ans, je n'avais plus peur de rien. En fait, ma nature avait tant changé que je recherchais la difficulté et le danger. J'étais devenue une autre personne. Mon père m'a rendue audacieuse et stoïque, mais à ses dépens ! Si je désirais ce que je savais bien lui déplaire, j'imaginais sa réaction et la punition qu'il m'infligerait ; puis je me préparais à faire face. Ainsi, la réaction de mon père ne me surprenait en rien, et la punition elle-même s'en trouvait allégée.

Plus tard, cette façon d'agir s'est retournée contre moi. Dès qu'une chose me faisait peur, je ne pouvais m'empêcher de ressentir une extrême fascination. J'éprouvais le besoin d'aller trop loin, juste pour me prouver que j'en étais capable. Et quand j'ai rencontré Pablo, j'ai compris que c'était là un défi plus grand que la vie. Enfin je rencontrais quelqu'un contre qui je pouvais me mesurer. Je savais que le combat entre nous serait inégal, mais c'était une raison de plus pour l'affronter.

Il y avait une autre raison, plus précise et plus actuelle : malgré l'adulation dont Pablo était l'objet depuis plus de trente ans, il n'en restait pas moins très solitaire, isolé par sa vie intérieure du flot de ses admirateurs.

Un après-midi, alors que je tentais de dissiper le pessimisme qui le submergeait : « Bien sûr que les gens m'aiment, ils m'adorent ! me dit-il. Ils m'aiment comme ils aiment le poulet. Mais moi, qui me nourrit ? »

Je ne répondis pas, mais je pensais que je pouvais au moins alléger le fardeau d'une solitude qui lui semblait, parfois, écrasante.

Ce qui me coûtait le plus, c'était de quitter ma grand-mère et de briser la confiance qu'elle avait en moi. Je ne pouvais rien lui expliquer, parce qu'elle m'aurait déconseillé de prendre une initiative aussi déraisonnable. « Ne va pas vivre avec cet homme, ce serait sûrement une erreur. »

Je ne sais si elle sentait le dilemme dans lequel je me débattais ; elle m'avait dit quelque temps auparavant : « L'amour est un fleuve qui coule naturellement d'une génération à l'autre. Toi, au contraire, tu essaies de remonter le courant. Je me demande ce qui t'a heurtée dans le cours naturel de la vie, au point que tu te sentes obligée de remonter le temps. Tu devrais savoir que tu as perdu d'avance. J'ai peur pour toi, mais je t'aime, et j'imagine que tu suis la loi de ton être. » Sachant trop bien ce qu'aurait dit ma grand-mère, et me sentant incapable de changer son opinion, le jour où je décidai de partir il me fallut le faire comme un voleur. Je lui envoyai un mot, le lendemain. C'est, je crois, un de mes souvenirs les plus tristes.

Assez tôt dans la soirée, fin mai 1946, je m'apprêtais à rentrer chez elle, lorsque Pablo me demanda, une fois de plus, de briser ce dernier lien et de rester avec lui. Il disait que si deux personnes qui s'aiment ne vivent pas ensemble, il arrive un moment où la vie les sépare. Puisque nous étions allés aussi loin tous les deux, la conclusion inévitable était la vie en commun. Sinon, tout s'écroulerait : « Étant donné votre âge, vous allez rencontrer quelqu'un d'autre tôt ou tard. Et étant donné mon âge, vous devez bien vous rendre compte que je pourrais, un jour, me lasser de votre perpétuelle indécision. Si je représente quelque chose à vos yeux, il faut donc que vous vous décidiez à venir. En dépit des difficultés, tout vaut mieux que la séparation. »

Je répondis, d'un ton peut-être un peu léger, que je ne pensais pas que ce serait le mieux, bien au contraire. Pablo portait un gros ceinturon de cuir. Il le retira, le brandit comme pour me battre. Je riais. Sa fureur s'accrut et les invectives redoublèrent : « Est-ce que je ne compte vraiment pas dans votre vie ? Tout cela n'est-il qu'un jeu ? Êtes-vous si peu sensible ? » Plus il criait, plus je riais. C'était, je crois, presque hystérique, mais j'avais l'impression d'assister plutôt que de participer à la scène. Lorsqu'il s'arrêta, il était blême. « Qui penserait jamais à rire dans ces conditions ? Je comprends le sens de l'humour, mais vous allez un peu loin. » Soudain, il eut l'air très déprimé, morose : « Vous pensez tout le temps à votre grand-mère, soupira-t-il. Je suis presque aussi vieux qu'elle. Vous devriez penser à moi. J'ai besoin de vous et je suis fatigué d'attendre. » Il ajouta, avec plus de feu : « Et comme je ne peux pas me passer de vous, vous *devez* vivre avec moi ! »

Je lui fis observer que ses arguments étaient en effet puérils, sa violence pathétique, et que, pour se montrer sous un jour aussi peu flatteur, il devait m'aimer vraiment. Je vis que le problème, posé de cette façon, le troublait, mais il n'était pas d'humeur à refuser ce qui devait, après tout, lui apparaître comme une victoire inattendue. Il ajouta simplement : « Faites attention à ne pas exagérer votre sens de l'humour. »

Et je suis restée, sans donner la moindre explication à qui que ce fût. Le lendemain, j'ai écrit un mot à ma grand-mère et un autre à ma mère, pour leur dire – sans leur préciser exactement où je me trouvais – que j'avais décidé de partir, de vivre d'une façon différente. Elles auraient de mes nouvelles bientôt et ne devaient pas s'inquiéter. Pablo m'a dicté ces lettres. J'aurais été incapable, à ce moment-là, d'écrire quoi que ce fût toute seule.

III

Peindre comme d'autres écrivent leur autobiographie.

Pendant le mois qui suivit mon arrivée rue des Grands-Augustins, je ne suis pour ainsi dire pas sortie de la maison. Je passais des journées entières dans l'atelier à regarder Pablo dessiner et peindre. « Je ne travaille presque jamais avec un modèle, me dit-il un après-midi. Mais puisque vous êtes là, je devrais peut-être essayer. »

Il m'a installée sur un tabouret bas et s'est assis sur un banc peint en vert, comme il y en a dans les jardins publics. Il a fait trois études de ma tête sur un grand bloc. Puis il a examiné son travail et froncé les sourcils : « C'est mauvais. Ça ne vaut rien. » Il a déchiré les dessins.

Il a essayé de nouveau, le lendemain : « Ce serait mieux si vous posiez nue. » J'ai retiré mes vêtements. Il m'a demandé de me placer dans la pénombre, debout, les bras le long du corps, éclairée par un rayon de lumière qui filtrait des hautes fenêtres à ma droite. Il se tenait à trois ou quatre mètres de moi, l'air absorbé. Ses yeux ne me quittaient pas. Il est resté sans toucher son bloc, son crayon levé pendant un temps qui m'a paru très long.

« Je vois ce que j'ai à faire. Vous n'aurez plus besoin de poser. »

Quand j'ai repris mes vêtements, je me suis aperçue que j'avais posé pendant plus d'une heure.

Le lendemain, Pablo s'est mis à faire, de mémoire, une série de dessins dans cette pose. Il a commencé également une série de onze lithographies de mon visage et, sur chacune, il a mis un petit point de beauté sous l'œil gauche et tracé le sourcil droit en forme d'accent circonflexe.

Ce jour-là, il a entrepris le portrait de moi qu'on a appelé *La Femme-Fleur*. Je lui ai demandé si cela le dérangerait que je le regarde travailler.

« Pas du tout. Au contraire, je crois même que cela m'aiderait, et je n'ai pas besoin que vous posiez. »

Pendant tout un mois, je l'ai donc regardé peindre. Il passait de ce portrait à plusieurs natures mortes, sans utiliser de palette. Il avait, à sa droite, une petite table recouverte de journaux, sur laquelle étaient posées trois ou quatre grandes boîtes de conserve, pleines de pinceaux trempant dans de la térébenthine. Chaque fois qu'il en prenait un, il l'essuyait d'abord sur les journaux, qui ressemblaient à une jungle de traits et de taches de couleur. Quand il avait besoin d'une couleur pure, il pressait le tube directement sur les journaux. De temps en temps il mélangeait de petites quantités de chaque couleur sur le papier.

À ses pieds, et tout autour du chevalet, il y avait une série de boîtes de conserve de tailles diverses, qui contenaient les gris et teintes neutres, et les autres couleurs qu'il avait mélangées d'avance.

Il pouvait travailler trois ou quatre heures de suite, ne faisant aucun geste superflu. Je lui ai demandé si cela ne le fatiguait pas de rester si longtemps debout. Il a secoué la tête : « Non. Pendant que je travaille, je laisse mon corps à la porte, comme les musulmans enlèvent leurs chaussures avant d'entrer dans la mosquée. Dans cet état, le corps existe de façon purement végétative, et c'est pourquoi nous, les peintres, vivons généralement si longtemps. »

De temps à autre, il traversait l'atelier et allait s'asseoir dans un fauteuil d'osier à haut dossier gothique, qu'on retrouve dans beaucoup de ses toiles. Il pouvait rester là une heure, les jambes croisées, le coude sur le genou et le menton dans la main, à examiner la toile sans prononcer un mot. Ensuite, il se remettait généralement à peindre. Il disait quelquefois : « Je ne peux pas développer davantage cette idée plastique aujourd'hui » et il passait alors à une autre toile. Il y en avait toujours au moins une demi-douzaine, inachevées et à moitié sèches, parmi lesquelles il pouvait choisir. Il travaillait de la sorte de deux heures de l'après-midi à onze heures du soir, et s'arrêtait pour dîner.

Le silence dans l'atelier était total. Il n'était rompu de loin en loin que par un monologue de Pablo ou quelques échanges de phrases : nulle interruption ne venait du dehors. Quand le jour commençait à baisser, Pablo braquait deux projecteurs sur la toile, et tout alentour disparaissait dans l'ombre. « Il faut que l'obscurité soit complète autour de la toile, pour que le peintre soit hypnotisé par son travail et peigne à peu près comme s'il était en transe. Il doit rester le plus près possible de son monde intérieur, s'il veut transcender les limites que sa raison tente continuellement de lui imposer. »

Au départ, *La Femme-Fleur* était le portrait d'une femme assise sur un long tabouret africain, en forme de conque. On peut encore voir transparaître certains éléments sous la version définitive, et Pablo peignait d'une manière assez réaliste. Puis, après avoir travaillé un moment : « Non, ce n'est pas votre style, dit-il soudain. Une interprétation réaliste ne vous personnifierait en rien. » Alors il essaya de rythmer différemment le tabouret et d'assouplir les contours, mais cela n'allait pas non plus. « Vous n'êtes pas le genre passif. Je ne vous vois que debout. » Il se mit à simplifier et allonger les lignes de mon corps. Il se souvint alors que Matisse avait parlé de faire mon portrait avec des cheveux verts, et cette suggestion lui plut. « Matisse, dit-il, n'est pas le seul qui puisse vous peindre avec des cheveux verts. » Dès ce moment, les cheveux furent changés en feuilles, et le portrait devint une composition florale symbolique. Pablo travailla la poitrine avec les mêmes courbes rythmiques.

Pendant tout ce temps, le visage était resté imitatif, d'un esprit différent du reste. Il l'étudia un moment. « Il faut que je construise la figure d'une autre manière. Bien que vous ayez le visage d'un ovale plutôt allongé, je dois, pour exprimer sa lumière et son expression, l'irradier dans l'autre sens. Je compenserai cela en lui donnant une couleur froide – bleu. Ce sera comme une petite lune bleue. »

Il découvrit dans un coin de l'atelier une feuille de papier bleu ciel et y découpa des formes correspondant plus ou moins à cette vision de ma tête : d'abord deux ronds parfaits, puis trois ou quatre ovales en largeur. Après avoir dessiné les yeux, le nez, la bouche sur chaque découpage, il les épingla tour à tour sur la toile, les déplaçant un peu vers la droite ou la gauche, vers le haut ou le bas, selon ce qui lui paraissait le plus indiqué. Aucun ne rendit l'effet voulu, jusqu'à ce qu'il arrivât au dernier. Comme il avait essayé tous les autres dans des endroits différents, il savait d'avance où mettre celui-là, et quand il l'eut posé contre la toile, c'était parfait, tout à fait convaincant. Il le pressa contre la surface humide, s'écarta et me dit : « Maintenant, c'est votre portrait. » Après en avoir marqué le contour très légèrement au fusain, il retira le papier, et lentement, soigneusement, reproduisit sur la toile le dessin qui se trouvait sur le découpage. Ensuite, il ne devait plus jamais retoucher la tête.

Il avait été amené, pour l'unité de la composition, à penser que le torse pourrait être beaucoup plus petit. Il recouvrit alors le premier torse, en dessina un second étroit comme une tige, créant ainsi par une fantaisie de son imagination une femme dont les formes s'amenuisent jusqu'à devenir végétales. Il m'avait peinte tenant de la main droite une forme circulaire barrée d'une ligne horizontale : « Cette main-là tient le monde, moitié eau, moitié terre, dans la tradition de la peinture classique, où le sujet tient ou manie un globe. Cela rime avec les deux cercles des seins. Sur ma toile, bien sûr, ils sont asymétriques. Dans la réalité, deux bras, deux jambes, deux yeux sont symétriques. En peinture, ils ne doivent jamais être rendus de façon semblable. Dans la peinture traditionnelle, c'est le geste que fait un bras ou l'autre qui les différencie. Ils sont dessinés en fonction de leur attitude. Moi, je les individualise par les formes différentes que je leur donne, si bien qu'il semble souvent n'y avoir aucun rapport de nature entre l'un et l'autre. De ces structures différentes, on peut déduire qu'il existe un geste. Mais ce n'est pas lui qui détermine la forme. Elle existe par elle-même. Ici, j'ai dessiné un cercle au bout du bras droit, parce que le bras gauche s'achève en triangle et qu'un bras droit est tout à fait différent d'un bras gauche, tout comme un cercle est différent d'un triangle. Et ce cercle rime avec la forme du sein. Dans la nature, un bras a plus de rapport avec un autre bras qu'avec un sein, mais cette réalité n'a rien à voir avec la peinture. » À l'origine, le bras gauche très développé avait une forme de feuille, mais Pablo le trouvait trop lourd. Il décida de l'alléger. De l'autre côté, le bras droit sortait des cheveux comme s'il tombait. L'ayant étudié, Pablo remarqua : « Une forme tombante n'est jamais belle. En plus, ce n'est pas en harmonie avec votre nature. »

Il dessina un triangle qui sortait de la tige du corps et rejoignait le cercle figurant le globe. Souriant à demi, de crainte que je ne le prenne trop au sérieux, il ajouta : « Vous voyez, une femme tient le monde – ciel et terre – dans sa main. » J'ai souvent remarqué à cette époque que ses décisions picturales étaient motivées en partie par des raisons plastiques issues de raisons symboliques, cachées peut-être, mais accessibles si l'on comprenait l'esprit dans lequel il avait agi.

Au début, les cheveux étaient répartis symétriquement. Il supprima une partie de cette masse vers la droite, parce qu'il trouvait cet arrangement trop statique. « Je veux un équilibre qu'on puisse saisir au vol, juste comme un jongleur attrape une de ses balles, et non pas un équilibre tout fait qui attend là, inerte. J'aime la nature ; mais je veux que ses proportions soient souples et libres. Quand j'étais petit, je faisais souvent un rêve qui m'effrayait beaucoup. Mes bras et mes jambes étaient soudain énormes, puis se mettaient à rétrécir et devenaient minuscules. Tout autour de moi, d'autres personnages subissaient les mêmes transformations, devenant gigantesques ou petits. Ce rêve me causait toujours de terribles angoisses. »

Je compris alors l'origine de tant de toiles et dessins des années 20, qui représentent des femmes avec des mains et des jambes énormes, et quelquefois de toutes petites têtes. Ce sont des nus, des baigneurs, des maternités, des femmes drapées assises dans des fauteuils ou s'allongeant démesurément sur la toile, et parfois aussi des athlètes, des adolescents ou de gigantesques enfants. Ainsi, Pablo avait utilisé le souvenir de ses rêves pour briser la monotonie des formes classiques du corps humain.

Le portrait achevé, Pablo parut très satisfait. « Nous ressemblons tous plus ou moins à des animaux, dit-il, mais pas vous. Il y a en vous l'élan d'une plante au printemps, et je ne savais comment exprimer cette idée que vous appartenez au règne végétal. Je me demande ce qui me pousse à vous représenter de cette façon. C'est bizarre, n'est-ce pas ? Mais c'est tout à fait vous. »

Les jours suivants, j'ai souvent remarqué que Pablo étudiait l'ovale en largeur sur le portrait. « Lorsqu'on ne peint qu'une tête, on est libre de ses accents, me dit-il un jour, mais quand on peint tout le corps, c'est souvent la tête qui gâche tout. Si on ne met aucun détail, cela reste un œuf, ce n'est pas une tête. On a un mannequin, non un corps humain. Et si l'on ajoute trop de détails, cela rompt la coulée de lumière, en peinture juste comme en sculpture. Au lieu de lumière, on a l'ombre qui troue la composition et empêche l'œil de circuler librement. Une des possibilités, c'est de garder tout le volume de la tête dans ses proportions normales, ou même un peu plus grandes, et d'ajouter – pour ne pas troubler les habitudes visuelles du spectateur moyen – un minimum d'indications graphiques rapprochées pour les yeux, le nez, la bouche, etc. Cela donne les références nécessaires aux divers traits structuraux. Ainsi on ne perd rien de la luminosité ; on rehausse l'ensemble de la composition en ajoutant un élément de surprise. Le spectateur qui s'intéresse aux problèmes plastiques comprendra pourquoi. Il verra l'intérêt que tout cela présente. Et pour le profane, la peinture devient subversive : Comment ce peintre se permet-il d'exprimer les yeux par deux taches, le nez par un bouton, et la bouche par un petit trait ? Il est furieux, se démène, écume. Et, pour un peintre, ce n'est pas non plus un succès négligeable ! »

Pablo travaillait aussi depuis plusieurs mois à une série de natures mortes : un crâne et quelques poireaux sur une table. D'un point de vue purement formel, les poireaux étaient une variation sur les os en croix qui accompagnent traditionnellement le crâne, avec leurs bouts bulbeux correspondant aux articulations.

« La peinture n'est jamais de la prose, c'est de la poésie, elle est écrite en vers avec des rimes plastiques, me dit Pablo un jour qu'il travaillait effectivement à l'une de ces natures mortes. Les rimes plastiques sont des formes qui résonnent entre elles, répondent à d'autres formes, ou à l'espace qui les entoure ; elles s'apparentent aussi quelquefois par leur symbolisme, mais le symbolisme ne doit pas être trop évident. On ne peut continuer à peindre un crâne et des os en croix, de même qu'on ne peut continuer à faire rimer "amour" avec "toujours". Alors on remplace les os par des poireaux, et ils disent ce que vous avez à dire. »

Je trouvais qu'une toile de ce groupe était particulièrement bien composée. Les formes et l'espace en étaient harmonieusement équilibrés et il me semblait impossible d'y changer quoi que ce fût. Le crâne était très expressif. Mais Pablo n'en était pas satisfait. « C'est justement ce qui ne va pas, disait-il. C'est si bien équilibré que cela m'ennuie. C'est un équilibre stable, pas un équilibre précaire. C'est trop solide. Je veux que cela tienne ensemble, mais à peine. »

Je lui fis remarquer que tous les éléments de la composition étant parfaits, et puisque c'était là, pour lui, un problème d'équilibre, il devrait employer la méthode utilisée pour mon portrait en découpant un crâne dans du papier, et en l'essayant à divers endroits de la toile. Il a découpé alors la forme d'un crâne, et cachant le crâne peint d'une main, a déplacé la découpe en cherchant un endroit assez troublant. Il a finalement trouvé un emplacement bien plus inattendu, qui donnait exactement le genre de juxtaposition fatale, recherchée, où l'équilibre ne tenait qu'à un fil. « Quand vous composez une toile, vous construisez autour de lignes de force qui guident votre effort. Il y a une surface où le premier plan graphique évoque l'idée d'une table, par exemple, un autre où vous créez l'idée du mouvement de l'espace derrière cette table. Ces lignes de force émettent une résonance qui vous conduit, car, le plus souvent, votre décision n'était pas arbitraire. Mais dès que vous avez soustrait un de ces éléments à votre composition et que vous le déplacez comme s'il parcourait de lui-même cet espace à deux dimensions, vous pouvez créer un effet de surprise plus grand que si vous l'aviez laissé dans sa position première. » Il effaça légèrement le premier crâne, épingla la découpe de papier et en marqua avec soin les contours. Puis il repeignit le crâne dans son nouvel emplacement. Quand il eut fini, il s'aperçut qu'on pouvait voir encore un bout du premier crâne sous la surface. Il l'étudia, et peignit vivement un morceau de fromage, juste sur le bout de ce crâne. « Le fromage sert à deux fins, remarqua-t-il. Il élimine le vide créé par la disparition du premier crâne, mais comme il a la même forme, en partie, que le nouveau, qui a été copié sur l'ancien, il crée une rime plastique entre fromage et crâne. Et attendez. »

Il ajouta des trous dans le fromage. C'était visiblement du gruyère. « Vous voyez comme les trous du fromage s'accordent avec les orbites ? » Il posa son pinceau, la peinture était achevée et Pablo heureux. En résolvant son problème d'équilibre, il avait simultanément créé et résolu un autre problème, d'une manière qui amenait dans le tableau un élément supplémentaire. Et c'est arrivé si vite que cela avait presque l'air d'un miracle.

Au cours des mois suivants, Pablo travailla à d'autres portraits de moi. Il semblait chercher avec intérêt à réaliser une autre forme de tête qui fût basée sur un symbole différent, mais il revenait toujours à l'ovale lunaire et aux formes végétales. Ça l'exaspérait.

« Je n'y peux rien, disait-il. Le peintre ne choisit pas. Il y a des formes qui s'imposent à lui. Et elles viennent quelquefois d'une hérédité qui remonte plus loin que la vie animale. C'est très mystérieux et terriblement agaçant. »

L'insistance de l'ovale lunaire l'ennuyait beaucoup. « Je n'ai jamais pensé auparavant en termes de zones astrales. Ces structures cosmiques se présentent à moi avec insistance, en ce moment, mais je n'ai aucun contrôle sur elles. Un artiste n'est pas aussi libre qu'on pourrait le croire. C'est vrai aussi pour les portraits que j'ai faits de Dora Maar. Pour moi, c'est une femme qui pleure. Pendant des années, je l'ai peinte en formes torturées, non par sadisme ou par plaisir. Je ne faisais que suivre la vision qui s'imposait à moi. C'était la réalité profonde de Dora. Vous voyez, un peintre a des limites, et ce ne sont pas toujours celles qu'on imagine. »

Ces limites, Pablo n'a pu les dépasser que deux ans plus tard avec mes portraits. J'avais dû devenir plus réelle pour lui. Il ne pouvait plus songer à moi comme venant d'un autre royaume, et ses portraits ont commencé à l'exprimer. Il faisait beaucoup de lithographie à l'époque. Un matin, Mourlot arriva à l'atelier avec l'épreuve d'un visage que venait de faire Pablo. Il y avait une toile inachevée sur le chevalet, un portrait de moi également, d'un dessin très rythmé, dans lequel la proportion de la tête causait beaucoup de difficultés à Pablo. Il la diminuait, l'augmentait, la déplaçait, la recouvrait de peinture, mais rien ne le satisfaisait. Si elle était petite, il la trouvait trop proche de la proportion des mains. Si elle devenait plus grande, elle se rapprochait trop de celle des jambes. Il avait mis la toile de côté, parce qu'il ne voyait pas de solution. Ce matin-là, il prit l'épreuve que venait de lui apporter Mourlot et l'épingla, juste comme elle était, sur la toile, le haut de la litho correspondant exactement au bord de la toile. C'était vraiment quelque chose d'« impossible », car le tableau se trouvait complètement décentré. Introduire ainsi un élément étranger dans la composition revenait à y ouvrir une fenêtre, et sur une structure faite dans un plan différent. La toile était de couleur vive et la litho en noir et blanc. Le contraste était si saisissant (celui des couleurs aussi bien que celui des formes et des plans) que Pablo en fut ravi. Il retira la litho et se mit aussitôt à peindre, à l'endroit même où elle avait été épinglée, la même composition – une tête de moi – celle de la litho.

Il trouva cette formule si intéressante qu'il fit cinq ou six autres toiles sur ce thème. Mais elles n'étaient pas basées sur de vraies lithographies.

Quelquefois, Pablo commençait une toile le matin, et disait le soir : « Oh ! je pense qu'elle est finie. Ce que j'avais à dire plastiquement est là, mais c'est venu presque trop vite. Si je la laisse ainsi, cette apparente réussite ne me satisfait pas. Mais je suis continuellement interrompu maintenant, et je ne peux presque jamais pousser ma pensée jusqu'au bout. Une peinture doit mûrir lentement, et, quelquefois, je n'arrive pas à ajouter la dernière touche de réflexion qui serait nécessaire. Ma pensée est rapide et ma main obéit si vite qu'en une journée de travail je peux me procurer la satisfaction d'avoir exprimé presque tout ce que je voulais, et cela, avant d'avoir été dérangé et contraint d'abandonner l'idée que je poursuivais. Et puis, comme une autre idée me vient à l'esprit, le jour suivant, je laisse les choses comme elles sont, sous la forme de projets que j'ai abandonnés trop vite et sur lesquels je devrai revenir. Mais j'en ai rarement l'occasion. Parfois, il me faut six mois pour approfondir une idée et en mesurer la portée exacte. »

Je lui demandais alors pourquoi il ne fermait pas la porte aux gens et aux interruptions. « Mais je ne peux pas. En peinture, ce que je crée vient de mon monde intérieur. Mais, en même temps, j'ai besoin de contacts et d'échanges avec les autres. Les gens viennent, je sais qu'ils sont là. Si je dis à Sabartès que je ne suis pas libre et si je ne les laisse pas entrer, alors je suis tourmenté par l'idée qu'il y a peut-être quelque chose que je devrais savoir. Je ne peux plus me concentrer sur mon travail. Braque a bien de la chance. C'est un solitaire qui s'isole dans sa méditation. Moi, j'ai besoin des autres, pas seulement pour ce qu'ils m'apportent, mais parce que j'ai cette terrible curiosité et qu'il me faut la satisfaire. Je peins comme d'autres écrivent leur autobiographie. Mes toiles, finies ou non, sont les pages de mon journal, et en tant que telles, elles sont valables. L'avenir choisira les pages qu'il préfère. Ce n'est pas à moi de faire le choix. J'ai l'impression que le temps passe de plus en plus rapidement. Je suis comme un fleuve qui continue à couler, roulant avec lui les arbres déracinés par le courant, les chiens crevés, les déchets de toute sorte et les miasmes qui y prolifèrent. J'entraîne tout cela et je continue. C'est le mouvement de la peinture qui m'intéresse, l'effort dramatique d'une vision à l'autre, même si l'effort n'est pas poussé jusqu'au bout. Pour certaines de mes toiles, je peux dire que cet effort a été réellement accompli et a trouvé toute sa puissance, parce que j'ai réussi à en fixer l'image dans sa pérennité. J'ai de moins en moins de temps, et de plus en plus à dire. J'en suis arrivé au moment, voyez-vous, où le mouvement de ma pensée m'intéresse plus que ma pensée elle-même. »

J'insistais : ne vaudrait-il pas mieux peindre moins de toiles ? Ainsi, le manque de temps pour réfléchir et se concentrer troublerait dans une plus faible mesure.

Il secoua la tête. « Il faut être peintre, et jamais connaisseur en peinture. L'amateur ne donne au peintre que de mauvais conseils. C'est pour cela que je ne me juge plus. Bien sûr, quand on peint, il faut utiliser, en même temps que son inspiration propre, toutes les déductions qu'on peut tirer consciemment. Mais, entre le fait d'utiliser une pensée consciente, relativement dialectique, et celui de posséder une pensée rationnelle, il y a un monde. C'est parce que je suis antirationnel que je n'ai aucune raison de me juger moi-même. Je laisse ça au temps, et aux autres. Ce qui est important pour moi, c'est d'être, c'est d'imprimer la trace de mes pas. Je laisse les autres juger de la direction de ces pas, et voir si chacun d'eux va ou non dans le sens de mon évolution générale. Je pense quelquefois que j'ai tort de ramasser un bout de papier sur lequel j'ai esquissé quelque chose qui ne me plaisait pas. Je vais ainsi retravailler, au lieu de faire un second dessin plus proche de ma pensée.

« C'est aussi une question de fatalisme. Il y a longtemps que j'ai fait un pacte avec le destin : je suis devenu mon propre destin – un destin en acte. Je ne puis accepter l'idée de Cézanne, qui voulait refaire du Poussin d'après nature. Pour travailler de cette façon, il me faudrait choisir, dans la nature, les branches de l'arbre pouvant entrer dans un tableau tel que Poussin l'aurait sans doute conçu. Mais moi, je ne choisis rien ; je prends ce qui se présente. Mes arbres ne sont pas faits de structures que j'ai sélectionnées, mais de formes que le hasard de mon dynamisme m'impose. Cézanne voulait dire qu'en regardant la nature il n'admettait d'éprouver la sensation venue d'un objet extérieur que si elle correspondait à une certaine exigence préexistant en lui. Quand je dessine un arbre, je ne le choisis pas ; je ne regarde même pas un arbre. Ce n'est nullement sur ce plan-là que le problème se présente à moi. Je n'ai pas de base esthétique préétablie qui puisse servir à guider mon choix. Je n'ai pas non plus d'arbre prédéterminé. De toute façon, il n'y a pas de sensation visuelle, puisque je ne travaille jamais d'après nature. Mon arbre est un arbre qui n'existe pas, et j'utilise mon propre dynamisme psychophysiologique dans mon mouvement vers ses branches. Ce n'est vraiment pas du tout une attitude esthétique. »

En juin 1946, Dora Maar exposa à la galerie Pierre Loeb. Elle présentait des natures mortes du même genre que celles de son exposition chez Jeanne Bucher, un an auparavant, et aussi quelques scènes des quais vus du Pont-Neuf. L'espace était figuré dans une transparence qui suggérait une grande profondeur due à la légèreté de la touche. La conception et la technique de Dora étaient toutes deux intéressantes. Plus tard, Pablo me dit qu'il était allé la voir, un jour, et qu'il avait examiné son travail en cours. Il avait retrouvé là l'influence des conversations qu'elle avait eues avec Balthus. « On ne peut travailler vraiment dans une tendance, et puis faire demi-tour et rebrousser chemin vers une direction déjà dépassée. Balthus a commencé à Courbet et n'est jamais allé beaucoup plus loin. Pour Dora Maar, c'est un anachronisme. Enfin – il haussa les épaules –, c'est l'affaire de Dora, ce n'est pas la mienne. »

Pablo m'avait promis que nous irions dans le Midi cet été-là. Je pensais qu'il s'agissait de la Côte d'Azur. Mais il revint un jour à l'atelier et m'annonça : « Nous partons en vacances et nous allons d'abord à Ménerbes, chez Dora Maar. » Cela me sembla plutôt bizarre. Pour moi, ce ne pouvait pas être très agréable, et pour elle, tout à fait déplaisant. Je le lui dis. Il me répondit, de son point de vue éminemment pratique : « Mais c'est moi qui lui ai donné cette maison. Je ne vois pas pourquoi je ne m'en servirais pas. » J'ajoutai qu'elle serait sûrement heureuse de la lui prêter, mais que si je l'accompagnais, elle ne trouverait pas cela très normal. Il revint à la charge : « Comme j'ai insisté pour qu'elle me prête la maison, maintenant que je l'ai, j'insiste pour que vous y veniez avec moi. » J'ai été surprise, mais sur le moment je n'ai pas particulièrement réagi. J'avais tout abandonné pour lui plaire, et ce n'était qu'une concession de plus.

Ménerbes, près de Gordes, dans le Vaucluse, est un village fortifié qui domine la vallée de Cavaillon où la campagne est très jolie. La maison était située dans le village même : grande, mais construite à flanc de rocher, elle avait trois étages devant et un seul derrière. Le rez-de-chaussée sur la rue était un hall haut et sombre, qui servait principalement de salle d'eau, parce que c'était le seul endroit qui eût l'eau courante. Au-dessus, il y avait de grandes pièces de style Empire. La maison avait appartenu à un général de Napoléon, je crois.

Le matin, nous flânions. Vers midi, nous allions au restaurant, dans le centre du village. Les habitués étaient des tailleurs de pierre qui travaillaient dans les carrières des alentours. Presque chaque jour, un des ouvriers aimait à raconter comment tel ou tel autre avait été piqué par un scorpion. D'abord, je n'ai pas prêté attention à ces histoires, mais je me suis vite aperçue que, malgré l'exagération méridionale, il ne s'agissait pas là d'une fable. J'ai d'abord trouvé un ou deux scorpions dans le jardin ; et puis quelques autres sur le mur extérieur de la maison. Sur l'escalier monumental, à l'intérieur, j'en ai trouvé encore plus. Et puis j'en ai découvert un dans notre chambre. Pendant la journée tout allait bien, mais à la tombée de la nuit, les scorpions sortaient par familles entières.

De la maison, on pouvait voir le village de Gordes, sur la hauteur, de l'autre côté de la vallée. Et de cette vallée montait au crépuscule le plus discordant concert. Les couchers de soleil sont magnifiques dans cette région, et je trouvais très pénible d'être arrachée à ce spectacle et à la paix du soir par les coups de clairon venus de chaque ferme de la vallée. Pablo, lui, était ravi. Sonner du clairon était un de ses délices. Il avait conservé, rue des Grands-Augustins, un vieux clairon de l'armée, orné d'une cordelière bleu-blanc-rouge, et ne laissait jamais un jour s'écouler sans en sonner deux ou trois coups, aussi fort que possible. Il était cependant gêné, à Paris, par les règlements en vigueur, surtout durant l'Occupation. Mais juste après la Libération – la liesse générale l'ayant rendu bien plus audacieux – il en était arrivé à donner jusqu'à trente coups de clairon par jour. C'était sûrement une de ses plus vives satisfactions. Si, pour une raison ou pour une autre, il ne pouvait un jour sonner ses trente notes, il était désespéré. Comme, à Ménerbes, il était privé de sa ration quotidienne, ce concert était un baume pour lui – tout au moins au début. Mais, à la longue, il était malheureux. Il voulait *son* clairon, qui était à Paris.

Le 14 Juillet, nous avons récolté le fruit de toutes ces répétitions : grands et costauds, hauts en couleur, brandissant qui un lampion, qui un clairon dans lequel il soufflait de toutes ses forces et chacun un peu plus faux que le voisin, tous ces musiciens improvisés de Ménerbes et de la vallée ont défilé pour la retraite aux flambeaux. Cela a duré près de deux heures. Je n'ai jamais vu Pablo aussi excité qu'au spectacle de ces fiers-à-bras, la plupart d'entre eux torse nu, sonnant de ce clairon adoré et brandissant leurs torches. C'était un monde viril, dont les femmes étaient pratiquement exclues, ce qui fait que – chose fantastique pour un 14 Juillet – il n'y avait pas de bal. C'était paradisiaque pour Pablo. Non seulement il détestait danser, mais il trouvait que c'était là le plus honteux et le plus coupable des passe-temps. Pour un homme aussi peu inhibé, il était curieux qu'il eût une réaction puritaine à l'égard de la danse. Coucher avec une femme, n'importe quelle femme, soit, mais danser avec une femme était tout à fait immoral : le symbole même de la décadence. Manifestement, personne n'était décadent à Ménerbes, et personne ne dansait. Ces gens ne s'adonnaient qu'à des divertissements purement masculins : faire tout le bruit qu'il était humainement possible de faire.

Le lendemain, encore sous le charme de cette fête, Pablo a peint une grande gouache qui représentait ces hommes défilant dans la nuit, drapeau tricolore en tête, avec torches et clairons.

Chaque soir, nous faisions notre promenade, et nous avons découvert un spectacle qui a intéressé Pablo aussi longtemps que nous sommes restés à Ménerbes. Quantité de gros hiboux sortaient la nuit, à la recherche de lapins. Aussi les gens du village fermaient-ils soigneusement leurs clapiers. Mais il y avait toujours beaucoup de chats qui rôdaient, aussi émaciés que leurs ancêtres de la sculpture égyptienne. Si l'on faisait la moindre remarque sur cette maigreur, les paysans disaient que les chats mangeaient des sauterelles et des lézards. Ces animaux, en s'agitant dans l'estomac, les faisaient maigrir. La vérité, c'était que personne ne les nourrissait. Si bien que les chats rôdaient la nuit à la recherche de lézards et que les hiboux rôdaient en quête de chats.

Après avoir dîné au *Café de l'Union*, nous nous dirigions vers l'autre bistrot, où les hommes allaient boire. Nous y prenions notre café, et nous avions ensuite cinq cents mètres à parcourir à pied pour rentrer. Et nous assistions presque toujours en chemin à deux ou trois combats entre hiboux et chats. Les étoiles étaient très brillantes et le ciel clair, l'obscurité avait une sorte de transparence. Tout à coup, un hibou émergeait de l'obscurité ; le dessous de ses ailes était gris-beige, il avait la gorge blanche, et piquait sur un chat qui se faufilait dans l'herbe devant nous. Quelquefois, il arrivait à saisir le chat dans ses griffes et à l'emporter. Mais si le chat était grand, il se défendait mieux et la bataille pouvait durer assez longtemps. D'autres fois encore, le combat se déroulait dans la lumière du réverbère ; Pablo restait là, fasciné, jusqu'à la fin. Il a fait au moins cinq ou six dessins de ces combats.

Il y a, près de Ménerbes, un autre promontoire rocheux auquel on accédait par un sentier. Il n'y avait pas de village : juste quelques cahutes habitées l'été par des bergers. Pour une fois, j'ai vu Pablo s'intéresser à la nature. Au retour d'une de ces promenades, il a ramassé un morceau de côte long d'environ dix centimètres et poli par le temps. Il me l'a montré : « Voilà la côte d'Adam, je vais y dessiner une Ève pour vous. » Il l'a incisée avec son canif. Une fois terminée, Ève avait une apparence plutôt faunesque, avec deux petites cornes. Elle était assise comme un sphinx et avait les pieds fourchus.

Pendant ce temps, les scorpions continuaient de gagner du terrain. Un soir, je m'appuyais contre le mur de la maison ; Pablo a crié : « Attention ! » Je me suis retournée. Trois scorpions couraient derrière ma tête. « Voilà le genre de couronne que j'aime à vous voir, a dit Pablo. C'est mon signe du zodiaque. »

L'idée de rester à Ménerbes me déplaisait chaque jour davantage. J'espérais que Pablo aurait envie de s'en aller sans que j'aie à le lui demander. Sinon, il triompherait : « Ah ! vous êtes sensible aux catégories de plaisir et de douleur. » Comme il y avait une sorte de compétition philosophique entre nous, je n'avais d'autre choix que de jouer les parfaits stoïques. Mon courage a tenu trois semaines. Mais comme, vraisemblablement, Pablo avait l'intention de rester là tout l'été, j'ai commencé à douter sérieusement du bien-fondé de ma décision. Je n'aurais pas dû l'accompagner. En fait, je n'étais pas certaine de vouloir continuer mon nouveau mode de vie, ici ou ailleurs. Ce n'était pas seulement à cause des scorpions. D'autres éléments m'inquiétaient davantage : quand Pablo avait rompu avec Dora Maar, je m'étais dit qu'il n'y avait pas d'autres liens sérieux dans sa vie. Il avait été marié à une danseuse russe, Olga Khoklova, dont il avait eu un fils, Paul, que tout le monde appelait Paulo, et qui avait à peu près mon âge. Mais Pablo et Olga étaient séparés depuis 1935. Je savais aussi que d'une liaison avec Marie-Thérèse Walter, qui datait d'avant la rupture avec Olga, était née une fille, Maya. Mais Pablo n'avait jamais vécu avec Marie-Thérèse, supplantée à son tour par Dora Maar. Celle-ci était maintenant sortie de sa vie, et je pensais qu'il en était de même pour Marie-Thérèse. Je savais seulement que Pablo allait les voir, elle et sa fille, de temps en temps. Toutefois, lorsque je me suis installée rue des Grands-Augustins, j'ai remarqué de Pablo s'absentait chaque jeudi et chaque dimanche, toute la journée. Je lui ai demandé pourquoi. Il m'a répondu qu'il avait l'habitude de passer le jeudi et le dimanche chez Marie-Thérèse, puisque ces deux jours-là Maya n'allait pas en classe. Dès notre arrivée à Ménerbes, Pablo a reçu des lettres journalières de Marie-Thérèse. Il me les lisait, en les accompagnant de commentaires, toujours très louangeurs.

Il citait les passages les plus lyriques, soupirait d'aise : « Eh bien, je ne vous vois pas m'écrivant une lettre comme celle-là. Vous ne m'aimez pas assez. Cette femme, elle, m'aime vraiment. » Je lui faisais remarquer que chacun aimait et exprimait ses sentiments à sa manière. « Du reste, vous n'êtes pas assez mûre pour comprendre. Vous n'êtes encore qu'une petite fille. » Il lisait un autre passage, très ardent, pour me montrer combien Marie-Thérèse était femme. « C'est très joli », disais-je en me mordant les lèvres pour réprimer ma colère.

Rue des Grands-Augustins, les ateliers étaient pour moi un lieu sacré. Tout semblait net et vrai, lorsque je m'y trouvais avec Pablo. Mais, après une rupture aussi radicale avec mon passé, être brusquement transportée dans un milieu hostile était plus que je n'en pouvais supporter. Entre la maison de Dora et les lettres de Marie-Thérèse, je me sentais très mal à l'aise. J'ai décidé de quitter tout cela. Scrutant l'horizon pour me découvrir un but, je me suis souvenue qu'un ami peintre m'avait écrit de Tunisie pour me proposer un poste de professeur de dessin.

Un jour, Pablo était parti se promener en voiture. J'ai décidé que c'était le moment d'agir. Je n'avais pas d'argent, mais j'ai marché jusqu'à la grand-route, bien résolue à faire de l'auto-stop jusqu'à Marseille. J'avais là des amis à qui je pourrais emprunter la somme nécessaire pour aller en Afrique du Nord. Malheureusement, très peu de voitures passaient, et je ne marchais pas depuis bien longtemps lorsque Marcel s'est arrêté devant moi. Pablo est sorti de la voiture, furieux. Il m'a demandé ce que je faisais là. Je le lui ai dit.

« Mais vous êtes folle ! Pourquoi voulez-vous me quitter ? » J'ai répondu que je ne me sentais pas à l'aise dans cette maison. En plus, je voyais que la vie avec lui ne pourrait jamais être quelque chose de naturel et de spontané. « Que voulez-vous au juste ? » demandait-il, planté devant moi, les poings aux hanches. Marcel me regardait par-dessus son épaule, visiblement intéressé par la tournure des événements. J'ai dit à Pablo que je ne voulais plus rester. Si j'avais supporté l'arrachement de chacun des liens qui me retenaient à mon ancienne vie, ce n'était pas pour me trouver à présent encore plus à l'étroit.

Il m'était déjà assez difficile de m'accoutumer à une nouvelle vie. Je ne pouvais avoir, en plus, l'impression d'être liée à un être irrévocablement fixé et modelé par son passé.

Pablo n'avait pas l'air de me croire. « Après tout ce à quoi vous avez renoncé pour venir vivre avec moi, ne me dites pas que vous allez abandonner pour si peu. Si vous avez décidé de venir, malgré vos doutes et vos hésitations, j'imagine que c'est parce que vous m'aimiez. Vous auriez dû vous rendre compte depuis longtemps que je vous aime aussi. Nous avons peut-être quelques difficultés à nous habituer l'un à l'autre, mais maintenant que nous sommes ensemble, il ne dépend que de nous de bâtir notre vie. Ne piétinons pas notre chance aussi légèrement. »

Cette manière de parler était si contraire au style de Pablo depuis notre arrivée à Ménerbes que j'ai dû en paraître ébranlée. Il m'a saisie par les bras et poussée dans la voiture. Marcel a démarré et fait demi-tour vers Ménerbes. D'une main, Pablo me tenait ; il mit l'autre bras autour de mes épaules, et après un moment, lâchant doucement prise, m'embrassa. Il ne parla pas tout de suite, mais quand il le fit, sa voix était grave : « N'écoutez pas votre tête, ou vous abandonnerez les choses les plus profondes de la vie à force de raisonnements. Ce dont vous avez besoin, c'est d'un enfant. Cela vous ramènera à la nature et vous mettra au diapason avec le reste du monde. »

Je lui ai dit que rien n'était plus simple. Avoir un enfant à mon âge, ce n'était qu'une affaire de choix. Mais je n'avais pas l'impression qu'un enfant aurait beaucoup d'influence sur la situation dans laquelle je me débattais pour le moment. Les enfants étaient importants d'une façon plutôt négative : en mûrissant, on déplorait de n'en pas avoir, parce qu'on déplorait le besoin de sortir de soi-même et d'alléger sa propre angoisse en s'intéressant aux difficultés des autres. Après tout, il y avait d'autres formes de création. Le fait que j'aie décidé d'être peintre et aussi de vivre avec lui pour l'aider à porter le poids de sa solitude prouvait bien que j'essayais de faire quelque chose de ma vie, de sortir de moi-même. Chacune de ces démarches s'était imposée à moi ; mais l'idée d'avoir un enfant ne m'avait pas effleuré l'esprit jusqu'à présent. C'était comme s'il m'avait demandé d'apprendre à ressemeler les chaussures. J'aurais répondu que c'était une activité très utile, mais qu'elle ne me semblait pas de la première urgence. Et c'était juste ce que je pensais alors d'un enfant.

Pablo soupira : « Des mots, des mots, des mots ! Vous n'êtes développée que sur le plan intellectuel. Pour tout le reste, vous manquez d'expérience. Vous ne pourrez savoir ce que c'est qu'être une femme aussi longtemps que vous n'aurez pas eu d'enfant. »

Je ne m'y sentais pas très encouragée, ai-je dit, par les tentatives que j'avais faites jusque-là pour me montrer une femme accomplie. Il a repoussé l'objection. « Je sais tout cela mieux que vous, et je vous assure que vous serez complètement transformée. Je vous en prie, n'écartez pas cette solution, obéissez-moi. »

Je ne pouvais éprouver le même enthousiasme que Pablo, mais peut-être avait-il raison ? Puisqu'il laissait parler son cœur, je pouvais ouvrir le mien. J'ai écarté de mon esprit l'exemple de Marie-Thérèse et tous les autres éléments négatifs de la situation, et j'ai obéi.

J'ai échappé à Ménerbes plus tôt que je ne l'espérais. Marie Cuttoli est passée nous voir et nous a invités chez elle. Pablo n'ayant pas dit non, j'ai proposé d'y passer trois jours et de revenir, mais j'étais décidée à ne jamais retourner à Ménerbes. Nous sommes partis pour le Cap-d'Antibes et sommes restés quelques jours chez les Cuttoli. Pendant notre séjour, nous avons rendu visite à M. Fort dans sa petite maison de Golfe-Juan. J'ai dit à Pablo que je préférais la mer à la campagne et que je voulais nager. Présentée de la sorte, l'idée était acceptable. Il a loué les deux étages du haut de la maison de M. Fort et envoyé Marcel chercher ce que nous avions laissé dans la maison de Ménerbes. Quelques semaines plus tard, je savais que j'attendais un enfant.

En août 1946, Golfe-Juan était désert ; nul n'aurait imaginé les légions de touristes et les parasols qui l'encombrent à présent. Quand Pablo et moi allions à la plage, nous étions presque seuls.

La maison était petite et nous ne disposions que de deux étages. Il y avait donc peu de place pour travailler. L'humeur de Pablo commençait à s'en ressentir. Heureusement, il était assez méditerranéen pour passer la matinée à « lézarder » au soleil sur le sable. Nous étions là en train de bavarder lorsque le sculpteur et photographe Sima vint nous parler d'un endroit où Pablo pourrait travailler : le château Grimaldi, sur les remparts d'Antibes, transformé en musée depuis 1928. Le conservateur était M. Dor de la Souchère, professeur de latin et de grec au lycée Carnot, de Cannes. Il avait pu réunir là une collection de documents napoléoniens, de la période des Cent-Jours, ainsi que quelques poteries et stèles de l'époque romaine. Mais, selon Sima, les hautes pièces au deuxième étage étaient vides et ne servaient à rien.

Pablo eut l'air intéressé : « Très bien, dit-il, si vous pouvez m'amener le conservateur ici, un matin, et s'il est disposé à me laisser travailler là-bas, j'en serai ravi, parce que je n'ai pas d'atelier. » Après le départ de Sima, Pablo manifesta sa joie : « J'ai failli acheter ce château, il y a vingt ans. Il appartenait à l'armée et était inoccupé depuis longtemps. Il fut mis en vente. J'étais sur le point de l'avoir pour quatre-vingt mille francs quand la municipalité d'Antibes s'y intéressa. Et l'armée a préféré le vendre à la ville plutôt qu'à un particulier. »

Assez rapidement après la visite de Sima, Jules César RomualdDor de la Souchère est venu à la plage, un matin, pour dire qu'il serait très heureux que Pablo travaille au musée d'Antibes. Il mettrait une des pièces du haut à sa disposition.

Nous y sommes allés le lendemain. Pablo a remercié le conservateur et ajouté : « Je ne vais pas seulement peindre pour moi ici. Je vais décorer le premier étage. » Dor de la Souchère était enchanté.

Après avoir visité le musée, nous sommes arrivés à la petite église située sur une place, un peu en contrebas. Pablo m'a poussée vers l'entrée, je lui ai demandé pourquoi. « Vous verrez. » Nous avons fait le tour de la nef, et quand nous sommes arrivés près du bénitier, il m'a attirée dans un coin obscur :

« Vous allez jurer maintenant de m'aimer toujours. »

J'étais un peu surprise.

« Je peux jurer cela n'importe où, si je veux m'engager si loin ! Pourquoi ici ?

— Je crois que c'est mieux ici.

— Ici ou ailleurs, c'est pareil.

— Non, non, a dit Pablo. Bien sûr, c'est la même chose, mais on ne sait jamais. Il y a peut-être quelque chose de réel, après tout, dans ces histoires d'églises. Cela rendrait les choses un peu plus sûres. Qui sait ? Je crois que nous ne devrions pas négliger cette occasion. Cela pourrait être utile. »

En souriant, j'ai juré et lui aussi. Il a paru satisfait. Le Ciel était maintenant de son côté !...

Pablo a dû commander à Paris une partie du matériel qui lui était nécessaire. En attendant, il est allé au port avec Sima et il a fait provision de peinture pour les bateaux, parce qu'il se disait que ce serait solide, dans un tel climat. Comme cette peinture s'emploie généralement sur bois, il décida de peindre sur contreplaqué et sur des plaques de fibrociment. Il acheta des brosses de peintre en bâtiment et se mit au travail le lendemain dès que tout fut livré. Il devait y rester en septembre et octobre et peignit tous les panneaux qui se trouvent au musée, sauf *Ulysse et les Sirènes*, qui date de l'année suivante. La série de dessins entourant la toile intitulée *La Joie de vivre* avait été réalisée un mois plus tôt dans la maison de M. Fort. Les poteries ont été ajoutées par la suite, ainsi que les tapisseries et lithographies qui ont été offertes par Mme Cuttoli.

Nous déjeunions presque chaque jour *Chez-Marcel*, à Golfe-Juan. Il y avait à côté, à la devanture d'un petit café, un étalage de fruits de mer destiné à tenter les touristes. Mais nous étions en octobre, et la seule personne que l'éventaire intéressât vraiment était la propriétaire. Elle était si grosse et son café si étroit qu'elle arrivait à peine à s'y tenir. Aussi restait-elle au-dehors pour attirer la clientèle. Elle mesurait à peine un mètre cinquante, était aussi large que haute, et dans un encadrement de petites boucles acajou présentait des traits guignolesques, juste dégrossis à la serpe, avec un drôle de petit nez en trompette, sous la visière d'une énorme casquette d'homme. Souvent, tandis que nous déjeunions, nous pouvions la voir faire les cent pas, portant d'une main un panier d'oursins et brandissant de l'autre un couteau pointu, à l'affût du client. Elle avait peu de succès et s'arrêtait de temps à autre pour alléger son fardeau. Elle puisait dans son panier, ouvrait un oursin, et aspirait si goulûment son contenu que nous la regardions, fascinés par le contraste de sa bouche ronde, molle, avec le vert violacé des épines de l'oursin. Quatre des tableaux du musée ont été inspirés par l'image de cette femme et des marins qui traînaient sur le port, mangeant aussi des oursins, bâillant ou dormant. Je n'ai jamais pu regarder celui qui bâillait sans l'imiter. J'ai dû finalement demander à Pablo de le tourner contre le mur.

La *Femme mangeant des oursins* a été commencée de manière réaliste. Tout dans le portrait était reconnaissable, le nez retroussé, les bouclettes, la casquette et le grand tablier sale. Puis, quand le dessin fut achevé, Pablo supprima chaque jour un nouveau détail, jusqu'à ce qu'il ne reste plus qu'une forme simplifiée, presque verticale, avec l'assiette d'oursins pour rappeler l'origine de son inspiration.

Dans la toile du marin mangeant des oursins, et comme le marin avait les paupières baissées, on ne trouve qu'une indication de la paupière inférieure, et la forme de l'œil recouverte par la paupière du haut. En visitant le musée, il y a environ trois ans, j'ai vu que quelqu'un avait dessiné la pupille avec un crayon bleu de teinte très désagréable. Personne ne semble avoir remarqué cette addition. Le temps a également apporté des changements : dans *Ulysse et les Sirènes*, les bleus ont foncé. On voit mieux maintenant la couche du dessous, probablement à cause de l'humidité. Quelques-unes des têtes qui avaient été peintes en bistre ont pâli, et le brun, dans la moitié inférieure de la peinture, est devenu plus foncé et moins gris qu'à l'origine. Dans l'une des petites pièces, les faunes, qui avaient été très brillants, sont ternes ; leurs bleus et leurs verts sont plus fades. Pablo avait exécuté un portrait de Sabartès en faune, sur papier. Le papier a jauni, s'est piqué, les couleurs sont devenues plus plates.

En 1948, Matisse est venu avec sa secrétaire, Lydia, visiter le musée. Le long panneau de contreplaqué *Femme étendue* l'a particulièrement intrigué. « Je comprends comment vous avez conçu la tête, mais je saisis mal la torsion que vous faites subir au dos et aux fesses afin de rattraper les autres plans du corps, et même si c'est une vision simultanée, une synthèse de divers aspects, cela me paraît bizarrement agencé. » Perplexe, il a sorti un carnet et tracé une esquisse pour l'examiner avec plus de soin chez lui. Puis il en a fait neuf ou dix autres d'un crayon rapide et approximatif.

Depuis les beaux jours de son amitié pour Max Jacob et Guillaume Apollinaire, Pablo avait toujours aimé s'entourer d'écrivains et de poètes. À chaque époque, les poètes créaient autour de lui le langage de la peinture. Ensuite, Pablo, qui a une énorme capacité d'adaptation, pouvait parler de *sa* peinture, puisque ses intimes en avaient découvert les mots pour lui.

Parmi les poètes contemporains, l'ami le plus intime de Pablo était Paul Eluard. Je l'avais aperçu une fois ou deux, mais j'ai eu l'occasion de le rencontrer assez souvent en 1946, au cours du festival du cinéma de Cannes. Paul et sa femme Nush sont venus nous rendre visite et examiner le travail de Pablo au musée. Les rapports étaient très affectueux entre les deux hommes, et Nush avait été l'un des modèles favoris de Pablo. Il avait fait d'elle beaucoup de dessins et de peintures dans les années 30. Certaines toiles avaient subi des déformations à la manière des portraits de Dora Maar. D'autres étaient très proches de l'époque bleue. D'ailleurs, Nush était essentiellement un personnage de cette époque. D'origine allemande, elle était, comme son père, acrobate ambulante. Paul l'avait remarquée alors qu'il se promenait avec René Char. Émerveillé par le spectacle de cette frêle jeune fille de dix-sept ans qui faisait son numéro dans la rue, il était tombé amoureux d'elle et l'avait épousée peu après. La poésie de cette rencontre avait touché Pablo : elle lui rappelait l'époque de ses *Saltimbanques*. Cette évocation et la fragilité de Nush ajoutaient une teinte nostalgique à la rêverie qu'elle faisait naître.

Paul et Pablo avaient des tempéraments diamétralement opposés : Pablo est foncièrement agressif et changeant, tandis que la personnalité de Paul était rayonnante. Je me suis tout de suite aperçue que, sans rien demander, Paul était de ceux qui obtiennent toujours le meilleur de chacun. De sa seule présence naissait cette atmosphère d'harmonie que bien peu d'êtres savent créer.

Nous n'avons plus revu Nush après leur départ pour Paris, à la fin du festival. Tandis que Paul effectuait un voyage en Suisse, elle mourut subitement, un soir. Paul fut bouleversé. Et je crois que les poèmes qu'il écrivit pour elle plus tard, sous un autre nom, sont parmi les plus émouvants de la littérature contemporaine.

Nous avons souvent revu Paul l'hiver suivant : il vivait difficilement de sa poésie, mais, bibliophile avisé, arrivait à équilibrer son budget en achetant et vendant des livres rares. De temps en temps, Pablo lui donnait une peinture, un dessin ou décorait l'un de ses livres, pour qu'en temps de crise il puisse avoir quelque chose à vendre.

Paul et Nush avaient « découvert » Mougins dans les années 30 et poussé Pablo à y passer une partie de ses vacances en 1936, 1937 et 1938. Les études de Nush par Pablo datent de cette époque. Dans cette période furieusement tourmentée de son art, les portraits qu'il fit de Nush sont comme des oasis de fraîcheur, de douceur et de grâce, écho lointain mais non affaibli de la série des arlequins.

Pablo avait également de tendres souvenirs d'une jeune Rosemarie, qui, disait-il, avait une « poitrine magnifique » et les conduisait tous à la plage, torse nu. Dora Maar était là, aussi : c'était leur premier été ensemble.

Le poète André Breton était aussi un ami de Pablo. Après avoir passé les années de l'Occupation aux États-Unis, il était rentré en France en juin 1946. Nous avions entendu dire qu'il était à Paris, mais il n'était pas venu voir Pablo. Un matin d'août, nous étions au balcon de la villa *Pour Toi* à Golfe-Juan. Pablo me montra du doigt *Chez-Marcel* : « Tenez, là-bas, c'est André Breton. » Nous sommes vite descendus, car Pablo pensait que Breton était en train de chercher notre maison. Quand Breton nous a vus, il s'est arrêté, hésitant à avancer vers Pablo.

Ce n'était plus lui qui venait nous voir, c'était nous qui allions au-devant de lui : ainsi quelque chose dut troubler l'idée ou l'image attendue de ce que serait leur première rencontre d'après-guerre.

Pablo lui tendit la main très spontanément : n'était-il pas l'un de ses amis les plus proches ? Après un instant d'hésitation, Breton dit : « Je ne sais pas si je vais te serrer la main.

— Et pourquoi ? »

Dogmatique, Breton répondit :

« Parce que je ne suis pas du tout d'accord avec tes opinions politiques depuis l'Occupation. Je n'approuve pas ton inscription au Parti communiste, ni la position que tu as prise sur l'épuration des intellectuels après la Libération.

— Tu as décidé de ne pas rester en France avec nous pendant l'Occupation, dit Pablo, et tu n'as donc pas vécu *les événements* comme nous les avons vécus ici. Ma position est basée sur cette expérience. Je ne critique pas ta façon de voir, puisque ton interprétation des faits vient d'une optique différente de la mienne. Mon amitié pour toi est intacte, et je crois qu'il devrait en être ainsi de la tienne pour moi. Après tout, l'amitié est au-dessus d'une différence d'interprétation de l'histoire. »

Et il lui tendit à nouveau la main. Apparemment, Breton ne voyait pas comment il pourrait revenir sur ses positions.

« Non, dit-il, il y a des principes qui ne laissent pas de place au compromis. Je tiens à mes principes et j'imagine que tu n'entends pas changer les tiens.

— Certes non, dit Pablo. Je tiens à mes opinions, comme à un résultat de mon expérience. Je ne pense guère changer cela. Mais je ne te demande pas non plus de modifier ton point de vue. Et je ne vois pas pourquoi nous ne pourrions pas nous serrer la main et rester amis. »

Breton secoua la tête :

« Dans ces conditions, je ne te serrerai pas la main.

— C'est dommage, dit Pablo, parce que, moi, je place l'amitié au-dessus des différences politiques. Au cours de mes séjours en Espagne, pendant les années 30, je rencontrais souvent tout un groupe d'intellectuels qui fréquentaient le même café. Ils professaient, les uns et les autres, des opinions complètement opposées. Quelquefois, nous avions des discussions très orageuses, et nous savions qu'en cas de conflit nous serions dans des camps adverses ; mais aucun de nous ne voyait là une raison suffisante pour cesser d'être amis. Au contraire, si on ne pense pas la même chose, il n'y a que plus de raisons de laisser la discussion ouverte. »

Breton secoua encore une fois la tête :

« C'est vraiment dommage que tu te sois laissé entraîner par Eluard à cette alliance politique.

— Je suis adulte, dit Picasso. Ce sont mes opinions, pas seulement celles d'Eluard.

— Alors, dit Breton, je crains que tu n'aies perdu un ami, car je ne te reverrai plus. »

Georges Braque était un des plus vieux compagnons de Pablo. Pablo pensa qu'il serait agréable pour moi de le rencontrer et de voir son atelier. Il m'avait aussi laissé entendre qu'il serait curieux de connaître la réaction de Braque au nouvel élément que je représentais dans sa vie. Nous allâmes donc rue du Douanier, près du parc Montsouris. Braque nous reçut avec beaucoup de courtoisie et nous montra des œuvres récentes. En sortant, après une assez courte visite, je vis que Pablo paraissait contrarié. « Vous voyez maintenant la différence entre Braque et Matisse, me dit-il. Quand nous sommes allés chez Matisse, il nous a reçus chaleureusement et vous a tout de suite appelée Françoise ; il voulait même faire votre portrait. Je vous ai présentée à Braque d'une façon qui lui indiquait clairement que vous n'étiez pas une personne amenée chez lui par hasard, et il vous a tout le temps appelée Mademoiselle. Je ne sais pas si c'était dirigé contre vous, ou contre moi, mais il a agi comme s'il n'avait rien compris du tout. » Pablo prit l'air boudeur et éclata : « En plus, il ne nous a même pas gardés à déjeuner ! »

À l'époque, Pablo et Braque échangeaient de temps en temps des toiles. Une belle nature morte de Braque, en largeur, avec théière, citrons et pommes, résultat d'un de ces échanges, était exposée de façon permanente à l'atelier. Après notre première visite à Braque, je remarquai que la nature morte avait disparu.

Pablo et Braque avaient été très intimes dans leur jeunesse. Le fait qu'ils n'étaient plus aussi liés tourmentait périodiquement Pablo. Il pensait que la réserve de Braque en était en partie responsable. Il cherchait une raison, sans succès, et finissait souvent par déclarer : « Je n'aime pas mes vieux amis. » L'ayant un jour poussé à m'expliquer pourquoi, il me répondit : « Ils ne savent que me critiquer, me désapprouver, me faire des reproches. Ils n'ont aucune indulgence. »

Il n'a jamais offert d'explications plus détaillées, mais il était manifeste que, pour Pablo, l'amitié ne valait rien si elle n'était pas démonstrative.

Nous sommes partis pour Ménerbes peu après, mais quand nous sommes rentrés à Paris, vers la fin de l'automne, Pablo a soudain repensé à cette visite.

« Je vais lui donner une dernière chance, m'a-t-il dit. Je vais y retourner avec vous, juste un peu avant midi. Si, cette fois, il ne nous garde pas à déjeuner, je saurai qu'il ne m'aime plus, et je n'aurai plus rien à voir avec lui. »

Un matin, nous sommes donc arrivés chez Braque un peu avant midi, sans l'avoir prévenu, naturellement. Son neveu, un homme grand, âgé d'une quarantaine d'années, extrêmement réservé, s'y trouvait déjà ; la maison embaumait le gigot. Je pouvais voir Pablo additionner mentalement la présence du neveu, les bonnes odeurs de cuisine, sa vieille amitié pour Braque et arriver au total d'une invitation à déjeuner. Mais si Pablo connaissait son Braque par cœur, Braque connaissait encore mieux son Picasso. Et je suis sûre que, pour Braque (que j'appris à comprendre beaucoup mieux par la suite), la sombre manœuvre de Pablo était cousue de fil blanc. S'il nous invitait à déjeuner, il pouvait imaginer que Pablo en ferait des gorges chaudes : « Oh ! Braque n'a aucune volonté. J'arrive à midi chez lui, il sait que je veux déjeuner, et il me sert. Je le malmène, et il ne fait que sourire. »

C'est pourquoi la seule voie qui restât ouverte à Braque était de prouver qu'il avait une volonté bien à lui. D'autant plus que Pablo aimait à dire, quand on prononçait son nom : « Oh ! Braque n'est que Madame Picasso. » Il eût été surprenant que personne n'ait jamais rapporté ce trait d'esprit à Braque.

Nous sommes montés dans l'atelier, et Mariette, la secrétaire, nous a présenté des toiles récentes. Il y avait de grands tournesols, des scènes de Varengeville, des champs de blé, et un tableau représentant un banc avec juste une tache de soleil. Dans toutes ces toiles, la forme semblait avoir beaucoup moins d'importance qu'autrefois et il était visible que l'intérêt de Braque se portait surtout sur les jeux de lumière. Il n'y avait ni déformation ni transposition des structures : le désir essentiel était de trouver une atmosphère qui exprimât une pensée. Les toiles étaient très belles.

« Ah ! dit Picasso, je vois que tu reviens à l'École française. Mais je n'aurais jamais pensé que tu puisses devenir le Vuillard du cubisme. »

Braque n'eut pas l'air flatté, mais, calmement, continua à nous montrer ses toiles.

Vers une heure, Pablo se mit à humer l'air ambiant.

« Oh ! cela sent bon le gigot ! »

Braque ne prêta aucune attention à ce propos.

« J'aimerais aussi vous montrer mes sculptures, dit-il.

— Je t'en prie, répondit Pablo, Françoise en sera très heureuse. »

Braque nous apporta des bas-reliefs de têtes de chevaux, et de petits reliefs d'une femme conduisant un chariot. Je m'y intéressais. Nous vînmes à bout de la sculpture.

« À son odeur, ce gigot doit être à point, soupira Pablo. Trop cuit, même.

— Je crois que Françoise aimerait voir mes nouvelles lithographies », enchaîna Braque.

Il me montra ses lithos et plusieurs dessins. De temps en temps, sa femme, Marcelle, passait la tête par la porte entrouverte, souriait et redescendait sans mot dire. Elle venait de faire sa troisième apparition lorsque Pablo dit :

« Tu sais, tu n'as pas montré tes toiles fauves à Françoise. »

Les Fauves – il le savait très bien – étaient accrochés dans la salle à manger. Il y avait là trois couverts : pour Georges, sa femme, et le neveu, naturellement. J'admirai les toiles fauves de Braque.

« Ce gigot sent le brûlé, maintenant, dit Picasso. C'est bien dommage. »

Braque ne répondit rien. Je m'extasiais toujours devant les toiles fauves, mais comme il n'y en avait que six, cela ne pouvait durer éternellement. Au bout d'une demi-heure, Pablo eut une autre idée :

« Il y a une de tes toiles récentes, dans l'atelier, que je n'ai pas regardée de près. J'aimerais monter la revoir. »

À ce stade, le neveu de Braque prit congé. Il devait retourner à son travail. Nous sommes remontés et nous avons passé une heure encore à examiner les œuvres récentes que nous venions de regarder. Pablo en a découvert une que nous n'avions pas encore vue et Braque en présenta plusieurs qu'il ne nous avait pas montrées. Lorsque nous sommes partis, enfin, il était quatre heures trente. Pablo était fou de rage. Mais quand il s'est calmé, j'ai vu que Braque avait considérablement monté dans son estime. Un jour ou deux plus tard, j'ai découvert que la nature morte avec la théière, les citrons et les pommes avait mystérieusement repris sa place habituelle dans l'atelier. À ma grande surprise, j'ai entendu nombre de fois Pablo remarquer par la suite :

« Vous savez, j'aime Braque. »

Braque était évidemment sensible à toutes les nuances de la situation. Il connaissait si bien son ami qu'il savait à quel point il devait rester sur ses gardes, car, pour Pablo, la vie s'annonçait comme un jeu où tous les coups étaient permis. La première fois que je les ai vus ensemble, j'ai compris que Braque était très attaché à Pablo, mais qu'il n'avait pas confiance en lui, parce qu'il savait que Pablo avait toujours une idée derrière la tête et ne reculerait devant rien pour jouer gagnant. Ses coups les plus bas étaient réservés à ses amis les plus chers, et il n'aurait jamais laissé passer l'occasion d'en donner un, si on lui facilitait les choses. J'appris très vite qu'en dépit de toute l'affection qu'on pouvait lui porter, la seule manière de ne pas s'attirer son mépris était de s'attendre au pire, et d'attaquer en conséquence. Braque tenait à son estime. Il se sentait donc obligé d'être ferme, sachant trop bien que s'il relâchait un instant son attention, Pablo en profiterait d'une manière ou d'une autre pour le ridiculiser et s'en vanter dans leur entourage. J'avais d'abord cru que Braque agissait ainsi par tempérament, qu'il était raide, hautain, inflexible. Par la suite, je me suis rendu compte qu'il était particulièrement froid en présence de Pablo. Et quand j'ai appris à le mieux connaître et que je l'ai rencontré seul ou avec sa femme, j'ai vu qu'il pouvait être parfaitement détendu et même communicatif, s'il ne jugeait pas nécessaire de rester sur ses gardes. Mais en présence de Pablo, il desserrait à peine les dents. Et Pablo me disait ensuite : « Vous voyez, il ne souffle mot. Il a probablement peur que je ne me saisisse d'une de ses remarques, pour la reprendre à mon compte. En fait, ce serait plutôt le contraire. Il ramasse *mes* perles et tâche de les faire passer pour siennes. »

Après avoir remis Pablo à sa place le jour du gigot, Braque parut plus libre. Pendant nos séjours dans le Midi, il vint plusieurs fois résider à Saint-Paul-de-Vence et n'hésita pas à faire le premier geste, sans ignorer pourtant la conclusion qu'en tirerait Picasso – et qu'il en tirait, du reste, immanquablement : « Vous voyez, c'est Braque qui a fait le premier pas ; il sait que je suis plus important que lui. » Et pourtant, si Braque n'était pas venu, Pablo en aurait été contrarié des jours entiers, répétant que Braque n'avait pas besoin de croire qu'en se laissant désirer il le pousserait, lui, Pablo, à faire le premier pas. Cet esprit de compétition farouche n'existait pas avec Matisse. Il avait une douzaine d'années de plus et Pablo ne voyait donc pas en lui un rival. Mais avec Braque, la différence n'était que d'un an. Ils avaient la même formation ; ils étaient comme deux frères, essayant chacun de prouver son indépendance, et – dans le cas de Pablo, à tout le moins – sa supériorité. Cette rivalité était décuplée par la profonde affection qui les unissait et le sentiment d'avoir travaillé en communion de pensée, pendant l'époque cubiste, avant que chacun trouve sa propre voie.

Une telle rivalité se manifestait également sur le plan affectif. Ils avaient beaucoup d'amis communs. Ils étaient très liés avec Pierre Reverdy qui leur rendait visite quand il passait à Paris. Mais si jamais Reverdy disait à Pablo : « Il faut que je parte, parce que j'ai rendez-vous avec Braque », alors Pablo était désolé, et cela se produisait souvent. Si Pablo allait voir Braque et trouvait Reverdy, il y avait du drame dans l'air. Pablo rageait, à son retour : « Reverdy se soucie peu de moi, maintenant. Il préfère Braque. » Cela ne simplifiait pas la tâche de Reverdy.

Vers la fin de sa vie, Reverdy a publié *Le Chant des morts*, illustré par Picasso, et un autre ouvrage, illustré par Braque. Mais le jour où l'ouvrage Reverdy-Braque est sorti, les drapeaux étaient en berne dans le camp de Pablo. Pablo se donnait une peine incroyable pour découvrir, après chaque voyage de Reverdy à Paris, si Reverdy avait passé plus de temps chez Braque que chez lui. S'il en était ainsi, il annonçait partout : « Je n'aime plus Reverdy. D'abord, c'est le meilleur ami de Braque, ce n'est donc pas mon ami. »

À Paris, Braque n'allait jamais voir Pablo et n'aimait pas que Pablo vienne chez lui à l'improviste. Si Pablo téléphonait, Braque s'arrangeait alors pour qu'aucun de leurs amis ne soit là quand il arriverait. Un jour, Pablo s'est rendu chez Braque sans téléphoner : il a trouvé Zervos, René Char et le sculpteur catalan Fenosa, tous très embarrassés. S'ils étaient venus chez Pablo la veille, il n'aurait pas trop mal pris la chose, mais il y avait au moins quinze jours, et plutôt un mois, qu'aucun des trois n'était passé rue des Grands-Augustins. La porte à peine refermée, Pablo me dit : « Vous voyez comment vont les choses. Je fais par hasard une visite à Braque, et qui est-ce que je rencontre ? Mes meilleurs amis. Il est clair qu'ils y passent leur vie. Mais moi, ils ne viennent jamais me voir. » Le lendemain, il s'est plaint à chacun de ses visiteurs : « Vous savez, Braque est un salaud. Il détourne de moi tous mes amis. Je ne sais pas comment il les attire, mais il doit faire quelque chose, quelque chose que je ne sais pas faire. Résultat, je n'ai plus d'amis ; les seules gens qui viennent me voir sont des tas d'imbéciles qui ont besoin de quelque chose. Enfin, c'est la vie. » Cette diatribe était particulièrement flatteuse pour le visiteur sur qui Pablo déchargeait son cœur ! Et si Zervos, repentant, téléphonait le lendemain, Pablo lui faisait répondre par Sabartès qu'il était sorti, puis refusait encore de le recevoir les deux ou trois fois suivantes. Il allait jusqu'à envoyer chez Braque des espions chargés de lui rapporter les noms des habitués du moment. Et si le rapport comprenait les noms de Zervos, Reverdy ou Char, Pablo entrait dans une fureur qui pouvait durer toute la journée. J'essayais de le calmer en lui disant qu'il faisait de son mieux pour décourager les visites et n'avait guère de raison de se plaindre de sa solitude. Seuls, les gens qui avaient besoin de quelque chose osaient braver sa colère pour venir le solliciter. « S'ils m'aimaient vraiment, disait-il, ils viendraient, même s'ils devaient attendre trois jours devant ma porte. »

Pablo aimait à s'entourer d'animaux et d'oiseaux. Il n'étendait pas jusqu'à eux la suspicion qu'il manifestait à l'égard de ses amis. Alors qu'il travaillait encore au musée d'Antibes, Sima lui avait donné un petit hibou découvert dans le jardin du musée. Une de ses pattes avait été blessée. Nous l'avons pansée et la plaie s'est peu à peu refermée. Nous lui avons acheté une cage et l'avons ramené à Paris, où il est allé rejoindre à la cuisine les canaris, les pigeons et les tourterelles. Nous étions pleins d'attentions pour lui, mais il nous fixait d'un air furieux. Chaque fois qu'on entrait dans la cuisine, les canaris chantaient, les pigeons roucoulaient et les tourterelles se mettaient à rire, mais le hibou était muré dans un silence de plomb, ou, au mieux, émettait un grognement sinistre. Il empestait et se nourrissait de souris. L'atelier en étant infesté, je mettais des pièges partout. Chaque fois que j'attrapais une souris, je l'apportais au hibou. Aussi longtemps que je restais à la cuisine, il faisait mine de nous ignorer, moi et ma souris. Pourtant il ne dormait pas, mais il préférait garder son air dédaigneux. Dès que je quittais la cuisine, la souris disparaissait ; il n'en laissait d'autre trace qu'une petite boule de poils régurgitée quelques heures plus tard.

Chaque fois que le hibou grognait en face de lui, Pablo l'insultait : « Cochon, merde, etc. » juste pour lui faire comprendre que lui, Pablo, pouvait être le plus mal élevé des deux. Il plantait son doigt entre les barreaux de la cage et le hibou le mordait ; les doigts de Pablo étant petits mais durs, le hibou ne lui faisait pas mal. Peu à peu, le hibou a laissé Pablo lui gratter la tête. Enfin, il s'est posé sur son doigt au lieu de le mordre, mais il continuait à le fixer de ses yeux jaunes, avec un air de reproche. Pablo a fait plusieurs dessins et peintures de lui, et aussi quelques lithographies.

Les pigeons, les deux petites tourterelles, au plumage gris-rose, roucoulaient. Chaque fois que nous dînions à la cuisine et que Pablo se lançait dans un long monologue, elles étaient tout ouïe. Dès qu'il en arrivait à l'essentiel de son argumentation, elles se mettaient à rire. « Ce sont vraiment les oiseaux du philosophe, disait Pablo. Toute parole humaine a son côté stupide. Heureusement, j'ai mes tourterelles moqueuses. Chaque fois que je me crois particulièrement intelligent, elles me rappellent que tout n'est que vanité. »

Les deux tourterelles vivaient dans la même cage et elles avaient l'air de se couvrir, mais sans résultat. À la fin, Pablo a décidé qu'il devait y avoir eu erreur et que c'étaient deux mâles. « La nature dans toute son innocence, encore une légende idiote, disait-il. Regardez ces tourterelles, aussi disposées que les humains aux plaisirs interdits ! »

Il a fait deux lithographies des tourterelles amoureuses, l'une imprimée en rouge-violet et l'autre en jaune, puis une troisième en superposant une litho sur l'autre pour rendre l'effet de leurs battements d'ailes ébouriffés, tandis qu'elles étaient censées procréer.

Un matin, cet hiver-là, en regardant le soleil qui entrait dans la chambre, je réfléchissais qu'après tout j'arriverais à tenir jusqu'au printemps, en dépit du froid, de l'humidité et des malaises de ma grossesse ; Pablo me dit : « Maintenant que vous faites partie de ma vie, je veux que vous en connaissiez tous les aspects. Vous avez déjà vu la rue Ravignan. Je vous ai emmenée là-bas parce que c'est mon souvenir le plus poétique et que vous êtes la poésie du présent. Je dois aussi vous initier aux réalités quotidiennes. Je dois passer à ma banque. Commençons par là. » En arrivant devant le siège de la B.N.C.I., boulevard des Italiens, j'ai trouvé le style Art déco de l'immeuble lourd et massif, plutôt laid. Nous sommes descendus au sous-sol en ascenseur. Les coffres étaient répartis sur deux étages, disposés autour d'une galerie intérieure, ce qui permettait aux gardiens de surveiller les deux étages à la fois en faisant les cent pas autour du puits central, qui ressemblait à une fosse aux serpents. J'étais pâle ce jour-là et ne me sentais pas très bien. J'avais l'impression de me trouver dans une prison.

« Ce lieu n'a pas l'air de vous plaire », remarqua Pablo. Je répondis que j'étais allergique aux banques. « Parfait, dit-il. Si vous détestez ce genre de choses, je vais vous charger de mes papiers. On est toujours consciencieux pour ce que l'on n'aime pas, et je suis sûr que vous vous occuperez admirablement des questions financières. N'étant pas sûre de bien faire, vous serez doublement attentive. » Je protestai, mais, par la suite, nos séjours plus prolongés dans le Midi m'amenèrent à remplacer Sabartès en grande partie, bien à contrecœur.

Le gardien des coffres nous regardait avec un grand sourire. « Qu'est-ce qui vous amuse ? demanda Picasso.

– Vous avez de la chance, répondit le gardien. La plupart des clients que je vois venir depuis des années arrivent toujours avec la même femme, un peu plus âgée chaque fois. Vous, vous venez chaque fois avec une femme différente, et elle est toujours plus jeune que la précédente. »

Il ouvrit les deux chambres fortes. Dans la première, Pablo me montra des toiles de Renoir, du Douanier Rousseau, de Cézanne, Matisse, Miró, et des objets africains. Ses œuvres à lui étaient réparties en deux groupes, et jusqu'à 1935 dans une pièce. Dans l'autre pièce se trouvaient les œuvres des dix dernières années. Toutes les toiles de Pablo étaient signées. J'avais remarqué qu'à l'atelier elles ne l'étaient pas. Je lui demandai pourquoi. « Tant qu'une toile n'est pas signée, dit-il, il est plus difficile à un voleur de la négocier. Et puis il y a d'autres raisons. La signature est souvent une tache laide qui distrait l'œil de la composition, c'est aussi un adieu. C'est pourquoi je ne paraphe généralement une toile que lorsque je m'en sépare. Quelques-unes de celles-ci sont des toiles que j'ai vendues et rachetées. À l'atelier, au contraire, j'ai le sentiment que je peux toujours modifier une toile tant que je ne suis pas complètement satisfait. Mais lorsque je prends conscience que j'ai tout dit et que la toile est prête à commencer sa vie propre, j'appose ma griffe et je l'envoie ici. »

Un assez grand nombre des toiles qu'il me montra ce jour-là avaient été peintes soit à Boisgeloup, un château du XVIIIe siècle qu'il avait acheté quinze ans plus tôt quand il vivait encore avec Olga, soit dans l'appartement qu'ils avaient occupé rue La Boétie. Pablo m'avait raconté que leur vie commune avait été orageuse. Il l'avait épousée en 1918. Elle était danseuse aux Ballets russes de Diaghilev. Très jolie, elle n'était pas une des étoiles de la troupe, m'avait-il précisé, mais elle avait un autre avantage qui le flattait : elle venait d'une famille de hobereaux russes. Diaghilev avait une façon particulière de choisir ses ballerines : les unes devaient être d'excellentes danseuses, les autres belles et appartenir à de bonnes familles. Les premières éblouissaient les spectateurs, les autres, par leur grâce, retenaient l'intérêt des cercles mondains et attiraient des mécènes.

Les Ballets russes avaient été une diversion pour Pablo pendant la Première Guerre, quand beaucoup de ses amis, comme Apollinaire ou Braque, étaient au front. Un jour, alors qu'il était seul dans son atelier, Jean Cocteau, en costume d'Arlequin, était venu lui demander de sortir de sa tour d'ivoire et de faire descendre le cubisme dans la rue, ou tout au moins de l'amener sur la scène, en dessinant des costumes et des décors. Pablo avait accepté. Ce fut le début de sa collaboration au ballet *Parade*. Il suivit les Ballets russes à Rome, puis à Madrid et à Barcelone, et travailla ainsi avec Larionov et Gontcharova, comme avec Bakst et Benois. « Évidemment, ce qu'ils faisaient n'avait rien à voir avec mes recherches, me dit-il, mais, à l'époque, je n'avais aucune expérience du théâtre. Il y a, par exemple, des couleurs qui font très bel effet sur ma maquette et ne rendent rien sur scène. Bakst et Benois connaissaient parfaitement la question. J'ai donc énormément appris à leur école. Ils étaient bons camarades, et s'ils n'ont en rien influencé mes conceptions, ils m'ont donné des conseils pratiques que j'ai appliqués au théâtre. »

Les relations de Pablo avec Larionov et Gontcharova étaient plus intimes. En effet, leurs conceptions esthétiques étaient plus proches des siennes. Pablo s'était également lié d'amitié avec des artistes comme Massine et Stravinsky, qu'il n'aurait pas eu autrement l'occasion de connaître. Jusque-là, ses horizons se trouvaient limités aux peintres d'avant-garde, à quelques collectionneurs et critiques – comme Gertrude Stein et Wilhelm Unde – qui s'intéressaient à ces recherches, et à un petit cercle de poètes et d'écrivains bohèmes, comme Apollinaire et Max Jacob. Diaghilev l'introduisait dans un nouveau milieu. Il était tenté, au moins momentanément, par ce genre de mondanités, et son mariage avec Olga correspondait, en un sens, à cette tentation passagère.

Pablo avait pensé au début que cette jeune femme de bonne famille pourrait devenir la partenaire dont il avait besoin dans des sphères sociales plus élevées. Ils se marièrent civilement, puis, pour plaire à Olga, avec des couronnes de fleurs sur la tête, selon le rite orthodoxe russe, à l'église de la rue Daru.

Selon Pablo, Olga n'avait pas le feu sacré de l'art. Elle ne connaissait rien à la peinture, ni à beaucoup d'autres choses, me dit-il. Elle s'était mariée en pensant qu'elle mènerait une existence élégante, agréable et tranquille. Pablo, lui, imaginait qu'il poursuivrait sa vie de bohème, mais sur un plus grand pied, tout en restant indépendant. Il m'a raconté que lorsqu'il avait présenté Olga à sa mère, à Barcelone, avant leur mariage, celle-ci s'était écriée : « Oh ! ma pauvre petite, vous ne savez pas ce qui vous attend. Si j'étais votre amie, je vous dirais de ne pas l'épouser. Je crois qu'aucune femme ne pourra être heureuse avec mon fils. Il n'appartiendra à personne, car il n'appartient qu'à la peinture. » Plus tard, Olga pria sa belle-famille de pousser Pablo à mener une vie plus « normale », c'est-à-dire plus conventionnelle. Elle n'avait qu'une idée en tête, et elle était capable de répéter cette idée-là vingt-cinq fois jusqu'à ce que quelque chose arrive.

Paul Rosenberg, qui était à ce moment-là le principal marchand de Pablo, leur trouva un appartement au numéro 23, rue La Boétie. L'endroit parut idéal à Olga, et ils s'y installèrent. N'ayant pas d'atelier, Pablo se mit à travailler dans l'une des grandes pièces, mais comme ce n'était pas commode et que de plus, à l'en croire, presque dès le début Olga et lui s'entendaient assez mal, il loua l'appartement du dessus et le transforma en un ensemble d'ateliers. Les ambitions mondaines d'Olga empiétaient sur le temps qui aurait dû être consacré à son travail. Leur fils Paul naquit en 1921. C'est alors qu'ils commencèrent à mener grand train, avec nurse, femme de chambre, cuisinière, chauffeur, etc. C'était évidemment à la fois cher et absorbant. Ils s'installaient pour le printemps et l'été à Juan-les-Pins, au Cap-d'Antibes et à Monte-Carlo où – tout comme à Paris – Pablo passait de plus en plus de temps en bals masqués, cotillons et autres distractions des années 20, en compagnie souvent de Scott et Zelda Fitzgerald, des Gerald Murphy, du comte et de la comtesse Étienne de Beaumont et autres astres de la société internationale.

En 1935, peu avant la naissance de Maya, fille de Pablo et de Marie-Thérèse Walter, Pablo et Olga se séparèrent. Il voulait divorcer, car la vie commune était devenue intenable. Elle récriminait sans cesse, et, pour la calmer, il lui arrivait, m'a-t-il raconté, de la traîner tout autour de l'appartement par les cheveux. Olga refusant le divorce, les négociations durèrent longtemps. Comme ils étaient mariés sous le régime de la communauté, il aurait dû partager ses toiles avec elle, ce qui pour lui eût été désastreux. Si bien qu'il laissait traîner les choses, espérant qu'elles finiraient par s'arranger autrement. En droit français, un mariage entre deux étrangers ne peut être dissous que selon les lois du pays. Pendant ces atermoiements, la guerre d'Espagne avait éclaté et Franco était arrivé au pouvoir. Dès ce moment, le divorce devenait impossible pour un Espagnol marié religieusement. Pablo et Olga étaient déjà séparés, mais ils n'ont jamais pu divorcer. Il lui donna le château de Boisgeloup et resta rue La Boétie. Il cessa d'y travailler en 1937, quand il loua les ateliers de la rue des Grands-Augustins. En 1942, il s'y installait complètement.

Il me conduisit à l'appartement de la rue La Boétie un matin, peu après notre visite à la banque. Toute l'histoire qu'il m'avait contée en détail resurgit alors sous mes yeux. Et pourtant je n'étais pas du tout préparée au spectacle qui m'attendait. Nous avons pénétré dans un vestibule, au cinquième. Les volets étaient clos et tout semblait dormir dans la pénombre. On n'avait jamais aéré depuis 1942. Nous sommes entrés, à gauche, dans la chambre qui avait été celle de Pablo et d'Olga. Les lits jumeaux étaient bordés, et l'un d'eux était fait ; sur le drap replié et la taie d'oreiller cinq années de poussière s'étaient amassées. Sur l'une des tables de nuit, il y avait encore les restes d'un petit déjeuner : un peu de café desséché au fond d'une tasse, des biscottes et du sucre. Six ou sept petits Corots, que Pablo avait achetés à Rosenberg ou échangés contre quelques toiles, étaient accrochés au mur. Il y avait, en outre, deux tableaux de style postimpressionniste : « De qui est-ce ? » me demanda Pablo. J'en examinai un de près. C'était un paysage de montagne. « Je crois que c'est un Matisse, répondis-je, à en juger par les rapports chromatiques entre le rose et le vert. – C'est ça, dit Pablo, ce sont tous deux des Matisses première manière. » L'autre était une nature morte : des fleurs dans un pot d'étain, avec des couleurs vives, plus nettement reconnaissable.

Nous sommes entrés dans la chambre à côté, qui avait été celle de Paulo. Les murs étaient couverts de photos de coureurs cyclistes et le sol jonché de petites autos : domaine d'un garçon de huit ans. Pourtant, quand Paulo avait quitté cette chambre, il avait quatorze ans. De là, nous sommes passés au salon, qui donnait sur l'autre façade. C'était une pièce très impersonnelle, avec un piano à queue sur lequel Paulo avait été contraint de faire des gammes, sans goût ni don pour le piano, sous la surveillance de Marcelle Meyer.

Tous les meubles étaient recouverts de housses. Pablo allait d'un fauteuil à l'autre, en retirant les housses, pour me montrer que chaque siège était tapissé d'un satin de couleur différente. Il y avait partout des piles de journaux et, émergeant ici et là, des dessins de Pablo.

Nous avons poussé avec peine une autre porte, pour nous trouver sur le seuil d'une pièce d'environ vingt-cinq mètres carrés. À part un petit espace libre à l'entrée, la pièce était complètement remplie, du sol jusqu'au plafond. C'était le fourre-tout où Pablo avait entassé ce qu'il voulait garder. Mais comme il ne jetait jamais rien, une boîte d'allumettes vide voisinait avec une petite aquarelle de Seurat. Cet amoncellement était d'une extrême variété : de vieux journaux et des revues, des carnets de dessins, des douzaines d'exemplaires d'ouvrages que Pablo avait illustrés. J'ai ramassé un paquet de lettres au hasard et déchiffré les signatures d'amis tels que Guillaume Apollinaire et Max Jacob, voisinant avec la note du blanchisseur ou un extrait de presse que Pablo avait trouvé amusant. Suspendu à un mur, il y avait un charmant pantin napolitain du XVIIe siècle mesurant plus d'un mètre de haut. Un arlequin articulé montrait son visage blême de bois poli et peint, au-dessus de son costume de soie fanée. Derrière lui, coincés dans la masse, j'apercevais des tableaux. J'ai ouvert une boîte, elle était pleine de pièces d'or.

En entrant dans la salle à manger, on était presque déçu : le désordre n'avait rien d'inhabituel, excepté celui d'une grande table ronde, vaguement Second Empire, et recouverte du même genre de fouillis. Je reconnus la table reproduite devant une fenêtre ouverte, avec quelquefois le dôme de Saint-Augustin en arrière-plan, dans de nombreuses toiles et gouaches cubistes des années 20. Sur beaucoup de ces tableaux on pouvait voir que la table était déjà très encombrée. Depuis ce temps-là, on n'avait rien enlevé. Au contraire, on avait ajouté au fatras.

Les pièces principales de l'appartement étaient en demi-cercle autour de l'entrée. De là, un long couloir desservait les autres, la lingerie, la buanderie, la chambre d'Inès (la femme de chambre) et de sa sœur, et, tout à fait au fond, la cuisine. Dans la lingerie, Pablo ouvrit l'un des placards. Cinq ou six complets pendaient là comme des feuilles mortes, devenus transparents, avec seulement la trace des fibres laineuses : les mites avaient dévoré tout ce qui était pour elles comestible ; il ne restait que l'entoilage des parements, et les nervures, les piqûres et les faufils, les revers et les poches. Dans la poche de poitrine, un mouchoir poussiéreux et jauni restait enfoncé. Il manquait aussi quelques portes aux placards.

« J'ai pensé qu'elles seraient utiles pour peindre, et je les ai fait monter au-dessus, à l'atelier », dit Pablo.

La vaisselle et la batterie de cuisine étaient en ordre. Dans un placard, il y avait des pots de confitures et de gelée. Elles étaient cristallisées.

À l'étage au-dessus, le désordre avait un autre aspect. Des tableaux de toutes tailles étaient empilés contre les murs et des tables étaient couvertes de pinceaux. Des centaines de tubes de peinture vides et éventrés jonchaient le sol. Pablo me montra les fauteuils et le canapé cannés venus du pavillon espagnol, où il avait présenté *Guernica* pendant l'Exposition universelle de 1937. Sur un philodendron maintenant desséché, il avait suspendu des objets divers : un plumeau de couleurs vives, le bec crochu d'un oiseau et un assortiment bariolé de paquets de cigarettes. La juxtaposition fortuite de tant d'objets disparates avait produit un résultat qui était bien plus Picasso que n'importe quel assemblage volontaire. Tous ces objets semblaient si manifestement et intimement liés à son œuvre que j'avais l'impression de me trouver dans la caverne d'un Ali Baba original qui eût préféré dévaliser la maison d'un alchimiste plutôt que celle d'un bijoutier.

« Un été, je suis parti en vacances en laissant une fenêtre entrouverte, me dit Pablo. À mon retour, j'ai trouvé toute une famille de pigeons installés dans l'atelier. Je n'ai pas voulu les déranger. Naturellement, ils faisaient des saletés partout, et comment exiger qu'ils épargnent les tableaux ? » Je vis plusieurs toiles de cette époque décorées de la sorte par les pigeons, et que Pablo n'avait pas jugé utile de nettoyer : « C'est d'un effet spontané assez intéressant. » J'avais l'impression que dans sa peinture il se plaisait à glorifier les objets les plus ordinaires, les métamorphosant par la magie de son art. « Vous avez tout à fait raison, dit-il. J'aime tant les objets à quatre sous que si je devais les acheter pour des millions, il y a longtemps que je serais ruiné. »

Peu de temps après, Pablo m'emmena visiter Boisgeloup. Si l'appartement de la rue La Boétie était la caverne d'Ali Baba, Boisgeloup était le château de Barbe-Bleue. C'était une belle demeure du XVIIIe, avec des communs bâtis autour d'une cour rectangulaire ; mais le jour de notre visite, cet hiver-là, le ciel même était triste. Il y avait à droite de l'entrée une roseraie, et juste au-delà, une ravissante chapelle du XIIIe. Vers la gauche, derrière les communs, on apercevait un pigeonnier circulaire, assez grand, mais en mauvais état. Le parc s'étendait sur huit hectares environ. Il y avait de beaux arbres. Un gardien jardinier s'en occupait, mais il préférait chaparder du bois, ou braconner, paraît-il.

Ce jour-là, le sculpteur Adam travaillait dans l'atelier qui avait été celui de Pablo. Il habitait le petit appartement réservé autrefois aux gardiens. Le corps de logis ne nous était pas ouvert, en principe, puisqu'il constituait la résidence d'Olga. Mais comme elle vivait la plupart du temps à Paris, à l'hôtel *California*, et ne venait à Boisgeloup que l'été, et comme aussi Paulo, son fils, nous accompagnait, Pablo décida d'entrer. La maison était froide et humide, sans chauffage ni électricité.

« Je l'ai achetée, mais je n'ai pas voulu la moderniser », déclara Pablo. En dépit d'une belle architecture, l'intérieur n'était pas très présentable. Olga venant rarement, la municipalité avait réquisitionné le château (considéré comme « insuffisamment occupé ») et installé une annexe de l'école. Certaines pièces du rez-de-chaussée étaient remplies de bancs. Dans l'une d'elles, sur un joli poêle en faïence de Delft, était posé un crâne de rhinocéros avec deux énormes cornes. La cuisine était immense et possédait un long fourneau noir et sale.

Au premier, les appartements avaient un aspect sinistre. C'était une longue enfilade de pièces, toutes vides, à l'exception de quelques malles abandonnées ici et là. Pablo les ouvrit. Elles étaient pleines de costumes de ballerine et d'accessoires de théâtre.

Une pièce, au second, ne contenait qu'une chaise, qu'on retrouve dans le portrait classique d'Olga assise, un éventail à la main, peint en 1917. Je commençais à me dire qu'en regardant dans un placard j'y trouverais une demi-douzaine d'ex-épouses, pendues. Tout n'était qu'abandon, décomposition, poussière. Je réprimai un frisson.

Une de mes tâches les plus ardues était de sortir Pablo du marasme où il était plongé chaque matin. Il y avait des rites à suivre, une sorte de litanie à répéter certains jours avec plus d'insistance que d'autres.

Il fallait traverser la salle de bains pour entrer dans sa chambre, qui était longue et étroite, avec un sol inégal de carrelage rouge. Tout au fond, il y avait un haut secrétaire Louis XIII et contre le mur de gauche, une commode de la même époque, tous les deux littéralement couverts de papiers, de livres, de revues, de piles de dessins et de paquets de cigarettes, et de lettres auxquelles Pablo n'avait jamais répondu.

Dans un grand lit à barreaux de cuivre, dont il avait rejeté la couverture en peau de bœuf fauve tachetée de blanc, Pablo était couché, ou assis, ressemblant plus que jamais au *Scribe accroupi*. Une ampoule électrique sans abat-jour pendait au-dessus du lit. Des dessins auxquels Pablo tenait particulièrement étaient suspendus par des pinces à linge à des clous enfoncés dans le mur, derrière lui. Les lettres très importantes, auxquelles il ne répondait pas, mais qu'il gardait sous ses yeux comme un reproche permanent, étaient, elles aussi, suspendues par des pinces à linge à des fils de fer tendus entre le fil électrique de l'ampoule et le tuyau du poêle. Le poêle, un petit Mirus à bois, trônait au milieu de la chambre. Pablo l'alimentait, même quand le chauffage central fonctionnait, parce qu'il aimait dessiner ses flammes. Le tuyau du poêle, long et tortueux, serpentait à mi-hauteur ; il constituait le principal élément décoratif de la chambre, mais avec cette guirlande de lettres, flottant dans les courants d'air, il représentait aussi un danger, sauf pour Pablo, Inès et Sabartès, qui étaient d'assez petite taille pour se faufiler dans ce dédale sans s'accrocher aux fils de fer. Pablo voulut toujours garder ce tuyau, même quelques années plus tard, lorsqu'on n'allumait plus le Mirus. Il n'y avait pour ainsi dire pas d'autre mobilier, sauf une chaise suédoise moderne en bois laminé.

Chaque matin, Inès, la femme de chambre, entrait la première, portant le plateau du petit déjeuner – du café au lait et deux biscottes sans sel –, suivie de Sabartès qui apportait le courrier et les journaux. Je fermais la marche. Pablo commençait par se plaindre de la disposition de son petit déjeuner sur le plateau. Inès, qui l'organisait d'une façon différente chaque jour, s'inclinait et disparaissait. Puis Sabartès déposait les journaux et tendait le courrier. Pablo passait rapidement d'une enveloppe à l'autre jusqu'à ce qu'il trouvât une lettre d'Olga. Olga lui écrivait presque chaque jour de longues tirades, en espagnol pour que je ne puisse pas comprendre, mélangé de russe que personne ne comprenait, et de français, illisible en raison du graphisme enchevêtré. Elle écrivait en tous sens, horizontalement, verticalement, et dans les marges. Elle joignait fréquemment une carte postale de Beethoven, dans une pose ou l'autre, souvent dirigeant un orchestre. Quelquefois, elle envoyait une reproduction d'un autoportrait de Rembrandt, sur laquelle elle avait noté : « Si tu étais comme lui, tu serais un grand artiste. » Pablo tentait de déchiffrer ces rébus jusqu'à la dernière ligne. Ces messages sibyllins le tourmentaient énormément. Je lui suggérais de ne pas les ouvrir, mais il en était incapable : sa curiosité l'emportait.

Alors il gémissait, se lamentait. « Ah ! vous ne comprenez pas à quel point je suis malheureux ! Personne ne peut l'être plus. D'abord, je suis malade. Mon Dieu, si seulement vous saviez tout ce dont je souffre ! » Il souffrait épisodiquement d'un ulcère depuis 1920, mais quand il dressait la liste de ses maux, ce n'était qu'un point de départ. « J'ai mal à l'estomac. Je crois que c'est un cancer. Et tout le monde s'en moque. Le docteur Guttman le premier, qui est censé me soigner. S'il se souciait le moins du monde de moi, il serait ici maintenant. Il s'arrangerait pour venir tous les jours. Mais non. Quand je vais le consulter, il me dit : "Mon cher ami, votre état n'inspire pas d'inquiétude sérieuse", et puis il me montre ses premières éditions. Est-ce que j'ai besoin de voir ses premières éditions ? Je veux un docteur qui s'intéresse à *moi*. Mais il ne s'intéresse qu'à ma peinture. Comment voulez-vous que je me porte bien dans ces conditions ? *J'ai la gale à l'âme.* Personne ne me comprend. Comment pourrait-on me comprendre ? La plupart des gens sont si bêtes. À qui puis-je parler ? Je ne peux parler à personne. Dans ces conditions, la vie est un fardeau écrasant. Enfin, j'imagine qu'il y a toujours la peinture. Mais ma peinture ! Chaque jour je travaille plus mal que la veille. Est-ce étonnant avec tous les soucis que me cause ma famille ? Voilà une autre lettre d'Olga. Elle ne me laisse pas un jour de répit. Paulo a encore des ennuis. Et demain quelqu'un d'autre m'annoncera une nouvelle encore plus désagréable. Quand je pense que tout va de mal en pis, jour après jour, rien d'étonnant à ce que je désespère. Je suis à peu près désespéré. Eh bien, je ne me lèverai pas. Pourquoi peindrais-je ? Pourquoi faudrait-il que je continue d'exister ? Une vie comme la mienne est insupportable. »

C'était à mon tour. « Mais non, répondais-je, vous n'êtes pas si malade. Vous avez un peu mal à l'estomac, mais ce n'est pas vraiment sérieux. De plus, votre docteur vous aime beaucoup.

— Oui ! criait Pablo, il dit que je peux boire du whisky. Cela vous montre comme il tient à moi. Il se moque bien de moi !

— Mais non, il le dit parce qu'il pense que cela vous égaierait un peu.

— Ah ! je vois ; eh bien, je n'en boirai pas, en tout cas. »

Je devais continuer à le rassurer, lui répétant que sa santé n'était pas si mauvaise. Avec un peu de patience, les choses s'arrangeraient. La vie deviendrait plus agréable. Tous ses amis l'aimaient beaucoup. Sa peinture était merveilleuse et tout le monde en était persuadé. Finalement, au bout d'une heure, au moment où je commençais à manquer de raisons pour le faire vivre, et moi avec lui, il remuait vaguement dans son lit, comme s'il faisait sa paix avec le monde, et disait : « Ah ! vous avez peut-être raison. Peut-être n'est-ce pas aussi épouvantable que je l'imagine. Mais êtes-vous *sûre* de ce que vous dites ? absolument sûre ? » Alors, je reprenais haleine et recommençais : « Oui, oui, bien sûr, tout va s'arranger. Le contraire est impossible. Au moins, c'est à vous d'agir. Vous savez qu'en peignant vous pouvez changer le cours des choses. Je suis sûre que vous allez commencer une toile extraordinaire aujourd'hui. Vous verrez ce soir, quand vous aurez fini. Vous serez dans un tout autre état d'esprit. »

Il s'asseyait, reprenait courage. « Vraiment ? vous êtes sûre ? » Puis il se levait et reprenait sa plainte auprès des amis et des visiteurs qui attendaient dans l'atelier. Après le déjeuner, son marasme avait disparu. Vers deux heures, il n'avait qu'une idée : se remettre à peindre. À part un bref arrêt pour dîner, il ne faisait que travailler jusqu'à deux heures du matin. À cette heure-là, il était frais comme l'œil. Mais le lendemain matin, tout était à recommencer.

Pablo souffrait d'une sorte de maladie de la volonté, qui le rendait incapable de prendre la moindre décision pratique. Un hiver, comme il faisait mauvais à Paris, nous avions décidé d'aller dans le Midi. Nous avions tout arrangé une semaine auparavant et devions emmener Michel et Zette Leiris. Il avait été décidé que nous nous lèverions très tôt. Marcel viendrait nous prendre et les Leiris seraient là, prêts à partir avec nous à six heures.

La veille du départ, vers dix heures, tandis que nous dînions chez *Lipp*, Pablo commença à s'agiter sur sa chaise, disant : « Mais après tout, pourquoi partons-nous pour le Midi ? » Je lui répondis que nous partions parce que nous étions fatigués. Et nous pensions que c'était une bonne idée de se reposer là-bas. « Oui, dit-il. Mais nous avons parlé de cela la semaine dernière, et je ne suis pas certain de vouloir partir maintenant. »

Cela ne me gênait pas. C'était pour lui que nous partions, en réalité, mais ce n'était pas une obligation pour autant. Il commença à se tourmenter, se demandant de quel côté il fallait faire pencher la balance. « Oui, admit-il avec hésitation, mais je ne vois tout de même pas pourquoi nous devons y aller. Je ne peux jamais faire ce dont j'ai envie. » Je lui proposai, s'il ne voulait pas partir, de téléphoner à Marcel et aux Leiris pour nous décommander. « Oui, évidemment, dit Pablo. Mais est-ce que je n'aurais pas l'air d'avoir changé d'avis ? » Il n'avait pas besoin de se soucier de cela. Nous pouvions leur dire que nous ne partions pas, un point c'est tout. « Ah ! oui, dit-il. Mais je ne suis pas *sûr* de ne pas vouloir partir. Ce n'est pas parce que maintenant je n'en ai pas envie que je ne vais pas le faire pour autant. Après tout, j'aurai peut-être une autre opinion demain. »

Nous sommes rentrés à la maison. Je lui ai demandé de réfléchir ; rien ne pressait. Jusqu'à minuit, nous pouvions décemment téléphoner à Marcel et aux Leiris pour leur demander de ne pas venir à six heures le lendemain matin. Pablo se lança alors dans un long monologue philosophique, citant pêle-mêle Kierkegaard, saint Jean de la Croix et sainte Thérèse, élaborant une dissertation sur ses deux thèmes favoris : *todo es nada* et « je meurs de ne pas mourir », thèmes que, dans un état d'esprit plus plaisant, il qualifiait de « philosophie merdeuse ». Il résuma toutes les raisons qu'on peut avoir d'agir ou de rester passif, en général et en particulier, dans ce cas hypothétique et dans cet autre, et conclut que chaque action portant en elle le germe de sa propre négation, il valait mieux, par principe, ne pas agir, si l'on avait le choix.

J'acquiesçai. Chaque fois que nous faisions un geste, un pas, nous pouvions avoir l'occasion de le regretter ; nous n'étions en rien obligés d'aller sur la Côte d'Azur. Si nous y allions, nous le regretterions peut-être. Je ne voulais pas l'influencer d'une façon ou d'une autre ; il devait donc prendre lui-même la décision qui lui semblerait préférable. « Ah ! oui, murmura-t-il, prendre la décision, c'est le plus difficile.

— Bon, dis-je, eh bien, puisque nous en avons pris une, pourquoi ne pas s'y tenir ? »

Il hésitait :

« Oui, évidemment. Mais ce n'est pas très gai de se lever à six heures du matin. Je comprends pourquoi on exécute les condamnés à l'aube. Je n'ai qu'à voir l'aurore pour sentir ma tête rouler d'elle-même. »

Normalement, je pouvais soutenir ce genre de discussion sans être exaspérée, ou sans l'exaspérer, mais j'étais alors si énervée que j'éclatai en sanglots. Son visage immédiatement s'éclaira.

« Ah ! dit-il, j'étais sûr que vous aviez une idée en tête. »

Moi, je n'en savais rien. Je pleurais de fatigue ; cette discussion absurde avait duré quatre heures, et nous nous retrouvions au point de départ. Je sanglotai :

« Je pleure parce que je n'en peux plus.

— Mais non, dit-il, vous pleurez parce que vous voulez quelque chose. »

Je vis qu'il serait inutile d'argumenter. Et j'étais si fatiguée que je préférai prendre la décision, parce qu'il m'était trop pénible de rester là à tenter de la lui arracher.

« Très bien, si vous insistez, fis-je, je veux quelque chose.

— Enfin, dit-il. (Il sourit, encourageant.) Alors, que voulez-vous exactement ?

— Je veux aller dans le Midi.

— Vous voyez ! Je savais très bien que c'était ce que vous vouliez. Vous auriez dû me le dire tout de suite. Puisque vous avez fini par l'avouer, nous irons. Mais je n'y vais, comprenez-le bien, que pour vous faire plaisir. Si je ne m'y plais pas, ce sera de votre faute. »

Il fut aussitôt satisfait, libéré, parce que j'avais pris sur moi la responsabilité de notre départ. S'il s'ennuyait là-bas, il pourrait s'en prendre à moi.

J'attendais mon bébé pour le mois de mai. En février, je reçus une lettre de ma grand-mère me demandant de venir chez elle. Je ne l'avais pas revue depuis que j'étais partie avec Pablo, mais elle avait appris où je demeurais par un article de presse. Elle était calme et aimante, comme toujours, et, avant mon départ, elle me dit : « Il ne faut pas croire que, parce que tu as changé ta manière de vivre, tu es dispensée de m'emmener passer une partie de l'hiver dans le Midi. Je ne te reproche pas ta décision, mais je pense qu'elle ne doit pas modifier nos habitudes. »

Dans mon enfance, elle m'emmenait chaque hiver dans le Midi, en février.

J'expliquai tout cela à Pablo, et il fut d'accord. Il vint nous dire au revoir à la gare de Lyon, nous installa dans notre compartiment, puis descendit sur le quai. Au moment où le train démarra, ses yeux semblèrent s'adoucir, ils n'étaient plus seulement noirs et perçants, ils étaient magnifiques. Je l'ai très rarement vu ému de la sorte, et j'avais le cœur serré de le voir disparaître dans le lointain.

Lorsque je suis revenue, trois ou quatre semaines plus tard, j'ai découvert que, pendant mon absence, Pablo avait imaginé que ce voyage était une ruse destinée à couvrir mon désir de lui échapper. Comprenant que je n'avais jamais eu la moindre intention de le fuir, il a paru tellement soulagé, et si gentil, que j'avais peine à croire que c'était bien lui. Il lui était donc possible de manifester sa joie aussi ouvertement.

La naissance était attendue, mais je n'avais pas encore vu de spécialiste. Pablo, superstitieusement, pensait que cela pouvait porter malheur. Le seul médecin que j'aie vu durant l'hiver était le docteur Lacan. Pablo estimait qu'on devait toujours faire appel aux gens en dehors de leur spécialité. Comme Lacan était psychanalyste, il l'avait adopté pour la médecine générale. Il lui racontait ses maladies, réelles ou imaginaires, et Lacan décrétait, en général, que tout allait bien. À la suite d'une mauvaise grippe, je toussais sans arrêt ; c'était une combinaison de fatigue et de nervosité. Il me prescrivit un calmant qui me fit dormir, tant et si bien qu'au réveil la grippe avait disparu et la toux aussi.

Une semaine avant la naissance, inquiète et agitée, je me dis qu'il était grand temps de faire quelque chose. Je continuai de le répéter jusqu'à ce que Pablo accepte que je voie un médecin. Il appela le docteur Lacan, qui, sidéré que je n'aie pas encore vu d'accoucheur, m'envoya chez le docteur Lamaze. Celui-ci, encore plus étonné, me retint une chambre au Belvédère, à Boulogne.

Un an ou deux avant que je rencontre Pablo, j'avais commencé à noter sur un carnet les rêves qui me semblaient inhabituels. Une nuit, j'avais rêvé que je participais à la visite guidée d'une ville, en autocar. Nous nous arrêtions devant la porte d'un musée. En sortant du car, nous franchissions le seuil et nous nous trouvions dans une étable à chèvres. Il y faisait très sombre et il n'y avait pas de chèvres. Je commençais à me demander pourquoi on nous avait amenés là, lorsque j'aperçus, juste au milieu de l'étable, une voiture d'enfant. Un tableau était accroché à l'intérieur et un autre, sur le devant, pendait à la poignée. L'un était le portrait de *Mademoiselle Rivière* par Ingres, l'autre une toile du Douanier Rousseau intitulée *Les Représentants des puissances étrangères venant saluer la République en signe de paix*. Tous deux étaient plus petits qu'ils ne le sont en réalité. Comme Pablo avait accueilli avec indulgence certains poèmes en prose que je lui avais lus, je lui avais aussi montré mon carnet. Il trouvait ce rêve fort intéressant, car le Douanier Rousseau lui appartenait, et Ingres était un de ses peintres préférés. Quand je suis arrivée à la clinique pour l'accouchement, le docteur Lamaze avait été retardé et j'ai trouvé une infirmière et une sage-femme qui m'attendaient. L'une s'appelait Mlle Ingres, et l'autre Mme Rousseau. Mlle Ingres avait les cheveux noirs, avec une raie au milieu et deux bandeaux austères, comme beaucoup de modèles de son homonyme. Pablo s'est souvenu de mon rêve, et quand nous avons revu Lacan, il lui a demandé la signification, en psychanalyse, d'une étable à chèvres. Lacan a répondu que c'était le symbole de la naissance d'un enfant.

Le bébé – un garçon – est né sans difficulté le 15 mai 1947. Pablo voulait lui donner son prénom, mais comme son premier fils s'appelle Paul, je trouvais qu'il valait mieux essayer quelque chose d'autre. Je me suis rappelé que le maître de Watteau, nommé Claude Gillot, avait peint beaucoup d'arlequins, comme Pablo ; nous avons donc appelé le bébé Claude.

IV

On travaille avec peu de couleurs,
ce qui donne l'illusion de leur nombre
c'est d'avoir été mises
à leur juste place.

Les ateliers de Pablo, rue des Grands-Augustins, n'étaient pas l'endroit rêvé pour élever un enfant. Mais la vie devint difficile après la naissance de Claude pour deux raisons : elles avaient nom Inès et Sabartès.

Pablo avait rencontré Inès et sa sœur aînée alors qu'il passait des vacances avec Paul Eluard et Nush à Mougins. Elles avaient quinze et dix-sept ans à l'époque. Inès était cueilleuse de jasmin en été, ramasseuse d'olives en hiver. Pablo les avait amenées toutes deux rue La Boétie, l'une comme femme de chambre, l'autre comme cuisinière. Après la déclaration de guerre, en 1939, ne voulant pas être responsable de ces deux jeunes filles, il les avait renvoyées à Mougins. Peu de temps après, Inès avait fait la connaissance de Gustave Sassier, un jeune Parisien qui participait à une course de bicyclettes dans la région. Gustave était tombé amoureux d'Inès, l'avait épousée et ramenée à Paris. Pablo avait loué pour eux un petit appartement, dans l'immeuble de la rue des Grands-Augustins. L'appartement donnait sur l'escalier en spirale par lequel on accédait aux ateliers. Cette solution arrangeait les jeunes mariés, et procurait à Pablo des gardiens sûrs.

La vue de ce vestibule garni de plantes régulièrement arrosées, les oiseaux quotidiennement nourris, et le bric-à-brac soigneusement épousseté indiquaient la présence d'une femme de chambre. Mais Inès restait invisible. Peu de personnes la connaissaient. En l'absence de Sabartès, il arrivait qu'un visiteur sonne à sa porte, mais c'était rare. Je l'ai aperçue pour la première fois un après-midi dans l'exercice de ses fonctions.

Elle était très jolie à l'époque : un visage ovale, le teint bistre, les yeux et les cheveux très noirs. Je me souvins qu'elle et sa sœur avaient inspiré à Eluard le poème où il les comparait à « de fières portes dans les murs de cet été ». Chaque année, vers Noël, Pablo la faisait poser et exécutait un croquis de son visage, qu'il lui donnait. Elle ne connaissait rien à la peinture, mais elle était très fière lorsqu'elle venait faire le ménage l'après-midi. Pablo lui montrait son travail de la veille et lui demandait son opinion. Elle avait pris l'habitude de dire ce qu'elle pensait, et Pablo l'écoutait avec intérêt. Inès était jalouse de ses prérogatives. Elle s'habillait avec soin et veillait à ce que son plumeau et son tablier soient parfaitement assortis. Elle était la femme de chambre d'un grand peintre, pas n'importe qui.

Au moment où je l'ai connue, elle avait l'air de la soubrette de comédie italienne, risquant quelques œillades, mais timide en surface, s'exprimant par monosyllabes, gracieuse, courant de-ci de-là sur la pointe des pieds. Après la naissance de son bébé, en avril 1946, sa maladie et le fait qu'à la même époque je me sois installée rue des Grands-Augustins assombrirent son caractère. Inès avait connu Pablo alors qu'il vivait seul. Il avait déjà rompu avec Olga, et s'il voyait régulièrement Marie-Thérèse Walter, c'était chez elle. Quand Dora Maar est entrée dans sa vie, elle habitait rue de Savoie, tout près, et venait rarement rue des Grands-Augustins. Inès en était arrivée à penser, inconsciemment et très innocemment, que, dans un certain sens, Pablo lui appartenait. Elle estimait, sans doute, qu'elle tenait dans sa vie un rôle unique ; elle se considérait comme une sorte de prêtresse. Mais avec la naissance de son bébé et ma présence continuelle, sa vie avait changé. Elle se sentait détrônée, sans peut-être s'en rendre compte.

Elle pensait que son importance avait diminué, et ne m'en savait pas gré. Je comprenais ses sentiments et faisais tout ce que je pouvais pour la pacifier, mais sans succès. Mes efforts achevaient de l'irriter. Après la naissance de Claude, et si elle devait s'occuper de lui, elle se plaignait d'être fatiguée et malade. Nous n'avions pas assez de place pour loger une autre personne, et de toute façon Pablo n'avait pas envie de voir un nouveau visage dans la maison. Si bien que la vie de famille, rue des Grands-Augustins, devint plutôt difficile.

Après la naissance de son fils, quand Inès posait pour son portrait annuel, c'était toujours avec l'enfant sur les genoux, et cela, avec un air si grave qu'on aurait cru voir la Vierge et l'Enfant Jésus. Pablo a dessiné deux lithographies d'elle avec le bébé. Un soir, après cette pose annuelle, Javier, le neveu de Pablo, est arrivé, et nous avons décidé d'aller tous dîner au restaurant. Inès avait pensé servir le repas à la maison, en l'honneur de cet événement, et quand Pablo lui a annoncé que nous sortions, elle a éclaté en sanglots : « Oh ! Ce n'est plus comme avant… Autrefois, je prenais bien soin de Monsieur, mais maintenant il l'a oublié. » Elle adorait pleurer et le faisait avec art. Pablo l'a calmée en acquiesçant à tout ce qu'elle disait, mais comme il était décidé à sortir, nous sommes partis. Cela ne résolvait pas pour autant les problèmes avec Inès.

La venue au monde de mon fils Claude troublait également les habitudes de Sabartès. Sabartès était catalan de Barcelone, cousin éloigné de Miró. Ils étaient parents par le grand-père de Sabartès. Ce grand-père, analphabète, avait amassé une fortune, m'avait raconté Pablo, d'abord comme marchand de ferraille, puis dans un métier plus reluisant. Il ne savait ni lire, ni écrire, ni même compter, mais on ne le trompait pas facilement. S'il devait recevoir cent pots de fer et qu'on ne lui en livrait que quatre-vingt-dix-neuf, il s'en rendait compte sans l'aide des chiffres. Il s'était intéressé à Sabartès dès sa plus tendre enfance. Puis il avait décidé de payer ses études dans l'espoir qu'il pourrait le prendre dans ses affaires et ne plus craindre d'être exploité par des concurrents peu scrupuleux. À l'âge de neuf ans, Sabartès faisait déjà tous les comptes de son grand-père. Peu après, il avait eu une sérieuse maladie des yeux et en était resté presque aveugle. Cela mit fin à sa carrière de comptable. Sabartès rencontra Picasso en 1899, à Barcelone. Ils fréquentaient tous deux un café littéraire en vogue : *Els 4 Gats*. C'était l'époque d'une certaine ferveur régionaliste. Un petit groupe s'occupait d'élever la langue catalane, qui n'avait qu'une tradition orale, à la dignité de langue littéraire. On publia une grammaire et de jeunes écrivains commencèrent leur œuvre en catalan. Cette ferveur intellectuelle s'étendait à d'autres domaines. Sabartès faisait partie de ce groupe. Vaguement poète, il avait l'ambition de devenir sculpteur. Il me dit une fois : « Quand je découvris la sculpture égyptienne, je vis que c'était là ce que j'aurais aimé faire, mais la perfection de cet art m'a découragé, j'ai abandonné. »

Dès le début, écrasé par la personnalité de Pablo, Sabartès était devenu son repoussoir.

Dans la période de misère qui suivit leur arrivée à Paris, Pablo et Max Jacob avaient, un soir, donné à Sabartès les quelques sous qui leur restaient, pour acheter un semblant de dîner. Sabartès avait rapporté un bout de pain, deux saucisses et un œuf. Comme il avait une mauvaise vue, il avait trébuché dans l'escalier en remontant, et l'œuf s'était écrasé sur les marches. Ramassant les autres emplettes, il avait continué son chemin jusqu'à la chambre où Pablo soupira : « Tu n'arriveras jamais à rien. Nous te donnons notre dernier sou et tu n'es même pas fichu de revenir avec un œuf entier. Tu seras un raté toute ta vie. » Il se saisit d'une fourchette et la piqua dans l'une des saucisses. La saucisse éclata. Il essaya la suivante : même résultat ! Sabartès avait acheté des saucisses si vieilles et si pourries qu'elles étaient tendues comme des baudruches. Pablo et Max se partagèrent le bout de pain et régalèrent Sabartès de leur mauvaise humeur.

Sabartès retourna à Barcelone peu après, se maria, et eut un enfant. Il partit avec sa famille au Guatemala et fit du journalisme. Il vécut là-bas vingt-cinq ans puis revint en Espagne. Là, l'écheveau s'emmêle. Pablo, lorsqu'il évoquait cette période de la vie de son ami, aimait à laisser planer un doute sur ce qui était arrivé à cette femme et à cet enfant : Sabartès avait-il divorcé au cours de ses vingt-cinq années de Guatemala ? De toute façon, peu après son retour en Espagne il s'était remarié, et c'était avec cette deuxième épouse, une amie d'enfance, qu'il était arrivé à Paris. Pablo était séparé d'Olga et avait donc offert au couple de s'installer provisoirement rue La Boétie. Sabartès avait commencé son long service auprès de Pablo, comme secrétaire, paravent, commissionnaire, etc.

Sabartès avait juste le tempérament qui convenait. Dévoué à Pablo comme un moine à son Dieu, de jour en jour, d'année en année, il supportait ses sautes d'humeur, était la cible favorite de ses taquineries et demeurait la patiente victime de ses farces. Il accomplissait toutes les démarches, rédigeait la correspondance, s'occupait des détails matériels des expositions, et c'était toujours à lui qu'on s'en prenait.

Il y avait bien Marcel, mais il était plus rusé que Sabartès et savait admirablement s'abriter des orages soudains : il n'était que le chauffeur et ne pouvait donc pas être rendu vraiment responsable de catastrophes qui dépassaient son entendement. Sabartès remplissait à lui seul l'office de bouc émissaire, de souffre-douleur en titre. Pablo ne lui permettait pas de prendre la moindre décision, et même s'il le lui avait permis, Sabartès aurait eu trop peur de se tromper pour oser trancher dans le vif. Il suivait de son mieux les instructions qu'il avait reçues. Si tout allait bien, il n'en entendait plus parler ; dans le cas contraire, il récoltait le blâme.

À part son attachement pour Pablo, le principal intérêt de Sabartès était sa femme. Toute sa vie était édifiée autour de ces deux êtres. J'ai vu Mme Sabartès une fois ou deux dans le petit appartement qu'ils occupaient dans le XVe arrondissement. Sinon je ne l'aurais jamais connue. Elle ne venait pas rue des Grands-Augustins et ne sortait guère.

Sabartès était très prudent et méticuleux dans tout ce qu'il faisait et extrêmement susceptible. Totalement désintéressé, il n'agissait jamais par égoïsme ou calcul, et tout ce dévouement ne lui valait qu'un traitement des plus modestes. Pendant les onze années où je l'ai connu, son salaire, comme celui d'Inès, la femme de chambre, et de Marcel, le chauffeur, n'a jamais dépassé quarante mille francs par mois. Et pendant longtemps il n'atteignit pas cette somme. Il vivait avec sa femme dans un petit appartement bruyant, à peine plus grand qu'une cellule, au sommet d'un immeuble, rue de la Convention. On prenait l'ascenseur jusqu'au huitième et l'on grimpait le reste à pied.

Sabartès était un étrange mélange de fierté et d'abnégation. Éminence grise, il aimait à rester dans l'ombre, mais voulait qu'on reconnaisse son pouvoir secret. Beaucoup de gens s'attiraient mille difficultés, soit en le comptant pour quantité négligeable (et dans ce cas il se donnait une peine infinie pour leur prouver leur erreur), soit en l'assurant qu'ils connaissaient l'étendue de son influence sur Picasso. Il leur répondait alors d'un ton glacial : « Je ne fais que ce qu'il me dit. » Presque personne ne trouvait grâce à ses yeux. Il n'aimait pas Claude, parce que mon fils, étant petit, avait peur de ses épaisses lunettes. Chaque fois que Sabartès essayait de le prendre dans ses bras, Claude se mettait à hurler. Sabartès ne le lui a jamais pardonné. Des années plus tard, il m'a demandé si Claude avait le même caractère : « Est-il toujours aussi odieux ? » En fait, Claude n'a jamais été « odieux », mais il était terrifié. Sabartès, qui ne comprenait pas les enfants, l'avait très mal pris.

Il avait l'habitude de feindre une tristesse profonde. Les Espagnols, depuis le règne de Philippe II, ne se sont jamais remis du fait qu'à la cour on s'habillait de noir. Dès que l'un d'eux se croit le moins du monde un personnage, il se vêt de deuil, au moins métaphoriquement, pour le reste de ses jours. Soupçonneux, inquisiteur, Sabartès adorait le mystère. Il avait une mentalité de cape et d'épée et épiait mentalement quiconque approchait. Il lui était impossible de parler de quoi que ce soit comme tout le monde. Il n'aurait jamais prononcé un nom propre devant un étranger, de peur d'éventer un secret. Naturellement, Pablo adorait cela. Quand j'ai commencé à vivre là-bas, ma spontanéité les a terriblement choqués : « Comment osez-vous dire une chose pareille tout haut ? murmurait Sabartès. Tout le monde va comprendre ! » Et Pablo me lançait un regard d'acier. Un jour, j'ai dit à Brassaï, qui arrivait : « Ah ! vous venez photographier les sculptures ? » Sabartès m'a soufflé : « Personne ne doit savoir ce qu'il vient faire, ni combien de temps il reste. »

J'ai répondu que je connaissais Brassaï depuis longtemps, même avant de venir rue des Grands-Augustins. « Alors, me dit-il, voyez-le et interrogez-le à l'extérieur. »

Avant la Libération, pour Sabartès tous les Allemands étaient des espions. Après la guerre, ce furent les Anglais. Il était sûr qu'ils appartenaient tous à l'Intelligence Service. Quand les G.I. arrivèrent en foule, Sabartès ne s'inquiéta pas, au début : « Les Américains sont comme de jeunes chiens. Ils dorment par terre et se servent du seuil pour oreiller. » Un jour, il remarqua un G.I. avec des insignes inhabituels. Il se dit qu'il faisait partie du Service de renseignements et recommanda à Pablo de se méfier : « Il pourrait comprendre quelque chose. » Pablo se moqua de lui : « Puisque les Américains sont des chiots, ne t'en fais pas. »

Tout cela me laissait perplexe. J'ai demandé alors à Pablo : « Mais qu'est-ce qu'il y a à comprendre ici, à part votre peinture ? » Sabartès s'est agité : « Mais c'est justement ça. Vous savez, l'Intelligence Service collectionne tous les renseignements possibles sur les activités des intellectuels ; jusqu'à présent, ils ne savent probablement qu'en faire, mais s'ils trouvent un moyen, vous verrez tous les ennuis que cela fera. » J'ai levé les yeux au ciel et Sabartès a continué : « Vous ne me croyez pas ? Vous voulez une preuve ? Allez donc à la Chancellerie britannique. Regardez tous les gens qui y travaillent. Qu'est-ce que vous croyez qu'ils font ? » Et il secouait la tête d'un air sinistre.

J'ai fini par apprendre ainsi le code secret du palais. On ne prononçait jamais un nom propre. On ne mentionnait jamais ouvertement un événement ou une situation : on en parlait par allusions. Pablo et Sabartès s'écrivaient à peu près chaque jour pour se donner des informations presque dénuées de valeur et d'intérêt, dans le seul dessein de communiquer de la manière la plus abstruse possible. Un profane aurait passé des semaines, peut-être des mois, à sonder les profondeurs de ces notes cabalistiques. S'il était question, par exemple, de M. Pellequer, un banquier de ses amis, Pablo écrivait alors (M. Pellequer ayant une maison en Touraine) que l'homme de la *tour* avait été blessé dans *l'aine*, etc., faisant des calembours, séparant les mots, les recombinant pour former les néologismes les plus surprenants et les plus suspects, tout comme le plan déchiré des pirates doit être réassemblé pour conduire au lieu où le trésor est enterré. Trois pages étaient parfois nécessaires pour décrire un chat sans avoir à l'appeler chat, de crainte que la lettre ne tombe entre les mains d'Inès ou de Mme Sabartès et ne leur révèle quelque chose. Pablo se donnait tant de mal pour être hermétique que, parfois, Sabartès n'arrivait pas à comprendre. Ils devaient alors échanger deux ou trois lettres supplémentaires pour éclaircir le mystère.

Une mise en scène théâtrale s'imposait lorsque Sabartès recevait un visiteur. Son accueil lugubre était destiné, dans une certaine mesure, à conférer de l'importance au cérémonial. Les ateliers de la rue des Grands-Augustins (à en croire Pablo, tout au moins) faisaient partie autrefois de l'ambassade d'Espagne. Chaque fois que Pablo ou Sabartès y pensait, ils redoublaient les consignes de sécurité. Pour compléter le décor, dans la pièce de réception, Pablo avait disposé quelques chaises Louis XIII et un grand divan espagnol de la même époque, tapissé de velours rayé jaune et amarante, sur lequel reposaient quelques guitares. Sous le masque de son humilité volontaire, Sabartès jouait jusqu'au bout son rôle de ministre de l'Intérieur.

Dès mes premières visites, j'avais compris que Sabartès m'acceptait à contrecœur. Mais comme Pablo manifestait ouvertement le plaisir qu'il avait à me voir, Sabartès ne pouvait me fermer la porte au nez. Il était horriblement sévère et distant. Plus tard, quand il a vu que je venais plus fréquemment, il a commencé à maugréer : « Vous verrez, prédisait-il, cela va mal finir. Vous êtes fous tous les deux. Cela vous mènera au bord de la catastrophe. »

Sabartès ne pouvait supporter l'idée que Pablo ait une nouvelle femme. Il trouvait que sa vie était bien assez encombrée, avec Olga, Marie-Thérèse et sa fille, Dora Maar. Après sa première réaction négative, et comme il préférait Marie-Thérèse à Dora Maar, il ne s'est plus beaucoup opposé à ma présence, pensant sans doute que je pourrais servir à éloigner Dora, et qu'à ce moment-là Pablo serait probablement fatigué de moi aussi. Mais après m'avoir supportée trois ans, au lieu de me voir disparaître il m'a vue installée dans la place.

Sabartès s'est vite aperçu que j'allégeais son travail et que je remplissais ma tâche assez soigneusement pour le satisfaire. Petit à petit, son pessimisme à mon endroit s'est un peu dissipé, et il s'est déridé. J'apportais une certaine stabilité dans la vie de Pablo, et comme il était le sismographe de tous les tremblements et déchirements picassiens, il était ainsi le premier à bénéficier de ce nouvel équilibre. Il alla jusqu'à dire que c'était agréable d'avoir quelqu'un d'aussi jeune dans la maison, capable d'égayer Pablo.

Pendant la première année de ma vie rue des Grands-Augustins, Sabartès devint presque un ami. Notre entente fut rompue par la naissance de Claude en 1947. Après, Pablo et moi passions de moins en moins de temps à Paris, et quand nous y revenions, c'était tous ensemble, en famille. Sabartès détestait voir son rituel liturgique battu en brèche par la présence d'un bébé turbulent. Si, par exemple, il finissait d'expliquer aux visiteurs que leurs chances de voir Picasso étaient minces, Claude arrivait en trébuchant, disait bonjour à la ronde, grimpait sur les genoux de l'un ou de l'autre et annonçait : « Mon papa va vous recevoir bientôt, dès qu'il sera sorti de son lit et qu'il sera habillé. » Tout le monde éclatait de rire et la mise en scène de Sabartès était réduite à néant. Claude avait transformé une tragédie grecque en un film de René Clair.

Plus tard, Claude prit l'habitude de se cacher dans un recoin du grand atelier, juste avant onze heures, quand les pèlerins commençaient à arriver. Il attendait Mourlot, pour qui il avait conçu une vive affection. Il l'appelait Colombe. Il savait que son père avait exécuté chez lui la lithographie de *La Colombe*, et s'était imaginé que c'était là le nom de Mourlot.

Mourlot venait très souvent, sinon quotidiennement. Dès qu'il arrivait, Claude sortait de sa cachette, répétant : « Je cherche Colombe ; je veux voir Colombe. » Il allait droit sur Mourlot : « Ah ! te voilà ! Viens m'embrasser. Mon papa va te faire entrer tout de suite. Il ne te fera pas attendre comme tous les autres. » Sabartès appelait Inès et la priait d'emmener l'enfant, mais il ne pouvait pardonner une pareille entorse au protocole. En outre, la présence d'un enfant sur la scène impliquait celle d'une femme dans les coulisses, et, pour une raison ou pour une autre, Sabartès aurait préféré que ce mystère ne fût pas divulgué de la sorte.

Une seule fois, Sabartès eut la témérité de prendre une initiative dont le résultat fut si malheureux qu'il lui ôta toute envie de recommencer. C'était pendant l'été 1947, et la cause innocente de toute l'affaire était le marchand de tableaux new-yorkais Sam Kootz. Mais l'histoire commence avant l'arrivée de Kootz sur la scène.

Depuis 1945, Pablo essayait sans succès d'obtenir que Kahnweiler monte les prix de ses toiles. Beaucoup d'acheteurs américains boudaient sa peinture depuis son adhésion au Parti communiste, et Kahnweiler en avait profité pour lui dire qu'il était assez difficile de vendre des Picassos, sans essayer de les vendre plus cher. C'était l'orgueil, plus que l'intérêt, qui poussait Pablo à aiguillonner Kahnweiler. Il avait entendu dire que des toiles de Braque, en tout point comparables en format, époque, etc., avaient changé de mains pour des sommes plus importantes. C'était une chose qu'il ne pouvait supporter. Braque produisait moins que Pablo, il y avait donc une certaine logique à ce que ses toiles se vendent plus cher. Mais chaque fois que Pablo l'apprenait, son honneur était en jeu. Il relançait Kahnweiler, qui restait de marbre, et comme Pablo avait décidé de ne plus vendre à l'ancien prix, on ne vendait plus rien.

Louis Carré avait acheté un bon nombre de toiles, les années précédentes, et avait ouvert une galerie à New York, mais les affaires étaient stagnantes à ce moment-là. Carré était donc saturé de Picassos récents et ne désirait pas en acheter d'autres, au moins momentanément. Et si Kahnweiler se dérobait, Rosenberg l'imiterait certainement.

On en était là lorsque Kootz fit sa première apparition. Il défendait certains peintres américains d'avant-garde, Gottlieb, Motherwell, Baziotes, et d'autres. Gottlieb lui avait fait entendre que sa position se trouverait renforcée s'il exposait des toiles de Picasso, en même temps que ses peintres habituels. Il avait gagné assez d'argent pour se permettre d'essayer. Kootz vint donc en outsider, mais en outsider mû par un motif tout à fait particulier : à l'encontre des autres marchands avec lesquels Pablo avait coutume de traiter, il n'avait aucun Picasso en stock et voulait Picasso comme garantie morale de ses peintres américains. Pour cette double raison, il était prêt à payer les prix de Pablo. Mais Pablo ne lui vendit rien sur-le-champ. Il lui dit de revenir au mois de juin, et qu'en attendant il réfléchirait.

Après son départ, Pablo tenta d'utiliser son offre pour ébranler Kahnweiler :

« Maintenant, j'ai un marchand qui peut payer mes prix, lui dit-il.

— Parfait, répondit Kahnweiler. Il en a peut-être les moyens. Moi, je ne veux pas. »

Et il demeura inflexible. Il conclut néanmoins un arrangement avec Pablo pour prendre en main l'édition de toutes les lithographies qu'il faisait chez Mourlot. Jusque-là, Pablo n'avait tiré que quelques épreuves d'artiste. Le marché des lithos se développait énormément, surtout aux États-Unis, et, aux termes de leur accord, Kahnweiler s'engageait à faire imprimer chacune d'elles à cinquante exemplaires. Cela représentait beaucoup d'épreuves et beaucoup d'argent. Si bien que Pablo était moins préoccupé par le cours de ses toiles. Il avait même tout à fait oublié Kootz quand celui-ci, comme Pablo le lui avait conseillé, revint en juin, rue des Grands-Augustins. Il vit plusieurs toiles qui lui plurent. Pablo lui indiqua le nouveau barème – tant par point, suivant le format. Kootz était d'accord et aurait aimé conclure immédiatement, mais Pablo n'était pas pressé. « Venez nous voir dans le Midi, en juillet, et nous discuterons peinture. » Peu de temps après, Kootz et sa femme arrivaient à Golfe-Juan. Kootz voulait acheter, Pablo préférait aller se baigner. Après une semaine d'attente, Kootz manifesta quelque impatience. Pablo lui dit : « Rentrez à Paris, et allez voir Sabartès à l'atelier. Il vous montrera des toiles et vous choisirez. » Il écrivit à Sabartès, l'autorisant à laisser Kootz pénétrer dans l'atelier pour regarder les toiles. Kootz s'y rendit, choisit un portrait de Dora Maar, aux formes torturées, qui datait de 1943 ; une très jolie nature morte avec une théière et des cerises, exécutée en mai 1943 ; une autre nature morte avec un verre et un citron ; une toile de la série des ponts de Paris ; un petit portrait très graphique de la fille de la concierge de la rue des Grands-Augustins, et deux bustes de moi, l'un très proche de *La Femme-Fleur*, l'autre coiffé d'un bizarre chapeau vert.

Les instructions de Pablo n'étant pas précises, Sabartès revint à Golfe-Juan avec les Kootz et les tableaux. Quand ils descendirent de voiture, leurs toiles sous le bras, Pablo prit violemment Sabartès à part : « Je n'avais pas dit de rapporter les tableaux, je t'avais écrit que Sam Kootz pouvait les regarder et choisir ceux qu'il aimait, rien de plus. L'affaire n'est pas conclue. Qu'est-ce que tu prétends faire ? » Tout cela devant les Kootz, que nous connaissions à peine. « Ces toiles ne sont même pas assurées. Suppose qu'elles aient été volées en route, ou que vous ayez eu un accident et qu'elles aient été détruites. » Il continua ainsi à rager pendant longtemps, attaquant Sabartès d'une façon injuste et humiliante.

Pablo avait pensé que Kootz verrait les toiles, puis reviendrait à Golfe-Juan pour discuter leur prix plus en détail. Ayant déjà vu Pablo à l'œuvre avec d'autres marchands, je savais qu'il aurait aimé réserver une ou deux toiles jusqu'à la fin, pour que la transaction fût aussi difficile que possible. Les Kootz revenant avec les toiles, l'affaire semblait conclue d'avance. Aussi refusa-t-il de vendre les tableaux. Il les conserva à Golfe-Juan.

J'avais gardé le silence devant les Kootz, mais après leur départ, pendant que nous dînions, Pablo, Sabartès et moi, je dis à Pablo qu'il avait mal agi. Peut-être dans l'intention de se justifier, il raconta alors cette histoire : « Max Jacob m'a demandé un jour pourquoi j'étais si gentil avec des gens qui m'importaient peu et si dur avec mes proches. Je lui ai répondu que ma bonté était une forme d'indifférence ; quant à mes amis, je les voulais parfaits, j'avais donc toujours quelque critique à leur adresser et désirais les mettre à l'épreuve de temps en temps, pour m'assurer que nos liens étaient aussi solides qu'ils devaient l'être. »

Sabartès partit pour Paris peu de temps après. Je crois qu'il se consola difficilement d'avoir été si malmené en cette occasion.

Plus tard, Pablo finit par vendre des toiles à Kootz et s'en vanta à Kahnweiler. Kahnweiler sortit enfin de ses retranchements. Il décida d'acheter et conclut un contrat – aux prix de Pablo – aux termes duquel Pablo s'engageait à ne vendre directement à aucun autre marchand. Mais Pablo s'était, entre-temps, assez lié avec Kootz, et il disait parfois à Kahnweiler : « J'aimerais laisser cette toile à Kootz » et, lorsque Kootz arrivait, Pablo lui disait d'aller chercher chez Kahnweiler la toile qu'il lui avait réservée.

Quelquefois, il cédait directement des toiles à Kootz, en échange d'un service rendu. Une année, il lui demanda d'envoyer par bateau, juste avant son arrivée en France au mois de juin, une Oldsmobile blanche contre un tableau. Ainsi, il put dire à Kahnweiler : « Oh ! je lui ai donné un tableau parce qu'il m'a donné une voiture. » Je me rappelle que l'Oldsmobile fut échangée contre une grande nature morte représentant une table sur laquelle reposaient un coq à la gorge tranchée, un bol de sang et un couteau.

Pendant l'été 1946, un jour, sur la plage de Golfe-Juan, quelqu'un suggéra à Pablo de s'essayer à la céramique, et lui parla de la poterie Madoura à Vallauris, qu'exploitaient les Ramié.

Par curiosité et désœuvrement, nous visitâmes la poterie, et Pablo décora de poissons, d'anguilles et d'oursins deux ou trois plats de terre rouge. Ne trouvant ni les formes ni les matériaux mis à sa disposition particulièrement intéressants, il passa l'après-midi à la poterie en dilettante. Tout était fortuit, comme les dessins qu'il faisait sur une nappe de restaurant et abandonnait en sortant. Il n'y pensa plus.

L'été suivant – 1947 – nous étions de nouveau dans la maison de M. Fort à Golfe-Juan, mais cette fois avec un bébé et une nurse, et Pablo ne pouvait travailler à la maison d'une manière suivie. Il retourna deux ou trois jours à Antibes pour y exécuter le triptyque *Ulysse et les Sirènes*. Le musée était devenu une sorte de musée Picasso, et il ne pouvait continuer à y travailler. La page était tournée. Pablo ne manquait pas une corrida, soit en Arles soit à Nîmes, signe certain d'instabilité et d'agitation. Et puis, un jour, au mois d'août, les Ramié vinrent à la plage pour l'inviter à juger des résultats de son travail de l'été précédent. Il y retourna donc – une fois de plus par curiosité – et ce qu'il vit ne l'impressionna guère. Mais il était si las de son inactivité qu'il leur dit avant de partir : « Si vous me donnez un ouvrier pour s'occuper de la technique, je reviendrai et travaillerai sérieusement. » Ils étaient enchantés.

Les Ramié étaient âgés d'une quarantaine d'années. Ils avaient travaillé à Lyon dans la soierie, jusqu'à ce que la guerre ferme les ateliers. La vie devenait difficile, et la nourriture rare. Le gouvernement Pétain encourageait le retour à la terre et à l'artisanat. Ils eurent l'idée d'installer à Vallauris une poterie. Mme Ramié apportait à ce nouveau métier son expérience du dessin, tandis que son mari tenait les comptes et s'occupait de la production avec trois ou quatre ouvriers.

M. Ramié était un homme tranquille, silencieux, grand, un peu voûté. Mme Ramié, mince, de taille moyenne, avait des cheveux châtains et des yeux bruns. M. Ramié disparaissait dans la pénombre et laissait sa femme mener l'affaire. Sans être hostile, il ne semblait pas faire le moindre effort pour influencer ou impressionner Pablo, tandis que Mme Ramié me paraissait assez dynamique. Sur le chemin du retour, Pablo me demanda ce que je pensais d'eux. Je répondis que je ne pensais rien de M. Ramié, qui semblait absent et inoffensif, mais que je n'étais pas attirée par sa femme.

Le lendemain, Pablo se rendit à l'usine « L'Hospied » à Golfe-Juan. Il questionna abondamment le chimiste en chef, M. Cox, sur les propriétés des émaux qu'il allait utiliser. À sa visite suivante à la poterie Madoura, il s'attaqua à ce nouveau métier dans un état d'esprit expérimental.

Il décida de commencer par les formes et prit l'amphore comme point de départ. En poterie, toutes les formes qu'on tourne sont cylindriques ; on peut les transformer en amphores en les galbant, mais elles restent toujours symétriques, et toute coupe est circulaire. Si l'on veut produire des formes plus complexes, on est obligé de faire une première coupe qui ne soit pas parallèle à la base. Ou bien encore, on peut faire des incisions de part et d'autre pour les replier ensuite. Au début, l'ouvrier qui aidait faisait les pliures, mais Pablo n'en était pas satisfait. Les formes qu'il avait à l'esprit étaient difficiles à exécuter, parce que le potier ne savait exactement quelles proportions leur donner pour qu'elles correspondent à ce que voulait Pablo, et celui-ci ne pouvait pas le lui expliquer très clairement, même en lui montrant des dessins. Après avoir acquis une certaine expérience du travail, Pablo décida de plier l'argile lui-même. Et, aussitôt, les créations les plus merveilleuses surgirent de ses mains. Il laissait sécher une nuit les amphores que le potier lui avait préparées. Le lendemain, l'argile était encore très souple et pouvait être modelée dans tous les sens sans se fêler ou se rompre. Pablo se mit alors à en faire des statuettes aussi délicates que des tanagras. On oubliait les vases tournés qu'il avait pris comme point de départ et auxquels il avait ajouté des bras pour les métamorphoser en femmes. Il repétrit entièrement les amphores et modela ces formes creuses, d'une épaisseur de trois millimètres, jusqu'à les réinventer et réaliser de véritables sculptures. Il travailla ces matériaux jusqu'à la limite des possibilités qu'ils offraient. Puis il peignit ou émailla en partie plusieurs pièces. Certaines sont au musée d'Antibes. Beaucoup d'entre elles ont le raffinement de figurines chinoises.

Au début, Picasso travaillait surtout les formes avant qu'elles aient durci, quand elles venaient d'être modelées ou sortaient du tour. De cette manière, il pouvait les inciser et les peindre avant la première cuisson, en tout cas quand il se servait d'engobes. L'engobe est une argile d'une couleur différente de celle du support sur lequel on l'applique. Avant de l'étendre, on le délaie avec de l'eau et de la gomme arabique. Le ton en est toujours mat, mais on peut le couvrir d'un vernis transparent, appelé « couverte ». Toutefois, la palette des engobes est plus limitée que celle des émaux. L'engobe est généralement appliqué le lendemain du jour où la forme a été tournée. De toute façon, on ne peut plus l'appliquer quand le support est trop sec. Généralement, le séchage prend de trois à quatre semaines.

Les émaux, par contre, ne peuvent être appliqués qu'à l'argile ayant passé une fois au feu : le biscuit. Ils se présentent comme de la poudre de verre de couleur, réduite à la consistance d'une pâte. Au feu, ils se revitrifient ; ils n'ont donc pas besoin d'être mis sous couverte.

Aucune des couleurs n'a, avant cuisson, son apparence définitive. La terre rouge locale, quand on la travaille avant de la cuire, est très sombre. L'argile blanche, que les Ramié commandaient à Provins, est grisâtre. Les couleurs sont neutres également au moment où on les étend. On sait, dans l'abstrait, où l'on va, mais l'on n'en tire aucune évidence visuelle. On ne mélange jamais les couleurs, et Pablo voulait naturellement mélanger les siennes. Or, dans ce cas, on sait encore moins où l'on va. Pablo demanda à M. Cox s'il pouvait lui fournir des couleurs plus variées que celles qui étaient couramment employées. Après plusieurs essais, il finit par utiliser une palette plus large ; certaines expériences furent un vrai succès.

Pendant les deux ou trois premiers mois, Pablo travailla tous les jours, de la fin de la matinée jusqu'au soir, chez les Ramié. Il opérait sur de l'argile fraîche. Au bout d'un mois, les Ramié purent enfourner la première série, pour faire du biscuit, mais il était difficile à Pablo de se rendre compte du résultat, car les couleurs ne ressortent pas vraiment avant que la couverte ait été appliquée. La seconde cuisson, pour l'émail, devait être faite au four électrique. Le four avait environ un mètre carré et l'on ne pouvait y placer beaucoup de pièces à la fois. Il fallut attendre six semaines pour que Pablo vît terminées les pièces qu'il avait décorées le premier jour. Il fut très déçu. « C'est ça ? s'écria-t-il. Ce n'est pas du tout ce que j'attendais ! » Il poursuivit ses tentatives, mais les résultats le déçurent encore pendant près de six mois, jusqu'au moment où, à travers des expériences successives, il découvrit dans la poterie un nouveau mode d'expression.

Les fours à bois traditionnels exigent une surveillance ininterrompue. Il faut commencer par un feu assez lent, qui chauffe les objets petit à petit, car s'ils sont saisis brutalement ou irrégulièrement, cela provoque des tensions inégales qui les déforment et peuvent même les casser. Le feu brûle donc au ralenti pendant douze heures, puis il est suivi d'un feu ardent pendant vingt-quatre heures. L'ouvrier averti reconnaît la température du four à la couleur de la flamme. Le four, qui est de la taille d'une pièce ordinaire, est rempli des objets à cuire, disposés en rangées superposées. Puis la porte est obstruée par de grands pots de terre creux qui forment une paroi double. Il y a des trous, à intervalles réguliers, dans le sol et le plafond du four. La flamme qui vient d'en dessous est aspirée par les trous du bas. Elle lèche les pièces sur son passage et ressort en fumée par les trous du haut. Cette flamme est magnifique : elle palpite, respire. Pour l'alimenter, les ouvriers enfournent des bûches de résineux d'un mètre de long par une petite ouverture, tout en bas. Quand le feu devient ardent, le tirage crée un mouvement de flux et de reflux qui fait jaillir la flamme par ce petit orifice, puis l'aspire à nouveau à l'intérieur. La flamme est d'abord rouge, puis orange, puis, au maximum de son intensité, blanche. Quand ce feu ardent, le « plein feu », a duré vingt-quatre heures, on met moins de bois et, progressivement, la température baisse. Avec les fours électriques, qui sont beaucoup plus petits, la cuisson demande moins de temps, mais il faut tout de même la surveiller de près, souvent toute la nuit.

L'engobe ne coule pas à la cuisson ; mais il n'en est pas de même de l'émail, si bien qu'on ne peut jamais prévoir exactement les formes qu'il prendra. Chacune des deux techniques a ses avantages et ses inconvénients, et Pablo cherchait à les combiner, en éliminant au maximum leurs désavantages respectifs. Il trouvait que baigner un plat dans la couverte donnait une apparence très impersonnelle et nuisait à la décoration, tout comme une enveloppe de plastique affadit un beau dessin. Il chercha des glacis plus mats, mais ils étaient moins transparents. Puis il essaya d'appliquer moins de couverte. Cela faisait pauvre. Finalement, il décida de ne mettre la couverte qu'à certains endroits. Il agença ses dessins de façon à ne pas recouvrir toute la surface de l'objet et appliqua ce glacis en soulignant certaines parties seulement. Les parties recouvertes se trouvaient protégées et acquéraient en même temps plus de relief. Les autres restaient vierges. Après la cuisson, Pablo patinait les parties mates en noir ou terre rouge et les cirait. On ne pouvait pas laver les poteries traitées de la sorte, mais les résultats étaient beaucoup plus intéressants que l'apparence assez monotone de poteries entièrement vernissées. Depuis, beaucoup de potiers ont adopté cette méthode.

Je pensai un jour que ce serait peut-être une bonne idée de frotter les poteries avec du lait, puisque le lait contient de la caséine qui peut remplacer la cire. Pablo passa des heures à frotter des plats non vernissés avec un chiffon trempé dans du lait, avant d'obtenir l'effet qu'il recherchait. Le temps et la patience jouent un rôle si important en poterie qu'il finit par s'en lasser. Ce qui l'intéressait le plus, c'était d'élargir le domaine de cette technique et d'inventer ce qu'il fallait pour y arriver.

En outre, les matériaux qu'il avait à sa disposition n'étaient pas vraiment dignes des décorations qu'il y apposait. Ces argiles étaient, après tout, celles qui servaient à réaliser la poterie culinaire, de la qualité la plus courante. En Chine et au Japon, en particulier, la poterie est un des arts les plus nobles. Mais il faut précisément utiliser de nobles matériaux. L'argile de Vallauris n'était pas mauvaise. Seulement, elle n'avait pas été traitée. Dans le Midi, une ou deux générations plus tôt, un potier n'aurait jamais fait la moindre « pignate » sans laisser « pourrir » la terre au moins trois ans avant de s'en servir. L'argile a besoin d'être exposée à ciel ouvert. La pluie, en coulant, draine les impuretés et dissout les fragments de pierre à chaux. Le plus souvent, on ne peut pas voir ces parcelles à l'œil nu, et c'est pour en débarrasser l'argile qu'on l'expose aux éléments pendant au moins trois ans. Dix ans seraient encore mieux. Plus ce traitement est prolongé, et plus l'argile est fine. Après la cuisson, l'argile ne se dilate plus, mais la chaux se gorge d'eau et fait sauter des éclats.

Il faut également pétrir l'argile, comme le boulanger pétrit sa pâte. Et cela aussi exige du temps et de la patience. Je me demande si les collectionneurs apprécieront jamais les céramiques de Picasso, comme ils apprécient son œuvre dans d'autres domaines. Après tout, s'il a peint sur une mauvaise toile, on peut toujours rentoiler. Mais, en poterie, on ne peut pas séparer la décoration de la forme sur laquelle elle est appliquée. À cause de la fragilité du support, beaucoup de collectionneurs se sont abstenus d'acheter, malgré leur admiration pour ces créations de Picasso.

Sans y penser, par sa seule présence, Pablo a fait la fortune de Vallauris. C'était déjà un centre de poterie avant la conquête romaine, à cause des terriers d'argile.

Plus tard, des galères parties de Golfe-Juan, le port le plus proche, livraient des marmites et des amphores dans tout le Bassin méditerranéen. La légende rapporte que la terre rouge contenait un peu d'or, d'où le nom de Vallauris. L'or en question, dès cette époque, était dû surtout au commerce intensif des poteries.

Pendant l'Occupation, Vallauris a connu un regain de prospérité, parce que le rationnement de l'aluminium avait remis les « pignates » et « marmites » de terre à l'ordre du jour. Après la guerre, la demande avait diminué, et il ne restait plus qu'une vingtaine de fabriques quand Pablo se mit au travail. Quelques jeunes potiers, une dizaine peut-être, s'étaient installés à Vallauris avec l'espoir d'y créer une sorte de renouveau artistique. Les autres, la « vieille garde », continuaient de produire les séries « culinaires ». Deux ans après l'arrivée de Picasso chez Madoura, l'intérêt suscité était tel que d'autres artisans vinrent s'installer à Vallauris, qui depuis est devenu le centre de poterie que nous connaissons.

Cela a amené bien des changements, pas tous excellents. Avant le *boom*, tous les potiers se servant de fours à bois devaient travailler dans les limites d'une palette assez restreinte et baser leurs effets sur la sobriété et la qualité du travail. S'ils ne produisaient pas de chefs-d'œuvre, au moins perpétuaient-ils une tradition. Des fours électriques furent installés, on importa l'argile blanche de Provins au lieu d'utiliser l'argile rouge du pays, et l'on produisit les banalités qui tapissent actuellement la plupart des devantures. La présence de Pablo a apporté la prospérité, mais son exemple n'a pas été compris. Vallauris est trop souvent aujourd'hui voué au mauvais goût.

Vers la fin d'octobre, Pablo, passionné par son travail de poterie, a poursuivi ses recherches plus longtemps qu'il n'en avait l'intention. À part un bref séjour à Paris, nous avons, pour cette raison, passé presque tout l'hiver 1947-1948 dans le Midi. Les seules ruptures dans son rythme de travail pendant cette période ont été dues à l'illustration de deux ouvrages. L'un était une édition de vingt poèmes de Góngora, pour un éditeur de Monte-Carlo. Pablo a écrit à la main le texte espagnol, qui a été reproduit sur cuivre par le graveur Roger Lacourière. Puis il en a enluminé les marges de petits dessins et gravé vingt grandes planches. Il a utilisé un procédé particulièrement intéressant, l'aquatinte au sucre, sur les plaques de cuivre que Lacourière avait envoyées de Paris. Il commençait par faire fondre des morceaux de sucre dans un peu d'eau chaude, qu'il mélangeait à un tube de gouache noire et deux tubes de gomme-gutte.

« Vous vous êtes fait la main au procédé habituel de l'eau-forte, me dit-il. Vous avez vu qu'il s'agit d'un procédé assez simple. On couvre la plaque d'une couche de vernis. Avec la pointe, on incise le vernis à certains endroits, suivant la composition, et puis on plonge la plaque dans l'acide. L'acide mord dans la plaque partout où elle a été mise à nu par la pointe. C'est comme cela que j'ai gravé *Les Métamorphoses* d'Ovide pour Skira. Après cela, on retire le vernis, on passe l'encre, on éponge le surplus, mais les sillons creusés par l'acide restent encrés, puis on imprime sur papier, et le dessin initial resurgit comme dans un miroir.

« Avec l'aquatinte au sucre, le procédé est à la fois plus discret et plus sensible. D'abord, on peint au pinceau sur la plaque de cuivre non préparée. C'est un grand avantage, parce que cela donne un effet plus riche, plus pictural et une touche plus variée. L'important est de se servir d'un pinceau propre, bien lavé à l'eau et au savon. Mais on a toute la liberté possible. On peut même se servir de ses doigts. » Et quand Pablo est arrivé au portrait du poète, il a apposé son pouce pour donner la dernière touche. L'une des plaques représentait une femme avec un voile léger. Pablo a pris un bout de dentelle, l'a imbibé d'encre et l'a pressé directement sur la plaque pour produire l'effet de transparence voulu. De temps en temps, le mélange bavait et il lui fallait l'enlever avec de l'alcool et du blanc d'Espagne, puis avec un peu de sucre et d'eau. Il travaillait sur plusieurs planches à la fois, et quand il avait terminé les dessins, il les mettait à sécher.

« Ce n'est que le premier stade, me dit-il. Si nous étions à Paris, une fois le dessin bien sec, au bout de deux heures environ, je vernirais chaque plaque, et quand le vernis serait sec, je les tremperais dans l'acide. Ici je n'ai pas tout le matériel dont j'ai besoin, alors je laisserai ce soin à Lacourière. Si je l'avais fait moi-même, vous auriez remarqué que le sucre empêche le vernis de prendre, si bien que toutes les parties qui ont été passées au sucre restent exposées, et l'acide y mord. Alors, quand on encre la plaque et qu'on imprime, ces parties-là ressortent en noir, comme dans n'importe quel autre système de gravure. C'est le second stade. Cela fait, je trouve souvent qu'ici ou là je n'ai pas obtenu l'effet que je désirais. Dans ce cas, je saupoudre la plaque de résine et, à l'aide de pinces, je la passe au-dessus d'une bougie jusqu'à ce que les petits granules de résine éclatent.

« On peut la tenir au-dessus du gaz ou d'un radiateur électrique, continua-t-il, mais avec la bougie on peut mieux varier ses effets d'un endroit à l'autre. Quand on retrempe la plaque dans le bain d'acide, tous les petits granules de résine protègent les endroits où ils ont adhéré, et l'acide mord l'espace nu qui les sépare. De cette façon, on peut faire ressortir plus nettement certaines parties, et en estomper d'autres, juste comme on les protégerait avec du vernis, pour que l'acide ne pénètre pas. Cette technique est beaucoup plus subtile que le procédé habituel. C'est ainsi que, dans ses *Désastres de la guerre*, Goya a obtenu ces merveilleux noirs qui ne sont jamais opaques. Il utilisait la morsure à l'acide, mais auparavant se servait de résine. Ainsi, le noir a un aspect granuleux, tacheté, jamais plat et uniforme, mais constellé de trous minuscules. C'est pour cela, voyez-vous, qu'on parle de la petite cuisine du graveur. La gravure devient de plus en plus intéressante si on l'étudie à fond. Il y a mille façons de varier les effets. Par exemple, on n'a pas besoin de plonger la plaque dans un bain ; on peut passer l'acide au pinceau où c'est nécessaire et contrôler la morsure avec précision. »

Il acheva de replacer ses plaques dans leur casier à étages. « J'ai fait allusion il y a un moment à mes illustrations pour *Les Métamorphoses* d'Ovide. Je crois que je ne vous ai jamais raconté l'histoire de ce livre ? » Je dis que non. Il se mit à rire. « Quand Skira était jeune, il rendait sa mère assez malheureuse parce qu'il travaillait mal en classe. À vingt-deux ou vingt-trois ans, il avait l'air de ne s'intéresser à rien, et sa mère, qui était veuve, ne savait que faire de lui. Fatigué de l'entendre lui demander continuellement ce qu'il comptait faire de sa vie, il lui a déclaré un jour qu'il voulait devenir éditeur. Elle a été surprise et lui a demandé ce qu'il allait publier. Pour la calmer, il lui a répondu : "Je vais publier un livre illustré par Picasso." Apparemment, cela a favorablement impressionné sa mère, d'autant plus que c'était la première fois qu'il manifestait une vocation aussi déterminée. Elle désirait l'encourager et lui a conseillé de venir me voir. Il est venu rue La Boétie et s'est présenté. Je lui ai demandé ce qu'il voulait. "Je voudrais publier un livre illustré par vous, me dit-il. – Quel livre ?" Il n'avait pas l'air d'avoir poussé ses réflexions aussi loin et, sur le moment, à part Picasso, il ne pouvait penser qu'à un seul nom : "Un livre sur Napoléon." J'ai ri. "Écoutez, j'apprécie votre intention, et je suis plutôt bien disposé à votre égard. Je veux bien vous suivre et illustrer un livre – si vous avez assez d'argent pour payer la note – mais je n'irai sûrement pas jusqu'à illustrer un livre sur Napoléon. En plus, j'ai l'impression que vous ne connaissez rien à l'édition. Ce serait une bonne idée pour vous d'aller apprendre un peu comment cela se passe. Après cela, revenez."

« Je ne l'ai pas revu pendant longtemps. Je pensais lui avoir fait peur. J'étais à Juan-les-Pins quand j'entendis parler de lui. Je sortais un jour faire un tour, lorsqu'une vieille dame assise sur un banc de l'autre côté de la rue traversa et m'aborda. C'était la mère de Skira. Elle me dit : “Monsieur, mon fils est décidé à devenir éditeur et il veut publier un livre illustré par vous. Il faut que vous acceptiez.” Je lui ai demandé ce qu'il avait fait depuis que je l'avais vu. “Il n'a rien fait. Il n'a que vingt-trois ans.” Je ne pouvais être très optimiste sur les chances de son fils, mais elle finit par vaincre ma résistance. J'ai eu pitié de cette vieille dame naïve, qui me guettait pour m'entretenir d'une idée aussi ridicule. À la fin, je lui ai demandé de m'envoyer son fils. Mais je l'ai avertie que je ne voulais plus entendre parler de Napoléon. Je lui ai dit qu'il devrait essayer un auteur classique. Quand Skira est revenu rue La Boétie, il avait l'argent nécessaire et avait commencé à se familiariser avec l'édition. Il m'a annoncé qu'il avait juste le texte qu'il me fallait : *Les Métamorphoses* d'Ovide. J'ai accepté, car c'était une bonne idée. Et je l'ai fait. Cela a été le début de Skira. »

Vérité ou légende, c'était en tout cas la version de Pablo.

Vers la fin de l'année, Pablo avait fini son *Góngora* et nous sommes retournés passer quelques semaines à Paris. Il me dit un jour : « Matisse est rentré de Vence. Allons le voir. » Quand nous sommes arrivés à son appartement, boulevard du Montparnasse, nous avons trouvé la porte d'entrée entrouverte, comme si Lydia, sa secrétaire, était sortie chercher quelque chose, comptant revenir immédiatement. Nous avons traversé un vestibule assez sombre. Nous pénétrions dans le salon quand Matisse a surgi de derrière une tenture, en criant : « Coucou ! »

Quand il a vu que ce n'était pas Lydia, il a eu l'air d'un écolier puni. Mais Pablo a examiné Matisse de haut en bas avec un sourire satisfait : « Eh bien, je ne savais pas que vous jouiez à cache-cache avec Lydia. Nous avons l'habitude de l'entendre vous appeler *Monsieur* Matisse. » Matisse rit, un peu faiblement. Ce ne semblait guère le moment de faire une longue visite, et nous sommes partis après quelques minutes. En descendant dans l'ascenseur, Pablo me dit : « J'aurais cru Matisse incapable de pareils enfantillages. »

D'après Pablo, Lydia était venue chez Matisse en 1932 ou 1933. « Matisse n'avait pas vraiment besoin d'une secrétaire, mais elle lui a dit qu'elle se rendrait utile en taillant ses crayons. Il a trouvé cela une suggestion commode et il a dit qu'elle pouvait rester, en tout cas pour le moment, et même poser pour lui. Quelque temps après, Mme Matisse a trouvé que la présence quotidienne de cette jeune fille finissait par être lassante. Elle donna à son mari une alternative : "Choisis entre cette jeune fille et moi."

« Matisse a réfléchi soigneusement et au bout de deux jours a répondu : "J'ai décidé de la garder. Elle m'aide beaucoup à remplir mes feuilles d'impôts." Après cela, Lydia a été intronisée secrétaire en titre. » Et Pablo secoua la tête : « C'est bien un Français : toujours pratique. »

Deux ans plus tôt, Tériade avait demandé à Pablo d'illustrer *Le Chant des morts* de Reverdy. Tériade n'ignorait pas que les bibliophiles n'aiment pas en général les reproductions en fac-similé de manuscrits d'auteur, mais la calligraphie de Reverdy était si remarquable qu'il avait décidé de publier son poème ainsi. Tériade avait soumis l'idée à Pablo en lui demandant quel genre d'illustrations lui semblerait convenir. Après avoir examiné des spécimens de l'écriture de Reverdy, Pablo comprit qu'il ne pouvait pas faire d'illustrations du type habituel, parce que l'écriture était trop cursive et rythmique. « C'est presque un dessin en soi », avait-il dit. Il eut alors l'idée de décorer ce dessin qu'était le manuscrit de Reverdy dans un style approprié : « De cette façon, m'avait-il expliqué, l'illustration sera organique et l'unité de l'ouvrage s'en trouvera renforcée. »

Plusieurs années auparavant, j'avais été voir les manuscrits enluminés de la bibliothèque de l'école de médecine de Montpellier. Les plus anciens datent du VIIIe siècle et leurs grandes lettres d'apparat rouges ont des formes abstraites merveilleusement raffinées. Je les avais décrites à Pablo en lui suggérant de s'en inspirer pour ses illustrations. Il avait fait sur-le-champ plusieurs dessins et trois lithos, pour explorer l'idée, et en était resté là. Deux ans après ces premiers essais, au cours de l'hiver, Lucien Scheler, un spécialiste de livres rares de la rue de Tournon, apporta à Pablo trois grands manuscrits enluminés. Deux d'entre eux étaient des partitions musicales datant du XVe siècle. Le troisième, un in-folio également, était beaucoup plus ancien. Le corps du texte était en gothiques noires, comme de coutume, mais les initiales étaient de grandes lettres rouges de forme abstraite. L'influence arabe était marquée, et rappelait certains manuscrits que j'avais vus à Montpellier. Pablo, enthousiasmé, acheta ce livre. Il se remit presque aussitôt au *Chant des morts*, avec l'idée d'orner les marges de grandes décorations lithographiées.

Nous sommes retournés dans le Midi peu de temps après, et Mourlot a apporté le nombre requis de plaques de zinc. À cette distance, le papier-report aurait été plus commode à transporter, mais les résultats ne sont jamais aussi satisfaisants, et Pablo avait donc décidé de faire les illustrations sur zinc ; il aurait, en effet, été impossible de transporter les pierres elles-mêmes. Mourlot avait indiqué sur les zincs la place occupée par le texte de Reverdy pour que Pablo puisse se rendre compte exactement de ce qu'il lui restait pour les enluminures. Comme Pablo n'avait toujours pas d'atelier, Mourlot porta les plaques chez les Ramié, où Pablo les étendit à même le sol, dans la grande pièce du premier qu'ils utilisaient pour sécher les poteries, et les peignit directement à l'encre lithographique. Cela lui a pris une quinzaine de jours en tout. Il restait quatre zincs sur lesquels il dessina des faunes. Mourlot emporta l'ensemble à Paris.

Reverdy, qui passait quelques jours à Saint-Jean-Cap-Ferrat avec Tériade, vint à la poterie. Il grava des poèmes sur quelques plaques que les Ramié avaient préparées pour lui. Après son départ, Pablo me raconta que, dans une certaine mesure, c'était à Reverdy que Tériade devait sa fortune. Tériade était grec comme Zervos, chez qui il avait commencé à travailler. Il faisait de la critique d'art pour la revue *Les Cahiers d'Art* et avait écrit un ouvrage sur Léger. Leurs rapports s'aigrirent, et Tériade, heureux de quitter Zervos, alla chez Skira, au moment de la fondation de la revue surréaliste *Minotaure*. Par son expérience et ses relations, Tériade contribua au succès de la revue. Mais il n'était toujours pas son maître. Peu de temps avant la guerre, Reverdy avait rencontré chez Coco Chanel, avec laquelle il était lié d'amitié, des Américains qui voulaient fonder une luxueuse revue d'art. Ils cherchaient une personne de goût, ayant les contacts voulus avec les meilleurs poètes et écrivains, peintres et sculpteurs. Reverdy suggéra le nom de Tériade, qui trouva ainsi une liberté d'action et un soutien financier infiniment supérieurs à tout ce qu'il avait connu jusque-là. La revue *Verve* était née. Tériade voua une grande reconnaissance à Reverdy et publia *Le Chant des morts* en signe de gratitude. En l'occurrence, peu lui importait le résultat financier.

Pablo terminait *Le Chant des morts* quand Miró vint passer quinze jours à Vallauris. Il voulait voir Pablo et se renseigner sur les possibilités de la poterie Madoura. Il travaillait un peu à la poterie, et nous déjeunions ou dînions ensemble.

Souvent les peintres aiment à discuter pendant leurs heures de loisir, et j'ai eu la surprise de voir que Miró, malgré son sourire angélique et ses manières joviales, était d'une réserve qui confinait au mystère. Il ne disait rien de lui-même ou de ses projets, et n'émettait jamais une opinion précise sur quelque sujet que ce soit. Pablo, lui, parlait pour deux, et Miró semblait satisfait. Ses interventions se limitaient à des « Ah ! oui ? », « Oh ? », « Vraiment ? », autour desquels le flot de la conversation de Pablo, doucement encouragé, pouvait couler librement. Après quinze jours de visites, de déjeuners et de dîners, je n'en savais pas plus qu'au premier jour. J'ai demandé à Pablo s'il en avait toujours été ainsi, ou s'il pensait que Miró avait des raisons de se tenir sur la réserve. C'était d'autant plus frappant que son attitude plus que cordiale, chaleureuse, semblait le signe même de la plus évidente amitié.

Pablo se mit à rire : « Si vous voyiez Miró tous les jours pendant deux ans, vous n'en sauriez pas davantage. Il est prudent, comme le sont les Catalans. À l'apogée du surréalisme, on trouvait superbe de faire scandale dans la rue, au vu et au su de tout le monde, et de passer deux ou trois jours en prison pour outrage à l'ordre établi. On se torturait le cerveau pour trouver une façon originale de manifester contre le règne triomphant de la bourgeoisie. Certains d'entre nous avaient eu l'idée de faire des remarques subversives sur la voie publique. Ainsi Robert Desnos avait crié "Bonjour, madame !" à un prêtre dans le métro. Michel Leiris, dont le père, l'oncle ou le cousin était à la préfecture de police, devait insulter des agents jusqu'à ce qu'il se fasse arrêter. Il avait commencé par s'enivrer, puis était monté à bicyclette si gaillardement qu'il avait été amené au commissariat. Là il avait récidivé, on l'avait passé à tabac et maintenu en cellule quarante-huit heures. Comme il était assez frêle, en sortant il n'était pas beau à voir, mais c'était un vrai héros. Eluard, lui, criait : "À bas l'armée ! À bas la France !" ou : "C'est obscène !" en écoutant *La Voix humaine*, de Cocteau, au théâtre, ce qui était du reste tout à fait hors de propos. Lui aussi s'était fait malmener et mettre à l'ombre. Chacun remplissait sa mission avec le zèle le plus exemplaire. Miró devait également justifier sa présence dans le groupe. Poliment, il cria à la ronde : “À bas la Méditerranée !” Évidemment, c’est une assez grande région, intéressant plusieurs pays, personne ne pouvait vraiment prendre à cœur une telle injure. “À bas la Méditerranée !” est restée la seule insulte impunie, car personne n’a pris les armes pour sa défense. Le jour des comptes, tout le monde était dégoûté de Miró. “Pourquoi as-tu dit cela ? Ça ne signifie rien ! – Mais si ! s’écria Miró, la Méditerranée est le berceau de toute notre civilisation. En criant : À bas la Méditerranée ! je disais : À bas tout ce que nous sommes aujourd’hui !” »

Pablo m’avait montré plusieurs des premières toiles de Miró, dans son coffre, à la banque : son portrait par lui-même, qui est bien connu, une version de *La Ferme* (Hemingway en avait une seconde), et une *Paysanne catalane*. J’ai dit à Pablo que j’admirais beaucoup ce qu’avait fait Miró entre 1932 et 1940, mais qu’on ne pouvait prétendre que sa peinture était celle d’un voyant, comme celle de Klee, par exemple. « Vous avez raison, dit Pablo. Il y a assez longtemps que Miró court derrière un cerceau, habillé en petit garçon. »

Un matin, peu après le départ de Miró, une lettre exprès de Kahnweiler arriva de Paris, contenant un câble de New York.

On nous avait rapporté des histoires incroyables sur les élucubrations de certains membres du Congrès américain fulminant contre l’art moderne, forme de subversion politique : c’était le genre d’éloquence enflammée qui avait été la spécialité de Hitler pendant les années 30 et aussi cheval de bataille des Soviétiques, la seule différence étant que les Russes voient dans l’art moderne une forme de la « décadence bourgeoise », tandis que les membres du Congrès croyaient y découvrir un complot communiste. Le centre de la résistance aux fanatiques de ce front subculturel américain semblait être le musée d'Art moderne à New York, et le câble était un cri, venu du cœur de cette place forte. Il était signé du peintre Stuart Davis, du sculpteur Lipchitz et de James Johnson Sweeney, à l'époque directeur du département de la peinture et de la sculpture au musée. Le câble était adressé à Pablo, aux bons soins de Kahnweiler, et était ainsi rédigé :

SÉRIEUSE VAGUE D'ANIMOSITÉ CONTRE LIBRE EXPRESSION PEINTURE SCULPTURE DANS PRESSE ET MUSÉES AMÉRICAINS STOP PRESSION CONSTANTE FAVORISE MÉDIOCRE ET UTILITAIRE STOP RÉUNION ARTISTES ÉCRIVAINS POUR RÉAFFIRMER DROITS 5 MAI MUSÉE D'ART MODERNE STOP VOTRE SOUTIEN APPUI CONSIDÉRABLE POUVEZ-VOUS CÂBLER DÉCLARATION SOULIGNANT NÉCESSITÉ TOLÉRANCE INNOVATION EN ART À SWEENEY 1775 BROADWAY.

Il y avait un coupon payé pour la réponse. Je traduisis le câble et lus à Pablo la lettre de Kahnweiler qui qualifiait le câble de « délirant ».

En ce qui concernait la vague d'animosité contre la libre expression en art, qui s'en souciait ? On n'avait que faire de cette sorte de gens. Mais peut-être avait-il tort, notait-il, et Pablo trouverait-il nécessaire de souligner la nécessité de la tolérance envers l'innovation en art.

Pablo hocha la tête. « Kahnweiler a raison. L'art *est* subversif. C'est quelque chose qui ne *doit* pas être libre. L'art, comme le feu de Prométhée, doit être dérobé pour que l'on s'en serve contre l'ordre établi. Dès que l'art est officiel et ouvert à tous, il devient le nouvel académisme. » Il jeta le câble sur la table : « Comment soutenir une pareille utopie ! Si jamais l'art reçoit les clefs de la cité, il deviendra si émasculé, si impuissant qu'il ne méritera plus qu'on se batte pour lui. »

Je lui ai rappelé ce qu'avait dit Malherbe :

Le poète n'est pas plus utile à l'État qu'un joueur
[de quilles.

« Bien sûr, répliqua Pablo. Et pourquoi Platon a-t-il déclaré que les poètes doivent être chassés de la république ? Précisément parce que chaque poète, chaque artiste est un être antisocial. Il ne l'est pas volontairement, mais il ne peut faire autrement. Bien sûr, l'État a le droit de l'exiler, mais si c'est un vrai artiste, il sait qu'il ne peut pas être accepté, parce que s'il était admis, compris, approuvé, cela signifierait que son travail est devenu un lieu commun sans valeur. Tout ce qui est nouveau, tout ce qui vaut la peine d'être fait, ne peut être reconnu, car les gens ne voient pas l'avenir. Si bien que tout ce qu'on dit à propos de la libération de la culture est absurde. On peut défendre la culture au sens très général, si on désigne par là l'héritage du passé ; mais le droit à la libre expression est quelque chose dont on se saisit, ce n'est pas quelque chose qu'on vous donne. Ce n'est pas un principe dont on puisse dire qu'il devrait exister. Seuls, les Russes sont assez naïfs pour croire que l'artiste peut s'inscrire dans la société. Rimbaud en Russie, c'est impossible. Même Maïakovski s'est suicidé. Il y a une opposition absolue entre le créateur et l'État. Alors il n'y a qu'une tactique pour l'État : tuer les voyants. La vie d'une société exige la stabilité et le maintien de certaines normes, l'individu doit se plier ou périr. Seuls, le sens de l'invention et un besoin créateur intense poussent l'homme à se révolter, à découvrir, et à se découvrir lucidement ; pour cela, il doit peu à peu briser les entraves qui le rattachent au passé, à la tradition, aux idées reçues. La société se défend, sachant cependant que sa pérennité dépend de tels hommes, sans lesquels elle se sclérose et meurt. L'art moderne s'achemine vers son déclin, parce qu'il n'existe plus d'art académique fort. Il faut une règle, même si elle est mauvaise, parce que la puissance de l'art s'affirme dans la rupture des tabous. Supprimer les obstacles, ce n'est pas la liberté, c'est la licence, c'est un affadissement qui rend tout invertébré, informe, dénué de sens, zéro. »

Pablo examina le coupon-réponse. « Eh bien, ils ont gâché leurs neuf cent trente-huit francs ! » Et il le jeta dans la corbeille.

À l'automne 1944, au moment de la grande rétrospective Picasso au musée d'Art moderne, Jean Cassou, conservateur en chef du musée, avait tenté d'inciter Pablo à la générosité. Il lui avait fait remarquer que les musées français ne possédaient presque pas de Picassos, alors que le musée d'Art moderne de New York exhibait plusieurs de ses œuvres majeures, dont *Guernica*. L'ensemble avait été envoyé là-bas en 1939 pour une exposition, et s'y trouvait toujours. Pablo écarta l'argument en disant qu'au moment de la guerre il avait pensé que ses toiles seraient mieux à l'abri à New York qu'à Paris et que, depuis, il n'avait pas trouvé le temps de s'en occuper.

D'abord, il ne se sentait pas d'humeur généreuse. De plus, quand on tentait de le persuader, il réagissait en sens contraire. Dans cet état d'esprit, il poussait la perversité jusqu'à considérer les sympathies procommunistes de Cassou comme une mauvaise note de plus. Les négociations n'avaient donc pas abouti à ce moment-là.

À l'automne 1946, Pablo avait terminé son travail au musée d'Antibes et il était parti, laissant ses œuvres derrière lui ; le conservateur du musée, Dor de la Souchère, et Marie Cuttoli avaient lancé une souscription destinée à restaurer certaines parties du musée pour le rendre plus digne de ses nouveaux trésors. Au cours des pourparlers, on leur avait dit qu'il serait plus facile de trouver les appuis nécessaires si Pablo faisait officiellement don au musée des œuvres qu'il y avait laissées provisoirement.

Au cours d'un dîner à Golfe-Juan, l'été suivant, M. Cuttoli expliqua la chose à Pablo en lui suggérant de donner ses œuvres au musée. Malheureusement, il ne s'en tint pas là. « De plus, dit-il, vous avez vécu si longtemps ici que vous devriez demander la nationalité française. Si vous le faisiez, vous pourriez divorcer et épouser Françoise. Après tout, vous avez un enfant. »

Pablo eut un mouvement de surprise et s'emporta : « Je vous invite ici et vous osez me dire des choses pareilles ! J'ai laissé ces peintures au musée ; mais ce n'est pas une raison pour parler de donation ! Puisque l'on aime tant citer ma remarque : "Je ne cherche pas, je trouve", je vais vous en citer une autre : "Je ne donne pas, je prends", et vous pouvez la méditer. Quant à changer ma nationalité, je représente l'Espagne en exil. Je suis sûr que Françoise n'approuverait pas cela plus que moi. Je crois qu'elle comprend qu'elle et notre fils viennent après l'Espagne républicaine dans mon échelle de valeurs. Et vous devriez comprendre tout de suite que je n'ai pas l'intention de soumettre ma vie aux lois qui gouvernent vos existences bourgeoises. »

La nourriture nous est restée dans la gorge. Personne ne soufflait mot. Pablo regardait fixement l'un, puis l'autre. « Alors ? vous ne mangez pas ? Ce n'est pas assez bon pour vous ? cria-t-il. Mon Dieu, quand je mange chez vous, quelquefois je n'ai pas faim, mais je mange quand même, par amitié. Il faudra bien que vous fassiez la même chose. Vous êtes mes invités. » Pablo avait perdu tout contrôle de lui-même, tapant du pied et roulant des yeux. Personne ne répondait. Il se leva, saisit son assiette et la lança à la mer.

Marie Cuttoli, qui était une amie proche, l'avait peut-être déjà vu dans cet état, mais son mari certainement pas. C'était un avocat corse, sénateur, maire de Philippeville, mais presque un gentleman britannique. Alors que Pablo portait un short et son habituel maillot de marin, M. Cuttoli, en dépit de la chaleur étouffante et de sa corpulence, portait un complet blanc impeccablement amidonné. Marie a dû craindre que, si l'on n'arrêtait pas Pablo, le col de son mari, ou même un de ses vaisseaux sanguins, ne vînt à se rompre. Elle se pencha vers Pablo, posa sa main sur son bras : « Cher ami, dit-elle d'une voix apaisante, ne vous mettez pas dans cet état. Nous sommes tous vos amis, souvenez-vous-en. » Et, se penchant vers lui, elle l'embrassa, se rendant compte que, si elle n'agissait pas, les choses empireraient rapidement. Pour la même raison, je suis allée, moi aussi, embrasser Pablo. Il nous rendit nos baisers du bout des lèvres et tâcha de sourire. Puis il se leva, un peu calmé, et alla embrasser M. Cuttoli, qui, gros et chauve, était devenu tout rouge et semblait prêt à éclater. Le baiser de Pablo le rasséréna et nous achevâmes le dîner sans discuter de donations, ni de divorce.

Mais Marie n'avait pas abandonné son idée. Elle était très liée avec Georges Salles, directeur des musées nationaux. Celui-ci venait nous voir assez souvent, et, un jour, à l'instigation de Marie, il proposa à Pablo d'officialiser sa « donation » au musée d'Antibes. Pablo fut aimable, mais refusa catégoriquement. Un peu plus tard, Dor de la Souchère tenta la même démarche, en vain.

M. Cuttoli trouva la solution en disant que, du moment que Pablo avait laissé ses œuvres *in situ* et avait même ajouté un certain nombre de dessins et de céramiques exécutés plus tard, il avait « clairement manifesté son intention » de faire une donation. Pablo, toujours bon jésuite, trouva ce tour de phrase ambigu à souhait et donna son accord « verbalement ». Marie fit aussitôt don au musée de gravures, de lithographies et de tapisseries de Picasso comme pour sceller définitivement cet accord.

Après un intervalle décent, Georges Salles revint à la charge, cette fois, pour le musée d'Art moderne : il était très malheureux que Picasso soit si mal représenté dans les nouvelles salles ; évidemment, les musées nationaux avaient un budget dérisoire. Ce qu'il voulait était inscrit en lettres de feu entre les lignes de son discours : « Vous avez vraiment été généreux pour le musée d'Antibes », conclut-il.

Pablo eut l'air surpris : « Généreux ! J'y ai peint quelques tableaux, que je leur permets d'exposer, c'est tout. – Peu importe, dit Georges Salles, les peintures y sont. C'est ce qui compte. Voyez comme nous sommes pauvres à Paris ! Nous avons le portrait de Gustave Coquiot, et guère plus. Et nous n'avons pas les moyens de remédier à cette situation. »

Georges Salles était le petit-fils de l'ingénieur Gustave Eiffel – et quoi que Pablo ait pu dire, il était très sensible au charme et à la classe d'un grand bourgeois. Un jour qu'il rangeait des toiles et les transportait d'une pièce à l'autre, il soupira : « Je ne sais que faire des grandes toiles. Il y en a trop ici. Elles encombrent l'atelier et n'entrent pas dans mon coffre. Où puis-je les mettre ? » Un tableau de 1942, *Sérénade*, qui était posé sur un chevalet, l'empêchait d'entreprendre une grande toile pour laquelle il aurait eu besoin de ce chevalet. Dans l'appartement de la rue La Boétie, il conservait également une autre très grande toile de 1926, intitulée *L'Atelier de la modiste*, assez abstraite, rythmique, très baroque de construction, à la limite de l'époque néocubiste.

Pablo avait entendu dire que ces appartements-là pourraient être réquisitionnés. Il n'habitait pas le sien, et il se demandait ce qu'il ferait de cette autre grande toile. Je lui ai rappelé la visite de Georges Salles et lui ai demandé pourquoi il ne donnerait pas ces deux tableaux aux musées nationaux. Le moment était bien choisi. Il réfléchit un instant : « Évidemment, je pourrais leur donner ces deux-là. » Puis il ajouta : « Les musées achèteraient peut-être, mais je ne peux leur vendre des œuvres aussi importantes. Ils n'auraient jamais assez d'argent pour les payer. »

Je lui fis remarquer que Braque et Matisse seraient bien représentés dans les salles qu'on leur consacrerait. Il était donc préférable qu'il choisisse un groupe de peintures formant un ensemble. Je lui ai rappelé que Braque avait donné la plupart des toiles et que l'État avait repris en impôts quatre-vingt-dix pour cent de la somme qui lui avait été versée pour le reste. Dans ces conditions, pourquoi ne pas *donner* toutes les siennes et faire un beau geste ? Aussi bien, les toiles ainsi immobilisées « hors commerce » servaient au prestige de l'artiste sans nuire à la « cote » financière globale.

« Tiens, vous commencez à comprendre les affaires, dit-il, admiratif ; puis soudain, soupçonneux : Mais pourquoi voulez-vous tant voir ces peintures au musée ? » Je répliquai que le bel exemple de patriotisme qu'il m'avait donné au cours du dîner avec les Cuttoli méritait d'être suivi et m'avait fait penser aux intérêts culturels de mon pays. Il réfléchit à cela pendant le mois suivant et décida de donner dix toiles. Pour accompagner *L'Atelier de la modiste* et *Sérénade*, nous choisîmes une peinture en gris et blanc assez graphique de 1937-1938, *La Casserole émaillée bleue* de 1945, *Le Fauteuil à bascule* de 1943, *La Muse* de 1935, une nature morte de 1936 avec citron et oranges, une autre nature morte de 1943 avec trois verres et un compotier de cerises, un portrait de Dora Maar, en bleu, de 1944, et un portrait d'elle plus ancien, en couleurs très vives, exécuté en 1938.

Bien que les peintures soient destinées au musée d'Art moderne, Georges Salles les avait fait porter d'abord au Louvre où étaient installés ses bureaux. Il nous proposa d'y aller un mardi, jour de fermeture. Il voulait faire une expérience amusante, en disposant les toiles à divers endroits du musée, pour les regarder à côté de chefs-d'œuvre d'autres époques : « Vous serez, dit-il, le premier peintre vivant à voir vos toiles au Louvre. »

Le mardi suivant, Pablo se leva très tôt – pour lui – et nous étions au Louvre à onze heures. Il semblait plus sérieux que de coutume et parlait peu. Georges Salles nous fit monter dans une énorme réserve où avaient été entreposées les toiles de Pablo. La salle était à peu près vide, et un grand morceau de toile sale et usée recouvrait la plus grande partie du plancher. Les gardiens soulevèrent les tableaux de Picasso, et nous les suivions en procession quand, tout à coup, Georges Salles eut l'air atterré : « Mais vous marchez sur le plafond de Delacroix ! s'écria-t-il. Reculez, pour l'amour du Ciel ! »

L'immense toile de Delacroix était tachée d'humidité, et on l'avait décrochée pour la sécher et la restaurer. Elle était à l'envers et nous venions de la piétiner. En arrivant aux salles d'exposition, Picasso indiqua : « Portez-les près du Zurbarán. » Nous sommes parvenus jusqu'au *Saint Bonaventure dans sa bière*, qui représente le saint entouré de ceux qui sont venus lui rendre un dernier hommage. Pablo avait toujours été frappé par cette audacieuse composition diagonale si bien reprise et équilibrée par les autres lignes de force de la peinture. Il m'avait fréquemment emmenée l'étudier au Louvre. Il regarda attentivement les gardiens soulever trois ou quatre de ses toiles et les tenir à côté du Zurbarán.

Puis il demanda de les faire voisiner avec *La Mort de Sardanapale, Le Massacre de Scio* et *Les Femmes d'Alger* de Delacroix. Il m'avait souvent parlé de faire une interprétation libre des *Femmes d'Alger*. Après cette confrontation avec Delacroix, nous avons fait porter les toiles près des Courbets entre *L'Atelier* et *L'Enterrement à Ornans*. Georges Salles demanda à Pablo s'il voulait comparer une de ses œuvres à des toiles de l'École italienne.

Il réfléchit un instant : « J'aurais aimé voir une de mes toiles cubistes à côté de *La Bataille de San Romano* d'Uccello. Mais comme nous n'avons pas de toile cubiste ici, je crois que c'est assez pour aujourd'hui. » Il ne fit aucune remarque jusqu'au départ. À la maison, il exprima seulement sa profonde satisfaction d'avoir vu ses tableaux à côté d'un Zurbarán.

Je lui ai demandé ce qu'il pensait des Delacroix. Ses pupilles se sont rétrécies : « Le salaud, dit-il, quel peintre ! »

Quand nous étions à Paris, nous allions souvent dîner à la brasserie *Lipp*. Pablo aimait retrouver d'autres artistes, le sculpteur Giacometti en particulier. Quand il arrivait chez *Lipp*, il semblait issu de l'argile qu'il avait pétrie toute la journée, ses vêtements et ses cheveux étaient comme imprégnés de poussière grise.

« J'aimerais vous montrer l'atelier d'Alberto Giacometti, m'avait dit Pablo, nous irons ensemble. »

En partant un soir de chez *Lipp*, il demanda à Giacometti à quel moment de la journée nous le dérangerions le moins dans son travail. « Venez vers une heure de l'après-midi, répondit Giacometti, vous êtes sûrs de me trouver. Je ne me lève guère avant. »

Quelques jours plus tard, avant de déjeuner, nous passâmes à son atelier. Il habitait rue Hippolyte-Maindron, près de la rue des Plantes, dans le XIVe. C'est un quartier modeste et tranquille, plein de petits bistrots et de boutiques d'artisans. La grille était ouverte. Après avoir traversé une petite cour flanquée de bâtiments en bois vert sombre, Pablo me désigna sur la gauche les deux ateliers contigus de Giacometti et, sur la droite, le domaine de son frère, Diego, un excellent artisan, qui se consacrait à l'œuvre d'Alberto. Giacometti travaillait souvent, sur argile, ses projets de sculpture, jusqu'à une heure avancée de la nuit. Le lendemain matin, il avait tendance à tout détruire, s'il n'était pas satisfait, mais Diego, fourmi ouvrière, se levait quand son frère se couchait et faisait les moulages, les plâtres, et autres travaux techniques auxquels son frère ne s'intéressait pas, pour avancer et préserver le travail. Diego était l'intermédiaire entre Giacometti et le fondeur de bronze.

Giacometti eut l'estime des amateurs longtemps avant de pouvoir vivre décemment de son art. Diego faisait le travail d'un ou deux praticiens, dont Giacometti avait besoin, et qu'il ne pouvait se payer. Diego exécutait aussi des objets dessinés par son frère – des pieds de lampe, des socles, des poignées de porte, des lustres – qui les aidaient à vivre. Au moment où Giacometti se mit à la peinture presque autant qu'à la sculpture, Diego devint un de ses modèles principaux. Et c'était une occupation très prenante, parce que Giacometti dessinait infatigablement d'après nature et avait constamment besoin de son modèle pour les portraits.

Dans l'atelier, je fus frappée de voir à quel point l'apparence de la pièce rappelait la peinture de Giacometti. Les boiseries étaient imprégnées du gris de la terre, elles semblaient faites de glaise. Nous étions au centre d'un monde entièrement créé par lui, un monde d'argile, peuplé de statues, certaines très allongées et d'autres si petites qu'on les voyait à peine. Aucune tache vive ne tranchait sur l'infini du camaïeu qui recouvrait tout. En observant Giacometti sur son propre terrain, je comprenais que tous les objets de son atelier – les pinceaux, les armatures, les bouteilles de térébenthine – avaient acquis cette coloration par un processus auquel il ne pouvait échapper lui-même. La grisaille s'était étendue jusqu'à la petite pièce attenante à l'atelier et jusqu'au divan dont, peu à peu, toute teinte s'était retirée.

Environ un an après cette visite, une charmante jeune Suissesse, appelée Annette, vint voir Picasso un matin, espérant devenir sa secrétaire. Il n'avait pas de travail pour elle et le lui fit comprendre en ironisant gentiment : « Pour être bonne secrétaire, il faut savoir garder les secrets. Qui aurait jamais la folie de confier ses secrets ? D'autre part, si l'on est sans mystère, on n'a pas besoin de secrétaire. »

Elle trouva cependant du travail et s'installa à Paris. Peu de temps après, elle épousait Giacometti. Elle s'harmonisait à la perfection avec les tons de l'atelier. Son visage, qui était très pâle, le devint encore davantage. Mais un léger contraste fut ajouté au décor : ses yeux et ses cheveux noirs. Giacometti a trouvé en elle un second modèle infatigable, capable comme Diego de poser toute la nuit dans la pénombre si Giacometti se sentait en forme.

Certains couples, avec le temps, arrivent à une sorte de mimétisme. Physiquement, Annette ne ressemblait en rien à Giacometti. Elle était mince et frêle avec des traits réguliers. Il avait un visage puissant, raviné, pensif et noble de fauve au repos. Sans rien perdre de sa minceur et de sa fragilité, Annette acquit une force léonine dans son maintien. Elle finit par ressembler parfaitement au canon qu'il avait inventé pour sa sculpture.

Giacometti se préoccupait de découvrir quel pouvait être l'accent ou le rapport qui permettaient d'identifier de loin une personne connue, de saisir le caractère sous la silhouette.

« Un homme, de loin, n'a pas plus d'individualité qu'une épingle, si on ne le connaît pas, disait-il. S'il s'agit d'un ami, on le distingue et il acquiert une identité. Pourquoi ? C'est un rapport entre les masses et les quantités. S'il a les yeux creux, les ombres sont plus longues sur ses joues. S'il a un grand nez, solide, il y a plus de lumière à cet endroit-là et il cesse d'être une épingle anonyme. C'est le métier du sculpteur, en jouant avec les reliefs et les creux, de déterminer une identité, en soulignant les caractères essentiels, le détail inoubliable qui désigne une personne, et non pas une autre. »

On pourrait croire les sculptures de Giacometti statiques, car souvent elles ont les bras le long du corps et les jambes jointes, sans suggérer la marche. Mais chaque fois que je les ai vues dans l'atelier gris argile, peut-être à cause de leurs dimensions si variées, j'ai eu l'impression qu'elles étaient toutes en mouvement, qu'elles venaient vers moi, ou au contraire que certaines s'éloignaient. Un peu plus tard, Giacometti s'intéressa encore davantage au spectacle de la rue, et il se mit à faire, sur un socle de bronze, des statues d'un homme qui semblait marcher entre deux autres plaques représentant des maisons. On ne peut parler ici de mouvement arrêté, parce que c'est vraiment le contraire. C'est presque quelque chose de statique en train de devenir dynamique, par l'intensité de l'intention. On sent la vie, le mouvement à cause de l'exceptionnelle acuité des rapports de proportions. Cette impression ne vient pas d'un geste, mais de la conception et du style. Une de ces sculptures représentait une personne absolument immobile, sur un chariot à roues. C'était simultanément le mouvement et l'inverse du mouvement.

Quand Giacometti venait rue des Grands-Augustins, il discutait avec Picasso jusqu'aux moindres détails des sculptures que Pablo avait commencées. Un jour, Pablo était particulièrement satisfait d'avoir incorporé à l'une d'elles un objet hétérogène. C'était une statue de femme de un mètre soixante dont un des avant-bras et la main étaient faits du moulage d'une sculpture de l'île de Pâques. Giacometti l'étudia longuement : « Eh bien, la tête est bonne, mais peut-être ne faudrait-il pas laisser le reste comme ça. Est-ce vraiment votre idée ? Il me semble plus important pour l'œuvre de rejoindre son principe que de bénéficier d'une réussite fortuite. Il vaut mieux se débarrasser de l'accident heureux, et travailler jusqu'à ce que l'objet s'achève dans la pureté de sa force génératrice. »

Picasso était plus enclin à discuter de ces problèmes avec Giacometti qu'avec n'importe quel autre artiste, parce que ses préoccupations n'étaient jamais exclusivement esthétiques. Comme le faisait remarquer Pablo, Giacometti, en se posant des questions fondamentales, reconsidérait et éclairait le véritable sens de son œuvre.

« La plupart des sculpteurs s'intéressent à des questions de style, disait Pablo, et ne vont pas au fond des choses. » Il trouvait que Giacometti réussissait souvent à pénétrer au cœur du problème, vers un élément essentiel à la sculpture, ce qui donnait à son travail l'unité que Pablo admirait.

« Quand il fait ces sculptures d'homme dans la rue, disait-il, allant d'une maison à l'autre, on ne peut pas s'empêcher de les voir comme une réalité dans la distance. La sculpture, avec Giacometti, c'est ce qui reste quand l'esprit a oublié tous les détails. Il crée une certaine illusion de l'espace, qui est très loin de ma propre conception, mais personne n'a pensé à cela auparavant, de cette façon-là. C'est vraiment un nouvel esprit en sculpture. »

Durant l'été 1946, j'ai eu l'occasion de me former une opinion circonstanciée sur Olga, la femme de Pablo. Je l'avais rencontrée pour la première fois en juin 1946, peu de temps avant que nous quittions Paris pour Ménerbes. Nous revenions de l'exposition de Dora Maar, à la galerie Pierre Loeb, et nous longions la rue de Seine quand une petite femme d'âge moyen, avec des cheveux roux, est venue vers nous. C'était Olga. Pablo me présenta à elle. J'avais remarqué, en la voyant approcher, qu'elle marchait à petits pas saccadés, comme un poney de cirque. Elle avait un visage chiffonné parsemé de taches de rousseur, une bouche mince, et, en parlant, elle dardait de tous côtés ses yeux vert-jaune, sans jamais regarder en face. Elle répétait chaque phrase plusieurs fois, comme un disque fêlé, et quand elle reprenait souffle, on se rendait compte qu'elle n'avait en réalité rien dit.

Je compris plus tard qu'elle avait dû faire le guet à la porte de la galerie, furieuse à l'idée que Dora Maar, qu'elle devait considérer comme sa rivale – bien que Pablo eût quitté Olga plus de dix ans auparavant –, ait une exposition et que Pablo y soit. Quand elle le vit sortir de la galerie avec quelqu'un d'autre, elle dut se sentir soulagée, elle bavarda avec nous, fut assez aimable. Quand, renseignements pris, elle découvrit que la jeune fille à qui elle avait manifesté cette passagère bienveillance était justement celle qui avait pris la place de Dora Maar, elle changea radicalement de tactique. La haine obsédante qu'elle vouait à Dora Maar devint tout naturellement mon partage. Olga avait cessé de vivre avec Pablo depuis 1935, mais elle avait pris l'habitude de le suivre à la trace à travers la France. S'il était à Paris, elle venait à Paris. S'il partait pour le Midi, elle y allait, descendant toujours dans un hôtel proche du lieu où il s'installait. Si je ne l'avais pas aperçue à Golfe-Juan durant l'été de 1946, c'était probablement parce qu'elle ne possédait pas encore les informations nécessaires. Mais dès la naissance de Claude, elle s'était informée du détail de notre vie commune et ne nous laissait plus une minute de répit. Pendant l'été 1947, chaque fois que nous allions à la plage – son fils Paulo nous accompagnait souvent – elle venait s'asseoir tout près de nous. Elle haranguait Pablo, qui faisait semblant de ne pas l'entendre et lui tournait même le dos. Elle s'adressait alors à Paulo : « Écoute, tu sais très bien que je suis là et que je veux parler à ton père. Il faut que je lui parle. J'ai quelque chose de très important à lui dire. Je ne sais pas comment il peut faire semblant de ne pas me voir, parce que je suis là. Pour l'amour de Dieu, lève-toi et va dire à ton père qu'il faut que je lui parle ! » Paulo faisait comme s'il n'entendait pas. Alors elle se rapprochait de Pablo : « Il faut que je te parle de ton fils. » Comme elle n'obtenait pas de réponse, elle se tournait de nouveau vers Paulo : « Il faut que je te parle de ton père. C'est très urgent. » Très souvent, il s'agissait de sa note d'hôtel, et elle menaçait Pablo de sévices s'il n'allait pas la régler sur-le-champ.

Elle se mit à nous suivre partout. Un jour qu'elle usait d'un langage particulièrement violent dans la rue, s'agrippant à son bras pour attirer son attention, il se retourna et la gifla. Elle se mit à hurler. Il ne réussit à la faire taire qu'en la menaçant : « Si tu continues, j'appelle la police. » Elle se calma un peu, mais continua de nous suivre à quelques mètres. Je trouvais sa conduite insupportable, mais je crois que je ne lui en voulais pas vraiment. C'était une malheureuse, incapable de faire face à la situation dans laquelle elle se trouvait. Je n'ai jamais vu une personne plus solitaire. Tout le monde l'évitait.

Pendant une année environ, Olga ne m'attaqua pas directement. Elle se contentait de nous suivre et de menacer Pablo de toutes sortes de calamités. Elle lui écrivait tous les jours, surtout en espagnol, pour que je ne comprenne pas, des litanies monotones au refrain lancinant : « Tu n'es plus ce que tu étais. Ton fils ne vaut pas grand-chose non plus, et agit de mal en pis. Comme toi. » Tant que nous étions à Paris, à part ses menaces épistolaires quotidiennes, elle nous faisait grâce de ses attentions. Mais à Golfe-Juan, comme nous passions plus de temps dehors, nous ne pouvions mettre les pieds dans la rue sans qu'elle vienne s'attacher à nos pas.

Pendant l'hiver 1947-1948, nous avons fait à Paris un séjour de deux mois, puis, en février, nous sommes retournés dans le Midi. Dès que je sortais promener Claude, Olga me suivait. Ma grand-mère, qui était venue me rejoindre, habitait à quelques maisons de M. Fort, notre propriétaire. Elle m'accompagnait quelquefois quand je promenais le bébé. Olga n'était jamais loin, menaçante, m'accusant de lui avoir volé son mari. Je ne lui répondais pas, pensant que l'opposition ne ferait que l'exciter davantage. Ma grand-mère, un peu dure d'oreille, ne saisissait pas ses paroles, mais elle s'étonnait : « Je ne comprends pas pourquoi cette femme nous suit partout. » Elle n'était pas heureuse de la situation dans laquelle je me trouvais, et je ne pouvais lui expliquer que j'étais persécutée par la femme de Pablo.

La fureur d'Olga ne semblait pas diminuer avec le temps. Sortant avec Claude, si je ne la rencontrais pas au cours de la promenade, c'est qu'elle attendait mon retour devant la porte de la maison. Pendant que je cherchais mes clefs pour ouvrir en tenant Claude dans mes bras, Olga se mettait à m'égratigner, à me pincer, à me tirer, et finissait par se frayer un passage devant moi, en criant : « C'est ma maison. Mon mari y habite ! » Et elle tentait de m'empêcher d'entrer.

M. Fort, notre propriétaire, avait à peu près quatre-vingt-cinq ans ; sa femme, environ cinquante. Elle était peu amène, et n'avait jamais été aimable avec moi. Un jour, entendant devant la porte une de ces scènes coutumières, elle regarda par sa fenêtre et cria à l'intention d'Olga : « Je me souviens de vous. Vous êtes la femme de Picasso, n'est-ce pas ? Nous nous sommes rencontrées il y a des années, quand mon mari était l'imprimeur de Vollard. »

Olga, ravie de l'aubaine, s'écria : « Bien sûr ! Je viens prendre le thé avec vous ! » À partir de ce jour, Olga revint quotidiennement prendre le thé avec Mme Fort. Elle s'asseyait près de la fenêtre et répondait à quiconque venait s'enquérir de Pablo : « Non, mon mari n'est pas là. Il est sorti pour l'après-midi. Et je vis de nouveau avec lui, comme vous pouvez voir. »

Je dis à Pablo que cela ne pouvait pas continuer et qu'il nous fallait trouver tout de suite une autre maison. Tout cela ne le gênait guère, car il allait à Vallauris tous les après-midi faire de la poterie, et c'était moi qui devais affronter Olga. Chaque fois que je la rencontrais dans l'escalier ou dans le couloir, elle me giflait. Je n'avais pas envie de me battre avec elle, mais je n'avais pas non plus l'intention d'endurer plus longtemps cette situation. Je pensais que nous devions louer une autre maison provisoirement et puis tâcher de trouver quelque chose de plus permanent. Pablo demanda aux Ramié de nous chercher quelque chose.

Entre-temps, les Cuttoli étaient arrivés à Cap-d'Antibes, et j'ai demandé à M. Cuttoli s'il ne pouvait chapitrer Olga.

Je pensais qu'une lettre sur du papier à en-tête du Sénat, dans un style bien officiel, la calmerait peut-être, même si la lettre n'avait pas par elle-même un pouvoir de coercition. M. Cuttoli envoya le commissaire de police chez Olga, qui fut ainsi avertie qu'elle pourrait se mettre dans une mauvaise situation si elle continuait. Elle devint plus prudente. Mais j'avais supporté deux mois de scènes, et je ne pouvais plus voir Mme Fort et sa maison, même sans Olga. Sachant que Pablo n'agirait pas, à moins d'y être contraint, je me mis à lui seriner chaque jour mon mécontentement. Enfin, au mois de mai, il m'a annoncé que les Ramié lui avaient parlé d'une maison à Vallauris, appelée *La Galloise*, que nous pouvions acheter et habiter immédiatement. Nous allâmes la voir. C'était une assez vilaine petite villa, sans rien de particulièrement frappant, mais plutôt que de rester davantage chez les Fort, j'aurais accepté n'importe quoi. En une semaine, nous avions fait badigeonner l'intérieur à la chaux, transporter deux lits, deux tables et deux chaises de bois brut, quatre tabourets, et nous étions prêts à emménager nous-mêmes.

Le matin du départ, Pablo était de mauvaise humeur. « Je me demande, dit-il, pourquoi il faut que je déménage. S'il avait fallu que je change de domicile chaque fois que des femmes se battaient à cause de moi, je n'aurais guère eu le temps de faire autre chose dans ma vie. »

Je lui dis que je n'avais nulle envie de lutter avec qui que ce fût à son sujet. « C'est dommage, répondit-il, cela m'amuse, d'habitude. Je ne veux être dérangé par ce déménagement en aucune façon. Cela interromprait mon travail. C'est peut-être déplaisant pour vous d'habiter chez les Fort, mais moi cela ne me gêne en rien. Si nous changeons, c'est donc pour vous et vous devez vous arranger pour que je n'en souffre pas. Vous pouvez vous faire aider par Paulo et Marcel, mais je veux que tout soit en place ce soir. Demain, je regarderai tous mes documents, et si je découvre que vous m'avez perdu le moindre bout de papier, vous entendrez parler de moi. Enfin, je vous donne la journée. Allez-y. »

Marcel, Paulo et moi avons passé la journée à faire la navette entre la maison des Fort et *La Galloise*. La villa était perchée en haut d'un jardin assez grand à flanc d'une colline et l'on y accédait par un long escalier. Après une quarantaine de voyages, chargés comme des mulets, ces marches nous semblaient celles du calvaire. À la nuit, nous étions prêts à tomber.

Même après notre installation à Vallauris, nous allions nous baigner à Golfe-Juan, et Olga se remit à nous suivre dans la rue, mais à distance, sans jamais nous accoster. Bientôt, elle réapparut à la plage. Un matin que j'étais assise appuyée sur un bras, Olga s'approcha et se mit à piétiner ma main avec ses hauts talons. Pablo la regardait faire en souriant. Elle insista. Exaspérée, je saisis et tordis sa cheville, et l'envoyai rouler par terre. C'est l'unique fois où je lui ai rendu ses bons procédés, et ce fut efficace : je ne l'ai jamais revue de près.

Je regrette de dire que la nouvelle maison ne m'a pas rendu ma bonne humeur sur-le-champ. Dans une photo de nous sur la plage, à cette époque, j'ai l'air pensif, presque morose. Pablo me demanda ce que j'avais : « J'ai supporté tout l'ennui de ce déménagement, et vous ne m'en savez aucun gré. »

C'était vrai ; malgré cette amélioration, j'éprouvais trop de difficultés à secouer la charge d'un passé remuant, qui me pesait comme un albatros autour du cou. « Je sais ce qu'il vous faut, dit Pablo. Le meilleur remède pour une femme insatisfaite est d'avoir un enfant. » J'étais loin d'en être convaincue. « C'est pourtant plus logique que vous ne le pensez, dit-il, un enfant crée de nouveaux problèmes, qui minimisent ceux qu'on avait déjà. » Au début, cette remarque m'a semblé cynique ; à la réflexion, je l'ai trouvée raisonnable, mais pas pour les mêmes motifs que Pablo. J'avais été enfant unique, et je ne voulais pas que mon fils le soit. Si bien que je n'étais pas opposée à la panacée de Pablo. En réfléchissant à notre vie commune, je me suis dit également que la seule période où je l'avais vu constamment de bonne humeur – à part l'époque 1943-1946 quand je ne vivais pas encore avec lui – avait été celle pendant laquelle j'attendais Claude. Il était alors joyeux, détendu, sans problèmes. Cela avait été très agréable, et je souhaitais, pour nous deux, un peu de bonheur. Je savais que je ne pourrais aller jusqu'à dix enfants pour l'égayer, mais que je pourrais tout de même essayer encore une fois. C'est ce que j'ai fait.

V

Toutes choses nous apparaissent sous forme de figures.

Pablo et moi avons été séparés pour la première fois environ trois mois après notre installation à *La Galloise*. L'écrivain soviétique Ilya Ehrenbourg avait écrit à Pablo pour lui demander de participer au Congrès de la Paix qui devait se tenir en Pologne, à Wrocław. Quelques jours plus tard, une délégation de l'ambassade de Pologne rendit visite à Pablo. À cause de la tension entre l'Est et l'Ouest et de la situation particulière de Pablo, il fallait qu'il fasse le voyage par avion. Pablo, quoique citoyen espagnol, n'avait jamais demandé de passeport à l'ambassade. On lui en aurait certainement délivré un, mais ç'aurait été une compromission, presque un traité de paix avec le régime franquiste. En France, il avait une carte de « résident privilégié », mais pour voyager à l'étranger, c'était plus compliqué. Les Polonais étaient prêts à lui donner un visa, même sans passeport, s'il faisait directement le voyage Paris-Varsovie à bord d'un avion polonais. Pablo avait horreur de voyager et redoutait de monter en avion ; mais, suivant son habitude, il accepta, pensant que cela calmerait les Polonais.

Tout semblait oublié quand, trois jours avant la date du départ, l'ambassade de Pologne envoya une femme à Golfe-Juan, qui ne cessa de relancer Pablo jusqu'à ce que, en désespoir de cause, il commençât à faire ses préparatifs.

« Si je ne pars pas, je n'arriverai jamais à me débarrasser d'elle », dit-il. Marcel le conduisit à Paris, et, de là, il prit l'avion avec Paul Eluard. Eluard, lui, avait le cœur fragile, et le voyage fut assez éprouvant pour tous les deux. Pablo avait emmené Marcel en guise de mascotte. Il se disait qu'avec lui il emmenait un peu de terre française et ne se sentirait donc pas trop déraciné. Il ne devait passer que quelques jours en Pologne, mais finalement le séjour dura trois semaines, plus une semaine à Paris au retour.

Quand Pablo rentra à Vallauris, j'étais exaspérée. C'était la première fois que nous étions séparés. J'étais dans mon premier mois de grossesse et, quoiqu'il m'eût promis de m'écrire tous les jours, il ne m'avait pas envoyé une ligne. J'avais reçu quotidiennement des télégrammes, mais leur style était bizarre, ils n'étaient jamais signés « Pablo », mais « Picasso ». Mon nom était orthographié diversement « Gillot », « Gilot » ou « Gillo ». Il y avait une constante : je recevais à chaque fois de « Bons baisers ». Ce n'était pas une expression du répertoire de Pablo, encore moins d'Eluard ; ce qui ne laissait que Marcel. J'ai vite compris que non seulement Pablo ne m'écrivait pas, mais qu'il avait confié à Marcel le soin de rédiger aussi bien que de m'envoyer les télégrammes pacificateurs. Je n'étais donc pas d'humeur radieuse à son retour.

Je l'attendais sur la terrasse. Il gravit les marches, très détendu, souriant : « Alors ? dit-il. Contente de me voir ? » Je lui donnai une gifle : « Voilà pour les bons baisers du chauffeur ! » J'ajoutai que, la prochaine fois qu'il partirait pour trois jours et rentrerait un mois plus tard sans avoir écrit une seule ligne, je ne serais pas là pour l'attendre. Puis je courus m'enfermer dans la chambre de Claude.

Le lendemain matin, Pablo tambourina à ma porte jusqu'à ce que j'ouvre. Quand je sortis, la figure et les yeux gonflés, il me demanda des nouvelles de Claude. Il me tendit les cadeaux rapportés de Pologne : un manteau de peau marron, brodé de rouge, bleu et jaune et doublé de mouton noir ; le même pour Claude, doublé de mouton blanc. Nous n'avons, ni l'un ni l'autre, soufflé mot de la scène de la veille, mais par la suite, chaque fois que Pablo est parti, il s'est arrangé pour m'écrire au moins une fois par jour.

La gifle avait eu un effet salutaire. Pablo répétait volontiers sa rengaine favorite sur les deux sortes de femmes : déesses et tapis-brosses, et je voyais que, pour le moment en tout cas, j'étais une déesse.

À Varsovie, Pablo avait rencontré cinq ou six architectes chargés de reconstruire la ville. Ils lui avaient expliqué leurs plans et leurs méthodes. Il n'y avait pas beaucoup de matériaux de construction. Ce que Pablo a particulièrement apprécié, c'est qu'on ne laissait rien perdre : tous les débris étaient ramassés, pilés, mêlés au ciment et au gravier pour produire la matière dont la nouvelle Varsovie serait construite. C'était un nouveau genre de béton : le mélange des vieux matériaux et des nouveaux s'unissait pour composer l'ensemble.

Le Congrès avait réuni des participants du monde entier ; l'atmosphère avait été chaleureuse. Il n'y eut qu'un incident, un dîner d'ambassade catastrophique. « Les Polonais, me dit Pablo, ont l'esprit ouvert et indépendant, ils ne pensaient pas à critiquer ma peinture pour des raisons idéologiques. À la fin du dîner, au moment des discours, un Russe s'est levé et a dit qu'il était heureux de ma présence au Congrès, mais qu'il réprouvait que je continue à peindre d'une façon aussi décadente, représentative de la pire culture bourgeoise occidentale. Il a même parlé de mon style “impressionniste-surréaliste”. Dès qu'il s'est assis, je me suis levé et j'ai dit que je ne me laisserais pas attaquer de la sorte par un sous-fifre, que, de plus, sa classification ne tenait pas debout. S'il voulait m'insulter, il devait choisir sa terminologie et condamner en moi un des inventeurs du cubisme. J'avais été vilipendé en Allemagne par les nazis, et en France pendant l'Occupation, comme peintre judéo-marxiste ; j'ajoutai que ce genre de remarques survenait toujours à un mauvais moment de l'histoire et venait chaque fois de gens peu estimés. Là-dessus, tout le monde s'agita et les protestations fusèrent de toutes parts. Les Polonais tâchèrent de calmer les Russes en admettant que, peut-être, une partie de ma peinture était décadente, mais que, de toute façon, ils ne pouvaient permettre qu'on insulte leurs invités. »

Après son retour, Pablo s'était remis au travail chez Ramié, mais cela ne le satisfaisait pas. Il commençait à se fatiguer de la céramique. En lithographie, il avait fourni un énorme effort, renouvelé le procédé, et découvert des possibilités techniques ; le résultat était d'une qualité unique. Même les sculptures qu'il avait créées en assemblant des matériaux hétérogènes avaient, une fois coulées en bronze, une puissance et une permanence qu'il trouvait très satisfaisantes. Mais il sentait que ses tentatives en poterie ne rendaient jamais exactement ce qu'il en attendait. « Je crée un objet, mais pas toujours un objet d'art, disait-il. J'ai l'impression que le matériau ne peut pas, en lui-même, supporter le poids de l'effort créateur dont je le charge, comme si, après avoir dessiné sur du papier d'emballage, je réfléchissais soudain que le papier allait s'effriter au contact de l'air et que tout mon travail serait vain. » Un peu découragé, il s'arrêta. En octobre, nous rentrâmes à Paris et Pablo exposa chez Kahnweiler une série de dessins qu'il avait exécutés au cours de notre séjour chez M. Fort, pendant l'été 1946, sur un thème voisin de celui qui avait inspiré les dessins du musée d'Antibes. À la fin de l'année, sa première exposition de céramiques fut organisée à la Maison de la pensée française. Elle fit sensation dans le monde artistique, parce que c'était la première fois qu'il montrait ce nouvel aspect de sa production. Cette série était très belle, pleine d'invention, et datait de sa période de découverte, celle de l'amphore en forme de femme et des formes combinées qu'il avait assemblées dans le premier élan de son inspiration. Par la suite, sa poterie est devenue plus anecdotique, ou, au mieux, prouvait sa maîtrise d'une technique qu'il avait explorée et connaissait bien.

La préparation de l'exposition fut chaotique jusqu'au dernier moment. On avait envoyé des camions à Vallauris pour ramener les caisses, mais on les attendait en vain. Les vitrines non plus n'étaient pas prêtes. Il fallut tout installer quelques heures avant le vernissage. Nous n'avions choisi pour l'exposition que les pièces qui semblaient complètement réussies, artistiquement et techniquement. Quand nous les avons vues à la Maison de la pensée française, nous avons été surpris nous-mêmes de l'effet qu'elles faisaient. Certains, sensibles à cet élan imaginatif, étaient enthousiasmés, mais, dans l'ensemble, les gens accueillirent l'exposition calmement. Ce n'était pas vraiment ce qu'ils attendaient de Picasso.

« Ils espéraient être choqués et terrorisés, dit Pablo ironiquement ; si le monstre se contente de sourire, ils sont déçus. »

Après l'exposition, Pablo se remit à peindre, et ce fut un hiver très occupé. Il travaillait souvent chez Mourlot, dessinant sur la pierre lithographique, et était toujours d'excellente humeur. Et, comme il détestait les femmes maigres, ou même minces, maintenant que, pour la seconde fois, je commençais à prendre un peu d'embonpoint, j'avais un charme de plus à ses yeux. Cette période fut heureuse et idyllique. Pablo était très attentionné et, la plupart du temps, très calme.

Il a fait une série de lithographies de moi intitulée *Portraits avec le manteau polonais*, et de nombreux portraits à l'huile. Aucun n'était naturaliste et certains semblaient poursuivre les rythmes qu'il avait explorés en illustrant *Le Chant des morts* de Reverdy : longs signes linéaires, ramifiés, terminés par des cercles. Dans les peintures, la figure semble une sorte de papier collé noir et blanc, dans un style graphique s'opposant au rythme de l'ensemble, aux larges étendues de couleur libre, traversées de lignes de force et d'accents, d'indications de mouvement sans les habituelles lignes de contour.

Un jour qu'il travaillait à l'un des portraits, Pablo me dit : « Si l'on s'occupe de ce qui est plein, c'est-à-dire de l'objet en tant que forme positive, l'espace tout autour se réduit à presque rien. Sommes-nous plus intéressés par ce qui se passe à l'intérieur ou à l'extérieur d'une forme ? Quand on regarde les pommes de Cézanne, on voit qu'il a peint merveilleusement le poids de l'espace sur cette forme circulaire. La forme elle-même est un volume creux, sur lequel la pression extérieure est telle qu'elle produit l'apparence d'une pomme, même si celle-ci n'existe pas vraiment. C'est la poussée rythmique de l'espace sur cette forme qui compte. »

En pensant à cela, Pablo a exécuté la première version d'une grande peinture intitulée *La Cuisine*, dont le point de départ était celle de la rue des Grands-Augustins, où nous prenions quelquefois notre repas du soir. Elle était peinte en blanc, contenait, outre l'équipement habituel, des oiseaux dans leurs cages. Les seules touches de couleur venaient de trois assiettes espagnoles accrochées au mur. La cuisine était essentiellement un cube vide, tout blanc, qui n'était animé que par les oiseaux et les trois assiettes. Pablo me dit un soir : « Je vais faire une toile de ça – c'est-à-dire de rien. » Et c'est exactement ce qu'il fit. Il traça un réseau de lignes de force qui déterminaient l'espace, et quelques lignes concentriques qui avaient l'air de cibles : les plats espagnols. Dans l'arrière-plan, confusément, on pouvait deviner le hibou et les tourterelles.

À ce stade, il examina son œuvre et déclara : « Je vois maintenant deux directions possibles pour cette toile. Faites-en une seconde version, exactement semblable, et je continuerai à partir de là. Je la veux demain. » C'était un délai vraiment court, mais il insista : « Bon, faites seulement un dessin au fusain. Puisque tout est en noir et blanc, ça suffira. » Je lui fis remarquer que sa toile était trop grande pour que je puisse faire un calque, mais cela ne le découragea pas : « Procédez comme vous voudrez. Servez-vous d'un quadrillage. Mais je ne veux pas qu'il y ait un millimètre de différence entre la copie et l'original. Et je veux la copie demain soir. »

Je savais bien que je n'y arriverais pas toute seule en si peu de temps – la toile avait plus de deux mètres quarante sur près d'un mètre quatre-vingts – et, le lendemain matin, j'ai demandé à Javier Vilato, le neveu de Pablo, qui était peintre lui aussi, de m'aider. Nous avons travaillé depuis le déjeuner jusqu'à huit heures du soir avant d'appeler Pablo. Il jeta un coup d'œil, recula et nous invectiva : « Je vous ai dit de la faire exactement comme l'autre. Là-haut, dans le coin droit, il y a quelque chose qui ne colle pas. » J'étais sûre que nous avions fait notre travail à la perfection. S'il y avait une différence, c'était probablement parce que les montants n'étaient pas exactement à angle droit. Pablo haussa les épaules : « Voilà bien une réponse de Françoise ! Elle fait une erreur de tracé et incrimine les montants. C'est ridicule. Allons, mesurez-les tout de même. » C'est ce que nous avons fait ; ils n'étaient pas tout à fait parallèles ; l'un d'eux avait trois centimètres de moins dans le coin supérieur droit. Pablo s'est précipité au téléphone, a appelé la maison qui lui fournissait la plupart de ses toiles, exprimant son mécontentement. Le lendemain matin, un employé a retiré la toile du châssis qui avait joué et retendu la toile sur un autre support, récupérant les trois centimètres.

Pablo me chargeait de temps en temps de faire une copie. Généralement, comme pour *La Cuisine*, il suivait une idée jusqu'à sa conclusion logique, mais continuait d'être hanté par ce que cela aurait pu donner si, à la croisée des chemins, il avait pris l'autre route. Et, pour éviter d'avoir à recommencer, il me chargeait de faire une copie. Quelquefois, je calquais d'abord les lignes de force de la toile, légèrement, au crayon, puis au pinceau, avec des indications de couleur, pour lui donner le tremplin à partir duquel il pouvait se lancer dans la variante. Il pouvait ainsi arriver plus vite au cœur du problème et y travailler plus longuement.

Cet hiver-là, j'ai fait trois ou quatre autres copies de ce genre. La plupart étaient des portraits de moi, d'une manière linéaire, très colorés. Pour Pablo, ma collaboration illustrait la vérité d'un de ses aphorismes préférés : « Si je télégraphiais une de mes toiles à New York, n'importe quel peintre en bâtiment devrait pouvoir l'exécuter convenablement. Une peinture est un signe lisible comme la plaque qui indique un sens unique. »

Les derniers mois avant la naissance de notre second enfant furent bien moins pénibles que ceux qui avaient précédé la naissance de Claude. La première fois, j'avais été très angoissée à l'idée d'avoir un enfant et tourmentée à un point vraiment pénible. La seconde fois, je pris les choses tout autrement, et alors que je n'avais vu de médecin pour Claude qu'à la dernière minute, cette fois-ci je fus suivie dès le début. Pendant ma première grossesse, je ne connaissais presque personne dans l'entourage de Pablo ; je m'étais fait, depuis, quelques amis et je me sentais plus à l'aise.

Mais, physiquement, j'étais moins vigoureuse. Nous nous couchions toujours très tard, et comme je n'abandonnais pas ma peinture pendant la journée et me levais tôt pour Claude, j'étais assez fatiguée. Même quand je dormais, je ne me reposais pas. Claude avait près de deux ans et ne voulait pas se promener dans sa voiture d'enfant. Quelquefois je le harnachais avec des rênes, mais il détestait être attaché, si bien que, généralement, je le portais dans mes bras, ce qui n'était pas très indiqué. Environ deux mois avant terme, mon médecin émit des doutes sur mon état général. Quand j'allai le voir un mois après, il m'examina et me dit de revenir trois jours plus tard. Les trois jours écoulés, il m'ordonna d'entrer immédiatement en clinique.

Comme c'était le jour de l'ouverture du Congrès de la Paix à la salle Pleyel – 19 avril 1949 – et que Pablo était très occupé, je demandai au docteur si c'était vraiment nécessaire. Il m'assura que oui. « Je vous ferai des piqûres pour hâter la naissance. » Je lui répondis que cette entrée en clinique tombait très mal. « Cela m'est bien égal, dit-il, c'est nécessaire, inutile de discuter. »

En rentrant, je dis à Pablo ce qu'avait décidé le médecin. Je lui demandai si Marcel pouvait me conduire à la clinique. Il eut l'air ennuyé. « J'ai besoin de Marcel aujourd'hui. Vous savez bien que je dois aller au Congrès de la Paix. En plus, il faut que je passe prendre le chanteur Paul Robeson qui participe au Congrès. » Je répondis que je comprenais que ce n'était pas commode pour lui, mais pour moi non plus. « Puisque vous avez besoin d'une voiture, dit-il, il faudra trouver une autre solution. Pourquoi n'appelez-vous pas une ambulance ? »

Marcel, qui était en train de lire son journal, leva les yeux. « Nous pourrions la déposer à la clinique en allant au Congrès ? » Ils discutèrent l'opération avec tout le soin qu'on mettrait à décider un plan de bataille. À la fin, Pablo haussa les épaules : « Conduis-moi d'abord, et puis reviens la chercher. Je ne veux pas être en retard. » Trois jours auparavant, il ressentait à ma place les grandes douleurs ; maintenant, c'était le Congrès qui semblait avoir monopolisé son angoisse.

Quand j'arrivai à la clinique, il était presque cinq heures. Le docteur m'attendait. Vers huit heures du soir, ce jour-là, mon bébé – une fille – est né. Pablo avait téléphoné de la salle Pleyel pour prendre des nouvelles. Il n'était plus préoccupé du Congrès et était redevenu un futur père plein d'inquiétude. Sa colombe était partout dans Paris, sur l'affiche du Congrès de la Paix, et quand il a su qu'il avait une fille, il a décidé de l'appeler Paloma. Il s'est précipité à la clinique pour contempler sa nouvelle colombe. Il l'a trouvée « ravissante », « merveilleuse », « charmante », et tous les qualificatifs qui viennent aux lèvres des pères heureux. Il était très contrit d'avoir été si nerveux quelques heures auparavant.

Le lendemain matin, j'ai entendu des gens discuter dans le couloir. Soupçonnant que des journalistes essayaient d'entrer, j'ai téléphoné à la direction. Ils étaient montés, prétendant être des visiteurs. Devant ma porte, une infirmière les avait arrêtés, et ils avaient tenté de la soudoyer pour pouvoir prendre une photo de Paloma. Elle me dit qu'ils lui avaient offert cent mille francs pour leur apporter le bébé. Sur son refus, ils étaient prêts à forcer la porte. Heureusement une surveillante les renvoya.

Pendant des mois, j'avais insisté pour que Pablo se fît faire un nouveau complet, mais c'était aussi difficile pour lui d'acheter quelque chose de neuf que de jeter quelque chose d'usagé. Il se contentait de deux vieux complets. Le jour de la naissance de Paloma, il portait le plus vieux des deux, qui était si élimé qu'en entrant dans la voiture pour se rendre à la clinique le pantalon avait cédé au genou. Quand Pablo arriva ce soir-là, il tenait son imperméable devant lui assez gauchement. Quand il le posa, je vis que son genou était à l'air libre. J'émis l'idée que ce serait une bonne occasion d'acquérir un nouveau complet.

« Oh ! mais cela prend longtemps, dit-il, il faut le faire faire sur mesure. » Je trouvais que même un costume de confection serait mieux que celui qu'il portait là. À la fin, il a capitulé et commandé un complet à son tailleur ; il l'a eu un mois plus tard. Mais pendant la semaine que j'ai passée à la clinique, il est venu chaque jour revêtu comme le premier soir de son imperméable, alors qu'on traversait une première vague de chaleur.

Pablo n'avait aucune difficulté à acheter des chemises ou des souliers, mais son grand problème était de trouver un costume à sa taille. Comme il était très large d'épaules et de poitrine, mais de petite taille, il ne pouvait trouver de pantalon correspondant à une veste qui lui allait ; si, par contre, le pantalon était à sa taille, il éclatait dans le veston. Il avait horreur des essayages chez le tailleur : c'était vraiment trop pénible. « Cela bouleverse ma vie », disait-il. Aussi, chaque fois que je réussissais à l'envoyer chez le tailleur, il grinçait des dents à l'idée des essayages, et commandait trois ou quatre costumes pour n'avoir pas à revenir. En rentrant, il les enfermait dans un placard avec ses vieux complets, si bien que, généralement, les neufs étaient mangés aux mites avant d'être portés. Et comme je n'avais pas le droit de jeter les vieux, les nouveaux étaient condamnés d'avance, et tout était à recommencer au bout de six mois.

À mon arrivée rue des Grands-Augustins, je n'avais pas de vêtements ni d'argent pour en acheter et, pour toutes sortes de raisons, je ne voulais rien demander à Pablo. Pendant ma grossesse, j'avais dû porter un vieux pantalon de flanelle grise qu'il avait depuis longtemps cessé de mettre. Des années durant, il m'en a fait grief comme si j'avais commis une faute grave. Il s'en plaignait souvent, et toujours plus douloureusement : « C'était pourtant simple, il vous suffisait d'acheter quelque chose à votre taille ; vous avez pris le seul pantalon qui m'allait vraiment, et maintenant je ne pourrai plus jamais le porter parce que vous l'avez tout déformé. » Je ne l'avais pas du tout déformé, car, à mon entrée à la clinique, il était encore trop grand pour moi. Je dois avouer qu'il était presque complètement usé et n'était plus mettable quand j'ai commencé à l'utiliser.

Ces hardes qui traînaient partout ont fini par m'agacer. Il n'y avait de place dans aucune armoire. À Paris, à part les ateliers, nous ne disposions que de deux pièces. Après la naissance de Paloma, je décidai de me débarrasser de quelques vieux complets. Il était nécessaire que Pablo ignore tout. J'en avais une fois jeté un à la poubelle, et Inès, la femme de chambre, l'avait repêché et porté à Pablo, en disant innocemment :

« Regardez ce que Madame a jeté. C'est par erreur, non ? » Pablo m'en avait voulu pendant des semaines. Je fis donc un paquet de tous les vieux vêtements et les apportai à Vallauris à notre voyage suivant. Mais le jardinier trouva un complet parmi les détritus et vint travailler avec ce vêtement sur le dos. Il me sembla un peu voir revenir à la surface un cadavre jeté à la rivière avec une pierre au cou. Je priai le jardinier de ne pas porter ce vieux costume. Picasso n'aimerait pas ça. C'était déjà assez criminel de s'en débarrasser, mais voir quelqu'un d'autre s'en servir, il ne l'aurait jamais admis. « Mais il est encore bon, madame ! » protesta le jardinier. Pour le calmer, je lui remis un paquet de mes vieux chandails. Un après-midi, il travaillait paisiblement au jardin dans un pull-over assez extravagant que je lui avais donné. De loin, et de dos, on aurait pu croire que c'était moi. Pablo, qui montait l'escalier, l'aperçut, et presque simultanément me vit sortir de la maison. Il se mit à crier : « C'est invraisemblable ! J'espère qu'un jour vous serez toute courbée comme lui. Vous lui ressemblerez, cela vous apprendra à donner vos vêtements à n'importe qui. »

Une autre fois, une rupture faillit se produire. J'avais, sans faire attention, mis une vieille veste en imitation daim appartenant à Pablo dans le paquet de mes chandails. Quand Pablo revint de son atelier et vit le jardinier porter ce blouson, il se mit en fureur.

« C'est trop ! cria-t-il. Cette fois-ci, c'est moi qui vais me transformer en vieillard difforme. (Le jardinier avait bien vingt ans de moins que Pablo.) C'est affreux, c'est monstrueux ! Me faire ça à moi ? Si vous voulez agir ainsi, séparons-nous tout de suite ; je vous quitte ! »

Nous nous sommes beaucoup disputés avant qu'il se calme. J'en ai été réduite à brûler en cachette les vieux vêtements mités de Pablo. Je pensais à Landru, ou à M. Verdoux incinérant les cadavres de ses épouses successives. Il fallait que je fouille les cendres après coup pour repêcher les vieux boutons qui auraient pu me trahir.

Au cours d'une fête, à Vallauris, nous gagnâmes une chèvre dans une loterie. On nous dit que c'était une chèvre, mais c'était un bouc. Il manifestait sa présence de diverses manières, toutes également indésirables. D'abord, il empestait. Il se promenait dans toutes les pièces de la maison parce que Pablo – qui semblait attacher souvent plus d'importance à sa famille animale qu'à sa famille humaine – m'avait dit : « Si nous avons une petite chèvre, je veux qu'elle puisse gambader partout. Je l'aime comme l'un de mes enfants. » S'il était de mauvaise humeur, il disait : « Je l'aime plus que vous. » Une fois, il a été jusqu'à déclarer : « J'aime ma petite chèvre, parce qu'elle seule est adorable. » La vérité était que cet adorable cabri était un horrible bouc, qui déambulait partout en laissant des souvenirs de son passage. De plus, il avait pris Claude, qui avait environ trois ans, en aversion. Il s'élançait sur lui ou, le chargeant de ses cornes comme un taureau miniature, l'envoyait rouler par terre. Au bout de deux mois, j'en eus assez. Des Gitans, qui passaient par là, me demandèrent s'ils pouvaient fouiller le jardin pour y trouver des serpents ou des hérissons. Je leur dis que j'avais une chèvre dont je voulais me débarrasser. Ils en furent enchantés. Ils l'emmenèrent, et j'éprouvai aussitôt un sentiment de paix comme je n'en avais pas ressenti depuis longtemps.

À midi, la première chose que me demanda Pablo en rentrant fut : « Où est la petite chèvre blanche que j'aime tant ? » Je répondis que j'avais donné la petite chèvre blanche qu'il aimait tant à des romanichels qui passaient. Il cria : « Je n'ai jamais vu une femme comme vous ! » Il se tourna vers Marcel : « As-tu jamais vu un être aussi dénaturé ? Peux-tu imaginer pareille cruauté ? Donner le trésor de mon cœur à des Gitans crasseux ! Je suis sûr qu'ils ont emporté ma chance avec eux. » Il était effondré.

Grâce à Pablo, je me suis familiarisée avec une science dont je n'avais, jusque-là, acquis qu'une légère teinture pendant un séjour en Angleterre. Près de lui, j'ai complété mon éducation. Si je jetais son chapeau sur le lit, comme cela m'arrivait par inattention ou désordre, cela signifiait que quelqu'un dans la maison allait mourir avant la fin de l'année. Un jour, j'ai ouvert un parapluie dans la chambre. Catastrophe ! Il a fallu que nous tournions autour de la pièce, le troisième doigt de chaque main croisé sur l'index, agitant les bras et criant : « *Lagarto ! Lagarto !* » pour chasser le mauvais sort. Il ne fallait pas poser le pain à l'envers sur la table, sinon un autre désastre nous guettait.

À ces superstitions typiquement espagnoles, Pablo avait ajouté celles d'Olga – et la tradition russe est fort riche. Chaque fois que nous partions pour un voyage, si court fût-il, il fallait nous réunir dans une pièce et rester assis sans dire un mot pendant au moins deux minutes, après quoi nous pouvions partir le cœur tranquille. Si, pendant ce rituel, un des enfants se mettait à rire ou à parler, il fallait tout recommencer. Autrement, Pablo refusait de s'en aller. Il riait : « Oh ! je fais cela pour m'amuser. Je sais bien que cela ne rime à rien, mais enfin… »

En principe, Pablo était athée. Quand je recevais une lettre de ma mère ou de ma grand-mère, où elles me rappelaient qu'elles priaient pour moi, Pablo disait toujours : « Mais elles devraient prier pour moi aussi. » Je lui demandais ce que cela pouvait bien lui faire, puisqu'il n'était pas croyant. « Mais cela me fait quelque chose, répondait-il. Des personnes comme elles ont la foi, et leurs prières font certainement du bien. Il n'y a pas de raison que je n'en profite pas. »

Dans certains rites magiques primitifs, la possession d'un bout d'ongle ou d'une mèche de cheveux appartenant à une personne donne à une autre un pouvoir occulte sur elle ; il faut donc éviter qu'ils ne tombent en la possession d'autrui. Mais, en les brûlant pour écarter ce risque, on court celui de mourir aussitôt. Le plus sûr était de transporter les bouts de cheveux dans de petits sacs, jusqu'à un endroit secret, pour s'en défaire en toute sécurité. Pablo restait des mois entiers avec les cheveux trop longs sans arriver à entrer chez un coiffeur. Si l'on hasardait la moindre allusion, cela créait un drame. L'idée de la chevelure, symbole de virilité – comme dans l'histoire de Samson et de Dalila –, était mêlée à ses autres craintes superstitieuses. Plus ses cheveux devenaient longs, plus Pablo était angoissé par le dilemme devant lequel il se trouvait. D'habitude, il les coupait lui-même, en secret, avec des résultats variables. Puis un jour, à Vallauris, il fit la connaissance d'un coiffeur espagnol, Arias, et décida qu'il pouvait lui faire confiance. À partir de ce moment-là, Arias vint à *La Galloise* chaque fois qu'il devenait impossible d'éviter une coupe. Je n'ai jamais su ce qu'on faisait des cheveux, et je ne le sais toujours pas. Ils disparaissaient sans laisser de trace. Comme Arias était son compatriote, Pablo n'avait plus de craintes. Et, par la suite, après les déménagements à *La Californie* à Cannes et à *Notre-Dame de la Vie* à Mougins, Arias a continué – un des seuls survivants d'une époque révolue – à lui rendre ce service.

Pablo avait d'autres penchants fétichistes, qu'il a toujours continué à suivre de la façon la plus systématique. Lorsque Claude et Paloma passaient leurs vacances avec leur père, Pablo ne laissait jamais partir Claude sans lui prendre un ou même deux vêtements dans sa valise. C'était généralement des effets qui ne lui allaient pas très bien, au début parce qu'ils étaient trop petits, et, par la suite, parce que Claude, plus grand que son père, était beaucoup plus mince. Pablo s'empara également d'un chapeau tyrolien. Et puis de toute une série de chapeaux.

Je suis convaincue qu'il espérait par ce moyen faire entrer en lui un peu de la jeunesse de Claude. C'était une manière symbolique de s'approprier la substance de l'autre, et je crois qu'il espérait ainsi prolonger sa propre vie.

Avant que nous nous y installions, *La Galloise* appartenait à deux très vieilles dames. Des années auparavant, elles avaient loué à une personne âgée l'appartement au-dessus du garage, à l'entrée de la propriété. Mme Boissière avait bien soixante-quinze ans et, quoiqu'elle se dît artiste peintre, elle enseignait surtout la danse à des jeunes filles de Vallauris, qui évoluaient dans le jardin en longues tuniques à la Isadora Duncan. Elle était toute petite, avec des yeux bleu pervenche et des cheveux gris tout frisés qui pendaient en bouclettes tout autour de sa figure. Elle s'habillait à la mode de 1925, avec capeline, pantalon à pattes d'éléphant, longue veste à parements lamés, le tout très voyant et assez sale.

La première fois que Pablo et moi allâmes visiter *La Galloise*, Mme Boissière était à son balcon, dans tous ses atours. Elle nous reçut avec effusion. Naturellement, elle était au courant du nom des acquéreurs éventuels et elle nous dit : « Je suis si heureuse que vous soyez artistes ! Je le suis moi-même, vous voyez. » Son apparence et sa manière théâtrale m'avaient un peu étonnée, mais elle était très cordiale et ne cessait de répéter combien elle était heureuse de notre voisinage.

Je me suis aperçue, après notre installation à *La Galloise*, que Mme Boissière marchait avec beaucoup de difficulté. Je lui ai proposé de lui chercher un appartement en ville, où il lui serait plus facile de faire ses courses, sans avoir à gravir le chemin raide et tortueux qui menait à la maison. Cette solution nous aurait arrangés, parce que Marcel aurait pu loger dans l'appartement au-dessus du garage. Mais Mme Boissière ne voulait rien entendre. « Je vis ici depuis si longtemps ! » répétait-elle chaque fois que je lui en parlais. Une fois, je l'ai menée en voiture visiter un appartement très confortable sur la place du marché de Vallauris, mais elle ne voulait pas se laisser convaincre. « Vous ne vous débarrasserez jamais de moi, dit-elle, je suis décidée à mourir ici. » J'ai donc abandonné mes tentatives. À partir de ce jour, elle se mit à détester Pablo. Elle mettait des écriteaux sur la porte du garage : « C'est ici qu'habite Mme Boissière. Ce n'est pas ici qu'habite M. Picasso. En plus, M. Picasso est un très mauvais peintre », et autres déclarations du même genre. Cela amusait beaucoup nos amis. Dès qu'elle voyait quelqu'un lire ses écriteaux ou chercher l'entrée, elle sortait sur son balcon et haranguait les visiteurs : « M. Picasso est un très mauvais peintre. Ne perdez pas votre temps avec lui. »

Sa peinture était d'inspiration symbolique, religieuse, influencée peut-être par Maurice Denis. Elle avait décidé que Pablo était l'Antéchrist. Chaque fois qu'il passait, elle faisait des signes cabalistiques pour conjurer l'esprit du mal. Cela ravissait Pablo. Nous avions tous deux plutôt pitié d'elle et la laissions faire, pensant que, tôt ou tard, comme elle le désirait, elle mourrait là.

Des années plus tard, un 24 décembre vers midi, venant en voiture de Paris pour passer Noël à *La Galloise*, j'entendis du bruit en entrant dans le garage. Mme Boissière, alors âgée de quatre-vingt-cinq ans, vivait toujours seule dans le désordre et la saleté. J'avais essayé de faire nettoyer et repeindre son appartement, mais elle refusait de laisser entrer qui que ce fût. Je crus d'abord qu'elle était en train de tempêter contre Pablo, habitude qu'elle n'avait jamais perdue, mais en écoutant plus attentivement, je compris qu'elle gémissait. Elle avait un énorme chien méchant. Je n'avais pas envie de risquer de me faire mordre en forçant sa porte. J'appelai le jardinier. Nous grimpâmes sur le balcon pour regarder à l'intérieur. Le chien aboyait, et griffait la fenêtre. Je vis Mme Boissière gisant à terre. Nous redescendîmes et je téléphonai à Antibes pour qu'on envoie une ambulance ; quand j'ai parlé du chien, on me dit qu'il fallait que je m'en débarrasse, sinon les infirmiers ne pourraient pas entrer. J'ai été voir un vétérinaire à Cannes. Il m'a donné ce qu'il fallait pour endormir un chien ; j'ai mélangé les pilules à la viande hachée et suis retournée à *La Galloise*. J'ai entrouvert la porte de l'appartement qui donnait sur le jardin, et j'ai jeté la mixture dans la direction du chien. Il s'est endormi très ponctuellement.

Mme Boissière était plus heureuse de me voir que je n'aurais pu l'imaginer. Elle était tombée ce matin-là, en se levant, et s'était cassé le col du fémur. Mais j'étais là, elle pouvait mourir paisiblement dans mes bras, me dit-elle. Elle me fit promettre de m'occuper de son chien, de ne pas le faire piquer, mais de lui trouver de nouveaux maîtres. Après le départ de l'ambulance, j'appelai la Société protectrice des animaux, et on vint chercher le chien, toujours endormi. Mme Boissière est morte à l'hôpital, trois semaines plus tard. J'ai réglé la pension du chien jusqu'à ce qu'on lui trouve de bons maîtres. Les dernières volontés de Mme Boissière ont été ainsi respectées.

Après notre installation à *La Galloise*, j'ai essayé de ne pas penser aux autres femmes de Pablo, et à leurs états d'âme. Je ne parle pas de Dora Maar, qui, très réservée, envoyait un message discret de loin en loin. Olga avait quitté la scène, mais ses vitupérations alimentaient ponctuellement la boîte aux lettres. Marie-Thérèse était également une correspondante infatigable, mais sa veine littéraire était complètement différente. Pablo y puisait une certaine joie, pas moi. Marie-Thérèse et Maya étaient venues à Juan-les-Pins, à moins de cinq kilomètres de *La Galloise*, pour les vacances, si bien qu'en dépit de leur absence théorique et historique, elles continuaient à faire partie de notre vie. Pablo me parlait souvent des femmes qui m'avaient précédée, si bien que je finis par me faire une idée assez exacte du rôle de Marie-Thérèse dans sa vie.

Il l'avait rencontrée se promenant du côté des Galeries Lafayette, quand elle n'avait que dix-sept ans, m'avait-il raconté. Elle était devenue le rêve lumineux de jeunesse – à l'arrière-plan, mais toujours à portée de main – qui avait nourri son œuvre. Elle ne s'intéressait qu'aux sports et n'avait jamais pénétré dans la vie publique ou intellectuelle de Pablo. Il remplissait ses obligations mondaines avec Olga ; quand il était las ou exaspéré, il trouvait du réconfort auprès de Marie-Thérèse. Souvent, quand il était à Boisgeloup avec Olga et des amis, il pensait à Marie-Thérèse qui se baignait dans la Seine aux environs de Paris. Il pouvait rentrer le lendemain la voir, et apprendre, par exemple, qu'elle venait de partir à bicyclette vers Gisors, pour se rapprocher de lui. Elle hantait sa vie, poétiquement hors de portée, mais aisément saisissable quand Pablo était trop troublé par son absence. Sa réalité était une réflexion du cosmos. S'il faisait beau, le ciel bleu rappelait ses yeux. L'envol d'un oiseau symbolisait pour lui l'aisance de leurs relations. Pendant huit ou neuf années, cette image triomphante s'imposa à lui et fut la source de la plupart de ses toiles, dessins, gravures et sculptures. Sur son corps privilégié, la lumière tombait à la perfection.

Tant qu'il vécut avec Olga, Marie-Thérèse lui importa énormément, parce qu'elle était sa part de rêve. Il continuait de l'aimer parce qu'il ne l'avait jamais complètement conquise : elle vivait ailleurs et représentait l'évasion, loin d'une réalité déplaisante. Mais dès qu'il eut quitté Olga, pour pouvoir prendre plus entièrement possession de cette forme qui lui inspirait un désir si constant, la réalité changea de camp. Ce qui avait été fantaisie et imagination était devenu tangible ; l'absence : présence, et double parce que Marie-Thérèse attendait un enfant. Alors, suivant la logique particulière de Pablo, Marie-Thérèse remplaça

Olga dans le rôle de celle qu'on fuit. Dora Maar vint prendre des photos, et Marie-Thérèse se trouva dans la situation d'Olga.

Pablo m'a toujours dit qu'il avait beaucoup d'affection pour Marie-Thérèse, et moins pour Dora. Il n'avait pas été tellement attiré par Dora, prétendait-il. Mais elle était très intelligente, c'était, disait-il, une personne avec qui il pouvait enfin avoir une conversation.

Apparemment, elle avait voulu jouer un rôle dans la vie intellectuelle de Pablo, et, sur ce plan, elle n'avait pas une rivale sérieuse en Marie-Thérèse, qu'il n'aurait jamais amenée parmi ses amis. Cependant, chaque fois que Pablo partait en vacances, c'était avec Marie-Thérèse. Mais Dora finissait toujours par apparaître dans les environs, comprenant que c'était ce que Pablo attendait d'elle ; il pouvait ainsi jouir du meilleur de deux mondes. Il passait plus de temps avec Dora parce que c'était plus amusant, mais il pouvait toujours retrouver Marie-Thérèse s'il changeait d'avis.

Le drame constant que cette alternance causait à Marie-Thérèse et à Dora ne troublait en rien Pablo. Au contraire, il stimulait son inspiration. Les deux femmes étaient diamétralement opposées de nature comme de tempérament. D'une grande beauté, Marie-Thérèse était douce et gentille, très féminine – elle était toute joie, lumière et paix. Dora était tourmentée de nature, nerveuse, anxieuse. Marie-Thérèse était sans complications. Près d'elle, Pablo pouvait oublier sa vie intellectuelle et vivre par instinct. Avec Dora, il menait une vie de l'esprit. Et il jouissait de ce contraste, qui nourrissait son œuvre. Ce thème apparut dans un grand nombre de peintures et de dessins de cette époque : une femme regardant une autre dormir ; deux femmes de types très différents se regardant, etc. Il fit, ces années-là, une série de variations sur deux portraits : l'un très harmonieux et l'autre très dramatique. Marie-Thérèse et Dora étaient deux éléments plastiques presque inséparables. Marie-Thérèse était entrée dans son œuvre avant Dora, mais, dans cette phase de sa peinture, qui semble alterner entre la joie et la tristesse, il avait besoin d'elles deux pour se sentir entier. Dans *Guernica*, par exemple, la femme dont la tête surgit de la fenêtre une lampe à la main est nettement inspirée par Marie-Thérèse. Une autre partie de la toile et des croquis qui l'ont préparée représentent une femme éplorée. Et Pablo m'a souvent dit que, pour lui, Dora Maar était essentiellement « la femme qui pleure ».

Pablo savait tout ce que cela signifiait pour Marie-Thérèse et pour Dora d'être peintes par lui. Elles étaient toutes deux très conscientes d'assurer leur immortalité, en devenant partie intégrante de son œuvre. Ce sentiment aiguisait la rivalité entre elles, mais, en même temps, les aidait à passer sur certains aspects de la situation, qui, normalement, les auraient troublées davantage.

Quand Marie-Thérèse et sa fille Maya venaient dans le Midi, Pablo continuait de leur rendre visite deux fois par semaine. Pendant l'été 1949, je lui ai suggéré de les inviter à la maison, puisqu'elles étaient à Juan-les-Pins. Non par naïveté, mais je pensais préférable que Maya fasse la connaissance de son demi-frère, Claude, et de sa demi-sœur, Paloma. Elle ne voyait son père que deux fois par semaine et avait été élevée dans la fiction que son travail le retenait au loin. Mais il lui suffisait de regarder un numéro de *Match* ou un journal quelconque pour le voir étendu sur le sable avec sa nouvelle famille. J'avais aussi l'impression que Pablo devait laisser entendre à Marie-Thérèse que, s'il ne pouvait pas la voir plus souvent, c'était parce que je ne le permettais pas.

Ma proposition ne sourit guère à Pablo, mais au bout de trois semaines il l'accepta. Quand elles vinrent, je compris clairement que j'avais, en effet, servi de bouc émissaire.

Quand Marie-Thérèse vit que j'étais prête à la recevoir avec Maya, de temps à autre, le climat de nos relations se détendit et se normalisa. Au début, Pablo semblait morose, mais il s'habitua.

Je trouvais Marie-Thérèse fascinante à regarder. Elle avait un visage frappant au profil grec très pur. Toute la série des portraits que Pablo a peints entre 1927 et 1935 lui ressemblaient très exactement. Elle n'avait rien de la fragilité d'un mannequin de haute couture, car elle était très athlétique, avec ce teint brillant de santé qu'on voit souvent aux Suédoises. Ses formes, magnifiquement sculpturales, aux volumes pleins, avaient une pureté de ligne qui donnait à son corps et à son visage une extraordinaire perfection.

Dans la mesure où la nature offre à l'artiste des sensations stimulantes, certaines formes plus proches de son esthétique servent de tremplin à son imagination. Marie-Thérèse apportait beaucoup à Pablo, car sa beauté demandait à être reconnue et exprimée. Même si Pablo travaillait rarement avec un modèle, sa présence, qui émanait de la nature, lui convenait particulièrement. Qu'elle fût intelligente ou non devait paraître très secondaire à l'artiste, inspiré par ses formes et ses volumes.

Sa fille Maya était blonde, avec des yeux bleu turquoise, ce qui était très frappant parce qu'elle était bâtie comme son père, à qui elle ressemblait beaucoup. L'ossature de son visage surtout rappelait Pablo, ce qui ne l'empêchait pas d'être jolie. Elle était déjà très développée, et solidement construite, mais elle avait les attaches fines et des mains très vénusiennes.

Au cours de leur première visite à *La Galloise*, Pablo emmena Claude et Maya au jardin pour leur montrer une grosse tortue, et Marie-Thérèse me dit, froidement, mais sans méchanceté : « N'imaginez pas que vous puissiez jamais prendre ma place. » Je lui répondis que je ne cherchais pas cela : on ne peut occuper qu'une place vide.

Toutes les histoires et réminiscences de Pablo à propos d'Olga, Marie-Thérèse et Dora Maar, ainsi que leur présence dans les coulisses, me donnèrent à songer que

Pablo avait une sorte de complexe de Barbe-Bleue. Il rangeait toutes les femmes qu'il avait collectionnées dans son petit musée personnel. Mais il ne coupait pas les têtes tout à fait. Il préférait qu'un peu de vie demeure, que toutes continuent à pousser de petits cris de joie ou de douleur, à faire quelques gestes comme des poupées désarticulées, suffisamment pour prouver qu'elles avaient encore un souffle de vie suspendu à un fil dont il tenait une extrémité. De temps en temps, elles ajoutaient une note d'humour, de drame ou de tragédie aux événements, et c'était autant d'eau à son moulin. Même s'il n'éprouvait plus rien, il ne pouvait supporter qu'aucune d'elles puisse jamais avoir une nouvelle vie. Il lui fallait les maintenir dans son orbite, donnant le moins possible de lui-même. En réfléchissant, je compris que, dans sa vie, les choses se passaient comme dans une corrida. Il était le toréador et agitait la *muleta* rouge. Pour un marchand de tableaux, la *muleta* était un autre marchand de tableaux ; pour une femme, une autre femme. Et la personne qui tenait le rôle du taureau fonçait sur la *muleta* au lieu d'éventrer l'adversaire véritable, Pablo. Et c'était comme cela qu'il pouvait, le moment venu, avoir l'épée libre pour blesser où cela comptait. J'ai fini par me méfier de cette tactique, et chaque fois que je voyais une grande flanelle rouge s'agiter autour de moi, je jetais un regard de côté : j'y trouvais toujours Pablo.

Pour lui, la définition d'un parfait dimanche était celle du dicton espagnol : « Messe le matin, course de taureaux l'après-midi, et bordel le soir. » Il se passait sans difficulté de la première et de la dernière partie du programme, mais la course de taureaux était une de ses plus grandes joies, et nous y allions souvent, surtout à celles de Nîmes et d'Arles. Il nous fallait à chaque fois réserver nos places par l'entremise d'un ami, Castel, qui habitait Nîmes et avait une passion pour l'Espagne et tout ce qui était espagnol.

Bien avant la première corrida de la saison, aux alentours de Pâques, Pablo commençait à s'agiter, anticipant tout le plaisir qui l'attendait. Cet état d'euphorie durait jusqu'à la minute où nous devions réserver nos places. Ce jour-là, Paulo arrivait de Golfe-Juan pour jouer son rôle dans la liturgie. Pablo était assis dans son lit, entouré de journaux, de lettres, avec son boxer, Yan, à ses pieds.

« Alors, papa, demandait Paulo, il est temps de réserver les places pour la corrida. Combien serons-nous ?

— Ah ! naturellement, soupirait Pablo, vous voulez tous me martyriser. Vous voulez me forcer à aller aux courses de taureaux. Mais je ne vais pas me laisser faire. Plus jamais. On n'y va pas.

— Nous ne voulons pas te martyriser, répondait Paulo, cela nous est égal que tu y ailles ou pas. Mais si tu en as envie, il faut réserver les places aujourd'hui. Du reste, on peut toujours les retenir et les annuler ensuite. Mais combien en faut-il ? Emmène-t-on des amis ou pas ? »

Pablo levait les bras au ciel, éparpillant son courrier par terre.

« Et, en plus, il faut que j'emmène des amis !

— Mais non, papa, je ne veux pas dire qu'il le faut, mais si nous ne commandons pas de billets pour eux, et qu'après cela on les emmène, nous n'aurons pas assez de places. »

Cela durait toute la matinée. À la fin, la chose réglée, le compte soigneusement fait d'amis bien choisis, et le coup de téléphone donné à Castel, Pablo invitait la première personne qu'il rencontrait dans la rue – Arias, son coiffeur, ou l'un des ouvriers de la poterie, n'importe qui – à se joindre à nous. Quand, à son retour, il réfléchissait à ce qu'il venait de faire, il était furieux contre nous de l'avoir « laissé » agir ainsi.

Le second jour était tout aussi agité. Nous téléphonions à Nîmes pour rectifier la location et prendre quelques places supplémentaires par précaution, puis, les dents serrées, la tête basse, nous nous préparions à toutes les éventualités, car Pablo était d'une humeur féroce, nous accusant sans répit de l'obliger à assister à la corrida. Bien sûr, si nous avions osé ne pas prendre les places, il aurait été d'une humeur plus massacrante encore parce que, cette fois, nous aurions essayé de l'empêcher d'y aller. Et chaque jour, jusqu'à la date de la corrida, nous téléphonions deux fois à Nîmes : une fois pour annuler les billets, l'autre pour en commander de nouveaux ou en modifier le nombre. Pendant ce temps-là, Pablo était incapable de travailler, parce que tout cela le mettait, comme nous du reste, dans un état épouvantable.

Le matin de la corrida, Pablo refusait de se lever. C'était une épreuve que Paulo et moi devions subir régulièrement. Il nous fallait entrer dans sa chambre et lui ressasser les bonnes raisons qu'il avait de participer à ce qui était réellement une fête pour lui. Nous le suppliions de ne pas s'adonner à la passivité. Nous lui vantions le spectacle, incomparable, si important pour son travail, et le plaisir que nous y prendrions. Paulo aimait la corrida, mais moi j'y allais surtout pour Pablo. C'est un spectacle esthétiquement très impressionnant, mais il me remplissait d'angoisse. J'avais souvent mal au cœur en voiture, et, depuis la naissance de Paloma, ma santé s'était altérée.

Enfin, lentement, et pour nous plaire, Pablo se levait et nous nous mettions en route, naturellement avec beaucoup de retard. Marcel devait conduire comme un dément pour parcourir les quelque cent quatre-vingts kilomètres qui nous séparaient de Nîmes – à peine moins pour Arles – alors qu'il fallait que nous soyons sur place assez tôt pour que Pablo puisse examiner les taureaux dans le *torril* avant le déjeuner, saluer les matadors qui étaient généralement couchés dans leurs chambres, plus blêmes que leurs draps, et – summum de l'importance – discuter avec l'éleveur, le *mayoral de la ganadería*, les caractéristiques de chaque bête.

Le *mayoral* suit partout ses taureaux. Il se tient à la *barrera*, juste derrière les matadors, afin de pouvoir suivre chaque détail de la corrida et juger de la façon dont ses taureaux s'acquittent de ce que l'on attend d'eux. Un taureau est déclaré « couard » (*manso*) s'il refuse le combat et, au lieu de charger la cape, gratte le sol de la patte et recule. Autrefois, on lâchait des chiens sur lui, mais, à présent, on se contente de le retirer. C'est évidemment une très mauvaise note pour l'éleveur. Par contre, lorsqu'un taureau s'est battu d'une façon « sublime », comme le disent les *aficionados*, on lui fait les honneurs de l'arène – dans la mort. Pour l'éleveur, cela signifie qu'il a su combiner à la perfection les caractéristiques génétiques qui font les grands taureaux de combat.

En tout cas, avec l'inspection des taureaux, la visite aux matadors et les discussions avec le *mayoral*, Pablo avait une matinée bien remplie. Ce sont là des rites typiquement espagnols, sans lesquels une corrida n'en est pas une, et, si nous n'étions pas arrivés avant midi, toute la journée aurait été gâchée pour lui. Puis il y avait un autre rite : un énorme déjeuner de paella chez Castel, auquel nous participions avec tous les amis de rencontre : Michel Leiris et Georges Bataille, les neveux de Pablo, Javier et Fin Vilato, et une demi-douzaine d'autres personnes. Pablo était alors d'humeur radieuse. Nous partions enfin à la course de taureaux et tout était merveilleux.

Nous avons été à une corrida en Arles, non seulement pour voir les trois matadors mettre à mort les six taureaux, mais pour admirer Conchita Cintrón, une Chilienne de vingt-huit ans qui était *rejoneadora*, combattre deux taureaux à cheval. Quand le matador est à cheval, il n'y a ni piques ni banderilles. Les premières phases du combat sont remplacées par les passes que fait le *caballero en plaza*. Quand le taureau tente de charger le cheval, le matador s'en écarte et lance dans le garrot du taureau des javelines d'environ un mètre cinquante, armées d'une pointe d'acier d'environ quinze centimètres, qu'on appelle *rejones*. S'il est adroit, il tue le taureau. Sinon, au bout d'une quinzaine de minutes, il descend de cheval, prend son épée et la *muleta* rouge et procède à la mise à mort habituelle. C'est ce qui est arrivé à Conchita ce jour-là : elle est descendue de cheval et a tué les deux taureaux à l'épée, très bien. Elle était à peu près de ma taille et avait les yeux verts et les cheveux châtains. Nous l'avions saluée avant la corrida, parce que, comme de coutume, nous avions été parler aux matadors. Après la corrida, nous étions attablés à un café, Pablo, moi, Javier, Castel et l'éleveur qui avait amené les huit taureaux d'Espagne. Le *mayoral* portait l'uniforme de sa profession : pantalon étroit, bottes, une espèce de tablier de cuir, courte veste et chapeau andalou. Comme il ne parlait qu'espagnol, nous parlions tous espagnol. Je portais la veste polonaise que Pablo m'avait rapportée du Congrès de la Paix à Wrocław. Un groupe de personnes vint à moi pour me demander un autographe. Cela m'a étonnée. J'ai montré du doigt Pablo : « C'est lui qui signe les autographes. – Mais non, mais non, dirent-ils, c'est vous que nous voulons. » Pablo me demanda de ne pas discuter : « S'ils veulent des autographes, signez, c'est tout. » Alors j'ai signé, pour chacun. Ils ont tous paru ravis et sont partis. Puis un autre groupe est arrivé faisant la même demande. Cette fois-ci, même Pablo était stupéfait. Je demandai à l'un d'eux pourquoi ils voulaient un autographe de moi. Alors, l'air malin, il déclara : « Que vous l'admettiez ou non, et même si vous signez un autre nom, nous savons bien que vous êtes Conchita Cintrón. » Pablo fut si content qu'on puisse me prendre pour une *torera* qu'il raconta l'histoire à tout le monde.

Ce jour-là, le peintre Dominguez et Marie-Laure de Noailles étaient venus à la corrida. Pour Pablo, la course de taureaux était aussi sacrée que la messe l'est pour un catholique – même peut-être plus. Nous étions au premier rang à l'ombre, comme d'habitude, et nous observions le silence quasi religieux qu'il nous imposait. Quand il vit Dominguez et Marie-Laure de

Noailles s'installer derrière nous, il se mit à grommeler. Dominguez titubait et pliait sous des bouteilles de vin, un saucisson et une énorme miche de pain. Pablo bouillait intérieurement : « Vous savez que je déteste les distractions pendant la corrida. Pour une fois, le *cartel* était bon, et ces deux-là vont tout nous gâcher. Et je ne peux rien dire. Quelle vie ! Tout le monde m'abîme tout ! Il n'y a pas de plaisir qui n'ait un goût de cendres. »

Dominguez se surpassa ce jour-là en cris, applaudissements, sifflets – aux moments les plus mal choisis. Alors que le *torero* recevait les ovations, au milieu des *olé*, Dominguez jeta dans l'arène la miche de pain, le saucisson, puis les bouteilles vides. Il le fit avec tant de brio que Pablo ne put s'irriter de ce geste sacrilège et daigna sourire.

Dominguez souffrait d'acromégalie. Il avait une énorme tête de cauchemar qui semblait sortir d'un Goya. Marie-Laure, ses cheveux tombant en grandes ondulations de chaque côté d'une raie médiane, une longue frange mangeant son visage, ressemblait à la reine Marie-Louise d'Espagne. Elle portait une robe en dentelle noire, toute ruchée et ornée de pompons espagnols. Comme elle avait un peu grossi pendant l'été, il y avait un espace entre le corsage et la jupe qui laissait entrevoir une assez grande étendue de ventre. Cela mit Pablo en joie, et il se dit qu'après tout, en dépit de son pessimisme, la présence de Dominguez et de Marie-Laure avait, en fait, plutôt rehaussé les plaisirs de l'après-midi.

Les écarts de Paulo rendaient Pablo assez soucieux par moments, mais j'ai toujours pensé que Paulo éprouvait beaucoup plus d'affection pour son père que bien des personnes dont les actions étaient soigneusement calculées pour plaire. Sur une grande photo accrochée dans la longue pièce où travaillait Sabartès, son regard franc et sympathique donnait de lui une idée tout autre que le récit de ses escapades et les violentes réactions qu'elles suscitaient chez son père. Chaque fois que je lui parlais de Paulo, Pablo me répondait d'un ton exaspéré qu'il était paresseux, n'avait aucune ambition, n'arrivait pas à garder un travail régulier – remarques semblables à celles que font des parents bourgeois sur leurs fils de vingt ans, quand ils sont un peu instables. Puis Pablo se lançait dans une amère diatribe contre Olga, la mère de Paulo, pour me prouver que Paulo ne pourrait évidemment jamais rien donner avec un tel atavisme.

En juin 1946, Paulo, qui habitait en Suisse, vint à l'atelier de la rue des Grands-Augustins. Il mesurait plus d'un mètre quatre-vingts, était roux, n'avait pas l'air plus espagnol que moi, et avait des manières aisées et agréables qui correspondaient tout à fait à l'impression qui se dégageait de sa photo. Pablo nous présenta l'un à l'autre. Paulo bavarda amicalement pendant quelques minutes, puis, après avoir discuté quelque affaire personnelle avec Pablo, s'en retourna aussi vite qu'il était venu, à motocyclette, vers la Suisse.

Quelques semaines plus tard, nous nous préparions à quitter Ménerbes pour nous rendre chez Marie Cuttoli, quand Paulo et sa motocyclette réapparurent. Il décida de nous accompagner à Cap-d'Antibes. Pendant toute la route, il servit à la fois d'escorte et de divertissement. Il y avait assez peu de circulation, et, dès qu'il pouvait faire une échappée, il s'élançait, virait de droite et de gauche, quelquefois loin devant nous et quelquefois juste derrière, avec un entrain qui ne me semblait pas seulement prouver son extrême adresse, mais également l'exubérance de son affection pour son père. Pablo ne voyait pas les choses ainsi, et quand nous arrivâmes à Cap-d'Antibes, il était exaspéré de ces excentricités.

Paulo venait souvent à Golfe-Juan, et dès que nous commençâmes à passer plus de temps dans le Midi, il y vint fréquemment avec nous.

Un éditeur, qui était un vieil ami de Pablo, était aussi lié avec Paulo. Il partageait avec lui un goût prononcé pour les boissons alcoolisées et pour le genre de femmes qu'on rencontre dans les bars tard la nuit. Il était venu dans le Midi à cause du livre qu'il préparait sur Picasso, et, après avoir travaillé toute la journée, il ne voyait pas pourquoi il ne pourrait s'amuser un peu le soir avec Paulo. Ils s'amusèrent si bien qu'ils provoquèrent un scandale en ramenant à l'hôtel, *Chez-Marcel*, deux filles de vertu incertaine, après avoir fait la tournée de tous les bars de Juan-les-Pins. Elles étaient du reste si légères que vers deux heures du matin, à bout d'imagination, ils les menacèrent de les jeter par la fenêtre. L'hôtel était juste en face du poste de police. Les filles se mirent à hurler, et cela finit par une intervention du commissaire.

Le commissaire était un joyeux compagnon, que nous voyions souvent. Il avait pris l'habitude de passer, juste au lever de Pablo, pour lui raconter les événements de la veille. Nous étions régalés de tout ce qui s'était commis sur la Côte. Il nous expliqua en détail le vol des bijoux de la Bégum, qui les avait volés et s'ils seraient ou non rendus. Nous connaissions, souvent avant les journaux, le dernier scandale sur lequel la police enquêtait. Le commissaire aimait raconter tout cela par le menu. Quant à Pablo, on ne pouvait pas dire qu'il aimait les potins, il les adorait. Si nous voulions le mettre de bonne humeur pour toute la journée, il suffisait de lui amener le commissaire. Naturellement, c'était moins amusant quand il venait rapporter les derniers méfaits de Paulo. Pablo ne décolérait pas jusqu'au soir.

Ce jour-là, le commissaire vint avec un visage long d'une aune et dit tristement : « Je suis désolé de devoir vous en parler, mais vous savez ce qui est arrivé la nuit dernière ? Votre fils ! Je n'ai jamais vu une chose pareille. Il faut que vous arrêtiez cela. Imaginez ! Essayer de jeter des femmes par la fenêtre ! » Pablo s'assit dans son lit, le visage funèbre, et le commissaire, sentant son auditoire attentif, se lança dans son récit. En bon Marseillais, il brodait avec art. Quand il eut fini, Pablo avait l'air prêt à éclater.

« Allez chercher Paulo », gronda-t-il.

Ce que je fis, mais il n'était pas encore là. Quand il arriva, vers onze heures, il avait la gueule de bois ; je le mis au courant de ce qui venait de se passer, et lui dis que son père l'attendait.

« Oh ! je ne peux pas y aller seul, dit Paulo, passez devant. »

Comme il était bien plus grand que moi, il avait beau se plier en deux, je n'arrivais pas à le cacher entièrement. Pablo le reçut avec des hurlements :

« Bon à rien ! Tu t'es encore conduit cette nuit comme le dernier des derniers ! »

Il prit ses souliers, les livres sur sa table de nuit, et puis tout ce qu'il trouvait à portée de sa main, et nous en bombarda. Un des livres rebondit sur ma tête. Je protestai que je n'avais rien fait.

« N'essayez pas de vous disculper ! cria Pablo. C'est mon fils. Vous êtes ma femme. C'est donc aussi votre fils. Enfin, ça revient au même. De plus, c'est vous qui êtes ici. Je ne peux pas aller chercher sa mère. Vous n'avez qu'à accepter votre part de responsabilité. »

Paulo et moi éclatâmes de rire devant cette implacable logique, mais cela ne fit que rendre Pablo plus furieux. Il chercha quelque chose d'autre à jeter, mais il était à court de munitions et se remit donc à crier.

« Bon Dieu ! je ne comprends pas comment tu peux agir ainsi ! C'est incroyable. Jeter une femme par la fenêtre ! C'est complètement fou. Je n'ai jamais entendu une chose pareille. »

L'air angélique, Paulo interrompit :

« Mais, papa, tu m'étonnes. J'aurais cru que tu avais plus d'imagination. Toi, surtout, tu devrais comprendre cela à merveille. N'as-tu donc jamais lu le marquis de Sade ? »

Pablo explosa :

« Tu es bien le fils d'une Russe blanche ! Tu es ignoble. Tu n'es qu'un anarchiste bourgeois. En plus, tu dépenses trop. La seule chose que tu saches faire, c'est des dettes. À quoi es-tu bon ?

— Je suis sûr qu'Ali Khan coûte plus cher à son père que moi », dit Paulo avec piété.

Pablo bourra son oreiller de coups de poing : « C'est un comble ! Maintenant, tu me compares à l'Aga Khan ! Tu as le culot de me comparer à cet horrible vieux Bouddha ! »

Je ne pouvais m'arrêter de rire, et je fus renvoyée de la pièce pour impertinence. Pablo ne nous reparla pas de la journée. Il ne se leva même pas.

Peu de temps après, lassé d'entendre son père dire qu'il n'était bon à rien, Paulo déclara qu'il était au moins bon à faire de la moto. Il prit part à une course, qui partait de Monte-Carlo et zigzaguait tout le long de la grande et de la moyenne Corniche, et se classa second, parmi les professionnels. Pablo en fut très fier, mais il avait si peur que Paulo ne se casse le cou s'il continuait qu'il ne lui reprocha plus jamais de n'être bon à rien.

Je crois que Paulo aurait pu faire plus de choses s'il avait été mieux dirigé. Il ne manquait ni d'intelligence ni d'esprit. Un matin, Philippe de Rothschild vint à *La Galloise*. Connaissant *L'Homme au mouton* de Pablo, qui est maintenant sur la place du marché de Vallauris, il désirait que Pablo lui sculpte un mouton – l'emblème de son cru mouton-rothschild – qui serait coulé en bronze et placé à l'entrée de ses vignobles. « Ce que je veux, spécifia-t-il, c'est un mouton tenant une grappe de raisin entre les dents.

— Oh ! je vois, dit Pablo, c'est un désir très naturel de votre part. Mais croyez-vous que parce que j'ai sculpté un mouton et une chèvre, je vais me spécialiser dans ce domaine ? Si vous m'aviez demandé un Bacchus tenant une grappe de raisin, je vous aurais conseillé d'aller voir Michel-Ange ; c'est l'homme qu'il vous aurait fallu. Mais un mouton, la gueule pleine de raisin, je n'ai jamais vu cela. »

Philippe de Rothschild se tourna vers moi : « Oh ! madame, vous avez l'air merveilleusement jeune ! » Je lui demandai pourquoi il me disait cela. « Mais on m'avait dit que vous étiez paralysée. » Je compris qu'il me prenait pour Olga, qui était alors en clinique à Cannes, à demi impotente. Désignant Paulo : « C'est incroyable que vous puissiez avoir un si grand fils. » Celui-ci éclata de rire : « Vous savez, j'étais un bébé un peu prématuré, même très prématuré. En fait, je suis né avant elle. » Puis, retroussant ses jambes de pantalon jusqu'aux genoux, il se mit à courir au ras du sol, tout autour de la pièce, agitant les bras, et criant : « Maman… ma-man ! » Claude, qui avait environ trois ans, était ravi et le suivait en l'imitant.

Nicole Védrès avait fait des études de philosophie à Heidelberg, passé son doctorat, et, après avoir écrit plusieurs romans, s'était tournée vers le cinéma. Elle avait eu beaucoup de succès avec *Paris 1900*, une sorte de panorama des années 1900-1914, qu'elle avait monté avec des bobines d'actualités de l'époque. C'était fait avec beaucoup d'esprit, le scénario était excellent et l'accompagnement musical, composé par un ami, Guy Bernard, était parfait. Pablo avait vu le film et l'avait apprécié. Un jour, Nicole vint le voir à Vallauris pour lui dire qu'elle désirait entreprendre un autre film, celui-ci tourné vers le futur. Elle voulait y faire figurer des personnalités contemporaines marquantes, significatives pour la postérité et capables de donner des aperçus sur l'avenir. Elle avait pensé, entre autres, à Joliot-Curie pour la physique nucléaire, à Jean Rostand pour la biologie, à Sartre pour la philosophie et à André Gide pour la littérature. Elle voulait Picasso pour la peinture. Elle connaissait Gide depuis longtemps ; par contre, non seulement Gide et Picasso ne s'étaient jamais liés, mais ils nourrissaient l'un pour l'autre une certaine aversion. Pablo reprochait à Gide de n'avoir aucun sens pictural parce que ses goûts, influencés par ses amitiés, le conduisaient à apprécier des peintres comme Jacques-Émile Blanche. Gide, par contre, pensait que Pablo ne comprenait pas les « valeurs intellectuelles », ou n'y tenait pas vraiment.

Pablo accepta de paraître dans le film. Gide avait alors plus de quatre-vingts ans, et Pablo soixante-huit. Chacun savait que l'autre participait au film, mais aucun des deux n'imaginait que Nicole Védrès les mettrait face à face. Cependant, c'est ce qui arriva, et les deux Achille sortirent de leur tente pour se rencontrer sur un terrain qui était neutre, tout en ne l'étant pas, le musée d'Antibes. Pendant toute une séquence, Gide posait à Pablo des questions sur les céramiques du musée, et Pablo lui dévoilait les mystères de l'art du potier. Le scénario n'avait rien d'exceptionnel. Ce qui était historique, c'était la rencontre, que l'un et l'autre avaient acceptée.

Le visage de Gide avait la fixité crispée d'un masque de théâtre chinois ; la seule animation venait des yeux, qui avaient un éclat extraordinaire. Nous allâmes déjeuner avec lui, un jour, sur le port. Il était accompagné de Pierre Herbart, qui était en train de préparer l'étude qu'il devait publier peu après, et d'un jeune homme, brun et très beau. Gide dit à Pablo au cours du repas : « Nous avons tous deux atteint l'âge de la sérénité », puis, désignant le jeune homme et moi : « et nous vivons entourés de nos bergers d'Arcadie. »

Naturellement, Pablo rejeta cette interprétation esthétique de la vie : « Il n'y a aucune sérénité pour moi, dit-il, et, en plus, je ne trouve aucune figure charmante. »

Une autre fois, Gide vint nous voir à la maison. Lui et moi nous entendions très bien, ce qui contribuait à émousser l'agressivité de Pablo. En partant, Gide se tourna vers Pablo : « Une chose me plaît chez Françoise. Elle aura toujours des remords, mais jamais de regrets. – Je ne sais pas ce que vous voulez dire, dit Pablo ; j'ai l'impression que Françoise ne connaît pas le regret, mais je crois qu'elle ignore absolument le remords. » Gide rétorqua : « Je vois bien qu'il y a une dimension de sa vie intérieure qui vous échappe totalement. » Ce fut la fin de leur amitié, leur dernière rencontre. Pablo ne pouvait admettre que Gide eût découvert quelque chose en moi que lui, Pablo, n'avait pas vu.

Pour le film, je devais aller au-devant de Pablo sur les marches du musée d'Antibes ou accomplir d'autres banalités peu convaincantes. Il fallait recommencer le tournage des scènes plusieurs fois parce que Pablo et moi ne pouvions nous empêcher de rire. D'habitude, nous restions ensemble toute la journée, ou bien nous travaillions chacun de notre côté, mais je n'allais jamais le chercher au musée, comme la petite ménagère attend son mari à la porte de l'usine ou du bureau, après sa longue journée de travail.

Une autre séquence montrait Pablo à la poterie. Elle fut particulièrement difficile à filmer parce qu'une quinzaine d'amis, qui n'avaient rien à faire ce jour-là, s'étaient attroupés pour regarder les prises de vues. Jacques Prévert faisait le pitre, mettant chacun des plats de Pablo devant sa figure, comme un masque. Il fallut refilmer plusieurs fois. En outre, les plombs sautaient continuellement. Tout le monde s'amusa énormément, sauf les techniciens.

Il y avait également une scène sur la plage, où nous étions censés nous livrer, de la manière la plus naturelle possible, aux jeux habituels. Les estivants, les techniciens, les visiteurs, ravis de participer à ces réjouissances, nous regardaient, si bien que le naturel était plutôt forcé. Nous courûmes dans l'eau, en ressortîmes, Pablo s'étira, dessina un faune sur le sable, comme si nous étions sur une île déserte, pendant que tous ces gens grouillaient et s'agitaient de l'autre côté de la caméra. Il me parut difficile de me livrer à tous ces exercices ; et je n'ai pas eu le courage de les revivre dans un fauteuil de cinéma ; je n'ai donc jamais vu le film.

Jusqu'à l'été 1949, Pablo passa deux ou trois après-midi par semaine à faire de la poterie chez les Ramié ; mais, soudain, il eut assez de la céramique et se mit en quête d'un endroit où il pourrait peindre. Nous avons d'abord cherché une maison plus grande, mais nous n'avons rien trouvé de convenable à des prix qu'il ne jugeât pas exorbitants. Puis il eut l'idée d'acheter une vieille usine, rue du Fournas, qui avait été autrefois une fabrique de parfums. Elle était en forme de L et d'un côté recevait une bonne lumière du nord. À l'étage, il y avait plusieurs petites pièces où nous aurions pu habiter si elles avaient été en meilleur état. Pablo transforma l'aile droite en atelier de sculpture et consacra l'aile gauche à la peinture. Les petites pièces servaient à ranger les céramiques. Nous mîmes environ deux mois à tout installer, et Pablo commença à y travailler en octobre. Il s'y rendait généralement après le déjeuner et rentrait tard dans la nuit.

La construction du bâtiment était des plus rudimentaires. Comme il n'y avait pas de chauffage, nous installâmes un grand poêle dans chaque pièce. L'atelier de sculpture, très vaste et haut de plafond, devait avoir douze mètres sur huit. Il y fallait un poêle énorme, avec des tuyaux tout autour. Comme le toit de tuile était loin d'être étanche, il y avait beaucoup de déperdition de chaleur et il fallait pousser le feu toute la matinée. En plus, il y avait les deux ateliers de peinture, chacun avec son poêle. Tous ces feux devaient être allumés vers huit heures pour qu'il fasse chaud après le déjeuner.

Pablo avait laissé entendre gentiment que la température n'était suffisante l'après-midi que lorsque je m'occupais moi-même des feux, si bien que chaque matin, dès que j'avais fini de ranimer le calorifère de *La Galloise*, je pédalais à l'atelier pour allumer les poêles. Il fallait, naturellement, commencer par enlever les cendres de la veille, et c'était là mon premier exercice spirituel journalier du début de novembre à la fin d'avril.

En soi, c'était une corvée supportable, mais comme Pablo travaillait très tard le soir, je n'avais jamais plus de six heures de sommeil par nuit. Pablo ne se levait guère avant midi, mais moi, je devais faire marcher la maison et organiser sa journée. Les feux n'étaient qu'un commencement ; je triais le courrier et mettais à part les lettres urgentes. Comme Pablo ne répondait jamais, je devais le faire. Il n'y avait pas de téléphone, je devais également descendre à la poterie voir s'il n'y avait pas de messages pour nous. Il fallait parfois que je montre à des visiteurs les céramiques de Pablo. Et, avant tout cela, je devais faire lever les enfants et les préparer pour que Marcel les conduise à l'école maternelle.

Eux aussi, du reste, donnèrent à Pablo l'occasion de diminuer encore ma ration de sommeil. Rue des Grands-Augustins, Claude dormait dans la chambre voisine de la nôtre. Nous nous couchions d'habitude vers une ou deux heures du matin, quand Pablo avait fini son travail. Une nuit, vers trois heures, Pablo s'éveilla soudain et, s'asseyant dans son lit, déclara : « L'argent est mort. Je ne l'entends plus respirer. » Je ne comprenais rien, mais comme je vis qu'il était éveillé et ne rêvait pas, je lui demandai de s'expliquer. « Vous savez très bien ce que je veux dire, je veux dire l'enfant. » Cela me sembla le lapsus le plus extraordinaire qui soit. « Vous n'y connaissez rien, dit-il, c'est une chose tout à fait naturelle. Même Freud le reconnaît. Après tout, un enfant est le trésor de sa mère. L'argent n'est qu'une autre sorte de trésor. Mais vous ne comprenez rien à ces choses. » Je lui répondis que j'entendais nettement une respiration dans la chambre à côté. « C'est le vent, dit-il, mon argent est mort. Allez voir. » J'y allai. Claude, bien entendu, dormait paisiblement. En rentrant dans ma chambre, je dis à Pablo que l'enfant n'était pas mort. Au début, un tel incident pouvait arriver une ou deux fois par semaine, ce qui réveillait souvent Claude ; il fallait une demi-heure pour qu'il se rendorme. Naturellement, cela lui donnait de très mauvaises habitudes.

Par la suite, quand nous vivions la plupart du temps à Vallauris, la chambre de Claude était plus éloignée de la nôtre. Je dus continuer à me lever presque chaque nuit, Pablo se tourmentant à l'idée que l'enfant s'était étouffé dans son oreiller. Quelquefois, une seule inspection de ma part suffisait. Mais d'autres fois, dix minutes plus tard il recommençait. Suivant l'état de ses angoisses, il fallait, certaines nuits, que je me lève six ou sept fois. Cela arrivait rarement l'été, quand Pablo se dépensait physiquement sur la plage, mais l'hiver c'était devenu une de ses distractions favorites. Après la naissance de Paloma, il recommença tout aussi sérieusement que si l'expérience de Claude n'avait pas suffi. Il était très minutieux : il fallait que toutes les portes restent ouvertes pour qu'il puisse mieux entendre ; comme il y avait beaucoup de vent, nous dormions dans un courant d'air continuel et attrapions beaucoup de rhumes.

Son anxiété se poursuivait le jour. Il demandait souvent en rentrant : « Où est l'argent ? » Je répondais : « Dans la malle ! » parce qu'il transportait partout avec lui une vieille malle rouge de chez Hermès, remplie de cinq ou six millions en billets, pour avoir toujours par-devers lui « de quoi acheter un paquet de cigarettes ». Mais si, pensant qu'il s'agissait d'un des enfants, je répondais : « Dans le jardin ! » il secouait la tête avec impatience : « Mais non, je veux dire l'argent de la malle. Je veux le compter. » Cela ne servait vraiment pas à grand-chose, parce que la malle était cadenassée et que Pablo en gardait toujours l'unique clef sur lui. « Vous allez le compter, disait-il, et je vous aiderai. » Il sortait tout l'argent, épinglé par liasses de dix, et en faisait de petits tas. Il comptait une liasse et trouvait onze billets. Il me la passait et j'en comptais dix. Alors il recommençait et n'en trouvait plus que neuf. Cela rendait Pablo très soupçonneux, et nous nous mettions à vérifier chaque liasse. Il avait beaucoup admiré la méthode employée par Chaplin dans *Monsieur Verdoux* et tâchait de compter à toute vitesse comme lui. Il faisait de plus en plus d'erreurs, et il fallait recompter de plus en plus souvent. Quelquefois, tout ce rituel pouvait durer une heure. Nous n'arrivions jamais au même total. À la fin, Pablo se lassait et disait que cela pouvait aller, que les comptes tombent juste ou non.

Malgré toutes ces occupations, je parvenais à consacrer beaucoup de temps à mon travail. J'avais cessé de peindre à l'huile pendant presque trois ans, après mon arrivée rue des Grands-Augustins, et j'avais concentré tous mes efforts sur le dessin. Je sentais, en effet, qu'il me serait impossible de continuer à peindre si près de Pablo, sans que mon travail en soit influencé. Je pensais, en revanche, que si je me limitais au dessin, je ferais des progrès dans le sens de mon développement personnel, et que, si j'étais influencée, je m'en rendrais compte plus facilement, car moins d'éléments entraient en jeu. En 1948, je repris la gouache et, en 1949, la peinture à l'huile.

À Vallauris, je ne travaillais pas dans un des ateliers de Pablo. À la maison, j'étais parfois dérangée, mais je pouvais aussi surveiller les enfants. Paloma ne donnait aucun souci. C'était une enfant idéale. Elle dormait presque tout le temps, mangeait tout ce qu'on lui donnait et se conduisait en bébé modèle.

« Ce sera une femme parfaite, disait Pablo, passive et soumise. Elle devrait dormir jusqu'à vingt et un ans. »

Il passait des heures à la dessiner et à la peindre. Quand elle était éveillée, nous pouvions l'entendre bavarder indéfiniment avec Claude. Mais, avec nous, elle semblait vouloir rester bébé. Elle nous apportait des fleurs et nous les offrait en prononçant des mots isolés ou des monosyllabes. Elle ne se rebellait pas ouvertement, mais n'obéissait jamais. Claude, lui, parlait pour deux, et argumentait indéfiniment. Après une longue discussion, Pablo déclara : « Tu es bien le fils de la femme qui dit : “Non !” »

Les enfants devaient souvent se sentir assez seuls, avec un père qu’ils ne voyaient presque jamais et une mère qui se barricadait dans son atelier dès qu’elle avait un moment libre. Un jour que je peinais sur une toile qui me donnait beaucoup de difficulté, j’entendis un petit toc timide.

« Qu’est-ce que c’est ? » demandai-je, continuant à travailler.

J’entendis la voix de Claude derrière la porte :

« Maman, je t’aime. »

J’eus envie de le laisser entrer, mais je ne pouvais m’arrêter à ce moment-là.

« Je t’aime aussi, mon chéri. » Et je continuai à peindre.

Quelques minutes après, j’entendis de nouveau la petite voix :

« Maman, j’aime ta peinture.

— Merci, mon chéri. Tu es un ange. »

Une minute plus tard, il reprit :

« Maman, ce que tu fais est très joli. Tu as de la fantaisie, mais ce n’est pas fantasque. »

Ma main s’arrêta, mais je ne dis rien. Claude dut deviner mon hésitation. Sa voix devint plus forte :

« C’est mieux que ce que fait papa. »

Alors je lui ouvris. Et nous rîmes tous les deux de notre complicité.

VI

« … Le coup de cymbale inattendu d'une violence concertée. »

De tous les artistes que connaissait Pablo, aucun ne lui importait autant que Matisse. Au moment de notre première visite, en février 1946, à l'époque où Pablo était venu me rejoindre chez M. Fort, à Golfe-Juan, Matisse habitait une villa appelée *Le Rêve*. Il était venu s'installer à Vence après avoir quitté son appartement de Cimiez, au-dessus de Nice, où il avait passé sa convalescence, ayant subi deux opérations sérieuses au printemps de 1949, à Lyon. L'infirmière qui le soignait à Nice avait un jour décidé de devenir religieuse. Jeune et jolie, elle avait posé pour les illustrations que Matisse avait faites de l'édition Tériade des *Lettres de la religieuse portugaise*. Matisse s'était installé à Vence en 1943. En face, il y avait un couvent de dominicaines, où son ex-infirmière – désormais sœur Jacques-Marie – faisait son noviciat. Elle venait souvent lui rendre visite. Un jour, elle lui apporta un dessin qu'elle avait exécuté pour un vitrail destiné au nouvel oratoire que son ordre voulait construire. C'est à la suite de conversations avec sœur Jacques, puis avec un novice dominicain, le frère Rayssiguier, et avec le père Couturier, dominicain lui aussi, que Matisse s'intéressa au projet. La construction de la chapelle fut entreprise en fonction de la décoration projetée par lui.

Il devait rester le plus souvent couché, ce qui ne diminuait pas son enthousiasme. Il faisait fixer de grandes feuilles de papier au plafond, au-dessus de son lit, et la nuit, comme il dormait peu, dessinait avec un morceau de fusain attaché à une perche de bambou. Il esquissait le portrait de saint Dominique, et d'autres éléments de décoration. En se déplaçant dans sa chaise roulante, il transférait ensuite ces dessins au tracé libre sur de grands carrés de céramique, recouverts d'un émail semi-mat, blanc.

Matisse pensait que la couleur, dans la chapelle, devait provenir uniquement de la lumière qui filtrait à travers les vitraux. Il avait préparé les maquettes d'une façon identique à celle qu'il utilisait pour les papiers découpés. Lydia peignait selon ses indications de grandes feuilles de papier dans les tons chinois pour les fonds, puis elle les épinglait au mur, suivant ses directives. Il lui désignait, du bout de son bâton, l'endroit où elle devait poser les découpes de couleur, qui étaient les éléments de la composition. Il fit ainsi trois séries de maquettes. La première était très géométrique, et parfaitement réussie, mais il ne s'en servit pas : elle ne créait pas l'effet exact qu'il recherchait. La seconde, nettement dans l'esprit d'un feuillage tahitien, était assez proche du projet définitif, mais dans des proportions différentes. Sa gamme de couleurs comprenait l'outremer, un jaune intense et un vert. Matisse voulait que chaque élément eût à peu près les mêmes proportions, afin que la lumière, en les traversant, fût uniformément divisée. Il exigea aussi que le verre jaune orangé fût dépoli sur sa face extérieure, pensant que le bleu donnerait beaucoup moins de luminosité que le jaune et ne resterait pas sur le même plan. Les vitraux posés donnèrent une lumière uniforme. Mais en se réfléchissant sur les quarante carreaux de céramique, l'ensemble produisait une réflexion rose-mauve plutôt désagréable, et qui n'était probablement pas ce que Matisse avait cherché.

Pablo ne trouvait pas que ce fût une réussite : « Si Matisse avait pu prévoir que la lumière deviendrait rose-mauve, me dit-il après l'une de nos visites à la chapelle, il aurait mieux valu qu'il utilise d'autres couleurs pour contrebalancer cette teinte. Si, par contre, l'effet recherché était la décoration blanc et noir, il aurait suffi d'une tache rouge, ou d'une volonté bien définie. Avec cette résultante rose-mauve, on a l'impression d'être dans une salle de bains. »

Nous sommes allés voir Matisse, un après-midi, alors qu'il travaillait sur des maquettes de chasubles et autres ornements pour la chapelle. Le père Couturier était là. Ce n'était pas un inconnu pour moi. Chez les dominicaines, j'étais considérée comme une forte tête, et, parfois, on m'envoyait consulter des pères qui pourraient répondre à mes questions. J'acceptais difficilement certaines notions théologiques qu'ils présentaient comme l'évidence, à savoir, par exemple, qu'il n'est pas de salut hors de l'Église. J'avais fait la connaissance du père Couturier de cette façon.

Au cours d'une visite précédente, Pablo avait dit à Matisse : « Vous êtes fou de travailler pour ces gens. Croyez-vous à tout cela, oui ou non ? Si c'est non, pensez-vous qu'il soit valable d'œuvrer pour une idée à laquelle vous ne croyez pas ? » Malicieusement, Matisse rapporta ces propos au père Couturier, au moment de notre arrivée, et le père répondit : « On peut dire ce qu'on veut, mais Picasso peint avec son sang. » La remarque était faite pour plaire. Seulement, Pablo n'était pas d'humeur à se laisser séduire par une phrase, si flatteuse fût-elle. Il répéta à Matisse ce qu'il avait dit : « Mais pourquoi faites-vous ces choses-là ? Je serais d'accord si vous étiez croyant. Dans le cas contraire, je pense que vous n'en avez moralement pas le droit.

— Pour moi, rétorqua Matisse, tout cela est essentiellement une œuvre d'art. Je médite, et me pénètre de ce que j'entreprends. Je ne sais pas si j'ai ou non la foi. Peut-être suis-je plutôt bouddhiste. L'essentiel est de travailler dans un état d'esprit proche de la prière. » Le père Couturier était bien décidé à tirer tout l'avantage spirituel possible de cette discussion, si entachée fût-elle de bouddhisme. Il se tourna vers moi : « Mais vous savez très bien, n'est-ce pas, que nous ne cherchons ni l'uniformité ni le conformisme. Nous préférons nous ouvrir à toutes sortes de possibilités spirituelles. » Et pour témoigner de cette largeur de vues, il rappela les discussions que nous avions eues au cours de mes années de pension.

Je souris et lui répondis que je m'en souvenais parfaitement. « Avec tout ce charme dialectique qui vous caractérise, vous êtes prêts à tout, même à aller prêcher dans le monde du théâtre et du cinéma les quelques pauvres âmes qui restent à prendre. De nos jours, vous n'hésitez pas à faire des concessions, mais dans les siècles de leur puissance, les dominicains menaient l'Inquisition en Espagne : vos armes changent au gré de votre force ou de votre faiblesse. »

Pablo souriait et se frottait les mains, heureux de me voir réagir – pour une fois – avec l'agressivité dont il me reprochait souvent de manquer. J'avais déjà remarqué qu'il me laissait la bride sur le cou, dans des situations de ce genre, et que, si je me montrais à la hauteur, il en était très fier. C'est la fierté du propriétaire de la jument qui a bien sauté l'obstacle. Tous les espoirs sont permis pour le *sweepstake*.

Quant à Matisse, bouddhiste ou chrétien, il rayonnait d'une sérénité que je trouvais très émouvante. Je le lui dis un jour.

Il me répondit : « Je ne pensais pas me remettre de ma seconde opération ; alors j'estime que les jours qui me restent me sont donnés par surcroît. Chaque nouveau matin est un sursis que j'accepte avec gratitude. J'oublie complètement mes souffrances physiques et tout le désagrément de mon état actuel ; je ne pense qu'à la joie de voir une fois de plus le soleil, et à la possibilité de travailler encore un peu, même dans des conditions difficiles. »

Jeune, Matisse était assez bourgeois de tempérament et d'habitudes, m'avait dit Pablo, qui ne l'avait pas beaucoup apprécié à ce moment-là. Il trouvait difficile, alors, de rester longtemps en sa compagnie. Après la maladie de Matisse, ils se virent de plus en plus fréquemment, et Pablo avait presque de la vénération pour le maître de Vence, tant sa manière d'être reflétait un équilibre intérieur, un calme qui arrivait à apaiser même un homme comme Picasso. Je crois, en outre, que Matisse avait fait fi de toute rivalité, ce qui avait aussi ouvert la voie à leur amitié. Le détachement de Matisse était sans doute l'élément positif de leurs relations. Matisse pouvait se payer le luxe d'être l'ami de Pablo. Il appréciait ses visites et aimait à le rencontrer, malgré ses sarcasmes et ses sautes d'humeur.

Matisse avait envers Pablo une attitude presque paternelle qui facilitait les rapports. Dans leurs conversations, Pablo apportait l'élément actif ; Matisse, le côté passif. Tel un danseur, Pablo tâchait de charmer Matisse, mais c'était toujours Matisse qui finissait par conquérir Pablo. « Il faut que nous parlions ensemble le plus possible, disait-il. Quand l'un de nous sera mort, il y aura des choses que l'autre ne pourra plus jamais dire à personne. »

Plus tard, quand Matisse retourna vivre à l'hôtel *Régina*, de Cimiez, nous continuâmes à le voir, à peu près tous les quinze jours. Souvent Pablo lui apportait ses dernières toiles, ou des dessins, et, quelquefois, j'apportais aussi les miens. Lydia nous montrait ce que Matisse venait d'achever, et si c'était des papiers découpés, nous les voyions épinglés aux murs.

Matisse avait acheté une pelisse de mandarin chinois en damas de soie rose et argent, très longue et doublée d'une peau de tigre du désert de Gobi. Elle tenait debout toute seule, et Lydia l'avait disposée devant une tenture arabe mauve pâle. Le manteau était très épais, avec un énorme col blanc qui devait s'épanouir haut, de chaque côté du visage.

« Je vais faire poser mon nouveau modèle avec cette pelisse, dit Matisse, mais je voudrais d'abord la voir sur Françoise. »

Pablo était réticent. Matisse insista, j'essayai la pelisse. Elle montait au-dessus de ma tête et je disparaissais complètement dans sa forme triangulaire.

« Oh ! je pourrais faire quelque chose d'excellent avec cela ! s'écria-t-il.

— C'est cela, faites-le, vous me donnerez le tableau, et à Françoise la pelisse », lança Pablo.

Matisse eut l'air d'hésiter :

« La pelisse va bien à Françoise, mais elle ne trouverait pas sa place dans votre univers.

— Cela m'est égal, dit Pablo.

— Non, dit Matisse. J'ai un cadeau qui vous conviendra mieux. C'est une chose qui vient de Nouvelle-Guinée. Une sculpture magique, terriblement sauvage. Juste ce qu'il vous faut. »

Lydia alla la chercher. C'était un assemblage de morceaux taillés dans la fougère arborescente, violemment striés de bleu, de jaune et de rouge, d'un aspect vraiment barbare, mais pas très ancien. Plus grand que nature, les jambes tenant par des ficelles, cet ensemble était assez dépenaillé, et surmonté de plumes. C'était beaucoup moins beau que bien des objets de Nouvelle-Guinée que j'avais pu voir déjà. Pablo l'examina et dit qu'il n'y avait pas de place dans l'auto pour l'emporter cette fois-ci. Il promit de l'envoyer chercher.

Matisse acquiesça. « Mais avant que vous partiez, dit-il, je veux vous montrer mon platane. » J'en étais à me demander comment il avait bien pu transporter un platane dans l'hôtel, quand une fille gigantesque, qui semblait avoir une vingtaine d'années et mesurait un mètre quatre-vingts, fit son apparition.

« Voici mon platane », dit Matisse, rayonnant.

En sortant, Pablo me dit : « Il y a quelque chose là-dessous, vous pouvez en être sûre. Mais vous ne trouvez pas exagéré qu'il continue à courir les femmes, à son âge ? Il devrait être un peu plus sérieux. »

Je répondis à Pablo que je m'étonnais de son puritanisme à l'égard d'autrui. Il n'était pas si strict pour lui-même. Je ne voyais aucun mal à ce qu'un homme âgé et malade, comme Matisse, éprouve joie et réconfort à suivre des yeux les courbes d'un corps de jeune fille.

« J'ai horreur de ce jeu esthétique de l'œil et de l'esprit, auquel se complaisent les connaisseurs, ces mandarins qui "savent apprécier" la beauté, déclara Pablo. Qu'est-ce que la beauté, en fait ? Elle n'existe pas. Je n'apprécie rien, je ne trouve rien agréable. J'aime ou je hais. Quand j'aime une femme, cela déchire tout, et en particulier ma peinture. Tout le monde me critique parce que j'ai le courage de vivre ma vie au grand jour, en détruisant plus que d'autres, peut-être, mais aussi avec plus d'intégrité et de vérité. Ce qui m'irrite encore plus, c'est que sous prétexte que je n'ai pas de complexes et que je mène ce genre de vie, tout le monde croit que je n'aime pas ce qui est raffiné. Quand j'ai découvert l'art nègre, il y a quarante ans, et que j'ai peint ce qu'on appelle mon Époque nègre, c'était pour m'opposer à ce qu'on appelait "beauté" dans les musées. À ce moment-là, pour la plupart des gens, un masque nègre n'était qu'un objet ethnographique. Quand je me suis rendu pour la première fois avec Derain au musée du Trocadéro, une odeur de moisi et d'abandon m'a saisi à la gorge. J'étais si déprimé que j'aurais voulu partir tout de suite. Mais je me suis forcé à rester, à examiner ces masques, tous ces objets que des hommes avaient exécutés dans un dessein sacré, magique, pour qu'ils servent d'intermédiaires entre eux et les forces inconnues, hostiles, qui les entouraient, tâchant ainsi de surmonter leur frayeur en leur donnant couleur et forme. Et alors j'ai compris que c'était le sens même de la peinture. Ce n'est pas un processus esthétique ; c'est une forme de magie qui s'interpose entre l'univers hostile et nous, une façon de saisir le pouvoir, en imposant une forme à nos terreurs comme à nos désirs. Le jour où je compris cela, je sus que j'avais trouvé mon chemin.

« Et puis les gens ont commencé à juger ces masques en termes esthétiques ; maintenant, tout le monde répète qu'il n'y a rien de plus beau, et ils ne m'intéressent plus. S'ils ne sont qu'esthétiques, alors je préfère un objet chinois. En plus, ce truc de Nouvelle-Guinée me fait peur. Il doit aussi faire peur à Matisse, et c'est pour cela qu'il veut tellement me le donner. Il pense, sans doute, que je saurai mieux que lui l'exorciser. »

Peu après cette visite, Pablo retourna à Paris. Il y resta quelque temps, mais Matisse n'avait pas oublié son projet. Il téléphona aux Ramié, à la poterie, ignorant que Pablo était parti, et laissa un message à ce sujet. Il lui écrivit même, deux fois, que son présent était à sa disposition. Il avait manifestement décidé de le lui imposer. « Ce n'est pas quelque chose à quoi l'on puisse rester indifférent, écrivait-il, et ce n'est pas non plus quelque chose de triste. » Mais Pablo était vexé que Matisse pût croire que « cette chose » lui convenait mieux qu'un objet chinois. Il lui déplaisait que Matisse se considère comme un peintre intelligent et ne voie en lui qu'un être d'instincts. À la fin, Matisse fit livrer l'objet à Vallauris. Lorsqu'il l'eut en sa possession. Pablo l'aima, et nous fîmes une visite à Matisse pour le remercier.

Pablo possédait au moins huit toiles de Matisse ; certaines avaient été achetées, les autres provenaient d'échanges entre les deux peintres. Il avait ainsi acquis une nature morte très typique avec des tulipes blanches et rouges et une assiette d'huîtres sur une table brique, contre un fond noir, griffé en diagonale d'un quadrillage blanc. De la même époque, il avait également choisi une femme en mauve, assise dans un fauteuil de cuir brun rouge, sur fond vert. Ces deux toiles, d'une harmonie de couleurs parfaite, étaient en même temps très libres et spontanées. Matisse disait que, souvent, il effaçait le soir, avec du coton et de la térébenthine, tout ce qu'il avait peint pendant la journée s'il n'en était pas vraiment satisfait. Il reprenait le thème le lendemain, sur la toile blanche, et de la même manière spontanée. « J'agis ainsi, disait-il, je pars d'une sensation reçue, mon sentiment ne change pas, il reste au centre de ma conception, et j'en essaie toutes les expressions possibles jusqu'à ce que j'en trouve une qui me satisfasse complètement. » C'est ainsi qu'il avait fait toutes sortes d'essais pour ses illustrations des *Lettres de la religieuse portugaise*. Il avait exécuté près de quatre-vingts dessins de son modèle, la future sœur Jacques-Marie, exploitant toutes les possibilités plastiques de son visage. Dans l'un, il en accentuait le carré. Dans un autre, toutes les courbes étaient fortement exagérées. Dans un autre encore, les yeux étaient petits et très rapprochés. Celui-ci était sévèrement linéaire ; celui-là, délicatement modelé au fusain. Et pourtant, ces quatre-vingts dessins si différents présentaient une complète unité ; on sentait s'exprimer la maîtrise de l'artiste, qui avait brodé ces arabesques dansantes autour d'une volonté ordonnée.

Comme le disait Matisse : « Quand je regarde un figuier, chaque feuille a un dessin différent. Elles ont chacune leur manière de bouger dans l'espace ; et pourtant elles crient toutes, chacune à sa façon : figuier ! »

Parmi les toiles de Pablo, Matisse avait choisi une tête de Dora Maar et une nature morte de 1943, avec une cruche et un verre. La nature morte était très austère, et le registre restreint des couleurs, d'une harmonie sobre, accentuait la construction des objets dans la composition. Selon une conception très picassienne, les plans de la tête de Dora Maar étaient présentés de profil et de face, simultanément dans une gamme noir-gris-blanc soulignée d'ocre et de bleu.

Chacun des deux peintres avait admiré et choisi ce qui était le plus caractéristique chez l'autre.

En février 1952, Pablo avait montré à Matisse un paysage triste, au dessin cursif et tourmenté, avec un arbre mort, un ciel gris, traités en camaïeu, et juste un soupçon d'ocre et de vert. Nette et vigoureuse, la toile avait énormément plu à Matisse. Ils avaient discuté un échange, mais Matisse était déjà très malade et l'échange ne s'est jamais fait. Pablo ne désirait pas vraiment se défaire de cette œuvre ; il y tenait parce que, disait-il : « De temps en temps, je peins une toile qui semble ouvrir une porte et me permet d'aller de l'avant. Cela oriente ma recherche, je peux difficilement m'en séparer. »

Au cours d'une de nos visites, Matisse nous montra des catalogues que son fils Pierre, marchand de tableaux à New York, lui avait envoyés pour l'informer des tendances de l'art américain. Ils contenaient des reproductions de tableaux de Jackson Pollock et autres peintres de cette école.

« J'ai l'impression que je suis incapable de juger ce genre de peinture, dit Matisse, pour la simple raison qu'on ne peut jamais juger objectivement ce qui vient après soi. On sait apprécier les maîtres du passé, et même les contemporains. Parmi les jeunes, je comprends un peintre qui ne m'a pas totalement oublié, même s'il va au-delà de moi. Mais à partir du moment où il ne se réfère plus du tout à ce qui, pour moi, est peinture, je ne le comprends plus. Je ne peux davantage le juger. Cela me dépasse complètement. Autrefois, j'aimais beaucoup la peinture de Renoir. Vers la fin de la Première Guerre, je séjournais dans le Midi. Renoir était très âgé ; comme je l'admirais beaucoup, j'allai le voir dans sa maison de Cagnes, *Les Collettes*. Il me reçut cordialement et je lui présentai quelques-unes de mes toiles, pour connaître son opinion. Il les regarda d'un air plutôt désapprobateur. Puis il dit : “À la vérité, je n'aime pas ce que vous faites. J'aimerais presque dire que vous n'êtes pas un bon peintre, ou même que vous êtes un très mauvais peintre. Mais une chose m'en empêche ; quand vous placez un noir, sur la toile, il reste à son plan. Toute ma vie, j'ai pensé qu'on ne pouvait s'en servir sans rompre l'unité chromatique de la surface. C'est une teinte que j'ai bannie de ma palette. Quant à vous, utilisant un vocabulaire coloré, vous introduisez le noir et cela tient. Alors, malgré mon sentiment, je crois que vous êtes sûrement un peintre.” »

Matisse souriait : « Vous voyez, il est très difficile de comprendre la génération qui nous suit. Petit à petit, avançant dans la vie, on crée non seulement une œuvre, mais la doctrine esthétique qui la définit. On établit ses propres valeurs, et on les codifie, au moins dans une certaine mesure, comme un absolu. Il devient alors plus difficile de comprendre un style dont l'origine se situe au-delà de notre point d'arrivée. Quand nous nous manifestons, le mouvement de la peinture nous contient un moment, nous absorbe, et nous ajoutons peut-être un maillon à la chaîne. Puis, l'histoire se poursuit, nous dépasse, nous rejette, et nous ne comprenons plus. »

L'air sarcastique, Pablo répondit : « Quelle sagesse ! C'est du bouddhisme de pacotille ! » Il secoua la tête. « Je ne suis pas du tout d'accord, et je me moque de pouvoir ou non juger ce qui vient après moi. Je suis contre ce genre de peinture : je crois que c'est une erreur de se laisser complètement aller, et de se perdre dans un geste. Cette foi en l'acte pur me déplaît énormément. Ce n'est pas que je m'accroche à une conception rationnelle de la peinture. Je n'ai rien de commun avec un homme comme Poussin, par exemple. De toute façon, notre inconscient est si fort qu'il s'exprime toujours d'une manière ou d'une autre, en dépit de nous. Alors pourquoi se livrer à lui délibérément ?

« Pendant l'Époque surréaliste, l'écriture automatique était à la mode. C'était une gageure, au moins dans une certaine mesure ; il est difficile, sinon impossible, d'être authentique. Il y a toujours un moment où l'on arrange un peu. Même les textes automatiques surréalistes étaient quelquefois corrigés. Alors, pourquoi ne pas admettre qu'on se sert de tout le substrat de l'inconscient, mais qu'on le tient en main ? Cela ne veut pas dire que je prêche pour un mode de pensée rationnelle qui aille de déduction en déduction, d'un principe à ses conséquences inéluctables. Ma pensée, quand je peins, est souvent une suite de coq-à-l'âne, une série de sauts d'un sommet à l'autre. C'est ce qu'on pourrait appeler une pensée de somnambule. Ce qui ne veut pas dire qu'il ne puisse s'agir d'un rêve dirigé, d'une induction qui serait aussi loin de l'automatisme pur que de la pensée rationnelle. De plus, quelle que soit l'origine de l'émotion qui me porte à créer, je veux lui donner une forme qui soit liée au monde visible, ne serait-ce que pour lui faire la guerre. Sinon, une toile n'est qu'un fourre-tout, où n'importe qui peut trouver ce qui lui plaît. Je veux que mes peintures puissent se défendre, résister à l'envahisseur, comme si chaque surface était hérissée de lames de rasoir, afin que personne ne puisse y toucher sans se couper les mains. Une peinture n'est pas un sac de marché ou un sac à main rempli de peignes, d'épingles à cheveux, de rouge à lèvres, de vieilles lettres d'amour et de clefs de garage. Valéry disait : "J'écris la moitié d'un poème et le lecteur écrit l'autre." C'est peut-être parfait pour lui, mais je ne veux pas qu'il puisse y avoir trois, quatre, ou un millier de façons d'interpréter une de *mes* toiles. Je veux qu'il n'y en ait qu'une, et que, dans celle-là, on puisse, au moins dans une certaine mesure, reconnaître la nature, même une nature torturée, parce qu'il s'agit après tout d'une sorte de combat entre ma vie intérieure et le monde extérieur tel qu'il existe pour la plupart des gens. Je l'ai souvent répété : je n'essaie pas d'exprimer la nature, mais de travailler comme elle. Et je veux que cet élan intérieur – mon dynamisme créateur – se présente à celui qui regarde mes toiles sous l'aspect de la peinture traditionnelle, violée. »

« Ce Matisse a de si bons poumons ! » soupira un jour Pablo, en sortant de chez lui. Je demandai ce qu'il voulait dire. « Dans son œuvre, quand on trouve trois tons, côte à côte – par exemple un vert, un mauve et un turquoise – leur rapport est heureux et détermine une résultante qui est *la couleur*. Vous l'avez entendu dire : "Il faut laisser à chaque ton sa zone d'expansion." Là-dessus, je suis absolument d'accord avec lui ; chaque ton émet une onde qui se propage. Si l'on tente de le contenir à l'intérieur d'un graphisme noir, par exemple, on l'annihile, en tout cas sur le plan pictural : on détruit son rayonnement. Il faut ménager des intervalles. Une couleur n'a pas besoin d'avoir une forme définie. Ce n'est même pas désirable. Quand elle atteint un point un peu au-delà de ses limites, elle s'irradie jusqu'à la zone neutre, et l'autre teinte la rejoint au bout de sa course. À ce moment-là, on peut dire que *la couleur* respire. Matisse peint ainsi, et c'est pour cela que je dis : il a de si bons poumons.

« En règle générale, moi, je n'utilise pas ce langage. Je travaille, d'une manière assez traditionnelle, comme Tintoretto et le Greco, qui peignaient entièrement en camaïeu, à la *tempera*, et, vers la fin, ajoutaient des glacis transparents et sonores, pour accentuer les contrastes. Le fait qu'il y ait une certaine touche de rouge n'est pas un trait essentiel. La peinture a été construite ; on pourrait retirer le rouge, elle continuerait d'exister. Mais chez Matisse, il serait impensable de supprimer un plan rouge, si petit soit-il, sans que l'effet global ne s'en trouve détruit. »

Je demandai à Pablo comment il classait un de mes coloristes préférés : Bonnard.

« Ne me parlez pas de Bonnard, dit-il. Ce qu'il fait n'est pas de la peinture. Il ne va jamais au-delà de sa sensibilité. Il ne sait pas choisir. Quand il peint un ciel, par exemple, il le peint d'abord bleu, plus ou moins comme il est. Puis il regarde d'un peu plus près et y voit un peu de mauve ; alors il ajoute une touche ou deux de mauve, sans se compromettre. Et puis il se dit qu'il y a aussi un peu de rose. Donc, il n'y a pas de raison pour qu'il ne mette pas de rose. Le résultat est un pot-pourri d'indécision. S'il regarde assez longtemps, il finit par ajouter du jaune, au lieu de décider de quelle teinte devrait réellement être ce ciel. On ne peut pas travailler ainsi. La peinture n'est pas une question de sensibilité ; il faut usurper le pouvoir ; on doit prendre la place de la nature et ne pas dépendre des informations qu'elle vous offre. C'est pour cela que j'aime Matisse. Il sait toujours faire un choix intellectuel entre les couleurs. Qu'il soit ou non proche de la nature, il sait toujours remplir complètement une étendue avec un ton, uniquement parce qu'il s'accorde avec les autres couleurs de la toile, et non parce qu'il est plus ou moins sensible à la réalité. S'il décide que le ciel doit être rouge, il le fera rouge cadmium, et rien d'autre. Ce sera parfait, parce qu'il observera exactement le même degré d'intensité dans les autres couleurs. Il transposera tous les autres éléments de la toile dans une gamme chromatique assez vibrante pour que les rapports entre les tons rendent possibles l'agressivité de ce premier rouge et son arrogance. C'est Van Gogh qui a trouvé le premier la clef de cette tension. Il écrivait : "Je me monte le cou jusqu'au jaune." Regardez un champ de blé, par exemple ; vous ne pouvez pas dire qu'il soit vraiment jaune cadmium. Mais une fois qu'un peintre a décidé arbitrairement qu'il en est ainsi, utilisant une couleur qui ne reste pas en deçà de la nature mais la dépasse, il détermine entre les autres couleurs des relations qui font éclater le corset de la nature. Ainsi il affirme son indépendance. C'est ce qui donne de l'intérêt à son œuvre. Je n'aime pas Bonnard. Je ne veux pas être touché par ce qu'il fait. Ce n'est pas vraiment un peintre moderne ; il obéit à la nature, il ne la transcende pas. Cette façon de surpasser la nature est activement poursuivie dans l'œuvre de Matisse. Bonnard n'est qu'un néo-impressionniste, un décadent, un crépuscule, pas une aurore. Qu'il ait un peu plus de sensibilité qu'un autre n'est qu'un défaut supplémentaire à mes yeux. Cette dose excessive de sensibilité lui fait aimer des choses qu'on ne devrait pas aimer.

« Mon autre grief à son égard concerne sa manière de remplir toute la surface de la toile, formant une étendue continue qui frissonne imperceptiblement, touche par touche, centimètre par centimètre, mais qui est complètement dépourvue de contraste. Jamais le noir ne s'oppose au blanc, le cercle au carré, ni l'angle aigu à la courbe. On cherche en vain sur cette surface extrêmement orchestrée, qui se développe organiquement, le coup de cymbales inattendu d'une violence concertée. »

Dans une volière, Matisse élevait, parmi ses oiseaux exotiques, quatre gros pigeons milanais. Contrairement à la plupart des pigeons, ceux-ci avaient les pattes couvertes de plumes et l'on ne pouvait voir leurs griffes ; ils semblaient porter des guêtres blanches. « Je devrais vous les donner, proposa-t-il à Pablo. Ils ressemblent à des pigeons que vous avez peints. » Nous les avons ramenés à Vallauris. L'un d'eux eut une carrière politique et artistique très distinguée. Début 1949, Pablo en fit une lithographie particulièrement réussie sur le plan technique. On peut obtenir assez facilement un noir absolu, mais l'encre lithographique contient de la cire, et si on la dilue avec de l'eau pour obtenir un lavis transparent, ce dernier ne prend pas uniformément sur la pierre. Cela donne une surface toute granuleuse appelée « peau de crapaud ». Pablo réussit un lavis dégradé très lumineux, ce qui tenait du tour de force.

Un mois plus tard, Louis Aragon vint voir Pablo à son atelier de la rue des Grands-Augustins afin d'obtenir de lui le dessin qu'il avait promis pour l'affiche du Congrès mondial de la Paix. En regardant dans un carton de lithos récentes, il découvrit celle-ci, et le pigeon lui parut ressembler si bien à une colombe qu'il eut l'idée d'en faire l'emblème du Congrès. Pablo accepta. En temps voulu, l'affiche – *La Colombe* – fit son apparition sur les murs de Paris. Dans ses innombrables tirages et retirages, d'abord en lithographie originale, puis en reproduction, elle devait faire le tour du monde au service de la paix.

Ayant découvert la colombe, Aragon continua d'examiner les lithographies de Pablo et s'arrêta sur une série de portraits de moi, vêtue du manteau que Pablo m'avait rapporté de Pologne. Ces portraits étaient très stylisés, avec de petites têtes. Pablo avait eu l'intention d'en faire des lithographies en couleur, mais le résultat n'avait pas été heureux, les repères étant mal placés. Il tira quelques épreuves, mais n'en fut pas satisfait non plus. Il avait donc retravaillé les cinq plaques originales – une pour chaque couleur – puis réalisé cinq compositions différentes et plusieurs états de chacune. Ensuite, il en avait conçu une autre, très spontanément. En la voyant, Aragon déclara : « Il faut me la donner ; elle est tout à fait réussie. » Pablo semblait sur le point d'accepter, mais Aragon eut le malheur d'ajouter : « Je l'aime d'autant plus que, pour une fois, tu as montré Françoise aussi charmante qu'elle est. » Là-dessus, le rideau de fer tomba. Pablo maugréait : « Il n'y a pas la moindre différence entre une femme charmante et une grenouille.

— J'en suis désolé pour toi, répondit Aragon, mais si vraiment tu ne vois pas la différence, tu as eu beaucoup de chance dans la vie, parce que, jusqu'à présent, je t'ai toujours vu entouré de jolies femmes – au visage régulier – et jamais d'horribles grenouilles. »

Pablo sourit : « Tu es comme Braque. Il m'a dit un jour : "En amour, tu n'es pas dégagé des maîtres !" » Nous éclatâmes tous de rire, et Aragon reprit : « Puisque tu n'es pas fâché, pourquoi ne pas me donner la litho ? – Non, dit Pablo. Tu as été impertinent ; tu ne l'auras pas. Il faudra te contenter du déjeuner. »

Aragon venait souvent voir Pablo. Leur amitié était mordante et agressive, traversée d'orages, de bouderies et de réconciliations. Pablo ne considérait pas Aragon comme un ami tout à fait satisfaisant. Pour une fois, je suis d'accord avec Breton : « Je n'ai pas d'amis, j'ai des amants. Non au sens littéral, bien sûr, je ne suis pas pédéraste. Mais je crois que devrait exister entre amis ce sentiment de chaleur que donne une intimité totale. »

Un tel sentiment eût été plus facile si Aragon était venu seul, car Pablo s'entendait assez mal avec sa femme, Elsa Triolet. Il disait qu'elle ne comprenait rien à la peinture et qu'elle avait influencé les théories d'Aragon sur le réalisme socialiste. En outre, elle était assez sarcastique, et Pablo, qui ironisait volontiers, appréciait peu l'humour des autres.

La première fois que je vis Aragon, je fus très frappée par son aspect. Avec ses yeux clairs, son teint pâle, ses cheveux presque blancs, il était beau et paraissait très jeune. Il avait l'air d'un abbé de cour du XVIIIe. On s'attendait presque à le voir vêtu de soie, portant une culotte à la française et une épée. Il était toujours en arrivant dans un état d'agitation extrême qui l'empêchait de s'asseoir. Il allait et venait, gesticulait, parlait d'abondance avec une certaine emphase. C'était un spectacle éprouvant, un peu comme un match de tennis, à gauche, à droite, à gauche, à droite de nouveau. Tout le monde suivait Aragon des yeux, aussi régulièrement qu'un métronome. Si, par hasard, il y avait un miroir à un bout de la pièce, il y jetait un regard avant de faire son demi-tour et réparait soigneusement l'ordre de sa chevelure, de la main gauche. Tout ce qu'il pouvait dire, malgré son intelligence brillante, semblait d'importance secondaire comparé à l'envoûtement qu'exerçait ce mouvement perpétuel. On finissait par répondre « oui » à tout ce qu'il demandait, tant on était hypnotisé.

Aragon et Elsa ont tous deux les yeux bleus – très bleus avec une pupille minuscule, comme un point noir. Il est grand, tandis qu'elle est petite, mais fort bien proportionnée, avec de très jolies jambes. Elle aussi a du charme et une personnalité complexe.

Je pouvais comprendre l'influence qu'elle avait exercée, jeune fille, en Russie, sur le poète Maïakovski qui avait épousé sa sœur aînée, Lili Brick, et plus tard, à Berlin, sur les peintres et les poètes qu'elle fréquentait. Quand je l'ai rencontrée, elle était toujours très séduisante.

Pablo était singulièrement intrigué par la durée et l'intensité de l'amour qui unit Aragon et Elsa. De la part d'Aragon, en particulier, c'est une dévotion totale. Il a presque un culte, une religion pour cette femme sans égale.

« Comment peux-tu continuer à aimer la même femme ? lui demanda-t-il un jour. Après tout, elle va vieillir comme tout le monde.

— Mais c'est justement cela. J'accueille tous ces petits changements. Ils me font vivre. J'aime l'automne d'une femme.

— Eh bien – Pablo hocha la tête – je suis sûr que tu aimes aussi les dessous de dentelle et les bas de soie. Tu es vraiment fin de siècle. »

Aragon se mit à rire :

« Et toi ? tu es un éternel adolescent. Je ne devrais pas te parler de ces choses-là. Tu n'es pas assez mûr pour comprendre. »

Après le départ d'Aragon, Pablo prit un air presque pensif pour me dire : « Il a de la chance de pouvoir se fixer sur une seule personne. Moi, je crois que je trouverais cela monotone. Cela irait un moment et deviendrait vite ennuyeux. » Il se tut un instant. « Non, reprit-il, ce n'est pas vrai. Je suis aussi scrupuleux que lui, et j'aimerais aussi mener une vie exemplaire. » Il se redressa un peu et ajouta : « Et ma vie *est* exemplaire. »

J'étais forcée de sourire. « Comme vous avez raison ! » dis-je, avec, peut-être, un peu trop de ferveur.

Pablo me regarda, de l'air tragique de la vertu offensée : « Ce n'est pas étonnant, je n'entends autour de moi que sarcasmes et critiques, au lieu de la confiance et du dévouement que je serais en droit d'attendre. Ce n'est guère facile de se maintenir sur les hauteurs avec ce genre de soutien. »

J'éclatai de rire, et, finalement, Pablo aussi. « Bah ! après tout, qu'est-ce que cela peut faire ? La vie n'est qu'un mauvais roman. »

Auprès d'Aragon, Pablo n'était pas très détendu. On aurait dit que chacun essayait toujours de marquer un point sur l'autre. Leurs rapports étaient piquants, relevés de petites coquetteries, de déclarations, de flatteries, d'hyperboles et de paradoxes.

« J'ai découvert un grand écrivain, déclarait Aragon en arrivant : Maurice Barrès. » Naturellement, ils ne pouvaient avoir ni l'un ni l'autre la moindre sympathie pour le nationalisme étroit de Barrès. Aragon aurait pu aussi bien, un autre jour, vanter les mélodrames d'Henry Bataille ; ou dire : « Je viens d'écrire une étude sur les deux plus grands héros de l'histoire de France : Jeanne d'Arc et Maurice Chevalier. » Juste pour agacer Pablo. Une autre fois, il arriva, serra Pablo dans ses bras, déclarant : « Je suis en train d'écrire un article sur Fougeron, qui prouvera que c'est un grand peintre. » Pablo était furieux : « Es-tu fou ? s'écria-t-il, ou veux-tu me faire marcher ? » Et Aragon de répondre aimablement : « Mais puisque tu aimes Balthus, pourquoi pas Fougeron ? » Il avait lancé Fougeron ainsi, par plaisanterie, mais il fut pris au sérieux, et, pendant quelque temps, on parla de cette peinture. Après s'en être suffisamment amusé, Aragon planta une épingle dans la baudruche. C'en fut fait de l'engouement pour Fougeron.

Aragon racontait à merveille, qu'il se fût agi de ses souvenirs d'enfance ou de ses aventures pendant la Résistance. Il avait couru alors de grands dangers, passant en zone libre des manuscrits de la presse clandestine. Mais quand il en venait à dire ses poèmes, il manquait de naturel. C'était un homme tourmenté, un joueur risquant son propre personnage dans les dédales de la politique. Comme le disait Pablo : « Aragon est un saint, mais peut-être pas un héros. Il détesterait que je le compare à Malraux, mais la nature de leur espoir ou de leur désespoir les apparente. »

Un jour, après une de ses visites, Pablo déclara en riant : « Le peuple, on le sait, a besoin de princesses. » Et certes, Aragon était prince. S'il avait choisi l'Église, plutôt que le Parti communiste, on l'aurait vu cardinal. Ce qui était déroutant dans sa nature, c'était la combinaison du poète et de l'écrivain avec l'acteur. À première vue, on ne connaissait que l'acteur, et, dans ce sens, le comédien. Pourtant, derrière cette apparence, l'homme était profond et sincère. Il souffrait de toutes ces contradictions. Il avait le droit de se considérer comme un grand seigneur des lettres, ou même un grand seigneur tout court. Sur ce plan, du reste, il exigeait son dû : aux premières, aux réunions du Tout-Paris, il était très soucieux de la place qu'on lui réservait et aussi imbu de préséance qu'un grand à la cour de Louis XIV. Sinon, on observait une sorte de suspicion permanente à l'égard de chacun, un ferment d'anxiété qui le forçait insatiablement à se multiplier, à se donner mille visages.

Pablo avait raison de dire qu'Aragon était un saint, parce que, pour un homme comme lui, se consacrer au Parti communiste devait être le plus grand des renoncements. Alors qu'il était capable d'exiger la considération à laquelle il avait droit sur le plan social ou littéraire, à l'opposé, son adhésion au Parti était une sorte de masochisme qui le forçait à être plus communiste que personne. Contrairement à Pablo, qui n'a jamais défendu les errements esthétiques du Parti, Aragon n'a pas toujours su éviter d'être le martyr de mauvaises causes.

Je n'en veux pour preuve que ce qui s'est passé juste après la mort de Staline. Aragon m'avait télégraphié un matin à Vallauris, me demandant de l'appeler au sujet d'un portrait de Staline qu'il voulait obtenir de Pablo pour *Les Lettres françaises*. C'était très pressé, car le portrait devait se trouver à Paris le lendemain et paraître dans le numéro suivant. J'ai téléphoné à Aragon pour lui dire que c'était impossible. Pablo venait de partir pour son atelier et je ne voulais pas le déranger en lui annonçant qu'il devait réaliser un portrait de Staline dans la journée, alors qu'il n'en éprouvait certainement aucun désir. Dans ces conditions, il risquait de faire du mauvais travail. Et que ferait alors Aragon ? ai-je demandé.

« Tant pis. Qu'il fasse le portrait de Staline comme il l'entend, et nous le publierons. C'est très urgent. De toute façon, il vaut mieux le faire. » Je partis pour l'atelier et expliquai tout cela à Pablo. Sa réaction fut celle que j'imaginais :

« Comment voulez-vous que je fasse un portrait de Staline ? demanda-t-il avec irritation. D'abord, je ne l'ai jamais vu, et je ne me souviens pas de ce à quoi il ressemble, si ce n'est qu'il a un uniforme plein de gros boutons devant, une casquette, et une grande moustache. »

J'avais déjà fouillé l'atelier et déniché une photo dans un vieux journal, qui représentait Staline, âgé d'une quarantaine d'années. Je la donnai à Pablo. « Bon, bon, dit-il, puisque c'est Aragon qui en a besoin, je vais au moins essayer. » Il s'y mit avec beaucoup de résignation. Mais le portrait fini ressemblait à mon père, que Pablo n'avait jamais vu non plus. Il avait beau essayer d'accentuer la ressemblance avec Staline, le portrait se rapprochait toujours du visage de mon père.

« Peut-être que si j'essayais de faire un portrait de votre père, cela ressemblerait à Staline », dit-il. Nous avons examiné la photo de plus près, et puis les dessins qu'il en avait faits. Pablo finit par en trouver un qui était plus ou moins Staline à l'âge de quarante ans. « Qu'en pensez-vous ? » me demanda-t-il. Je répondis que c'était de toute façon un bon dessin et qu'il ressemblait un peu à Staline. Du reste, comme nous ne l'avions vu ni l'un ni l'autre, nous ne pouvions être très bons juges.

« Mais pensez-vous que je devrais l'envoyer à Aragon ?

— Oui, répondis-je. Aragon connaît son affaire. S'il n'aime pas le portrait, il ne le publiera pas. »

J'ai donc envoyé le portrait, et n'y ai plus pensé. Deux ou trois jours plus tard, en sortant de la maison, vers la fin de la matinée, nous avons croisé un groupe de journalistes américains à la porte. L'un d'eux s'est approché de Pablo : « Est-ce vrai que vous vouliez vous moquer de Staline, quand vous avez fait ce portrait ? » Nous n'y comprenions rien. Il nous expliqua que le portrait avait allumé de vives controverses au sein du Parti, et que ce dernier avait condamné Pablo pour l'avoir exécuté, Aragon pour l'avoir publié.

Pablo prit philosophiquement la chose : « J'imagine que le Parti est dans son droit, mais tout vient d'une confusion, parce que je n'avais aucune mauvaise intention. Si mon dessin a choqué ou déplu, c'est encore autre chose. C'est une question d'ordre esthétique qu'on ne peut pas juger d'un point de vue politique. » Il haussa les épaules. « Dans le Parti, c'est comme dans une famille nombreuse : il y en a toujours un qui est prêt à faire des ennuis, mais il faut le supporter. »

Plus tard, Aragon nous raconta qu'il avait trouvé le dessin très intéressant. Mais il fut obligé d'ouvrir les colonnes des *Lettres françaises* à tous ceux qui estimaient que le portrait ne ressemblait pas assez à Staline. C'était absurde, parce que si l'on voulait une ressemblance parfaite, il suffisait de publier une photo. On avait voulu un dessin d'artiste, il fallait donc accepter son interprétation.

Le Parti rendit la condamnation publique, mais au bout de quelques jours les dirigeants comprirent qu'ils auraient mieux fait de s'abstenir. Laurent Casanova, qui était à l'étranger, vint nous voir à Vallauris dès son retour. Tout fut arrangé très amicalement. Pablo n'a jamais admis qu'il avait eu tort de faire le portrait ; c'eût été impensable. Il déclara seulement : « J'ai fait un dessin ; il était bon ou peut-être moins bon. Il était même, peut-être, mauvais. Mais cela ne concerne que moi. Mon intention était très simple : faire ce qu'on m'avait demandé. » Nous nous trouvions à Paris quinze jours plus tard lorsque, grâce à Casanova, le Parti modifia son attitude. Seul, le plus innocent eut à battre publiquement sa coulpe. Alors que Thorez et d'autres dirigeants de marque s'étaient excusés auprès de Pablo, personne ne fit un geste pour Aragon, qui dut, en outre, faire son autocritique…

La plupart des peintres et des écrivains qui avaient quitté Paris au moment de la guerre pour se réfugier aux États-Unis étaient rentrés en France aussitôt après la Libération. Chagall fut l'un des derniers à revenir. Bella, sa femme, était morte à New York en 1944, et, quelque temps après, il avait rencontré une Anglaise, Virginia, qui lui avait donné un fils, peu de mois après la naissance de Claude. Chagall avait écrit à Pablo, lui annonçant son retour en Europe et lui disant combien il serait heureux de le revoir. Il avait joint une photo de son fils. Pablo n'était pas particulièrement lié avec Chagall, mais cette lettre l'avait touché, et je me souviens qu'il avait épinglé la photo du petit David dans notre chambre.

Tériade vint un jour trouver Pablo au sujet de ses illustrations du *Chant des morts* de Reverdy, et Pablo parla de cette lettre. « Je serais heureux de le revoir, ajouta-t-il, après si longtemps. » Tériade lui apprit alors qu'Ida, la fille de Chagall, séjournerait chez lui, et qu'elle serait également très heureuse de le rencontrer. Une semaine plus tard, nous allions, accompagnés de Michel et de Zette Leiris, déjeuner chez Tériade à Saint-Jean-Cap-Ferrat. Ida nous avait préparé un somptueux repas russe. Elle savait que Pablo aimait cette cuisine. Elle lui fit du charme, expliquant tout ce que son œuvre signifiait pour elle. Elle avait des formes avantageuses et se penchait vers lui avec adoration. Tout ce petit discours tomba dans l'oreille de Pablo comme une musique. Il fut conquis et se prit à dire combien il aimait Chagall. Ida mit ainsi la dernière touche à ce que son père avait préparé : elle donna à Pablo le désir de le revoir avant même qu'il soit arrivé.

Quelques mois plus tard, Chagall vint dans le Midi. Il avait manifesté l'intention de faire de la céramique à la poterie des Ramié, où il débarqua, tout prêt à se mettre à l'œuvre. C'était trop pour Pablo. Son amitié n'était pas à la mesure de cette épreuve, et il le fit bien voir. À la fin, Chagall cessa de venir. Il n'y eut jamais de querelle ; mais l'enthousiasme de Pablo pour Chagall s'était tout simplement rafraîchi depuis son retour. Apparemment, ils étaient en excellents termes.

L'année suivante, Tériade nous invita de nouveau à déjeuner. Cette fois, il y avait Chagall et Virginia. Virginia avait un très joli visage, mais elle était maïgre à l'extrême, et si grande qu'elle dépassait tout le monde. Je vis que Pablo était atterré par sa maigreur. Elle était théosophe. Ses convictions lui interdisaient de manger de la viande et les trois quarts de ce qu'il y avait sur la table. Sa fille, âgée d'une dizaine d'années, suivait le même régime. Pablo en était si horrifié qu'il avait peine à manger lui-même. Et comme, moi aussi, j'étais tout à fait à la limite de la maigreur à ses yeux, furieux de se voir entouré de tant de femmes efflanquées, il décida de faire bon usage de sa mauvaise humeur. Alors, il se tourna vers Chagall :

« Mon cher ami, dit-il, je ne comprends pas pourquoi, vous qui êtes un Russe loyal et dévoué, vous ne mettez plus les pieds dans votre pays. Vous allez partout ailleurs. Même en Amérique. Mais maintenant que vous êtes revenu, pourquoi ne pas pousser un peu plus loin et aller voir ce qui se passe là-bas, après toutes ces années ? »

Chagall était en Russie pendant la révolution. Il avait été nommé commissaire des Beaux-Arts à Vitebsk au début du nouveau régime. Les choses s'étant gâtées, il était rentré à Paris. Ensuite, il n'avait jamais éprouvé le moindre désir de retourner dans son pays.

Il adressa un grand sourire à Pablo : « Après vous, mon cher. D'après ce que j'ai compris, on vous aime beaucoup en U.R.S.S. ; on y admire moins votre peinture. Une fois que vous y serez et aurez apprécié le climat, je pourrai peut-être vous rejoindre ; on verra comment vous vous adapterez. »

Pablo devint tout à coup très désagréable : « Pour vous, je suppose que c'est une question d'argent. Il n'y a rien à gagner là-bas. » Leur amitié est morte à cet instant. Les sourires sont restés béants et figés, mais les sous-entendus devenaient de plus en plus clairs, et, en partant, nous avons laissé deux cadavres sous la table. Pablo et Chagall ne se virent plus.

Lorsque j'ai rencontré ce dernier, assez récemment, il gardait encore un souvenir cuisant de ce déjeuner : « Une affaire sanglante ! » s'est-il exclamé. Peu après cette visite chez Tériade, Virginia quitta Chagall. C'est à cette époque que nous avons rencontré Ida, à une soirée de ballets. Elle était très émue du départ de Virginia : « Papa est si malheureux ! » Pablo se mit à rire : « Ne riez pas ! s'écria-t-elle. Cela pourrait vous arriver. » Pablo rit de plus belle : « C'est la chose la plus ridicule que j'aie jamais entendue. » Mais Pablo avait beau ne pas aimer Chagall personnellement, il l'estimait en tant que peintre. Il me dit, un jour que nous en discutions : « Quand Matisse sera mort, Chagall restera le seul peintre qui comprenne ce qu'est vraiment la couleur. Je ne suis pas fou de ces coqs, de ces ânes, de ces violonistes volants et de tout ce folklore, mais ses toiles sont vraiment peintes, le hasard n'y a aucune part. Certaines des dernières peintures faites à Vence montrent qu'il n'y a jamais eu personne, depuis Renoir, qui ait le sentiment de la lumière comme Chagall. »

Longtemps après, Chagall me dit ce qu'il pensait de Pablo : « Quel génie, ce Picasso ! Dommage qu'il ne fasse pas de peinture ! »

Pablo n'avait pas le même enthousiasme pour l'œuvre de Fernand Léger, alors qu'on aurait pu les croire assez proches à cause de leur passé cubiste. En 1951, Léger commença de séjourner en hiver et au printemps dans le Midi, parce qu'un de ses élèves avait installé un atelier à Biot, où il comptait produire en série des céramiques dessinées par son maître, ainsi que de grands panneaux en bas-relief qui pourraient être assemblés en larges décorations murales polychromes.

Pablo ne se serait jamais dérangé pour aller voir Léger. Même à Paris, ils ne se rencontraient qu'à la galerie Leiris, s'ils s'y trouvaient en même temps, pour voir une exposition ou bavarder avec Kahnweiler. Pablo aimait la peinture des débuts de Léger, et ce qu'il avait fait jusqu'en 1930, mais il appréciait assez peu ses toiles récentes.

Léger s'était toujours considéré comme l'un des mousquetaires du cubisme. Ce n'était pas l'opinion de Pablo, ni, selon lui, celle de Braque et de Juan Gris. Ils étaient, eux, « les Trois Mousquetaires du cubisme », et, à leurs yeux, Léger n'était que Léger. Pendant leur époque héroïque, tous trois habitaient Montmartre. Pablo et Juan Gris travaillaient dans des ateliers du *Bateau-Lavoir*, et Braque dans un atelier assez proche, boulevard de Clichy. S'il y avait un quatrième mousquetaire, c'était plutôt Derain, qui était très lié avec Braque. Léger ne se joignit à eux que plus tard, après que Max Jacob l'eut amené de Montparnasse. Max était insomniaque et passait généralement ses nuits à parcourir les rues de Paris, le plus souvent sans même un ticket de métro en poche. À ce moment-là, Léger vivait à *La Ruche*, petite cité d'ateliers délabrés près des abattoirs de Vaugirard. Quand, en 1912, Pablo alla vivre à Montparnasse, il vit Léger plus souvent. Bien des années plus tard, chaque fois qu'il regardait des toiles de Léger, il avait la même réaction : « Cela ne me satisfait pas, me disait-il. C'est franc et ouvert, mais ça ne va pas au-delà du premier coup d'œil. Le rapport entre deux tons, dans une toile de Matisse ou de Braque, couvre une distance infinie, pleine de nuances. Léger met toujours la quantité de peinture réglementaire et pose des couleurs pures au même degré d'intensité. C'est peut-être très bien, mais on peut rester une heure devant une de ses toiles sans rien ressentir d'autre que le choc des deux premières minutes.

Chez Matisse, les vibrations émises par un certain mauve ou un vert créent une troisième couleur : c'est de la peinture. Quand Matisse trace une ligne sur une feuille de papier, il dessine avec une telle faculté de perception que ce réseau emprisonne la réalité comme le filet du pêcheur ramène le poisson. Il y a toujours une sorte de métamorphose de chacune des parties qui forment le tout. Si Léger trace une ligne, elle reste ce qu'elle est : une ligne sur du papier blanc. »

Pour illustrer encore un aspect des différences entre ces peintres, il faut citer l'histoire amusante d'un voyage de Braque en Italie. À chaque nouvelle ville, il arrêtait sa voiture devant le musée et disait à sa femme : « Marcelle, va voir ce qu'il y a de bon là-dedans et dis-le-moi. » Il ne voulait pas y aller lui-même, de peur de se gâter l'œil avec de la peinture « ancienne », mais Braque était très cultivé, et c'était plutôt une attitude de sa part. Le cas de Léger était différent. Un jour, Kahnweiler vint nous voir et, d'une voix angoissée, nous dit :

« Je suis allé voir l'exposition Caravage à Milan, vous savez ?

— Oh ! Caravage, dit Pablo, c'est très mauvais. Je n'aime pas du tout cela. C'est complètement décadent et…

— Oui, je sais ce que vous en pensez, interrompit Kahnweiler, mais ce n'est pas ce qui m'intéresse. Vous pouvez avoir de Caravage l'opinion qui vous plaît. Je ne suis pas obligé de la partager, et je ne la partage pas. Mais, au moins, vous savez à quoi ressemble sa peinture.

— Bien sûr, s'exclama Pablo, sans cela, je n'en parlerais pas !

— Mais vous ne pouvez pas imaginer ce que je viens d'entendre, reprit Kahnweiler.

— Naturellement pas, dit Pablo. Vous feriez mieux de me le dire sans perdre de temps.

— Eh bien, quand je suis rentré à Paris, Léger est passé à la galerie et m'a demandé pourquoi j'étais allé à Milan. J'ai parlé de l'exposition. "Oh ! a dit Léger, eh bien, comment était-elle ?" Je lui ai répondu que je l'avais trouvée excellente. Léger a réfléchi un instant, et puis il m'a demandé : "Dites-moi, Kahnweiler, est-ce que Caravage vivait avant ou après Vélasquez ?" »

Naturellement, l'histoire enchanta Pablo. Il se sentit soudain plein de bienveillance pour Léger, révélé sous un jour si peu flatteur. « Eh bien, dit-il, Léger a toujours prétendu que "la peinture est comme un verre de gros rouge", vous savez pourtant comme moi que tous les peintres n'en boivent pas. Ils peignent aussi avec autre chose que cela, naturellement ! Léonard de Vinci était à mi-chemin de la vérité quand il écrivait que la peinture est *chose mentale*. Cézanne, lui, osa affirmer qu'"on peint avec ses couilles". Personnellement, je crois que la vérité, c'est Léonard de Vinci *plus* Cézanne. Mais, en tout cas, le gros rouge ne suffit pas. »

Mme Léger désirait vivement que son mari rencontre Pablo. Car elle savait que Pablo voyait souvent Braque et Matisse, et même, de temps en temps, Chagall. Elle se demandait bien pourquoi il ne verrait pas aussi Léger, et chez lui plutôt qu'à la galerie. Elle vint donc me rendre visite à *La Galloise*, exposa son point de vue dans un français pittoresque et conclut, en faisant appel à ma compréhension : « Est absolument nécessaire deux grands hommes se rencontrent. » Je ne dis rien à Pablo, sachant que cela le dérangerait. Et j'avais à peu près oublié cette démarche quand, deux ou trois mois plus tard, Mme Léger, rayonnante, revint à *La Galloise*, brandissant un paquet : « Vous, petit corps, pas très développé, j'ai fait pour vous jolis chandails avec dessins magnifiques Missié Léger. Vous, les porter, très jolis, pour la paix. »

Elle déballa d'abord un, puis deux gros chandails noirs, ornés sur le devant d'une immense colombe blanche – de Léger –, rehaussés de couleurs variées. Je l'ai remerciée et invitée à entrer. Les chandails étaient admirablement tricotés. Je voyais d'ici les passants me prendre pour un coureur cycliste, un entraîneur de boxe, ou peut-être encore une femme-affiche pour Médrano. Mme Léger venait de partir lorsque Pablo rentra de l'atelier. Je lui ai montré les chandails. Il a éclaté de rire : « Il faut les porter. C'est trop beau. » Je les ai mis de temps à autre, et au moins une fois devant Mme Léger. Ainsi encouragée, elle a fini par réaliser son projet de rencontre au sommet entre les deux grands hommes. Les Léger arrivèrent un matin de mai à l'atelier de la rue du Fournas. Il faisait très chaud, et l'azur du ciel n'était terni que par la fumée noire des poteries. Léger leva les yeux :

« Comme la Normandie me manque ! C'est si fatigant, ce ciel éternellement bleu. Il n'y a pas un seul vrai nuage là-haut. Si on veut des nuages, on les imite avec de la fumée, et, pour comble de malheur, il n'y a même pas de vaches.

— Mais c'est un pays méditerranéen, dit Pablo. Nous n'avons pas de vaches, nous n'avons que des taureaux.

— Je ne peux pas dire à quel point les vaches normandes me manquent, reprit Léger. Elles sont tellement mieux que les taureaux. En plus, elles donnent du lait.

— Évidemment, répondit Pablo, mais les taureaux donnent *du sang*. »

Je voyais bien que Pablo n'était pas d'humeur à montrer ses toiles ce jour-là, mais les Léger ne se décidaient pas à partir. Enfin Pablo leur fit visiter les ateliers, leur montrant quelques peintures. Nadia Léger adorait les discussions théoriques. Tout y passait : la querelle de l'abstrait et du figuratif ; la proportion d'images visuelles à transcrire, le degré de transposition, etc. « La peinture doit revenir à un certain réalisme, disait-elle. Est absolument nécessaire. Le chemin de l'avenir. J'ai le droit de dire parce que j'étais élève de Malevitch. » Et, se tournant vers moi comme si je débarquais de Béotie : « Malevitch, constructivisme, petit carré blanc dans grand carré blanc. »

Pablo et moi nous tenions à quatre pour ne pas éclater de rire. Mais Pablo n'a pas résisté à poser une question : « C'est incroyable que vous ayez pu être une élève de Malevitch. Quel âge aviez-vous donc à l'époque ? » Mme Léger réfléchit un moment à tout ce qu'impliquait la réponse qu'elle allait faire et se décida :

« Moi, enfant prodige. Élève de Malevitch à douze ans. »

Dans ses rapports avec les marchands, Pablo jouait avec finesse un jeu psychologique basé sur l'axiome suivant : « Le meilleur calcul, c'est l'absence de calcul. » « Une fois qu'on est connu, expliquait-il, les gens tablent sur le fait que nos décisions sont motivées par des raisonnements très intelligents. C'est donc une erreur de préparer ses coups avec trop de précision. Il vaut mieux agir au gré de son caprice. Par exemple, c'est extraordinaire comme je pouvais désarçonner Rosenberg. Il suffisait que je paraisse ennuyé ou désabusé et lui dise : "Non, mon ami, je ne vous vends rien, c'est hors de question en ce moment" pour qu'il passe quarante-huit heures à supputer mes raisons. Avais-je, par exemple, découvert que telle toile avait été mieux vendue qu'on ne l'avait espéré, à telle vente de Londres ou de New York ? Avais-je appris qu'il avait vendu une peinture à tel collectionneur, plus cher qu'il n'avait l'habitude de le faire pour des toiles de cette époque et de cette dimension ? Avais-je réservé des toiles pour tel ou tel marchand ? Moi, je continuais à manger et à dormir, tandis que Rosenberg se torturait. Il revenait, les nerfs à vif, l'air anxieux, disant : "Après tout, cher ami, vous ne me diriez pas non si je vous offrais tant ?" Et il avançait un chiffre nettement plus élevé que tout ce qu'il avait proposé jusque-là. »

Pablo avait été très frappé par la technique d'Ambroise Vollard. Vollard, me racontait-il, était extrêmement paresseux. Si, par exemple, un couple entrait chez lui et demandait à voir des Cézannes, il leur montrait trois tableaux et s'endormait aussitôt sur sa chaise. Mais c'était un sommeil diplomatique : il écoutait avec soin les remarques du ménage et notait leurs préférences. On n'avait pas encore parlé de prix. Au bout d'un moment, Vollard s'étirait et demandait à ses visiteurs ce qu'ils choisissaient.

« Nous ne savons pas encore, répondaient-ils. Nous reviendrons demain. » Le lendemain, ils revenaient, disant : « Nous sommes à peu près décidés, mais nous aimerions d'abord que vous nous en montriez quelques autres. » Vollard s'exécutait et retournait à sa sieste, mais quand les clients demandaient à revoir les trois premiers tableaux, il prétendait ne pas les retrouver, ou les avoir vendus, peut-être même ne pas s'en souvenir ; il était vieux et fatigué, disait-il, il fallait l'excuser. Ce petit manège continuait, et, de jour en jour, les toiles présentées devenaient moins intéressantes. Alors les gens comprenaient qu'il valait mieux acheter – n'importe quoi – avant que les choses empirent. Et s'ils n'avaient pas encore discuté prix, ils découvraient qu'ils payaient plus cher, en fin de compte, une toile dont la qualité était nettement inférieure à celles qu'ils avaient vues le premier jour. Pablo considérait cette méthode comme le comble de la sagesse et manœuvrait en s'inspirant de la tactique de Vollard.

« Je ne fais pas de plan de bataille, me disait-il. C'est pour cela que mes adversaires s'en tirent moins bien que moi. » Il y avait beaucoup de vérité dans ce paradoxe, mais la réalité était plus complexe. Pablo n'envisageait pas une stratégie, dans ce sens que, si un marchand devait venir le lendemain, il ne se disait pas le soir : « Je vais lui vendre telle ou telle toile, à tel ou tel prix. » Il supputait la rencontre en termes d'amusement ou d'ennui. Et c'est pour cela que le marchand se sentait toujours perdu. Il ne savait où attaquer, il ne pouvait découvrir ce que voulait exactement Pablo, parce que celui-ci ne l'avait pas encore décidé lui-même. Pablo, pourtant, se plaisait à imaginer d'avance le tour que prendrait l'entrevue. Quelquefois, il me faisait jouer avec lui une petite scène, qui préparait la discussion du lendemain avec Rosenberg, Kahnweiler ou Louis Carré. Tantôt Pablo tenait son propre rôle et moi celui du marchand, tantôt c'était le contraire. Toute question et toute réponse, même caricaturée et tournée en farce, devait préfigurer une réplique. Chacun de nous devait respecter la psychologie du personnage qu'il incarnait, si burlesque que soit la situation. Quand Pablo jouait son propre rôle, il posait les questions les plus directes et les plus embarrassantes. Si ma réponse ne cadrait pas avec la personnalité de l'interlocuteur, Pablo me corrigeait, et je devais trouver d'autres mots. Le lendemain, j'assistais en observateur à l'entrevue. De temps en temps, Pablo me lançait un clin d'œil, parce que la réplique du marchand correspondait exactement à celle que je lui avais prêtée la veille. Sans nier leur utilité, je crois que le but principal de ces mimodrames était d'animer un peu la vie. Tout finissait généralement par le triomphe de celui qui devait normalement triompher : Pablo. Il avait le dernier mot parce qu'il avait plus d'esprit, plus de fantaisie, plus d'imagination, plus d'armes de toute sorte que son adversaire.

Il y avait une seule exception : manquant de patience, il prévoyait parfois qu'il serait vaincu « au finish ». Et Kahnweiler était maître en cet art. « Oh ! ce Kahnweiler ! soupirait-il. Il est terrible. C'est mon ami et je l'aime beaucoup, mais vous allez voir, il va *m'avoir* parce qu'il va m'ennuyer jour et nuit. Je dirai non, et il continuera de m'ennuyer un jour de plus. Je continuerai à dire non, et il persistera un troisième jour. Alors je penserai : “Mais quand donc va-t-il me laisser tranquille ? Que puis-je faire pour me débarrasser de lui ? Je ne peux supporter l'idée qu'il m'assomme une quatrième journée.” Et il réussira à paraître si triste, si ennuyé lui-même, que je me dirai : “Je n'en peux plus. Il faut que je m'en débarrasse.” Et, à la fin, je lui vendrai des toiles pour qu'il s'en aille. »

À Paris, lorsque Kahnweiler voulait des toiles, il revenait le matin à l'atelier jusqu'à ce qu'il les obtienne ; mais si nous étions dans le Midi, c'était plus grave, parce qu'il campait pratiquement à la maison. Pablo disait : « Bien sûr, j'ai une réelle affection pour lui et je ne peux pas être trop désagréable. Seulement, même si je proférais les pires insultes, il ne partirait pas. » Et, quelquefois, il lui disait des choses épouvantables, espérant que Kahnweiler réagirait vigoureusement. Mais ce dernier refusait de se laisser émouvoir, sachant bien que l'inertie était sa force. Dieu sait que Pablo savait rester inerte quand il le voulait ; la seule voie ouverte à Kahnweiler était donc de le surpasser en passivité, de le laisser dire des absurdités comme : « Vous vous fichez pas mal de moi ! » ou « Quand je pense à la manière éhontée dont vous m'avez exploité quand j'étais jeune ! » et de ne répondre que par des « non, non », très calmes, sans trop protester, de crainte que Pablo ne revienne à la charge avec plus d'énergie. Pablo accusait parfois Kahnweiler des actes les plus honteux, alors qu'il le savait parfaitement doux et vertueux. Kahnweiler niait calmement. Il se gardait bien de s'aventurer sur un terrain où Pablo était passé maître. Il s'armait ainsi d'une patience à toute épreuve, déterminé à ne pas partir avant d'avoir les toiles.

Kahnweiler étant très intelligent et cultivé, Pablo aimait à discuter philosophie ou littérature avec lui. Dans ses réponses, Kahnweiler laissait toujours l'avantage à Pablo. Si la conversation arrivait à un point critique, il feignait de s'endormir parce qu'il ne voulait pas risquer de mettre son interlocuteur en colère en faisant montre de la moindre supériorité. S'il l'avait désiré, il aurait pu triompher au cours de certaines discussions, mais il savait bien que, dans ce cas, il faudrait abandonner tout espoir d'avoir des toiles. Pablo aurait décrété : « Eh bien, mon ami, vous avez eu le dernier mot sur ce plan. N'espérez pas triompher aussi dans les affaires ; je ne vous vendrai rien cette fois-ci. »

De temps en temps, Pablo demandait à Kahnweiler : « Alors, vous êtes-vous décidé à vous inscrire au Parti ? Cela me plairait, vous savez. » C'était une question à double tranchant, et Kahnweiler ne l'ignorait pas. S'il avait dit oui, Pablo aurait été désolé, sachant qu'il n'agissait ainsi que pour lui être agréable ; s'il avait dit non, Pablo aurait également souffert de se voir repoussé. Kahnweiler était bien décidé à ne pas prendre une position qui risquait de lui coûter quelques toiles. Un jour, cependant, il répondit : « Non, cher ami, je ne crois pas que je m'inscrive. Depuis la mort de Staline, et la découverte de tous ses crimes… – Je ne vois pas où vous voulez en venir ! s'écria Pablo. C'est là, pour vous, une bonne porte de sortie ? Vous allez prétendre que vous êtes dégoûté de Staline et vous en tirer comme ça. – Mais pas du tout, dit Kahnweiler. Je viens de saisir quelque chose que je n'avais pas compris auparavant : Staline était un pessimiste. – Où voulez-vous en venir ? » demanda Pablo, plein de suspicion. Kahnweiler reprit : « C'était un pessimiste, voilà tout. J'imagine qu'il le sera devenu durant ses années de séminaire, en étudiant la théologie. Il se sera laissé séduire par une sorte de dualisme manichéen. Il a dû se dire que le mal était si enraciné dans la nature humaine qu'on ne pouvait l'extirper qu'en éliminant la vie elle-même. Après avoir examiné soigneusement le problème, j'ai trouvé que c'était trop contradictoire : d'une part, le marxisme prône les innombrables possibilités du progrès humain, en d'autres termes, c'est une doctrine optimiste ; d'autre part, Staline nous démontre combien il jugeait cette théorie erronée. Il devait savoir mieux que personne si l'optimisme était ou non de mise. Sa réponse a été catégorique, il a supprimé tous les humains qu'il pouvait atteindre, estimant que c'était le seul moyen de régler la question. Dans ces conditions, comment pouvez-vous supposer qu'un homme intelligent s'inscrive au Parti ? »

Je crois que Pablo a apprécié l'adresse de la réponse, mais il s'est cru obligé de répliquer que Kahnweiler s'était tiré d'embarras par « des sophismes typiquement bourgeois ». Un peu plus tard, en réponse à la même question, Kahnweiler a déclaré : « Vous ne tiendriez pas à ce que des peintres comme Fougeron aient des contrats à la galerie, mais c'est probablement ce que je devrais faire si je devenais communiste. »

Pablo ne lui a plus posé la question – en tout cas devant moi.

Dès 1946, Kahnweiler avait regardé mes premiers dessins exécutés rue des Grands-Augustins. Il avait témoigné alors un certain intérêt pour ce qu'il appelait la « sévérité » de ma recherche et m'avait dit, à l'époque, qu'il voyait dans mon travail un état d'esprit très proche de celui de Juan Gris. Par la suite, il jeta de temps à autre un coup d'œil sur mon travail, dans le Midi ou à Paris. Au printemps 1949, il vint à Vallauris pour acheter quelques toiles à Picasso et s'installa dans les environs. Il venait déjeuner et dîner tous les jours, à la maison, jusqu'à ce que l'affaire fût conclue. Il accompagnait à son atelier Pablo, si ce dernier était d'humeur à le tolérer, ou restait auprès de moi, si Pablo ne pouvait supporter sa présence. Un après-midi, en attendant son retour, il me pria de lui montrer ce que j'avais fait cet hiver-là. Il regarda tout, attentivement, et parut approuver. Il me dit qu'il aimerait m'établir un contrat. Il prendrait ce qu'il avait vu ce jour-là et s'engageait à acheter, ensuite, deux fois par an, tout ce que je ferais dans l'intervalle. Mais je ne devrais vendre à personne d'autre. J'étais ravie, et très étonnée, parce que je n'avais jamais imaginé qu'il puisse m'offrir un contrat. Je dis que je consulterais Pablo et que, s'il était d'accord, j'accepterais. Lorsque j'en parlai ce soir-là, Pablo fut aussi étonné que moi, mais il ne vit pas la moindre objection, et j'acceptai la proposition qui m'était faite.

Kahnweiler achetait mes tableaux mille huit cents francs le point ; les dessins à mille huit cents francs pièce, et les dessins en couleur à deux mille cinq cents francs. Il vendait la plupart des toiles dans sa galerie, et trois fois le prix qu'il les avait achetées. Par exemple, pour une toile de vingt figures (environ soixante centimètres sur soixante-quinze) de trente-six mille francs, il demandait cent mille. Comme disait André Beaudin en riant : « La galerie Leiris est le temple de l'Art, on y crève de faim. »

Les marchands d'autres pays qui voulaient avoir des Picassos devaient acquérir en même temps des toiles de peintres comme Masson, Beaudin, et moi-même désormais. Ainsi, Kahnweiler poussait le marché de ses poulains avec la régularité d'une chaîne d'assemblage Ford. En fait, mes œuvres furent bien accueillies, et deux ans plus tard, il doubla ses prix d'achat. Aux peintres qui produisaient peu, il achetait tout à tant le « point ». À ceux qui étaient prolifiques, il prenait l'ensemble contre des mensualités fixes. À cette époque, je faisais beaucoup de dessins, mais guère plus de vingt à vingt-cinq toiles par an ; il ne risquait donc pas grand-chose avec mon contrat.

À l'automne 1951, je présentai une exposition de dessins à la galerie La Hune, boulevard Saint-Germain, et le printemps suivant, une grande exposition chez Kahnweiler. La veille du vernissage, nous sommes allés, Pablo et moi, rue d'Astorg, surveiller l'accrochage. Pablo était d'excellente humeur. Aux côtés de Kahnweiler et des Leiris, il y avait là des peintres de la galerie, comme Masson et Beaudin ; Marie-Laure de Noailles arriva ensuite avec d'autres amis. Quand nous sommes partis, Pablo m'a dit : « Il est inutile que je vienne demain. J'ai vu l'exposition, et ma présence serait nuisible, car elle détournerait l'attention des gens qui viendraient me demander mon opinion. Il vaut mieux que vous soyez seule. » Mais le lendemain, il hésitait. Il a reculé le plus possible le moment de la décision. Nous sommes sortis vers trois heures, et, ne sachant comment tuer le temps et atténuer notre anxiété, nous sommes entrés dans un cinéma, malgré le mépris de Pablo pour les salles obscures. On donnait un film de Lewin intitulé *Pandora*. Les scènes de corrida mirent Pablo de bonne humeur, et, vers cinq heures trente, il me déposa à la galerie. Certains amis pensèrent qu'il aurait dû m'accompagner. Je trouvais, au contraire, qu'il avait fait preuve d'une grande délicatesse.

Lorsqu'un incident détournait Pablo de son travail, il lui arrivait d'écrire des poèmes touffus et difficiles, manuscrits chargés de ratures et de notes marginales, où parfois les mots étaient soulignés de couleurs différentes. Non seulement ils obéissaient à une mélodie linéaire, mais ils se complétaient comme les accords d'une partition orchestrale.

Ce foisonnement verbal était difficile à déchiffrer. Parfois, cependant, je parvenais à réciter une de ces pages d'une façon qui plaisait à Pablo. Les temps de respiration étaient particulièrement difficiles à trouver, car ces textes étaient entièrement dépourvus de ponctuation. Souvent, après une lecture, Pablo me demandait de lui montrer les notes que je prenais sur mon propre travail. Par ce biais, nous revenions encore à nos conversations sur la peinture. Cette préoccupation semblait, chez lui, essentiellement liée au langage ; c'était comme une tendance vers une expression articulée. Autant il détestait penser qu'un artiste est porteur d'un « message » – « Je ne suis pas un télégraphiste », avait-il coutume d'ironiser –, autant il désirait que l'œuvre soit la recherche des moyens qui permettent la « communication ». Il en arrivait à regretter la *peinture d'histoire*.

Cette nostalgie me surprenait et m'était étrangère, car je croyais qu'il fallait avant tout bannir l'anecdote et la rhétorique, et je citais la phrase de Maurice Denis : « Avant d'être un cheval de bataille, une toile est essentiellement une surface plane, ornée de formes et de couleurs, en un certain ordre assemblées. » Je lui demandais si, de nos jours, une nature morte cubiste n'avait pas autant de signification que *La Ronde de nuit* de Rembrandt, par exemple.

« Précisons d'abord un point, dit Pablo ; un élément quelconque de la nature ne peut être élu comme matériau pour la peinture. Chez Soutine, un poulet mort peut devenir un sujet. Pour moi ce n'est pas un sujet, sauf au moment dramatique où la gorge du coq vient d'être tranchée, lorsque le bol plein de sang et le couteau du sacrifice attestent encore, par leur présence, l'intensité de *ce moment particulier*.

« Ce paroxysme peut entrer dans ma peinture. Autrement, ce n'est qu'un fait accidentel, une épiphanie du hasard. C'est un moment de la réalité, oui, mais un instant privilégié. La peinture est poésie, elle n'est pas une tranche de vie découpée à loisir, pour être pétrifiée et réduite à deux dimensions.

« Si vous étudiez l'histoire de la peinture, vous y découvrirez, au plus, vingt thèmes majeurs : la Nativité en est un. Elle domine en bonne partie la peinture occidentale durant une certaine période. Dans des civilisations et des religions différentes, on trouve des thèmes comparables qui résument un aspect biologique constant de l'expérience humaine, traité en accord avec l'idéologie dominante de l'époque et du lieu. Un thème, vous le voyez, possède une valeur d'universalité. Il représente forcément une phase majeure du patrimoine de l'espèce humaine. La naissance, la souffrance, la mort : voilà de grands thèmes. Mais que vous soyez renversée par une automobile, écrasée par un train ou poignardée, ce ne sont là que faits divers. La mort envisagée comme un thème est quelque chose d'autre, quelque chose qui peut être rendu sensible aussi bien dans une nature morte, par le plus évident des symboles, un crâne par exemple, que par n'importe quelle énorme toile où le sang coule à flots. On peut peindre la vérité dans son aspect général, être spécifique, mais jamais personnel.

« La différence est parfois subtile. Quand Goya, dans le *Tres de mayo*, présente le condamné les bras ouverts, en un geste de protestation ultime dont les structures déchirées explosent en pleine lumière et contrastent avec l'unité intentionnelle et formelle du groupe des soldats noyés dans l'ombre, il nous place vraiment dans "le temps de la mort". Tous les éléments en présence sont choisis et hiérarchisés, à partir de cette énorme lanterne carrée, posée à terre au centre de la toile comme un phare d'éternité.

« En revanche, dans *L'Exécution de Maximilien*, qui est une toile assez faible, Manet n'a pas su découvrir les accents d'un langage plastique adéquat. Ce n'est plus "le temps de la mort", c'est un moment mort, une histoire sans peinture et non pas "une peinture d'histoire".

« Pour chaque thème, il y a des milliers de sujets, et peut-être davantage.

« Le sujet est l'une des phases valables à l'intérieur d'un thème, le reste n'est qu'anecdote. Et pour chaque nouveau sujet, il y a un nouveau peintre.

« Le peintre qui fait un pas en avant dans l'histoire de la peinture est celui qui a découvert un nouveau sujet.

« Au début du XIXe siècle, le néoclassicisme était de mode. David, pour se rapprocher de ses modèles romains, concevait et réalisait à l'atelier des compositions hiératiques et statiques. Puis, un jour, vint un homme qui affirma : "Je ne veux pas peindre des anges, parce que je n'en ai jamais vu." C'était Courbet. Il préférait représenter deux jeunes filles étendues sur les berges de la Seine. Il emmena ses modèles en plein air et les peignit. De cette façon, il découvrit un nouveau sujet, que ceux qui vinrent après lui nommèrent "réalisme". En plaçant ses modèles dans la nature, Courbet a tourné une page et lancé la peinture vers cette nouvelle direction qu'elle suivit pendant des années. Les impressionnistes décidèrent ensuite de s'intéresser à une meule de foin, à chaque heure du jour, parce que les variations de la lumière transformaient indéfiniment l'objet. Dans l'éparpillement de ces irisations innombrables, le sujet se perdit. Abandonnant cette recherche, les cubistes se mirent à analyser les relations qui existent entre une bouteille, une pipe, un paquet de tabac et tout autre objet situé sur une table. Dans le besoin d'austérité et la rigueur de ces compositions, l'univers reprenait forme et vie. Un nouveau style était né. Il devenait possible à nouveau d'aborder les grands thèmes.

— Vous parlez de thèmes, répondis-je, mais pour un *Guernica* que vous réalisez, vous composez au moins mille toiles qui n'ont ni thème ni sujet, et sont seulement *de la peinture*, comme toute la série des femmes assises dans un fauteuil.

— Ah ! naturellement, dit Pablo, vous ne comprenez pas que ces femmes ne sont pas tout simplement posées là comme un modèle qui s'ennuie. Elles sont prises au piège de ces fauteuils comme des oiseaux enfermés dans une cage. Je les ai emprisonnées dans cette absence de geste et dans la répétition de ce motif, parce que je cherche à saisir le mouvement de la chair et du sang à travers le temps. Et je désire souligner l'angoisse de toute chair qui, même à l'heure de son triomphe, la beauté, est alarmée par les signes annonciateurs des altérations du temps.

« Comme tout artiste, je suis d'abord le peintre de la femme, et, pour moi, la femme est essentiellement une machine à souffrir.

— Je croyais que la femme était une machine à reproduire, sinon à créer, lançai-je un peu ironiquement.

— Je n'ai pas dit qu'une femme ne peut créer, reprit Pablo, et, au contraire, elle devrait nous renvoyer une image de l'homme. »

Je lui répondis qu'un jour, peut-être, je ferais des portraits d'hommes, en effet.

C'est avant la première exposition de céramiques de Picasso, à la Maison de la pensée française, que Paul Eluard rencontra Dominique, qui allait devenir sa femme.

La veille du vernissage, les poteries n'étaient pas encore arrivées. Paul Eluard était venu nous rejoindre. Un peu désœuvrés, nous avons alors accompagné Mme Ramié qui voulait faire une course dans un magasin de céramiques, rue de l'Arcade. Là, nous avons été accueillis par une jeune femme : c'était Dominique.

Quelques mois plus tard, pour répondre à l'appel de Machado et d'autres écrivains espagnols réfugiés au Mexique, Paul est allé donner une série de conférences. Il a retrouvé, à l'issue d'une de ces réunions, Dominique, qui se trouvait en vacances. Ils ont visité ensemble le pays et sont rentrés en France un ou deux mois plus tard. À l'époque, nous ne savions rien de tout cela.

Nous avons reçu à Vallauris, en février 1950, un mot de Paul, nous annonçant sa visite « avec son chauffeur ». Sachant que ses revenus ne lui permettaient pas ce luxe, nous avons cru à une plaisanterie. Quelques jours plus tard, il téléphonait chez les Ramié, disant qu'il était arrivé et nous invitait à déjeuner *Chez-Marcel*.

Paul nous attendait avec Dominique, « son chauffeur ». Ils nous ont raconté leur seconde rencontre, et tout leur voyage. Ils sont repartis pour Paris peu de temps après, mais sont revenus séjourner à Saint-Tropez, dans un charmant appartement que possédait Dominique sur le port, au-dessus d'un café appelé *Le Gorille*. C'est là qu'ils se sont mariés en juin 1951, le jour de « la Bravade », fête au cours de laquelle les gens du pays tirent en l'air avec d'antiques fusils appelés « tromblons », qu'on charge à la poudre et qui font un bruit épouvantable. Nous étions les témoins. Le maire avait été éprouvé par la fête ; il était de mauvaise humeur et ne parvint même pas à prononcer les lieux communs amicaux d'usage. En cinq minutes, la cérémonie fut expédiée. Après avoir tous signé le registre, nous sommes allés, avec les Ramié, Roland Penrose et sa femme, Lee Miller, déjeuner dans un petit restaurant, l'*Auberge des Maures*. Par la suite,

Paul aurait aimé que nous allions les voir à Saint-Tropez, car nous étions rarement à Paris en même temps qu'eux. L'appartement était assez grand pour nous loger, à condition de laisser les enfants à Vallauris, mais Pablo n'aurait jamais accepté cela plus d'une journée. Nous ne pouvions donc rencontrer les Eluard qu'en les invitant à Vallauris. Mais il n'y avait pas assez de place à *La Galloise*, et ils devaient loger à l'hôtel, à Golfe-Juan.

Ce fut au cours d'une de ces visites que Dominique se coucha avec une forte fièvre, presque aussitôt après son arrivée. Je dus l'installer dans une pièce du rez-de-chaussée. Elle pensait que Pablo ne l'aimait pas, parce qu'il semblait content, disait-elle, de la savoir malade dans cette pièce sombre, humide et inhabitable.

Ils avaient amené leur chien, et, avant leur départ, le chien est devenu fou. Il courait perpétuellement en rond après sa queue, sans qu'on puisse l'arrêter. Pablo en était si fâché qu'il fallut s'en débarrasser. Paul trouvait cela très dur, et Pablo n'arrangea pas les choses en décrétant : « Tu te maries, et ta femme tombe malade. Tu achètes un chien, et il devient fou. Tout ce que tu touches tourne à l'aigre. »

Dominique était une grande femme dont les proportions sculpturales auraient pu plaire à Pablo. Il jugeait qu'elle ne pouvait convenir à Paul et en était contrarié :

« Ce serait une excellente femme pour un sculpteur, lui dit-il un jour, mais, mon pauvre ami, elle est bien trop réelle pour toi. La meilleure source d'inspiration pour un poète, c'est l'absence. Une femme qu'on a là, sur les bras, et qui a l'air aussi solide que le roc de Gibraltar, ce n'est pas ce qu'il faut à un poète. Tu finiras par devenir incapable d'écrire une ligne. Tu devrais soupirer pour une pâle jeune fille qui ne vivrait pas à tes côtés.

— Je comprends ce que tu veux dire, répondit Paul. Il n'y a que toi qui aies le droit d'être heureux, n'est-ce pas ?

— Mais bien sûr, répondit Pablo. Un peintre ne doit pas souffrir. Pas de cette façon-là, en tout cas. Moi, je souffre de la présence des gens, non de leur absence. »

Dominique un peu rétablie, les Eluard auraient préféré rentrer à Saint-Tropez, mais Pablo refusait de les laisser partir. Il mettait ainsi leur affection à l'épreuve : « L'amour n'existe pas, disait-il souvent, il n'existe que des preuves d'amour. » Il ne suffisait pas que Dominique aime son mari ; elle devait aussi aimer Pablo. Et cet amour ne devait pas rester abstrait, mais devenir tangible. Le fait de souffrir plus que ne l'exigeait sa maladie, en restant enfermée dans ce cachot, prouvait au moins qu'elle aimait Pablo et sacrifiait pour lui son confort, comme certains moines se mortifient pour leur Dieu.

Vérité ou erreur, Pablo comprenait les choses ainsi. Quand il m'a acheté une robe pour la première fois, tout à fait au hasard, dans un marché, il aurait pu difficilement en trouver une plus laide. Mais en acceptant de la porter, je lui ai montré que j'étais au-dessus de ces petites vanités féminines : le désir d'être bien habillée ou la crainte du ridicule. Pablo mettait tour à tour chacun de ses amis à l'épreuve. Avec l'aide d'un dentiste de Vallauris, le docteur Chataigner, il faisait parfois des bijoux en or et argent par le procédé de la cire perdue. Dominique les admirant, j'avais suggéré à Pablo de lui en offrir un. Il réfléchit : « Pas tout de suite », me dit-il. Il acheta dans une boutique de Vallauris deux colliers de très mauvais goût, faits de trois médaillons de céramique noire et ornés de bouddhas verts. Je portai le mien toute la journée, tandis que Dominique, très déçue, dut penser que Pablo n'avait pas de goût. Elle ne porta même pas son collier une minute. Le lendemain, Pablo me remit un médaillon d'argent et n'offrit rien à Dominique.

En plus d'un soleil découpé dans une feuille d'or martelé, Pablo a réalisé une dizaine de cires perdues en argent. Il y avait des portraits de Claude et de Paloma, un autre soleil, une tête de taureau, un visage de femme dans une colombe. Je les trouvais tous très jolis, à l'exception d'une tête de satyre, assez lourde. Pablo voulait me les donner, mais quand je lui dis que je n'aimais pas du tout la tête de satyre, il fut très choqué : « Vous osez trouver laid quelque chose que j'ai fait ? » Je répondis que je ne trouvais pas cet objet laid ; je ne l'aimais pas, tout simplement, pas autant que les autres. Et comme je n'avais pas le moindre désir de le porter, je pensais qu'il pouvait en disposer autrement. Zette Leiris, qui était là, déclara qu'elle serait ravie de l'avoir, et Pablo le lui donna.

Quelque temps plus tard, Maya, la fille de Pablo et de Marie-Thérèse, vint nous voir et essaya les médaillons. Je vis qu'ils lui plaisaient. Je demandai à Pablo s'il pourrait retourner chez Chataigner, et faire un bijou de ce genre pour Maya. « Non, dit-il, je ne veux plus faire de colliers. J'en ai assez. » Bon. Mais s'opposerait-il à ce que je donne l'un des miens à Maya ? Il fut horrifié : « Vous voulez dire que vous donneriez *quelque chose* que je vous ai offert ? Je trouve cela monstrueux. »

Je répondis que je pouvais bien donner à sa fille un médaillon sans qu'il en prenne ombrage. « Ah ! parce qu'il y en a un autre que vous n'aimez pas ? » dit-il, la voix lourde de sarcasme. Je pensais, au contraire, lui donner celui que je préférais : la femme-colombe. Maya était ravie, son père ulcéré.

De temps à autre, nous passions une journée avec Paul et Dominique à Saint-Tropez. Parfois, alors que nous étions tous quatre attablés à la terrasse, *Chez-Sénéquié*, le yacht de Mme Weisweiller s'amarrait dans le port et Cocteau, nous apercevant, venait nous rejoindre. Eluard, qui ne l'avait jamais aimé, prenait un air lointain, mais Cocteau finissait toujours, bon gré, mal gré, par lui serrer la main. La froideur de Paul déteignait un peu sur Pablo, qui avait tendance à se montrer assez brusque avec Cocteau lorsque Paul était là, puisqu'il était difficile de faire montre d'une grande cordialité sans indisposer Paul. Cocteau cherchait toujours mille prétextes pour venir nous voir, mais comme Pablo tenait plus à Paul qu'à lui, ce ne fut qu'après la mort d'Eluard, en novembre 1952, que Cocteau parvint à ses fins. Il savait qu'il ne serait pas reçu à bras ouverts s'il se présentait seul, et se mêlait à un groupe qui venait dans un but précis. Avant les grandes expositions de Pablo à Milan et à Rome, nous étions envahis par toutes sortes d'Italiens. Il y avait parmi eux Luciano Emmer, qui voulait faire un film sur Picasso. Cocteau le connaissait, car il avait écrit pour lui le scénario d'un court métrage sur Carpaccio. Il vint donc avec eux, et, comme les Italiens sont bavards, il était dans son élément. Ils avaient composé un livre bourré de documents qui semblait prouver que, par sa mère, dont la famille était originaire de Gênes, Pablo était à demi italien. Ainsi, plusieurs générations auparavant, un Picasso italien, qui était peintre, avait vécu à Gênes et, par un merveilleux tour de passe-passe, à un certain moment, la lignée des Picasso rejoignait celle de Christophe Colomb.

Prêts à conférer à Pablo la citoyenneté d'honneur de Gênes, ces Italiens étaient venus avec le maire de la ville, et Pietro Nenni fermait la marche, portant le gros livre sous son bras. Personne ne prenait tout cela très au sérieux, mais cette histoire avait créé une ambiance sympathique qui avait simplifié les choses pour les expositions de Rome et de Milan.

Cocteau s'était montré à la hauteur de la situation. Il inventa l'existence fabuleuse d'une certaine Mme Favini, veuve d'un riche fabricant de chaussures de Milan. Selon lui, elle possédait une importante collection d'œuvres d'art et traversait les plus folles aventures. Il m'écrivait même des lettres à son sujet, qui amusaient énormément Pablo. Mme Favini n'écoutait que Schönberg et ne lisait que Rilke. Son gauchisme était si violent qu'à la mort de Staline elle fit la grève de la faim jusqu'à ce que sa fille la ramène à la raison en la vaporisant de Fly-Tox. Cocteau nous envoya même une photo d'elle et de son amant, un avocat milanais, d'après une de ses toiles, pour que Pablo puisse les reconnaître si jamais ils nous rendaient visite. Lorsque Pablo se rendit en Italie pour les expositions, nos Italiens allèrent jusqu'à lui dire que certains de ces personnages mythiques existaient vraiment, et qu'ils pourraient les lui présenter.

La grande sculpture de *L'Homme au mouton* fut coulée en bronze, en trois exemplaires, six ans après avoir été modelée en argile. Pablo en vendit une, en garda une autre dans son atelier de la rue des Grands-Augustins, puis, dans un accès de générosité, décida de donner la troisième à la ville de Vallauris.

Sur la place du marché, à côté de la mairie, il y a un ancien bâtiment, le château de Vallauris, ancienne résidence des Grimaldi, comme le musée d'Antibes. On eut aussi l'idée d'en faire un musée. Mais le château était habité, et il était difficile d'en expulser les locataires. Une petite chapelle cistercienne attenante servit d'abri provisoire à *L'Homme au mouton*. Seulement il s'y trouvait à l'étroit, mal éclairé, et au bout d'un an, on décida de le transporter sur la place du marché. Le monument aux morts lui servait de vis-à-vis, et Pablo n'était pas emballé par ce voisinage. Pourtant, il accepta.

La statue fut inaugurée le 6 août 1950. Laurent Casanova prit la parole, André Verdet lut un poème assez creux, et Paul Eluard demeura tranquillement assis près de nous. Il y avait beaucoup de monde, et même des étrangers de passage. La cérémonie avait toute la bonhomie d'une fête de village. À quelques mètres derrière l'estrade, Cocteau s'était installé au balcon d'un petit restaurant appelé le *Café de la Renaissance*. Entre chaque discours, il déclamait une sorte d'hommage personnel à la statue. On ne l'avait pas invité à parler, mais comme il voulait être entendu, il avait saisi le seul moyen qui fût à sa disposition.

La première fois que j'ai vu *L'Homme au mouton*, en 1943, c'était sous la forme d'un moulage en plâtre, car l'original en terre glaise ne se conserve pas. Pablo m'avait alors expliqué qu'il avait longtemps porté ce thème en lui avant de le réaliser. Il m'avait montré les premières esquisses, ainsi qu'une très belle eau-forte linéaire d'un groupe entourant un homme qui portait un agneau.

« Quand je commence une série de dessins comme ceux-là, m'avait expliqué Pablo, je ne sais jamais s'ils vont rester à l'état d'ébauche ou prendre corps dans une œuvre durable. Mon attention s'est fixée sur l'homme portant l'agneau, je l'ai vu en relief, et puis dans l'espace. Ce ne pouvait être une peinture ; il fallait que ce soit une sculpture. J'en ai eu une vision si claire qu'elle était comme réalisée. J'ai demandé à un praticien de construire une armature en fer dans les proportions que je lui ai indiquées. Et puis je n'ai touché à rien pendant environ deux mois. Mais j'y pensais sans cesse. J'ai fait monter deux grandes lessiveuses pleines de terre glaise, et, quand je me suis enfin mis au travail, j'ai tout terminé en deux après-midi. Après une telle masse de glaise sur l'armature, l'équilibre était précaire. Aussi ai-je fait mouler en plâtre presque immédiatement, avant même que la terre soit complètement sèche. »

De nombreuses pièces exécutées en plâtre entre 1936 et 1943 s'étaient accumulées dans l'atelier de la rue des Grands-Augustins. Pendant toute l'Occupation, il avait été impossible de les couler en bronze, puisque tout le cuivre qu'on pouvait récupérer – y compris bon nombre des statues des squares et jardins publics – devait alimenter l'effort de guerre allemand. Après la Libération, Pablo eut l'idée de reprendre contact avec son fondeur. Mais il remettait sans cesse, et deux ou trois ans passèrent avant qu'il m'entraîne chez Valsuani, près du parc Montsouris.

Valsuani était italien, et, comme c'est souvent le cas, le métier s'était transmis dans sa famille, de père en fils. Il avait les yeux bleu très clair, un nez aquilin, et des pommettes saillantes dans un visage émacié, l'air d'un ascète égaré dans la vapeur brûlante et la fumée noire des métaux en fusion.

Valsuani devait avoir, à ce moment-là, une quarantaine d'années, mais il paraissait plus âgé. En outre, il semblait maladif, consumé par un feu intérieur. Son métier était sa passion, et c'est un métier qui use ses hommes ; aussi la fonte du bronze est-elle un art qui se perd.

Ce matin-là, Pablo était venu en reconnaissance. Après avoir bavardé un moment, il demanda à Valsuani s'il aimerait couler *L'Homme au mouton*.

« C'est impossible, je ne peux rien faire pour vous en ce moment. Et puis, vous êtes trop difficile. Vous discutez chaque petit détail qui n'est pas exactement comme vous le voudriez. De plus, vos pièces présentent d'énormes difficultés techniques. Ce sont des casse-tête chinois. Je suis déjà malade. Je ne veux pas aggraver mon état en travaillant pour vous. Plus tard, peut-être. J'y réfléchirai, à moins de commencer par ces têtes de femme, d'une facture assez classique. Malheureusement, elles sont très grandes. »

Ce n'était pas le moment d'insister, et Pablo parla d'autre chose. Nous laissâmes Valsuani dans son bureau pour aller visiter les ateliers. Pablo regardait tous les travaux en cours, bavardant avec les ouvriers. Ceux-ci l'aimaient, parce qu'il savait apprécier en connaisseur les aspects techniques de chaque mode de création. Ils voyaient bien l'intérêt qu'il portait aux problèmes qu'ils avaient à résoudre et le considéraient comme un des leurs. Il se plaignit que Valsuani ne voulût pas travailler pour lui. « Ne vous en faites pas, dit un ouvrier, on s'occupera de vos pièces. Elles ne sont pas si difficiles que ça, vous verrez. »

Valsuani nous rejoignit. Lui montrant du doigt une sculpture qu'un des ouvriers était en train de patiner, un nu très académique :

« Voilà ce que vous acceptez, dit Pablo, de préférence à mes sculptures ?

— Oui, répondit Valsuani, mais cela nous donne beaucoup moins de mal.

— Je devrais peut-être aller voir chez Susse alors, dit Pablo, ce sont des gens sérieux. »

Valsuani hésitait.

« Écoutez, on pourra peut-être s'arranger pour ces grandes têtes de femme, elles sont plus classiques de formes que le reste de vos sculptures.

— D'accord, dit Pablo. Cela vous mettra sur la bonne voie. Cela vous amènera de vrais sculpteurs et vous serez débarrassé de toutes ces horreurs. »

C'est ce qui est arrivé. Peu de temps après, Valsuani a pu fondre le grand relief de Matisse, *Nu de dos*, et ses têtes de Jeannette, ainsi que les sculptures que Renoir avait exécutées vers la fin de sa vie, avec l'aide d'un praticien.

Petit à petit, tous les plâtres que Pablo avait accumulés ont été coulés en bronze. Ce fut un long travail. Ainsi, pour une grande tête, il fallut plus d'un an. Après la fonte, les manipulations sont loin d'être terminées ; il faut limer les irrégularités en comparant le bronze à l'original, et une fois qu'on a obtenu une réplique exacte du modèle, il faut la patiner. En sortant de sa gangue, le bronze a, par endroits, la couleur du métal brut, tournant ailleurs au brun sale ou au vert-de-gris. La forme se perd sous cette apparence rugueuse et inégale. La patine a beaucoup d'importance. Une sculpture ne prend vie dans l'espace que lorsqu'on a trouvé le ton mat et poli qui lui convient grâce à des oxydations ou des morsures successives d'acides, puis au lustrage final.

Pendant l'Occupation, Pablo avait fait une petite sculpture d'une tête de femme. La patine du métal ne l'avait jamais satisfait. Il l'a changée je ne sais combien de fois du sombre au doré, puis dans tous les tons de vert. Il la trempait de temps en temps dans divers acides, mais rien n'agissait. Il s'en plaignit, un jour, à l'un des assistants de Valsuani : « Je vais vous dire, répondit l'ouvrier. Quand tout a raté, il n'y a qu'une chose à faire, pisser dessus. » Pablo avait beaucoup d'estime pour cet ouvrier, et il suivit son conseil à la lettre. Malgré sa patience et sa persévérance, les résultats étaient toujours décevants. Après quelques nouveaux essais, Pablo abandonna. Il frotta la tête avec un chiffon rugueux. « Rien ne marche, soupirait-il. Ce n'est pas une bonne pièce, la patine ne changera rien, j'ai eu tort de la faire fondre. » Et il la rangea dans un coin obscur.

Une visite chez Valsuani était un des rares événements pour lesquels Pablo fît l'effort de se lever tôt le matin. En général, nous avions terminé vers midi, et Pablo était prêt à faire ses tournées de visites. Les trois amis les plus exposés géographiquement étaient Giacometti, Braque et Laurens. Nous ne pouvions aller chez Giacometti, car il travaillait la nuit et ne se levait guère avant une heure. Quant à Braque, depuis qu'il avait refusé de nous inviter à déjeuner, Pablo hésitait à se rendre chez lui autour de midi. Il ne restait donc que Laurens. Laurens aimait Pablo ; mais comme la plupart de ses autres amis artistes, il l'aimait encore plus à distance. Il l'accueillait toujours par un « Quel plaisir de vous voir ! » ou « Que c'est gentil d'être venu ! » mais d'une voix si neutre que nous ne pouvions manquer de douter. Je crois qu'il craignait que Pablo ne profitât de sa visite pour inventer une anecdote qui le montrerait sous un mauvais jour, et qu'il colporterait dans tout Paris – selon ses bonnes habitudes. Laurens était sur ses gardes. Il nous montrait son travail, sans aucun commentaire. Pablo devenait lui-même réservé, si bien que les visites à Laurens n'étaient pas génératrices d'une grande intimité. Nous allions assez souvent chez lui, mais c'était comme si Pablo, « le roi », descendait chez l'un de ses sujets. Mme Laurens nous priait à déjeuner, mais à cause de ce manque de chaleur, Pablo ne pouvait supporter l'idée de rester plus longtemps et n'acceptait jamais.

Un ou deux ans plus tard, Laurens, après une congestion pulmonaire, vint se reposer à Magagnosc, près de Grasse. Nous allâmes lui dire bonjour, et, pour la première fois, Laurens parut ravi de voir Pablo. La plupart des peintres et des sculpteurs semblaient toujours mal à l'aise lorsque Pablo visitait leurs ateliers, peut-être parce qu'il se plaisait à répéter : « S'il y a quelque chose à voler, je le vole. » Ils pensaient que, s'il apercevait dans leur travail un élément valable, il s'en saisirait et l'incorporerait à son œuvre avec une maîtrise telle qu'ils finiraient par paraître eux-mêmes des plagiaires.

À Vallauris, Pablo avait réalisé des petits objets en plâtre ou en terre cuite chez Mme Ramié, mais il s'est vraiment remis à la sculpture quand il s'est installé à l'atelier de la rue du Fournas. Non loin de là, il y avait un pré dans lequel les potiers jetaient leurs débris. Ce n'était pas vraiment une décharge publique, mais presque. Et en plus des morceaux de poterie, on y trouvait de temps en temps des bouts de métal. Souvent, en se rendant à l'atelier, Pablo allait voir ce qu'on avait jeté là depuis sa dernière inspection. Il était en général d'excellente humeur et plein d'espoir. Claude, qui n'avait que trois ou quatre ans, comprenait mal pourquoi son père était si content de ramasser une vieille fourchette, une bêche cassée, un pot fêlé, ou quelque autre objet aussi peu reluisant. Mais la trouvaille était parfois, pour Pablo, le point de départ d'une aventure créatrice et s'intégrait à une nouvelle sculpture. Pour *La Chèvre*, ce fut juste le contraire. Pablo commença par l'idée. Puis il partit à la recherche d'objets qui pourraient lui servir. Dès cette minute, il cessa de se faire conduire à l'atelier en auto. Il fouillait le dépotoir chaque jour, et, avant d'y arriver, inspectait les poubelles sur le chemin. Je le suivais, poussant une vieille voiture d'enfant dans laquelle il jetait tous les morceaux prometteurs qu'il pouvait trouver. La voiture suivait pour ramasser ce qui était trop lourd ou encombrant.

C'est ainsi qu'un matin il ramassa une vieille corbeille d'osier. « Voilà juste ce qu'il me faut pour les côtes de la chèvre », déclara-t-il. Un ou deux jours plus tard, il découvrit, chez Mme Ramié, deux pots à lait un peu asymétriques. « Ces pots ont une forme assez bizarre, dit-il, mais si je supprime les fonds et casse les anses, ils feront de très beaux pis à ma chèvre. » Puis il se souvint d'une fronde de palmier qu'il avait ramassée un matin, sur la plage, au moins deux ans auparavant. Cela lui avait plu, mais il n'en avait pas découvert l'usage. La partie la plus large convenait pour la tête de la chèvre. Il la tailla un peu pour donner au nez et à la bouche les bonnes proportions. L'autre partie constitua l'échine. Il façonna les cornes dans un cep de vigne, les oreilles dans du carton découpé et rempli de plâtre. Pour les pattes, il se servit de baguettes coupées à une branche d'arbre. Les pattes de derrière avaient des nœuds comme des articulations. Il ajouta des bouts de fil et de rubans métalliques, pour accuser les hanches et créer une impression de maigreur anguleuse.

Pablo n'aurait jamais oublié un détail anatomique, surtout sexuel. Il voulait que le sexe de la chèvre fût assez évident pour lever aussitôt toute hésitation. Même le témoignage des deux longs pis ne le satisfaisait pas complètement. Il prit un couvercle de boîte de conserve, le plia aux trois quarts et l'enfonça, la pliure la première, entre les pattes de derrière. La queue, tressée dans une double longueur de fil de cuivre, se dressait gaiement. Juste au-dessous, Pablo inséra, dans le plâtre, un petit bout de tuyau large d'environ deux centimètres, figurant l'anus. Puis il remplit les interstices de plâtre. *La Chèvre* était achevée.

Pablo avait toujours rêvé d'une sculpture qui ne touche pas le sol. En regardant une petite fille sauter à la corde, il trouva la solution. Il fit exécuter, chez un quincaillier de Vallauris, une base rectangulaire d'où s'élevait, jusqu'à la hauteur d'environ un mètre, un tube de fer courbé qui avait la forme de la corde au moment où elle touche le sol. Les extrémités de cette « corde » servaient de support à la petite fille. Le tronc de l'enfant était fait d'une de ces corbeilles plates dont on se sert pour ramasser les fleurs d'oranger et qui sont destinées aux fabriques de parfums. De chaque côté, une poignée de bois la retenait aux extrémités du tube. Pablo fixa au bas de la corbeille des plis de gros papier. Il y coula du plâtre, et quand le plâtre fut sec, retira le papier. La jupe était faite. Il y suspendit alors de petites jambes taillées dans du bois.

Il avait trouvé, dans le dépotoir, deux grands souliers, tous deux du même pied, qu'il remplit de plâtre et attacha aux jambes. Pour le visage, il utilisa le couvercle rond d'une boîte de chocolats, également remplie de plâtre. Le plâtre sec, le couvercle enlevé, il appliqua cette empreinte sur une forme rectangulaire en plâtre, qu'il avait striée en la pressant contre un morceau de carton ondulé dont l'extrémité avait été amincie en forme de cou. De chaque côté, une découpe un peu en biais donnait l'impression de cheveux tombant dans le dos.

Claude aimait les jouets, non pour s'amuser mais pour les casser. Dès son plus jeune âge, sitôt qu'un nouveau jouet arrivait à la maison, il s'armait d'un marteau et se mettait au travail. Il ne voulait pas voir ce qu'il y avait à l'intérieur du jouet, comme la plupart des enfants, mais tout simplement le réduire en miettes, le plus vite possible. En 1951, Kahnweiler lui avait apporté deux petites autos qui échappèrent miraculeusement au massacre. Pablo décida qu'elles lui seraient personnellement très utiles. Claude n'était qu'à moitié content, parce qu'il n'en avait pas encore fait l'usage qu'il escomptait. Mais Pablo les prit, les lia l'une à l'autre, roues contre roues, pour faire la tête de sa sculpture : *La Guenon et son petit*. Il ajouta des oreilles formées de deux anses de cruche trouvées au dépotoir près de l'atelier. Pour la fourrure du cou, il fixa un morceau de plâtre qu'il avait auparavant moulé dans une cuvette et strié. Le torse bombé était fait d'une grande marmite en terre dont les anses constituaient les épaules, et qu'il avait incisée au couteau pour former les mamelles. La queue était une tige de métal recourbée du bout. Le bébé dans les bras de la guenon avait été entièrement modelé en plâtre. Et les pattes, comme celles de la chèvre, étaient des morceaux de bois. Un autre exemple illustre bien la méthode de travail de Pablo : il découvrit une pelle usée qui lui donna l'idée de sculpter une grue. Puis il trouva deux fourchettes à rôtir, l'une longue, l'autre beaucoup plus courte et en mauvais état, qu'il répara en l'enroulant de fil de fer. C'est avec cela qu'il fit les pattes. Il moula le socle, comme il le faisait souvent, en remplissant de plâtre une boîte à bonbons qu'il arracha une fois le plâtre pris. Pour la tête, il utilisa un robinet de cuivre dans lequel il inséra un bout de métal pointu en guise de bec. La grue une fois coulée en bronze, il la peignit.

Chaque fois que nous traversions Aix, Pablo s'arrêtait pour acheter des calissons. Les boîtes avaient une forme de losange qu'il utilisait comme moules, pour certains éléments de ses sculptures. En 1951, pour un portrait de moi intitulé : *Tête de femme*, il se servit du couvercle d'une de ces boîtes. Le moulage une fois sec, il en lima les extrémités pour leur donner un peu plus de relief et leur faire perdre ce qu'elles avaient de trop aigu. Il inséra un morceau de plâtre triangulaire, moulé auparavant entre deux morceaux de carton : le nez. À cette époque, je portais les cheveux tirés et ramassés en chignon. Pour accuser cette caractéristique, dans la sculpture, le masque était projeté en avant, le crâne et les cheveux étaient groupés et formaient une masse en arrière du plan de la figure. Cette masse secondaire était faite d'un vase de céramique abîmé que Pablo avait trouvé dans le champ d'à côté. Le cylindre du cou, au-dessous de cette masse, n'entrait pas en contact avec le plan du visage. Pour la base, Pablo avait coulé du plâtre dans une boîte à bonbons rectangulaire.

Toutes ses tentatives en ce domaine n'étaient pas également réussies. Sculpter *La Femme enceinte* dut être une sorte de compensation pour lui. Il voulait que j'aie un troisième enfant. Je ne le désirais pas, car j'étais encore mal remise de la naissance de Paloma. Il y travailla longtemps, se faisant, j'imagine, une image composite de mes deux grossesses. Les seins et le ventre distendu étaient faits de trois cruches à eau ; une grosse pour le ventre et deux petites pour les seins, toutes ramassées dans les ordures. Il modela le reste. La statue, demi-grandeur nature, avait quelque chose de pathétique et de grotesque. Elle n'avait pour ainsi dire pas de pieds, semblait prête à tomber, les bras descendaient jusqu'aux genoux. J'ai toujours pensé que c'était une femme-enfant, issue du singe le matin même.

Je crois que *Le Crâne de chèvre et bouteille* est une des meilleures sculptures de cette période. Pablo avait fait au moins cinq ou six peintures dans lesquelles il avait exploré tous les rapports possibles entre ces objets et l'espace. La composition était une espèce de labyrinthe graphique, assez analogue aux deux versions de *La Cuisine*. Je lui suggérai d'exploiter cette idée, en sculpture également.

Des années auparavant, Pablo avait composé une tête de taureau avec une selle et un guidon de bicyclette. Il m'expliqua que cette sculpture était réversible : « Je trouve une selle et un guidon dans la rue, et je pense : "Tiens, un taureau." Tout le monde regarde l'assemblage que j'ai exécuté et remarque : "Tiens, un taureau", jusqu'au moment où un cycliste passe et se dit : "Tiens, une selle." Alors, il refait une selle et un guidon. Et ce va-et-vient peut se poursuivre éternellement, selon les besoins du corps ou de l'esprit. »

Un jour, à Vallauris, Pablo trouva un autre guidon. « Voici les cornes de mon crâne de chèvre ! » annonça-t-il. Il bourra, entre les cornes de plâtre, l'espace hérissé d'une centaine de petits clous. Le reste de la tête fut composé de plâtre moulé dans des formes de carton ondulé, ce qui créa le relief si caractéristique de beaucoup de ses sculptures. Puis il enfonça des boulons à la place des yeux. La bouteille était faite de vieilles tuiles de terre cuite. Les longues pointes, figurant les rayons jetés par une bougie qui émergeait de la bouteille, étaient de gros clous plantés dans le plâtre. Pour Valsuani, la fonte de cette pièce devenait un travail exaspérant : il fallut un moule pour chaque clou.

J'ai demandé une fois à Pablo pourquoi il se donnait tant de mal afin d'incorporer ces objets divers dans ses sculptures, alors qu'il pouvait partir de zéro dans le matériau choisi, plâtre par exemple.

« J'ai une bonne raison, me dit-il. Les objets eux-mêmes, leurs formes et leur texture me donnent souvent la clef de ma vision. La pelle, où m'est apparue la queue déployée d'une grue, m'a donné l'idée de faire cette grue. Je n'ai pas besoin d'éléments tout faits, mais à travers eux j'arrive à rejoindre le réel. Mes sculptures sont des métaphores plastiques ; c'est le même principe qui vaut pour mes peintures. Je vous ai dit qu'un tableau ne devrait pas être un trompe-l'œil, mais un trompe-l'esprit. Il en est de même pour la sculpture.

« On dit que les hanches d'une femme ont la forme d'un vase. Ce n'est plus poétique ; c'est devenu un lieu commun. Moi, je prends un vase et j'en fais une femme. J'utilise la vieille métaphore, je la retourne, et je lui rends vie. C'est ce qui est arrivé, par exemple, avec la cage thoracique de la chèvre. On peut dire que les côtes ressemblent à un panier d'osier tressé. Moi, je pars du panier et j'arrive à la cage thoracique, je passe de la métaphore à la réalité. Je rends cette réalité tangible, en usant ainsi de la métaphore. Et le symbole a beau être connu, je m'en sers, aussi dépenaillé soit-il, d'une manière si inattendue que j'éveille une nouvelle émotion dans l'esprit du spectateur. C'est que, momentanément, je bouleverse sa façon conventionnelle d'identifier et de définir ce qu'il voit. J'engage l'esprit du spectateur dans une direction qu'il n'avait pas prévue ; je lui fais redécouvrir des choses qu'il avait oubliées. »

Quelquefois, Pablo trouvait des objets qui ne nécessitaient aucune intervention de sa part pour devenir œuvres d'art. Il les nommait ses *ready-made*, à l'instar de Marcel Duchamp. Un des meilleurs exemples en est *La Vénus du gaz.* Dans les vieux fourneaux à gaz, il y avait un brûleur qui ressemble à une sculpture de femme par Picasso. Pour rendre la chose évidente, Pablo en monta un sur un socle de bois et le baptisa *La Vénus du gaz.*

« Dans trois ou quatre mille ans, on dira peut-être qu'à notre époque on adorait Vénus sous cette forme, juste comme nous décrétons avec assurance, à propos d'un objet égyptien : "Oh ! c'est un vase votif qui servait au culte des dieux." »

Sa Vénus lui plaisait énormément, comme tout ce qu'il faisait ou adoptait. « Il ne faut pas avoir peur d'inventer n'importe quoi, disait-il. Tout ce qui est en nous existe dans la nature. Après tout, nous en faisons partie. Si cela ressemble à la nature, très bien. Si cela n'y ressemble pas, tant pis. Ainsi que le disait Apollinaire, lorsque l'homme a voulu inventer quelque chose d'aussi utile que son pied, il a inventé la roue, qu'il a utilisée pour se transporter lui-même avec ses fardeaux. Le fait que la roue n'ait pas la moindre ressemblance avec un pied n'est tout de même pas une critique ! »

Les interlocuteurs de Pablo ne jugeaient pas tous la sculpture comme il le faisait. Depuis la Libération, un comité des amis de Guillaume Apollinaire évoquait chaque année le projet d'un monument au poète. L'approbation et le financement de ce projet dépendaient du conseil municipal de la Ville de Paris. Le comité lui-même était scindé en factions dont les éléments allaient de l'extrême gauche à l'extrême droite. Aussi les délibérations étaient-elles orageuses. À l'issue de certaines séances, des membres du comité venaient rue des Grands-Augustins prier Pablo de faire le monument. Sa réponse était toujours la même : il était tout à fait en faveur du projet, mais il exigeait une entière liberté. Quelques-uns n'y voyaient pas d'inconvénient ; d'autres, en revanche, ne désiraient pas donner carte blanche à Pablo. Mais il était inflexible : « Ou bien je fais le monument à ma façon, ou bien vous trouvez quelqu'un d'autre. Ce monument correspondra d'ailleurs à celui qui est décrit dans *Le Poète assassiné* : "Un espace évidé d'une certaine hauteur, surmonté d'une pierre." »

Ce qui l'intéressait, c'était de créer une sculpture abstraite qui donnerait une forme au vide, afin de forcer les gens à réaliser que le vide existe. Les adversaires de Picasso disaient, en bons casuistes, qu'ils désiraient un portrait d'Apollinaire, mais que le monument proposé était inacceptable. Ils espéraient que Pablo y renoncerait de lui-même. Le monument devait être érigé à l'intersection du boulevard Saint-Germain et de la rue du Bac, où se trouvait alors une statue dédiée aux inventeurs du télégraphe. Or, ils n'osaient pas remplacer cette statue par une autre dont le principal élément serait un espace vide, trop avant-garde à leur gré. Après une nouvelle séance agitée, les membres du comité laissèrent entendre qu'on avait l'intention d'entreprendre des pourparlers avec Zadkine, qui faisait une maquette plus conforme à leurs idées. Pablo n'y voyait aucune objection, mais Zadkine était peu flatté de ne pas avoir été sollicité le premier. Les choses en restèrent là pendant plusieurs années. Le comité revenait à la charge, à chaque nouvelle saute de vent, pour consulter Pablo qui demeurait inflexible. Chaque fois qu'un accord semblait probable, un remaniement dans la composition du comité ou du conseil municipal détruisait tout. De temps à autre, la veuve d'Apollinaire, Jacqueline, tentait d'influencer Pablo : « Vous devez bien cela à la mémoire d'Apollinaire, disait-elle. Même si le monument n'est pas aussi extraordinaire que vous le désireriez, l'essentiel est de le faire. » Pablo se décida au compromis : un énorme socle, soutenu par quatre piliers hauts d'environ un mètre cinquante, serait surmonté d'une tête massive d'Apollinaire, mesurant environ un mètre. Il en fit de nombreux dessins. Sur certains d'entre eux, la tête est couronnée de lauriers. Mais il apparut très vite que l'aile conservatrice du conseil municipal ne voulait du Picasso sous aucune forme : en effet, ce nouveau projet, qui n'était ni abstrait, ni révolutionnaire, ni même choquant, ne rencontra que le silence le plus complet. Finalement, le conseil municipal décida que la statue ne pourrait être érigée à l'emplacement choisi tout d'abord, mais serait reléguée dans le petit square de la rue de l'Abbaye contre l'église Saint-Germain-des-Prés. Pablo, lassé, perdit tout intérêt pour le projet qui traîna quelques mois. Enfin, le comité arracha au conseil municipal une faible approbation, mais Pablo avait lui-même si peu d'enthousiasme en réserve qu'il céda une sculpture demeurée dans son atelier : une tête de bronze de Dora Maar, faite en 1941.

Le comité la fit ériger dans le petit square, et c'est là qu'elle se trouve aujourd'hui.

En dehors de ce projet du monument, il y avait à l'époque un renouveau d'intérêt pour Apollinaire. Gallimard préparait dans la collection de la Pléiade l'édition des *Œuvres complètes*. L'épouse d'Apollinaire et de vieux amis comme André Billy réunissaient tous les inédits qu'ils pouvaient découvrir. Marcel Adéma, fervent collectionneur des écrits d'Apollinaire, préparait une biographie. Ils savaient que Pablo possédait des lettres inédites et des manuscrits, des poèmes, des dessins et d'autres souvenirs de cette amitié. Certaines de ces pièces se trouvaient rue des Grands-Augustins, beaucoup d'autres dans l'appartement de la rue La Boétie. Pablo m'avait dit que, dans une crise de colère, Olga en avait déchiré plusieurs, en même temps que des lettres de Max Jacob. Mais comme on ne jetait jamais rien dans l'appartement, un peu de patience permettrait sans doute de retrouver les morceaux. Tout le monde voulait que la collection fût aussi complète que possible, et l'on avait pensé faire des fouilles rue La Boétie sous la surveillance de Sabartès, afin de découvrir des documents inconnus. Pablo refusa. Il ne voulut même pas prêter les papiers qu'il avait sous la main, rue des Grands-Augustins.

« Cela me dérange trop, dit-il. En outre, pour entretenir la mémoire d'Apollinaire, les poèmes que tout le monde connaît suffisent. Inutile d'y ajouter les miens. »

Pablo demanda à Jacqueline Apollinaire de me montrer son appartement. C'était en haut d'un vieil immeuble, au coin de la rue Saint-Guillaume et du boulevard Saint-Germain. Dans l'escalier, à mi-chemin du dernier étage, je pus voir la lucarne œil-de-bœuf par laquelle le « secrétaire » d'Apollinaire, le « baron » Mollet, examinait soigneusement les arrivants avant de les laisser entrer.

L'appartement était tel qu'Apollinaire l'avait laissé. Son aspect rappelait étrangement celui d'un tube digestif : un œsophage, suivi d'un estomac, puis d'un intestin… un véritable labyrinthe. Nous sommes entrés d'abord dans une pièce aux proportions harmonieuses et, de là, nous avons suivi un couloir menant dans une autre pièce. Les murs étaient couverts de tableaux : le grand portrait de Marie Laurencin où l'on reconnaissait Picasso, Apollinaire et Fernande Olivier ; d'autres toiles de Marie Laurencin ; plusieurs petits tableaux cubistes de Picasso, dont celui qu'il avait offert comme cadeau de mariage ; enfin quelques esquisses assez humoristiques réalisées par Pablo à diverses époques et où son ami subissait d'étranges métamorphoses. Ainsi, dans une esquisse, la tête d'Apollinaire avait la forme d'une poire. Par un second long corridor, nous sommes parvenus à un petit réduit de un mètre vingt de côté, où Apollinaire écrivait. C'était l'endroit le plus bizarre et le plus exigu que l'on puisse imaginer tout près de la cuisine. Un escalier en spirale conduisait à une chambre isolée. Elle renfermait une table et une chaise, tandis que sur le mur d'en face, des photos, des reproductions de tableaux et des notes manuscrites étaient épinglées, comme au temps d'Apollinaire. Une terrasse dominait le faubourg Saint-Germain.

Jacqueline nous a montré la fameuse canne d'Apollinaire. Elle était faite de bois très dur, et il l'avait achetée au cours d'une promenade dans Paris. Le printemps suivant, elle avait fleuri, miracle fait pour l'enchanter. Alors, il avait prétendu que c'était la baguette d'Aaron. Conformément à la légende, elle fleurit chaque printemps.

Je trouvais l'appartement un peu triste : comme un petit musée de province. J'avais envie de pleurer. Jacqueline avait laissé les lieux dans l'état où ils étaient à la mort d'Apollinaire, mais elle trouvait difficile de vivre là. Aussi passait-elle la plus grande partie de son temps dans une propriété des environs de Blois.

Ceux qui semblaient jouer des rôles secondaires dans l'entourage de Picasso avaient souvent une grande influence sur lui. Marcel était au premier rang des éminences grises. Quand je le vis pour la première fois, il avait environ cinquante ans ; c'était un Normand à tête d'empereur romain, rusé, fin, matois, avec un profil de médaille, les traits marqués et le nez légèrement busqué. Il servait de chauffeur à Pablo depuis 1925. Si Pablo désirait voyager et si, pour une raison quelconque, le voyage ne convenait pas à Marcel, ce dernier trouvait toujours un moyen de le retarder, voire de le faire annuler. Une avarie mystérieuse saisissait le moteur et nécessitait sa présence au garage pour surveiller les mécaniciens. Mais dès que Marcel se sentait l'esprit d'aventure, la voiture repartait comme un charme. C'était bien lui qui était aux commandes.

Il avait d'autres talents. Pablo estimait son jugement, qui n'avait pas été contaminé par un vernis de fausse culture. En arrivant le matin, Marcel commençait par examiner les tableaux peints la veille. Quand Pablo apparaissait, Marcel était prêt à faire ses commentaires. Pablo nous confiait bien que les opinions de Marcel lui importaient peu, mais il désirait à tout prix les connaître. Qui plus est, Marcel s'était fait, au cours des années, la réputation d'avoir l'œil aussi infaillible qu'un expert. S'il décrétait qu'une toile était authentique, elle l'était à tout jamais. S'il prononçait le mot « faux », personne n'osait le contredire. Celui qui venait faire authentifier une peinture savait que ses chances étaient nulles si le verdict de Marcel était négatif. Son œil perçant de Normand, qui lui permettait de distinguer sûrement les torchons des serviettes, lui avait valu dès le début la confiance de Picasso.

Cette compétence s'étendait à toute la vie de Pablo. Marcel ressemblait à Leporello, ce valet de Don Juan se plaignant de son sort et des coups qu'il reçoit de temps en temps, mais ravi néanmoins de prendre part aux aventures de son maître. Ainsi, il aimait courir d'une maison à l'autre, porteur de missives à quiconque était, en ces moments, dans les bonnes grâces de son patron, et je dois dire honnêtement que la sympathie ou l'antipathie de Marcel trouvait souvent un écho dans les actions de Picasso.

En voiture, nous nous asseyions toujours devant, près de Marcel. Pablo s'installait au milieu et conversait librement avec lui. Comme il ne conduisait jamais, il se sentait tout à fait détendu, et quand la discussion devenait plus animée, c'était surtout Marcel qui parlait. Avec ses amis poètes, peintres et autres, Pablo menait le jeu, mais avec Marcel, il écoutait. Marcel passait en revue les événements de la journée, et les agrémentait de commentaires de son cru. Il contredisait Pablo, et même le critiquait s'il trouvait que c'était mérité. Et Pablo l'acceptait généralement.

Quand il n'était pas là, Pablo déclarait : « Je n'ai aucune confiance en lui. Il ne fait que ce qui lui plaît. » Il se plaignait de Marcel « chauffeur », ne l'accusant pas de mal conduire, ce qui eût été ridicule, mais de dépenser trop d'argent pour la voiture et d'en tirer des revenus. Je ne pense pas que ce fût vrai. Mais chaque fois que Marcel demandait de l'argent pour une nouvelle acquisition, ne fût-ce que pour une casquette, Pablo se mettait en fureur. Un jour, Marcel fit savoir qu'il avait besoin d'une nouvelle livrée.

« Maintenant, il lui faut une nouvelle livrée. Il use plus de vêtements que moi. Bientôt, il voudra conduire en smoking », maugréait Pablo. Puis, se tournant vers Marcel : « Cela en fait combien depuis l'année dernière ?

— Les chauffeurs ont besoin d'une nouvelle tenue de temps en temps, protestait Marcel. Il faut se glisser si souvent derrière le volant que l'uniforme finit par être tout reluisant. Vous ne voulez pas que j'aie l'air de l'avoir ciré, tout de même ? Qu'est-ce que les gens penseraient ?

— Mais ça m'est égal ! Regarde-moi. Je n'ai pas honte de porter de vieux complets.

— Oh ! vous, vous êtes le patron. Mais moi, c'est différent. Je ne suis que le chauffeur. »

Pour tout ce qui ne concernait pas le métier de Marcel, Pablo et lui étaient dans les meilleurs termes. Dans l'antichambre où les visiteurs attendaient d'être reçus, Marcel officiait aux côtés de Sabartès. Sabartès était un moine qui faisait grise mine aux femmes. Avec Marcel on s'arrangeait toujours ; il était heureux de sentir la gloire de son maître rejaillir sur lui et de participer à l'organisation d'une vie aussi active et extraordinaire. Il prenait vigoureusement fait et cause pour ou contre les divers membres de l'entourage. On ne regarde pas un match de football objectivement. On prend parti. Il avait son équipe favorite et faisait de son mieux pour la faire gagner.

Marcel aimait beaucoup Paulo, et lorsque j'ai rencontré Pablo, les relations entre père et fils étaient assez tendues. Paulo, qui ne travaillait pas, ne s'intéressait qu'aux motocyclettes de course. Il dépendait de Pablo pour son argent de poche, et quand la situation se détériorait trop, il s'en remettait à Marcel pour qu'il servît d'intermédiaire entre son père et lui.

Marcel n'avait pas reçu d'éducation, mais il avait une intuition qui ne le trompait pas, un cœur d'or et du bon sens. Souvent, ceux qui sont attachés à une personnalité marquante cherchent jalousement à écarter les gens qui leur déplaisent. Mais j'ai bien rarement vu Marcel user de son influence auprès de Pablo à des fins autres que bienveillantes.

En même temps, sa ruse paysanne lui permettait de juger rapidement son monde et d'éliminer les intrus. Il savait barrer la route à des raseurs infatigables qui, après son départ, réussirent à s'infiltrer et à prendre place parmi les habitués.

Marcel avait bon caractère. Même quand Pablo était d'humeur massacrante, il restait gai, riait de ses propres traits d'esprit et se tirait de tous les mauvais pas. Il appelait Pablo « Monsieur », mais leurs relations étaient plus détendues et amicales que ne le sont généralement celles d'un patron et d'un employé. De temps en temps, malgré tout, et durant l'une de ses sautes d'humeur, Pablo trouvait exaspérante l'insouciance de Marcel au milieu de la consternation générale. Il le semonçait et le menaçait de châtiments exagérés. Ils s'entendaient comme larrons en foire, et puis soudain, irrité, Pablo découvrait que Marcel ne lui manifestait pas le respect qu'il lui devait. Alors, pendant un certain temps, il lui parlait de façon distante et, lorsqu'ils faisaient des courses, s'asseyait dans le fond de la voiture sans lui adresser la parole.

Comme il n'y avait pas de place pour Marcel à *La Galloise*, il logeait au petit hôtel-restaurant *Chez-Marcel*, à Golfe-Juan. Il n'avait pas grand-chose à faire dans le Midi ; aussi passait-il son temps à jouer aux boules et à boire du pastis. Parfois Pablo, en fin d'après-midi, décidait soudain de partir pour Paris. Marcel conduisait alors pendant toute la nuit, et nous passions la journée à Paris. Puis nous revenions la nuit suivante. Il fallait bien quinze heures, dans chaque sens, pour effectuer ce voyage, compte tenu des repas, et nous n'avions jamais eu d'accident, tant Marcel conduisait bien. Mais, après quelques années dans le Midi, il se mit à conduire de plus en plus vite et à prendre des risques. Un jour, en rentrant de Nîmes dans l'Oldsmobile de Kootz, il fit une petite erreur balistique en croisant à 130, et la poignée de l'autre voiture érafla toute la longueur de l'Oldsmobile. Cela nous donna à réfléchir. Or, peu après, Pablo et Marcel rentrèrent à Paris, à cause des ennuis de Pablo au sujet de ses appartements de la rue La Boétie dont le propriétaire voulait l'expulser. La voiture attendait Pablo toute la journée, et quand il n'en avait plus besoin, Marcel était censé la mettre au garage. Tout le monde savait qu'il s'en servait de temps en temps. Un soir, faisant une promenade aux environs de Paris avec sa famille, il écrasa la voiture contre un arbre. Personne ne fut blessé, mais la voiture était irréparable. Le lendemain, Marcel vint expliquer l'accident à Pablo. D'abord, ce dernier ne réagit pas, mais, en réfléchissant, tous les griefs qu'il avait accumulés contre son chauffeur au cours des vingt-cinq dernières années prirent corps sous ses yeux. Marcel était le seul qui pût critiquer Pablo, et il avait souvent lancé des flèches acérées. Pendant vingt-cinq ans, le Roi avait supporté son Fou, mais il ne pouvait supporter une minute de plus que son chauffeur eût un accident. Il le renvoya. Le pauvre Marcel n'en croyait pas ses oreilles : « Vous voulez dire qu'en dépit de tout ce que j'ai fait pour vous, vous me chassez pour ça ? Si vous avez si peu de cœur, il arrivera un jour où vous n'aurez plus personne. Pas même Françoise, parce que, elle aussi, vous quittera. »

Pablo restait inflexible. Il acheta une Hotchkiss et me suggéra de remplacer Marcel. Je pris quelques leçons, mais je n'aimais pas conduire. Alors je proposai que Paulo tînt ce rôle. La Hotchkiss servait pour les déplacements courants et les voyages à Paris. Un peu plus tard, la vieille Hispano-Suiza de Pablo, son trésor, fut remise en état : elle restait au garage et ne servait que pour les corridas. On y tenait à huit ou neuf, et elle ressemblait aux voitures dont les matadors les plus en vue se servaient pour leurs déplacements.

L'accident de l'Oldsmobile ne fut pas le seul ni le plus important désastre de cet été-là. Les deux appartements de Pablo, rue La Boétie, étaient inoccupés depuis des années. Ils auraient pu être réquisitionnés depuis longtemps, mais, dans le cas de Picasso, les autorités fermaient les yeux, appréciant « l'importance pour la nation » de personnalités telles que la sienne. Aussi longtemps que Pablo eut en place des amis comme André Dubois, rien n'arriva. Mais quand un nouveau préfet de police, particulièrement anticommuniste, succéda à Dubois, il sauta sur la belle occasion qui lui était offerte de causer des ennuis à Pablo en appliquant la loi. Étant donné leur superficie, ces appartements auraient pu loger au moins une demi-douzaine de personnes. Si Pablo en avait été le propriétaire, il aurait pu les faire occuper par des amis. Or, il n'avait pas non plus le droit de sous-louer. Enfin, les appartements étant remplis d'objets précieux, il ne pouvait laisser les services du logement y placer n'importe qui.

Pablo reçut son ordre d'expulsion. Il était furieux, mais pensait que, grâce à André Dubois ou à Marie Cuttoli, il pourrait arranger les choses. Ils firent l'impossible, mais l'Administration parait toutes leurs feintes, et, au bout d'un an de tergiversations, Pablo dut s'avouer vaincu. Il confia le soin du déménagement à Sabartès, qui examina et classa chaque objet, si important ou infime qu'il fût, et l'emballa séparément. Il remplit ainsi soixante-dix caisses immenses.

Les ateliers de la rue des Grands-Augustins étaient très grands, mais pas assez pour les besoins de Pablo. À part les pièces de réception et de travail, il n'y avait guère plus de deux petites chambres dans lesquelles on pouvait vivre. Il n'y avait pas de place pour les caisses de la rue La Boétie. Nous avons donc acheté deux petits appartements rue Gay-Lussac et entreposé là tout ce qui pouvait y tenir. De ce qui restait, nous avons casé le maximum rue des Grands-Augustins et le reste au garde-meuble. Mais, dès que nous sommes retournés à Vallauris, nous avons reçu de nouveaux ordres d'expulsion pour la rue Gay-Lussac, preuve supplémentaire de l'origine politique de toute cette affaire.

Je me sentais fatiguée depuis longtemps, mais je suis aussitôt repartie pour Paris. J'ai mis des rideaux aux fenêtres et installé le minimum de mobilier dans les nouveaux appartements, pour nous permettre de nous installer et de déjouer les manœuvres d'expulsion. Nous avons passé là tout l'hiver, nous faufilant de notre mieux entre les caisses. Ayant perdu l'habitude de l'humidité de Paris, après tant d'hivers dans le Midi, Pablo et les enfants tombèrent malades. Pablo attrapa une congestion pulmonaire, les enfants une pneumonie, puis la rougeole. Comme Pablo ne voulait personne d'autre auprès de lui, je soignais tout le monde, ce qui m'affaiblit à tel point que j'eus des syncopes fréquentes. Pablo devait supporter des enveloppements sinapisés toutes les trois heures, mais il en refusait l'application si je ne lui tenais pas compagnie. Moi, je n'avais aucune complication pulmonaire. J'étais seulement morte de fatigue. Pourtant, je devais me soumettre au même nombre de cataplasmes que lui.

Tout cela mit Pablo de très mauvaise humeur. Il ne pouvait plus travailler. Je continuai à peindre par discipline, car je préparais une exposition chez Kahnweiler. Pablo restait assis, à me regarder jour après jour, sans soulever lui-même un crayon ou un pinceau. Cela dura des semaines et des semaines.

VII

De mes solitudes je viens,
à ma solitude je retourne.

Quand je suis allée vivre avec Pablo, je pensais que je devais et pourrais me consacrer entièrement à lui, sans attendre qu'il me donnât plus qu'il n'offrait au monde par son art. J'avais consenti à construire ma vie sur ces bases, mais j'étais plus forte alors, parce que j'étais seule. Pendant les cinq ou six années qui ont suivi, je lui ai entièrement voué mon existence ; les enfants sont nés ; et ensuite j'ai commencé à ne plus pouvoir me satisfaire d'un idéal aussi spartiate. Il me fallait plus de chaleur humaine. J'ai pensé que nous en étions arrivés au point où cela devenait possible. J'ai continué à y croire jusqu'au moment où je compris peu à peu, après la naissance de Paloma, que jamais il ne me donnerait cette chaleur. Je ne trouvais auprès de lui rien de plus que ce que j'avais imaginé au départ : la joie de me dédier à l'homme et à son œuvre. Je mis longtemps à m'en apercevoir clairement, parce que mon amour pour lui était devenu plus passionné et que je ne pouvais me résoudre à abandonner tout espoir.

Maintenant, les enfants réglaient nos vies dans une large mesure, et Pablo piaffait sous le poids de cette vie domestique. Je pouvais presque l'entendre maugréer : « Elle doit croire qu'elle a gagné la partie ; c'est elle qui mène le jeu, maintenant, avec les deux enfants. Je ne suis plus qu'un membre de la famille. C'est la stabilisation la plus complète. » Et si quelqu'un n'était pas fait pour la stabilisation, c'était bien Pablo. Ce qu'il avait désiré lui-même si ardemment, et qui lui avait apporté tant de joie, commençait à l'exaspérer. Il semblait considérer parfois que les enfants étaient des armes que j'avais forgées contre lui. Alors, il commença à se détacher de moi. Ce fut d'abord insensible. Depuis le soir où j'étais restée rue des Grands-Augustins, jusqu'au moment de son voyage en Pologne avec Eluard et Marcel, nous ne nous étions pas quittés un seul jour. Après son retour, il fit de petits séjours à Paris sans moi. Une fois, il partit seul à une corrida à Nîmes, sous prétexte que je ne me portais pas assez bien pour supporter le voyage et l'émotion du spectacle. Quand je l'accompagnais, nous étions généralement de retour à minuit. Cette fois, à trois heures du matin il n'était pas encore rentré. Je craignais un accident. Inquiète, je tirai un matelas sur le balcon et restai là sans pouvoir dormir jusqu'à l'arrivée de la voiture, juste avant l'aube. Pablo fut très mécontent de me voir installée ainsi. Il m'accusa de l'espionner, criant qu'il était libre de rentrer à l'heure qui lui plaisait. Pourtant, je ne lui avais pas encore dit un mot. Les Ramié étaient dans la voiture, et comme je leur avais fait, de loin, un signe de la main, avant que Marcel les reconduise chez eux, Pablo m'accusa également de l'humilier devant ses amis. Je lui demandai comment.

« Au lieu de dormir dans votre lit, dit-il, vous êtes là à m'attendre. Vous voulez me priver de ma liberté, cela crève les yeux. »

Au cours des semaines suivantes, je vis bien que, physiquement et spirituellement, il élevait un mur entre nous. Au début, je ne pouvais croire qu'il tentait de se détacher de moi, au moment même où je faisais le plus d'efforts pour me rapprocher de lui. Je n'étais pas assez expansive de nature pour lui demander des explications, et ma fierté me retenait de lui faire des avances, comme le font d'habitude les femmes qui sentent qu'un homme se désintéresse d'elles. Avec les enfants, il était resté le même ; il les aimait beaucoup, comme il aimait tous les jeunes enfants, du reste ; mais quand il pensait à eux en fonction de moi, et à moi, leur mère, par rapport à lui, son attitude se durcissait. Il me chargeait de plus en plus de ses affaires avec Kahnweiler et quelques autres, mais nos relations devenaient chaque jour plus impersonnelles. Avant, elles étaient profondes et intenses. Désormais, nous n'étions plus que des associés.

En y réfléchissant, je compris que Pablo n'avait jamais pu supporter longtemps la compagnie d'une femme. Je savais qu'il avait été attiré au premier abord par le côté intellectuel de nos relations, ma façon d'agir, presque garçonnière, et le fait que je n'avais presque aucune féminité. Il avait cependant insisté pour que j'aie des enfants, afin de m'épanouir. Et maintenant que je les avais, que j'étais devenue une femme, une mère, une épouse, il était clair que cela ne lui plaisait pas. Il avait déterminé ma métamorphose et, puisqu'elle était accomplie, il la rejetait. Jusqu'alors, je n'avais jamais ressenti d'amertume. Si triste que fût ma vie parfois, et même dans les moments les plus difficiles et les plus pénibles, je pensais que tout cela était moins important que notre union. Si, malgré tout, je devenais amère, c'est que je sentais une terrible ironie dans cette situation. Alors je me mis à faire quelque chose de très féminin, et, pour moi, de très inhabituel : je pleurais une grande partie du temps.

Une des rares lithographies pour lesquelles j'aie véritablement posé (et qui est peut-être la plus naturaliste de toutes) est celle qui est reprise au catalogue de Mourlot, sous le numéro 195. Je me rappelle être restée là à sangloter, tout ce sombre après-midi de novembre, presque sans m'arrêter. Pablo trouvait cela très stimulant. « Votre figure est merveilleuse aujourd'hui, me disait-il, en la dessinant. C'est un visage très grave. »

Une autre fois, il fut moins flatteur : « Vous étiez une Vénus quand je vous ai rencontrée. Maintenant vous ressemblez à un christ, et même à l'un de ces christs romans dont on peut compter les côtes. J'espère que vous réalisez que vous ne m'intéressez pas dans cet état ? »

Je lui dis que je m'en rendais compte ; en effet, j'avais maigri. Comme il le savait, je m'étais mal remise de la naissance de Paloma. « Ce n'est pas une excuse, dit-il. Ce n'est même pas une raison. Vous devriez avoir honte de négliger ainsi votre santé et votre apparence. N'importe quelle autre femme s'épanouirait après la naissance d'un bébé. Pas vous. Vous avez l'air d'un manche à balai. Vous croyez que les manches à balai peuvent plaire ? Pas à moi, en tout cas. »

Je trouvai ces remarques d'autant plus injustes que j'étais très affaiblie à l'époque. Cependant, à force de me raisonner, je pensai que la meilleure manière d'exprimer mes sentiments était de me consacrer plus encore à lui et aux enfants. Je pouvais tout de même l'aider dans son art ; j'avais également mon propre travail à poursuivre, et la vie pouvait très bien continuer sur cette base, même si nos relations s'étaient suffisamment dégradées pour qu'il ne me soit plus possible d'espérer trouver en lui la satisfaction affective et personnelle qu'une femme cherche dans l'amour d'un homme. Il me fallut deux ans, de 1949 à 1951, pour accepter cela.

Chaque fois que Pablo allait à Paris, il me laissait assez de travail pour que je sois occupée jusqu'à son retour. Il entreprit un de ces voyages en février 1951. Tériade projetait de publier un numéro spécial de *Verve* consacré aux céramiques de Pablo et à ses œuvres récentes de peinture et de sculpture. Pablo me chargea de choisir ce qu'il fallait photographier. Il me donna pour consigne de ne pas bouger d'un pas, jusqu'à ce que le photographe eût fini, afin que rien ne risquât d'être cassé ou égaré.

Quelques jours après son départ, je reçus un télégramme de ma mère. Elle m'annonçait que ma grand-mère venait d'avoir une attaque et me demandait de venir tout de suite, car les médecins n'avaient pas laissé d'espoir. C'était de ma grand-mère que je m'étais toujours sentie le plus proche, et je l'avais en quelque sorte abandonnée pour vivre avec Pablo. Je pensai que ces photos de poterie ne devaient pas m'empêcher d'aller à Paris – au moins une journée – pour y voir ma grand-mère avant qu'elle meure. Je savais que si je téléphonais à Pablo, il m'interdirait de partir, puisque la seule chose qui comptait pour lui, c'était son travail. Je décidai de prendre le train de nuit pour Paris, d'y passer la journée, et de rentrer la nuit suivante. Je prévins le photographe de Tériade que je serais absente le lendemain, mais à pied d'œuvre le jour suivant.

Arrivant à Paris après avoir passé la nuit dans le train, je courus à la clinique pour voir ma grand-mère, qui était très mal. Elle devait se remettre un peu par la suite, et je pus la revoir, car elle vécut quelques mois encore, s'affaiblissant un peu plus après chaque rechute. Je passai la journée près d'elle et quittai la clinique vers six heures. Mon train ne partait qu'à huit heures trente. J'eus un instant le désir d'aller voir Pablo, mais, convaincue qu'il ne pourrait accepter, ou même comprendre, mes raisons, et pensant que la maladie de ma grand-mère et l'importance qu'elle avait pour moi lui seraient indifférentes, je préférai rentrer tout simplement, sans alourdir par des discussions déplaisantes la tristesse que je ressentais.

Alors je vis clairement ce qu'étaient devenues nos relations. Dans le malheur, on se tourne tout naturellement vers la personne que l'on aime le plus. Je savais que non seulement je ne trouverais aucun réconfort auprès de Pablo, mais que je recevrais la rebuffade la plus sévère pour avoir quitté Vallauris sans sa permission et m'être dérobée, ne fût-ce qu'une journée, au travail qu'il m'avait confié. Dans ces conditions, je pensai qu'un endroit anonyme serait plus supportable et ne me forcerait à aucun contact personnel. Je retournai à la gare de Lyon, et, après avoir laissé ma valise à la consigne, m'installai dans un café voisin. J'avais deux heures devant moi et je décidai de faire le point sur ma vie avec Pablo. Tandis que j'étais assise là, triste et fatiguée, il me sembla qu'en dehors des enfants j'étais plus que seule : solitaire. Je me demandai pourquoi je devrais continuer.

La seule réponse que je pus trouver, c'est que j'avais encore une certaine utilité pour Pablo, si unilatérale que fût la situation. Je savais que je ne pouvais rien attendre de plus, et que si je continuais, ce serait par devoir.

C'était l'heure de la fermeture des bureaux. Les gens se faufilaient entre les tables, et la terrasse s'était remplie. Je trouvais une sorte de réconfort à observer ce flot de vies humaines croisant la mienne et coulant tout autour de moi. Ces gens semblaient emporter avec eux un peu de mon amertume et écarter momentanément la vision de ma grand-mère, étendue sans force sur son lit à la clinique. En les regardant passer, je pensais que tous avaient comme moi un fardeau à porter, plus pesant peut-être que le mien. Nous allions tous dans la même direction, pour accomplir la même tâche, sous des formes différentes. Je sentis que je n'étais pas plus seule que ceux-là – autant certes, mais pas plus. Allégée, je compris que chaque être humain est isolé et, en même temps, relié à tous les autres. Ce fut ce qui m'aida à prendre ma décision : je continuerais. Après, je fus un peu moins malheureuse que je ne l'avais été durant les deux années précédentes.

Dès mon retour à Vallauris, j'écrivis à Pablo pour le mettre au courant de ce voyage. Zette Leiris me répondit que j'avais agi sottement. Pablo, profondément blessé, répétait à tout le monde que c'était mon devoir de passer chez lui, puisque j'étais venue à Paris. Si je ne l'avais pas fait, c'était sans doute parce que j'étais allée rendre visite à d'autres, que je lui préférais. Donc, je ne me souciais ni de lui ni de son travail. Quand il rentra à Vallauris, il me demanda par quelle aberration j'avais pu penser qu'il m'aurait fait des reproches, si je lui avais avoué à ce moment que j'étais allée voir ma grand-mère. Je lui répondis que j'avais l'habitude de ses remontrances injustifiées, et que je connaissais désormais ses réactions par cœur.

« Oui, bien sûr, j'aurais crié un peu, avoua-t-il. Je suis coléreux de nature. Mais je dis souvent des choses que je ne pense pas. Vous devriez le savoir. Quand je vous jette à la figure des paroles désagréables, c'est pour vous endurcir. J'aimerais vous voir furieuse, hors de vous, mais cela ne se produit jamais. Vous n'ouvrez plus la bouche, vous devenez sarcastique, amère, hautaine et froide. J'aimerais vous voir au moins une fois éclater, rire, rager : jouer mon jeu. » Il secoua la tête avec dégoût. « Vous, les gens du Nord, je ne vous comprendrai jamais. »

Je n'aurais jamais pu jouer son jeu. À ce moment-là, je ne m'étais pas encore dégagée des effets de mon éducation première. Toute ma vie on m'avait appris à me dominer. Se mettre en colère, faire une scène devant quelqu'un, même en l'aimant, c'était aussi impensable que de se promener tout nu en public. Je ne pouvais m'extérioriser, j'étais encore enfermée dans ma coquille. Je me suis toujours demandé si toutes les langoustes, les chevaliers en armure que Pablo dessinait et peignait à l'époque n'étaient pas ironiquement symboliques des sentiments que je lui inspirais.

Près de deux ans plus tard, quand je commençai à dire à Pablo que j'allais probablement le quitter, il me rappela cet incident : « C'est à ce moment-là que vous avez décidé de partir. » Mais ce n'était pas du tout vrai ; au contraire : c'était à ce moment-là que je m'étais imposé de rester.

Je crois que j'aimais Pablo autant qu'un être a le pouvoir d'en aimer un autre, mais ce qu'il me reprochait – et il en voyait la preuve dans cet incident – c'était de n'avoir pas confiance en lui. Il avait sans doute raison. Toutefois, il ne pouvait guère en être autrement, puisque, en arrivant sur la scène, j'avais eu sous les yeux le spectacle de trois actrices qui avaient essayé, tour à tour, de jouer le même rôle et étaient aussitôt tombées dans le trou du souffleur. Chacune avait commencé dans le bonheur, persuadée d'être la seule. Moi, je n'avais pas eu cet avantage, car je savais ce qui était arrivé aux autres femmes. De plus, ce que j'ignorais, il devait vite me le raconter lui-même. Il m'était impossible d'avoir en ma supériorité une confiance telle qu'elle me permît de ne pas lire ce qui était écrit au fronton du temple. Après tout, le sort de ces femmes n'était pas entièrement entre leurs mains : il dépendait surtout de Pablo. Et il en était de même pour moi. Elles ont toutes subi des défaites différentes, et pour des raisons différentes. Olga, par exemple, a échoué parce qu'elle exigeait trop. On aurait pu croire, peut-être, que si elle avait demandé moins, ou des choses moins absurdes, elle aurait réussi, mais Marie-Thérèse Walter ne demandait rien, elle était douce et adorable, et elle aussi a échoué. Puis vint le tour de Dora Maar, qui était fort intelligente. C'était une artiste capable de le comprendre. Elle avait été vaincue, pourtant, comme les autres, et elle avait eu foi en lui. Il m'était donc difficile d'éprouver une confiance absolue. Il les avait toutes délaissées, mais chacune était si préoccupée de son propre sort qu'elle s'imaginait être la seule femme qui eût jamais compté pour lui, alors que toutes ces vies étaient inextricablement mêlées. Je voyais là un schéma historique qui n'avait jamais conduit au succès. Il me semblait que, cette fois encore, l'échec était inéluctable. Et, comme Pablo lui-même m'avait prévenue que chaque amour ne pouvait durer qu'un temps compté par le destin, je sentais que chaque journée rapprochait mon amour de son terme. Pablo avait parfois raison de se plaindre de ma froideur ; mais j'étais glacée par une idée obsédante : tout le bien qui pourrait m'arriver serait désormais terni par l'ombre du mal qui le suivrait. Tout ce qui était agréable devrait être payé par de l'amertume. Il n'y avait aucun moyen d'être vraiment proche de Pablo pendant longtemps ; s'il s'adoucissait au point d'être tendre avec moi, le lendemain il était encore plus mordant et cruel que de coutume. C'est ce qu'il appelait « la vie chère ».

Après la naissance de Paloma, chaque fois que je tentais de susciter un vrai rapprochement entre nous, il devenait plus distant. Quand je me repliais dans ma solitude, son intérêt semblait se raviver. Il cherchait à me reprendre, car il ne pouvait supporter l'idée que j'atteigne à la sérénité si près de lui, sans lui. Avec Pablo, il fallait toujours qu'il y eût un vainqueur et un vaincu. Je ne pouvais me satisfaire de vaincre, et je crois que toute personne ayant atteint une certaine maturité affective n'y trouve aucun plaisir. On ne gagnait rien non plus à être vaincu, car, dès ce moment-là, Pablo n'éprouvait plus pour vous le moindre intérêt. Et comme je l'aimais, je ne pouvais me permettre une défaite. Que faire devant une telle alternative ? Plus j'y réfléchissais, et moins j'entrevoyais la solution.

Au début de l'été 1951, je dus faire de nombreux voyages à Paris. En effet, ma grand-mère continuait de s'affaiblir, et je devais préparer notre installation rue Gay-Lussac, pour éviter la réquisition des appartements. Ma grand-mère avait fait plusieurs rechutes. Sa dernière attaque l'avait laissée à demi paralysée. Elle pouvait à peine bouger ou même parler, mais elle avait gardé sa lucidité. Je voyais bien qu'elle essayait, en vain, de me dire quelque chose. Elle me prenait la main, y enfonçait ses ongles. Je sentais son besoin de s'exprimer. À la fin, elle parvint à surmonter l'obstacle et murmura : « Laisse-moi me baigner dans tes yeux. » Ce furent ses dernières paroles pour moi.

Je rentrai dans le Midi le 1er août. Quelques jours plus tard, Pablo et moi étions à la poterie lorsque le téléphone sonna. Nous n'habitions pas le centre de Vallauris, et les télégrammes arrivaient à la poste, qui ne les délivrait pas très vite. Depuis que l'état de ma grand-mère s'était aggravé, ma mère m'avait envoyé plusieurs télégrammes, afin de me préparer, et deux ou trois d'entre eux attendaient d'être distribués. L'employée, apprenant que nous étions à la poterie, décida de téléphoner. J'étais tout près de l'appareil et je décrochai. Croyant s'adresser à Mme Ramié, la téléphoniste annonça simplement : « La grand-mère de Françoise est morte. » La nouvelle me coupa le souffle. Ce fut comme si j'avais reçu un coup. Je retournai à Paris immédiatement, sachant que ma mère aurait besoin de moi. À mon arrivée, elle m'apprit que mon père serait aux obsèques. Je devais me préparer à cette rencontre. Je ne l'avais pas revu depuis notre rupture, en octobre 1943. Il ne me semblait guère facile, maintenant, de le retrouver, mais je savais que je devais faire un effort. Sinon, je souffrirais encore plus de ne jamais le revoir. Et avec son caractère, il était peu probable qu'il fît jamais le premier pas.

Nous nous retrouvâmes dans la clinique de Neuilly, où ma grand-mère était morte. Mon père me serra la main, sans chaleur. Je retins la sienne, pour lui donner le temps de surmonter sa crainte de paraître faible, et il finit par me dire : « Après les obsèques j'aimerais que tu viennes à la maison. » Puis il ajouta : « Je ne fais pas cela pour toi, mais pour ta mère. »

Après le déjeuner, il me dit d'une voix nette et sans émotion : « Je n'ai pas pardonné à ta grand-mère d'avoir pris ton parti, mais cela ne sert à rien d'en discuter maintenant. J'ai décidé de tout oublier, et tu peux donc te considérer chez toi, ici. Je serai heureux de vous voir, toi et tes enfants, quand vous voudrez. Quant à nos différends, nous n'en parlerons plus. » Dès ce jour-là, et jusqu'à sa mort, il fut courtois, me rendit quelquefois service, mais c'est tout. Il nous arrivait de discuter littérature, et il me mit assez au courant de ses affaires pour que je puisse, le jour venu, remplir son rôle auprès de la famille. Cependant, il n'y avait rien d'intime dans son attitude.

Lorsque j'avais commencé de rendre visite à Pablo l'après-midi, rue des Grands-Augustins, il me taquinait à propos d'une jeune fille, envoyée par Paul

Eluard, et qui débutait dans la poésie. « Vous n'êtes pas la seule jeune fille à venir me voir, disait-il, il y en a d'autres. » Et comme je n'étais pas sensible à l'appât, il continuait : « Par exemple, j'en connais une qui étudie la philosophie et écrit des poèmes. Elle est très intelligente. De plus, elle est pleine d'attentions. Souvent, quand elle vient le matin, elle m'apporte du fromage. Du cantal. » Je lui répondis que, puisqu'elle était tellement intéressante, il devrait m'inviter les jours où elle venait, afin que je me rende compte *de visu*. C'est ce qu'il fit. Je trouvai une grande et forte fille, dont les formes évoquaient effectivement la production du fromage. Plus tard, et chaque fois que Pablo parlait d'elle, j'acquiesçais : « Ah ! oui, le cantal ! » Comme la plupart des gens qui aiment à se moquer, Pablo n'appréciait pas du tout l'ironie des autres, et il cessa vite de me parler d'elle.

Les années avaient passé, et je l'avais complètement oubliée lorsque les circonstances la remirent en lumière d'une façon assez déplaisante. Au début de 1951, après une période assez calme, Pablo se mit à faire des allées et venues fréquentes à Paris, me laissant avec les enfants à Vallauris. Je pensais bien qu'il se passait quelque chose, mais je ne savais exactement quoi ni avec qui. En mai, Paul Eluard et Dominique arrivèrent à Saint-Tropez. Pablo alla, sans moi, passer quinze jours avec eux. Je sentais qu'il n'était pas seul et que Paul n'était pas l'unique raison de ce déplacement.

Lorsque Pablo revint, je lui demandai s'il voulait me parler du changement intervenu dans ses sentiments à mon égard. Nous avions toujours été très francs l'un envers l'autre, et je pensais qu'il fallait continuer. Pensant, sans doute, que trop de détails compliqueraient les choses ou que je réagirais comme une enfant, il décida de nier : « Vous devez être folle. Il n'y a rien du tout. » Il était si convaincant que je préférai le croire et penser que les journalistes étaient mal informés. Quelques semaines plus tard, nous passâmes le week-end à Saint-Tropez avec les Eluard. Ils furent extrêmement gentils pour moi, et attentifs comme on l'est avec un malade ou avec quelqu'un qui a besoin d'égards. Mais, en les examinant tous dans leurs rapports les uns avec les autres, je vis qu'il ne pouvait s'agir de Dominique.

Ma grand-mère étant morte peu après notre retour de Saint-Tropez, j'allai à l'enterrement à Paris. J'étais à peine revenue que Pablo partait pour une corrida en Arles. Je passai à la poterie un jour, pendant son absence. Mme Ramié m'attira dans un coin : « Ma chère, je sais qui c'est, dit-elle. Naturellement, tout est fini maintenant ; vous pouvez être rassurée. » Si tout était fini, pourquoi en parlait-elle ? demandai-je. Elle me répondit que c'était pour mon bien, et finit par nommer ma rivale : c'était le fromage de Cantal. J'étais stupéfaite. D'abord je ris, puis je trouvai triste que Pablo acceptât de me causer tant de peine pour si peu. Il aimait citer un proverbe : « Regardez le museau de la guenon et vous saurez combien de lait elle peut donner. » Un seul coup d'œil au cantal m'avait convaincue qu'il n'y avait là rien de bien amusant ni de bien profond. Mais c'était mon jugement et pas le sien. J'étais juge et partie.

Au retour de la corrida, je dis à Pablo que s'il voulait refaire sa vie, je n'y voyais pas d'objection, mais que je ne voulais pas le partager avec une autre. Je désirais surtout qu'il me dise la vérité ; s'il le faisait, je tâcherais de l'accepter de bonne grâce.

Comme toujours, il réagit violemment. « Je ne vois pas ce que vous voulez dire. Tout est exactement comme par le passé. Il est inutile de parler de choses qui n'existent pas. Au lieu de chercher à savoir si je m'intéresse à une autre personne, vous devriez plutôt vous demander si – au cas où ces choses seraient vraies – ce ne serait pas de votre faute. Quand un couple passe par une crise, la responsabilité est toujours partagée. Rien n'est arrivé, mais si le contraire était vrai, ce serait parce que vous l'auriez permis tout autant que moi, au moins passivement. »

J'abordai encore le sujet deux ou trois fois. Pablo me faisait toujours le même genre de réponse. Je remarquai alors qu'ayant nié catégoriquement, il s'efforçait à présent de faire cadrer son attitude avec ses paroles. Mais comme il ne désirait guère aborder le sujet, mon angoisse ne me quittait pas. Cette aventure avait beau être théoriquement terminée, il m'était pénible de penser que Pablo ne pouvait plus être franc avec moi. Je ne lui reparlai plus de l'incident. Mon attitude envers lui restait la même, mais dans mon for intérieur, au cours de cet été 1951, je commençai à me détacher. La mort de ma grand-mère avait avivé mon sens de la solitude, de cette marche inéluctable qui nous mène tous à la tombe sans que personne puisse nous aider ou nous retenir.

Pendant l'année qui suivit, tout le monde pensa que nous n'avions jamais été aussi heureux. Notre vie commune était très calme à la maison et à l'extérieur. Souvent, quand on agit sans passion, mais avec un sens de l'ordre, les résultats sont meilleurs. Pablo me disait que je n'avais jamais travaillé aussi bien. Nos rapports étaient courtois. Il n'y avait pas de véritables échanges, mais nous nous occupions l'un de l'autre comme nous ne l'avions pas fait depuis des années. Il n'y avait plus de réel dialogue : chacun de nous se livrait à un soliloque, adressé à l'autre.

Fin octobre 1952, Pablo décida de se rendre à Paris. Je lui demandai de m'emmener, disant que si nous devions continuer notre vie commune, il serait nécessaire que je l'accompagne chaque fois qu'il s'absenterait pendant un certain temps. En effet, dès que j'étais seule, je devenais la proie de sombres pensées qui m'éloigneraient finalement de lui. Il secoua la tête : « Paris, l'hiver, n'est pas un endroit pour vous et les enfants. La maison est mal chauffée. Vous serez mieux ici. D'ailleurs, les choses dont on parle tant à l'avance, on ne les fait jamais. »

Il devait savoir, lui répondis-je, que je n'étais pas le genre de personne qui menaçait de faire quelque chose et ne le faisait pas. Si je lui disais, ne serait-ce qu'une seule fois, que désormais nous ne devions plus nous séparer, mais trouver un mode de vie qui nous convienne à tous deux, et pas seulement à lui, c'était bien parce que j'avais l'intention d'agir. Cependant, il partit seul. Trois semaines plus tard, il me téléphonait pour m'apprendre que Paul Eluard était mort. J'étais si bouleversée que je n'eus pas la force d'aller à Paris pour l'enterrement. Je demandai à Pablo de proposer à une de mes amies, Matsie Hadjilazaros, une poétesse grecque qui était également liée avec son neveu Javier, de passer quelque temps avec moi. J'avais besoin de parler à quelqu'un. Elle avait plus de maturité que moi, et j'avais assez confiance en son objectivité pour penser qu'elle m'aiderait à prendre une bonne décision. Elle vint tout de suite. Je lui expliquai que je voyais mal comment je pourrais rester plus longtemps avec Pablo. Pourtant je lui étais utile dans son travail, et mon devoir était de ne pas partir.

« Personne n'est indispensable à personne, me dit Matsie. Vous imaginez que vous lui êtes nécessaire ou qu'il sera très malheureux sans vous, mais je suis certaine que si vous partez, dans trois mois il aura trouvé quelqu'un d'autre pour remplir votre rôle, et vous verrez que personne ne souffrira de votre absence. Il faut vous sentir libre de faire ce que bon vous semble. Être l'infirmière de quelqu'un n'est pas une vie, à moins qu'on ne puisse pas en mener une autre. Vous avez, vous-même, quelque chose à dire, et c'est à cela que vous devez penser d'abord. »

Lorsque Pablo rentra, je lui dis que notre union avait perdu sa signification profonde et que je ne voyais plus de raison de continuer à vivre ensemble. Il me demanda s'il y avait quelqu'un d'autre dans ma vie et je répondis que non.

« Alors, vous devez rester, dit-il. S'il y avait quelqu'un d'autre, vous auriez au moins une excuse, mais s'il n'y a personne, ne partez pas. J'ai besoin de vous. »

Cet automne et cet hiver-là, nous préparions ses grandes expositions de Milan et de Rome, et il avait beaucoup à faire. J'oubliai tout ce que m'avait dit Matsie, et je restai. Jusqu'alors, j'avais redouté les absences de Pablo ; maintenant je les attendais. Je travaillais autant qu'avant, mais moins je le voyais, et plus je trouvais les choses faciles.

Il s'en rendait manifestement compte et courait à travers le paysage comme un forcené. De sa vie il n'a jamais tant circulé que pendant cet hiver-là. Chaque fois qu'il revenait à Vallauris, il me demandait si j'avais changé d'avis. Je répondais que non. Au printemps, il passa d'une corrida à l'autre, multipliant les aventures. Chaque fois qu'il revenait de ces expéditions, il me demandait d'un air triomphant si je voulais encore le quitter. Toujours enfantin, il imaginait que la jalousie pourrait peut-être me forcer à faire volte-face. Mais l'effet produit était exactement contraire.

Pour la première fois, je réfléchis à son âge. Jusque-là, j'avais à peine songé que ce détail eût de l'importance. Or, je réalisais tout à coup qu'il avait plus de soixante-dix ans. Alors, je vis le vieil homme en lui et trouvai extraordinaire que ce fût lui qui, de nous deux, se conduisît de la sorte. Moi, qui étais jeune et qui manquais d'expérience, de stabilité, je trouvais qu'il avait eu largement le temps d'atteindre un équilibre. S'il n'avait pas plus le contrôle de lui-même qu'un jeune homme, il était préférable pour moi de vivre dans ma génération plutôt qu'avec un homme âgé, dont l'évolution aurait dû être achevée depuis longtemps. C'est par cette faille que la lumière se fit en moi. Un jour, après l'avoir écouté pendant une heure ou deux se plaindre de la vie comme il en avait l'habitude, j'eus la surprise de m'entendre lui répondre : « Oui, vous avez raison. Cela va très mal. Et demain, ce sera encore plus terrible. » Je continuai dans la même veine, telle Cassandre sur son rempart ; il n'y avait pas moyen d'en sortir, mais le pire n'était pas arrivé, et tout serait si sombre qu'il en viendrait à se souvenir d'aujourd'hui comme d'un jour heureux. Il enrageait. Dans sa colère, il menaça même de se suicider. Je lui dis que je n'y croyais pas, mais que, s'il pensait qu'il s'en trouverait mieux, je ne saurais l'en empêcher.

Il était interdit. « Vous, vous qui étiez si douce et gentille, qu'êtes-vous devenue ? Vous avez perdu la montagne magique. Vous étiez une somnambule, marchant sans vous en rendre compte, sur le bord du toit, vivant comme dans un songe. »

Cela avait été, cela n'était plus. Je m'étais éveillée, et j'étais désenchantée. À partir de ce moment-là, je le vis menacé, comme n'importe qui, par tous les vents et tous les désordres. Une des qualités que j'avais le plus admirées en lui était l'extraordinaire pouvoir de concentration qu'il mettait au service de son énergie créatrice. Il n'attachait aucun prix à la « façade de l'existence ». Tous les toits lui auraient convenu à condition de pouvoir abriter son travail. Il ne s'adonnait pas aux « distractions », nous n'allions presque jamais au théâtre ou au cinéma. Même pour nos amis, notre temps était mesuré. Il se consacrait entièrement à la création et se désintéressait absolument du train-train de chaque jour. Il en avait fait une règle de conduite.

Il m'avait dit une fois : « Chaque être possède la même somme d'énergie. La personne moyenne gaspille la sienne de mille manières. Moi, je canalise toutes mes forces dans une seule direction : la peinture, et je lui sacrifie le reste – vous et tout le monde, moi inclus. »

Je l'avais donc toujours jugé, sur le plan de la vie intérieure, comme un phénomène unique. Mais, en le voyant se dépenser de la manière la plus déraisonnable et frivole, je le jugeai pour la première fois du dehors. Je compris qu'en atteignant son soixante-dixième anniversaire, il ressentait soudain l'impression d'avoir vieilli de toute une décennie ; il était maintenant avide de dépenser, *pour vivre*, l'énergie qu'il réservait jusque-là *pour son œuvre*. Il rejetait d'un coup tous les principes qu'il avait élaborés et si soigneusement respectés jusque-là. Sa terreur constante de la mort atteignait une phase critique et avait provoqué en lui un appétit de vivre, dans une dispersion qu'il avait abandonnée depuis des années. Il voulait paraître jeune, à n'importe quel prix, et me demandait continuellement si j'avais peur de la mort. Il disait souvent : « Je donnerais n'importe quoi pour avoir vingt ans de moins. »

« Quelle chance vous avez d'avoir votre âge ! » me répétait-il. Autrefois ç'avait été : « Si je vis avec un être jeune, cela m'aide à le rester. » Maintenant, il s'en plaignait : « Voir sans cesse quelqu'un de jeune est un reproche permanent. » Le fait qu'il eût dépassé soixante-dix ans était comme une insulte qu'il me jetait au visage. On eût dit qu'il m'en rendait responsable. J'avais l'impression que la seule manière de me racheter eût été d'avoir soudain soixante-dix ans moi-même.

Je devais me lever très tôt le matin. Le soir, il « discutaillait » indéfiniment, souvent jusqu'à deux et trois heures. Parfois, je m'évanouissais de fatigue. Le spectacle de ma faiblesse, en dépit de mon jeune âge, le consolait : « Ah ! vous ne vous portez pas si bien que ça, disait-il. Vous ne durerez pas aussi longtemps que moi. » Il ne pouvait supporter l'idée que quiconque avait partagé sa vie pût lui survivre. Je me rappelais ce qu'il avait dit un jour : « Chaque fois que je change de femme, je devrais brûler la précédente. Comme cela, j'en serais débarrassé. Elles ne seraient pas toutes là à compliquer ma vie. Et puis, cela me redonnerait peut-être la jeunesse. On tue la femme, et on efface le passé qu'elle représente. »

C'est à Paris, quinze jours environ avant la mort d'Eluard, que Pablo rencontra pour la première fois l'une des rares personnes qu'il admirât depuis toujours : Charlie Chaplin.

J'avais ressenti depuis longtemps à quel point Pablo avait symboliquement identifié son rôle – et même son destin – à celui d'autres artistes solitaires : les acrobates et funambules anonymes, gravés de façon si poignante dans la série des *Saltimbanques*, les matadors dont il vivait les combats, et dont le drame autant que la technique se retrouvaient dans presque toutes les phases de sa vie et de son œuvre.

Le clown aussi, avec son costume trop grand, aux détails si souvent grotesques et disproportionnés, lui apparaissait comme un personnage à la fois tragique et héroïque. Souvent, le matin, en se rasant, il traçait du doigt dans la mousse de savon les énormes lèvres pulpeuses, le soupçon de point d'interrogation au-dessus des sourcils, la rigole de larmes sous chaque œil, les stigmates du clown. Puis il se mettait à gesticuler et à grimacer avec une intensité qui montrait bien que, pour lui, il ne s'agissait pas seulement d'un jeu. Claude était un spectateur enthousiaste, et moi aussi : j'éclatais de rire.

Pablo m'avait dit qu'il avait été un fervent admirateur de Chaplin à l'époque du muet, mais qu'avec le son il s'était désintéressé du cinéma. À l'annonce de la sortie de *Monsieur Verdoux*, il avait réprimé avec peine son impatience, tant il était curieux de voir ce que ferait Chaplin d'un rôle si éloigné de son répertoire habituel. Pour Pablo, en effet, l'art de Chaplin résidait essentiellement dans la personnification stylisée du « petit homme » – pantalon en accordéon, souliers immenses, chapeau melon et canne – et dans l'éloquente pantomime qui traduisait son combat contre la tyrannie du monde, autrement dit celle du personnage énorme auquel il se mesurait toujours.

Monsieur Verdoux déçut un peu Pablo en tant que film, mais il se souvenait avec délices des scènes mimées : la maîtrise avec laquelle Chaplin feuilletait l'annuaire du téléphone ou vérifiait ses liasses, ayant sans nul doute inspiré la manière dont Pablo comptait et recomptait – avec bien des erreurs – l'argent de sa vieille malle rouge.

Il lui semblait que, dans de telles scènes, la puissance de l'image produisait le même impact que la vue d'un tableau : « C'est une démarche identique puisqu'on agit sur les perceptions pour communiquer l'idée, disait-il. Ce mime est l'équivalent exact du geste par lequel, en peinture, on transmet directement un état d'esprit – pas de description, pas d'analyse, pas de mots. »

Il avait plus d'une fois exprimé le désir de rencontrer Chaplin. Et il n'oubliait pas d'ajouter, le plus sérieusement du monde : « C'est un homme qui, comme moi, a énormément souffert par les femmes. »

Fin octobre 1952, Chaplin vint de Londres à Paris pour assister à la première de son film *Limelight*. Pablo dîna avec lui quelques jours plus tard, en compagnie de Sartre, Aragon, et de quelques autres amis. Puis Chaplin visita les ateliers de la rue des Grands-Augustins. Il ne parlait pas le français, ni Pablo l'anglais.

« Les interprètes faisaient de leur mieux, mais la conversation traînait misérablement, me raconta Pablo. Alors j'eus l'idée de rester seul avec Chaplin et de voir si, à nous deux, nous n'arriverions pas à établir une sorte de communication. Je l'emmenai en haut, dans mon atelier de peinture, et lui montrai les toiles sur lesquelles j'avais travaillé récemment. Quand j'eus fini, je saluai pour lui faire comprendre que c'était à son tour. Il comprit tout de suite, passa dans la salle de bains et me fit la plus merveilleuse pantomime qui soit : celle d'un homme qui se lave, se rase, dominé par toute sorte de petits réflexes, comme de chasser la mousse de savon de son nez ou de ses oreilles. Après, il saisit deux brosses à dents et refit cette charmante danse des petits pains, de la séquence du réveillon dans *La Ruée vers l'or*. C'était aussi réussi qu'autrefois. »

Mais *Limelight*, c'était autre chose. L'aspect tragique, ou tout au moins mélodramatique, du scénario, dérangeait profondément Pablo. Je crois que le film agissait sur lui à trois niveaux.

D'abord, comme on pouvait s'y attendre, il provoquait une réaction de principe négative.

« Je déteste le côté pleurnicheur et sentimental de Chaplin. C'est bon pour les midinettes. Dès qu'il fait vibrer la corde sentimentale, il touche peut-être Chagall, mais sûrement pas moi. C'est tout simplement de la mauvaise littérature. »

Ensuite, le film soulignait la transformation physique que le temps avait fait subir à Chaplin, et la manière dont ce phénomène avait modifié la nature de son art. Cette évidence aurait probablement moins affecté Pablo s'il n'avait senti que le spectre de l'âge ne menaçait pas seulement Chaplin. « La vraie tragédie, disait-il, c'est que Chaplin a perdu l'apparence d'un clown ; il n'est ni mince ni jeune, et son visage ne transmet plus les expressions de son "petit homme", mais celles d'un homme vieilli. Son corps n'est plus lui. Le temps l'a conquis et transformé en quelqu'un d'autre. Maintenant, c'est une âme sans corps, un acteur de plus à la recherche d'un personnage ; il ne peut plus faire rire. »

Mais, par-dessus tout, Pablo ne pouvait manquer d'établir une comparaison entre l'équilibre précaire de nos relations et l'histoire du film, et c'était là ce qui le troublait le plus profondément. Dans *Limelight*, un clown vieillissant guérit la jeune danseuse de sa paralysie et lui permet de découvrir sa vocation. En même temps, il est prêt à se sacrifier pour lui permettre d'accomplir sa vie de femme auprès d'un homme plus jeune.

« Ce genre d'altruisme est ridicule, me dit Pablo avec dédain. C'est du roman à quatre sous. Tout ce que je peux vous dire, c'est que ce n'est pas ma manière de voir. Prétendre que si l'on aime une femme, on peut accepter de la laisser partir avec quelqu'un de plus jeune, ce n'est vraiment pas convaincant. Je préférerais la savoir morte plutôt qu'heureuse avec un autre. J'aime mieux être sincère et admettre que je veux garder la personne que j'aime et ne la laisser m'échapper pour rien au monde. Cette noblesse néochrétienne ne m'intéresse pas. »

Au cours du printemps 1953, Pablo avait été intrigué par deux silhouettes jeunes qu'il pouvait apercevoir dans une vieille poterie, en face de ses ateliers, rue du Fournas. Ces jeunes gens, Sylvette David et son fiancé, un Anglais, faisaient des chaises assez extraordinaires, avec des montants en fer joints par de la corde. Les chaises étaient si étranges qu'elles ravissaient Pablo. Le fiancé nous fit cadeau d'un siège, dont les accoudoirs se terminaient par deux boules, et qui était rendu plus confortable par un coussin de feutrine rouge. C'était une abstraction de fauteuil plutôt qu'un fauteuil, et cela rappelait à Pablo certaines de ses toiles où il avait représenté Dora Maar assise sur un siège dont l'armature squelettique se terminait, aussi, par deux petites boules. Ce trait redoublait la joie de Pablo, et, comme il était bien évident que Sylvette et son fiancé tiraient le diable par la queue, il leur commanda deux autres fauteuils semblables à celui qu'ils lui avaient donné, et un troisième un peu plus petit. *La Galloise* fut bientôt remplie de fauteuils assez amusants à regarder, mais trop encombrants, étant donné le peu de plaisir qu'on prenait à s'y asseoir.

Puis Pablo décida que Sylvette, si blonde avec sa longue frange et sa queue-de-cheval, avait des traits picturaux. Il fit des portraits d'elle. Sans aucun doute, il avait envie de les faire, mais il pensait aussi que je réfléchirais avant de le quitter, en voyant qu'il avait trouvé sur place une personne capable de remplir au moins l'un de mes rôles. Mais je l'encourageais à continuer. Je la trouvais charmante et m'arrangeais pour n'être pas là lorsqu'elle venait poser. Pablo exécuta les premiers portraits avec enthousiasme puis se mit à renâcler un peu, comme un enfant contraint de faire ses devoirs de vacances. Le plaisir s'émoussait. Il me le reprocha : « On dirait que cela vous est égal.

Vous devriez refuser d'admettre un nouveau visage dans ma peinture. Si vous saviez comme Marie-Thérèse a souffert quand j'ai commencé les portraits de Dora Maar, et Dora Maar quand je me suis remis à peindre Marie-Thérèse. Françoise, vous êtes un monstre d'indifférence. »

Je lui répondis que la question n'était pas là. Je n'avais jamais eu l'ambition d'être le « visage » de sa peinture. D'ailleurs, j'admirais plus que tout certains de ses portraits cubistes. Ceux de Dora Maar me paraissaient beaucoup plus profonds et inspirés que les portraits de moi. Je tentai de lui expliquer que c'était son œuvre qui m'importait, et non pas l'image de moi-même que je pouvais y trouver. Ce que j'y cherchais, lui dis-je, c'était lui, pas moi.

Un jour que Pablo travaillait à un portrait de Sylvette David, Totote, la veuve de son vieil ami le sculpteur Manolo, et sa fille adoptive, qui vivaient près de Barcelone, arrivèrent accompagnées d'amis de Perpignan, le comte et la comtesse de Lazerme. Mme de Lazerme était bien faite. Elle avait des yeux et des cheveux noirs, les traits classiques, et ressemblait beaucoup à mon amie de classe, Geneviève, bien qu'elle fût plus grande. Âgée d'une trentaine d'années, cette dame avait l'air d'une charmante reine abeille. Elle nous invita, Pablo et moi, à venir chez elle, à Perpignan. Ils habitaient une grande maison, nous dit-elle, et Pablo serait certainement intéressé par la bibliothèque de son beau-père, un homme de lettres qui avait été en relations avec Max Jacob et Apollinaire, au moment de leurs débuts. Pablo allait à toutes les courses de taureaux de Nîmes, et, comme c'était une étape sur la route de Perpignan, il accepta de grand cœur l'invitation de Mme de Lazerme. Une fois qu'il eut trouvé le chemin, il se dit qu'il était bien agréable de passer le temps, entre les corridas, dans cette grande maison dotée d'une curieuse bibliothèque. Sachant que notre union s'effritait inexorablement, je trouvais inutile de l'accompagner dans ces expéditions. Il me confia qu'il faisait la cour à cette jeune femme si charmante. Il fit plusieurs voyages de ce côté, puis il remonta vers le centre de la France et s'enticha d'une femme mariée, dont le mari était trop content d'être trompé par un homme aussi célèbre et important. Pablo lui donnait de temps à autre un dessin, signé de « son ami Picasso ». L'autre devint le plus complaisant des maris. Un jour, toute la famille arriva à Vallauris pour que Pablo puisse peindre le portrait de l'épouse, dans le calme et le confort de son propre atelier. La vie devint un cirque permanent.

Au retour d'une de ces expéditions, Pablo me lança un regard d'enfant terrible pour demander : « Alors, vous n'allez rien dire ? Même pas protester ? Vous n'avez pas le moindre désir de me retenir, de m'empêcher d'agir comme cela ? » Je lui dis que malheureusement non, plus maintenant.

La situation devint plus précaire encore. Je n'avais jamais vu Pablo parler à qui que ce fût de ses affaires personnelles. Tout restait secret, et quand, à l'époque où je l'avais connu, je faisais la moindre allusion devant quelqu'un à nos préoccupations, je m'attirais ses foudres. Maintenant, il partageait sa vie privée avec chacun. Son attitude et ses réactions étaient si changées que j'avais l'impression de voir un étranger. Nous avions déjà envisagé la séparation, mais rien n'était décidé. Et pourtant il en parlait comme d'une chose faite, à n'importe quel visiteur : « Vous savez, Françoise me quitte. » Je pensais qu'il me faudrait partir, j'avais fini par me rendre compte que je n'aurais pas la force de continuer. Toutefois, j'éprouvais un véritable désespoir devant cette impuissance. Je l'aimais et j'aurais préféré que nous restions ensemble, à cause des enfants. J'avais, à l'origine, espéré qu'il serait possible d'effectuer une séparation partielle et progressive, afin de rendre la séparation finale moins pénible. À un moment, j'avais même pensé que si je pouvais me reposer suffisamment pour retrouver mon équilibre, je réussirais à rester. Je demandai à Pablo de me laisser partir trois mois à la montagne. Il refusa. Comme il parlait à chacun de notre séparation et qu'elle était le principal sujet des commérages, elle devint inévitable.

Il écrivait d'innombrables lettres à Sabartès, dans un espagnol hermétique : « Je ne suis pas ce que j'étais. Je ne suis pas aimé » et ainsi de suite. Il laissait traîner les lettres pour que je les trouve. Mais ce n'était rien : Sabartès était discret comme la tombe. Pablo annonça la nouvelle à Kahnweiler, à Mme Leiris, à Dominique Eluard, à Mme Ramié, à tous les gens que nous rencontrions à Vallauris ou à Paris. Chacun lui donnait des conseils. On se précipitait vers moi, me suppliant de ne pas le quitter, puis vers lui, affirmant que je ne partirais pas. Ce n'était là, disait-on, qu'une manœuvre de ma part pour obtenir plus de liberté. Il n'y avait qu'à rester ferme et je céderais.

Pablo avait les nerfs à vif. Il ne savait plus ce qu'il devait me dire, puisque ses paroles ne semblaient pas produire l'effet escompté. Et il multipliait les erreurs psychologiques : « Aucune femme, disait-il, ne quitte un homme comme moi. » Je répondais que c'était peut-être en effet ce qu'il pensait, mais que, moi, j'étais la femme qui le ferait, qui était même sur le point de le faire ! Il refusait de croire, ajoutait-il, que je puisse quitter un homme aussi célèbre et aussi riche que lui. Je ne pus que rire devant cette méconnaissance totale de l'être auprès de qui il avait vécu tant d'années.

Un an plus tôt, Pablo m'avait demandé s'il y avait quelqu'un d'autre dans ma vie. Et cela m'avait fait penser à tous mes amis d'autrefois. J'eus envie de les revoir, de savoir ce qu'ils étaient devenus, de découvrir ce que les écrivains et les peintres de ma génération avaient cherché, enfin de connaître le résultat de leurs efforts. Je pus voir que, même si la plupart d'entre eux n'étaient pas très connus, ils avaient lancé des flèches vers l'avenir. Leurs tentatives donnaient un sens à leur existence. Leurs luttes me semblaient beaucoup plus proches de moi que la gloire d'un homme arrivé au sommet sans moi, et pour qui j'existais seulement par ma forme physique, comme un objet utile, sans nécessité profonde. Alors, je dis à Pablo que si je le quittais, ce serait pour vivre avec ma génération, au contact de mon époque et des problèmes de mon temps.

Ce fut à son tour de me rire au nez : « Et vous croyez que les gens vont s'intéresser à *vous* ? Jamais de la vie, pas à vous *seule* ! Même si vous croyez que les gens vous aiment, ce ne sera que par curiosité à l'égard de quelqu'un dont la vie a été si mêlée à la mienne. Et vous n'en garderez qu'un goût de cendres. Pour vous, la réalité est morte ; elle finit ici. Si vous essayez de faire un pas en dehors de mon univers, qui est devenu le vôtre lorsque je vous ai découverte – vous étiez jeune et malléable et j'ai tout brûlé autour de vous – alors vous irez droit vers le désert. Et si vraiment vous partez, c'est ce que je vous souhaite. »

Je lui répondis qu'en effet la plupart des gens, ceux-là mêmes qui faisaient l'impossible pour me plaire maintenant, agissaient pour des raisons qui n'étaient ni pures ni sincères. Mais si j'étais destinée à vivre dans le désert comme il le prétendait, je voulais tenter cette expérience et voir si je pourrais survivre, ne serait-ce que pour me trouver moi-même. Depuis dix ans j'évoluais dans son ombre, et le plus souvent, de tout mon cœur, j'avais tenté d'alléger le poids de son angoisse. Mais il vivait dans un monde clos. Voyant que sa solitude était totale, je désirais explorer la mienne.

« Votre devoir est de rester près de moi, de vous consacrer à moi et aux enfants, me dit-il. Que cela vous rende heureuse ou malheureuse ne me concerne pas. Si votre présence ici assure le bonheur et la stabilité des autres, c'est tout ce qui doit vous importer. »

Il semblait évident, dis-je, à en juger par sa conduite récente, que je ne pouvais plus espérer *lui* apporter la sérénité. En ce qui concernait les enfants, je n'étais plus convaincue qu'ils auraient moins de stabilité avec moi, sans lui, qu'ils n'en avaient avec nous deux.

Il devint furieux : « Naturellement, cria-t-il, nous vivons dans un âge bassement sentimental ! On ne pense qu'en termes de "bonheur", comme si cela existait. Ce qu'il nous faut, ce sont des matrones romaines ; c'étaient les seules vraies femmes. » « Romain » était souvent le terme admiratif qu'il appliquait aux gens durs comme des rocs, puisque, pour lui, sentiment signifiait sentimentalité. On ne pouvait lui faire comprendre qu'il était peu réaliste de vouloir que l'un de nous agisse par devoir, seulement, dans une neutralité objective, tandis que l'autre vivrait au gré de ses caprices, sans se trouver aucune obligation envers quiconque, excepté envers soi. Il se voyait toujours comme un fleuve emportant tout sur son passage ; c'était sa nature, et il lui fallait la suivre. Il se disait « un ascète de pléthore ». Pour lui, mon rôle était celui de l'ermite, assis paisiblement dans sa grotte, rachetant – ou effaçant – par une vie exemplaire les pires écarts de Pablo. À une certaine époque, j'avais pu accepter cette idée. Désormais, la distance entre nous était trop grande.

Lorsque son neveu Javier et Matsie Hadjilazaros séjournèrent à Vallauris, pendant l'été 1948, ils amenèrent un matin, sur la plage, un ami nommé Kostas. Grec, comme Matsie, il avait quitté son pays en 1946 pour étudier la philosophie avec Karl Jaspers à Bâle. Il vivait maintenant à Paris où il traduisait les œuvres de Heidegger et préparait un livre sur Héraclite. Avec Pablo, j'avais dû le voir cinq ou six fois. Quand j'allai à Paris au printemps de 1953 pour travailler sur les décors et les costumes d'un ballet de Janine Charrat, je le retrouvai en compagnie de Javier et de Matsie. Comme tout le monde, il se rendait compte que les choses allaient mal entre Pablo et moi. Il me demanda ce que je comptais faire. Je répondis que je ne ferais probablement rien. Il y avait les enfants et, de plus, je pensais être plus utile à Pablo que n'importe qui. Sa réponse me stupéfia. Il me dit qu'il m'aimait et que je devais rompre avec Pablo. Je voyais bien qu'il était sincère. Sa déclaration me fit comprendre qu'en dépit de tout ce que prétendait Pablo, il me serait possible d'avoir une relation humaine valable dans ma génération. Je dis à Kostas que j'étais profondément émue par ses paroles, mais que je ne croyais pas l'aimer. Il m'assura que c'était sans importance : il y a des moments où une seule personne peut porter pour deux le fardeau de l'amour. Je répétai que je ne croyais pas pouvoir commencer une nouvelle vie avec lui après tout cela. Il me dit qu'il était manifeste, en tout cas, que mon union avec Pablo était terminée. Il valait donc mieux en finir. Que j'aie ou non confiance en l'avenir avec lui, il me donnerait au moins son soutien moral, tandis que j'accomplirais cette indispensable rupture. Je n'étais pas du tout sûre d'avoir raison en agissant de la sorte ; mais j'y réfléchis beaucoup pendant les mois qui suivirent. Pour renforcer ma résolution, je me persuadai que j'aimais Kostas, et je dis à Pablo que, maintenant, il y avait quelqu'un d'autre. De cela, aussi, il discuta avec tout le monde.

À Vallauris, cet été-là, mon seul réconfort était la présence de Maya, la fille de Pablo et Marie-Thérèse Walter. Elle était venue passer six semaines avec nous et savait à quel point j'étais angoissée. Elle seule, vraiment, allégeait l'atmosphère à la maison. Ainsi, nous menions une vie normale et assez agréable. Je me reprenais à croire que je pourrais rester. Kostas m'écrivait chaque jour de ne pas capituler. Il n'y avait que Maya qui parût comprendre ma situation. J'étais si fatiguée que je ne savais que faire. Et puis d'autres difficultés avaient surgi. Depuis la naissance de Paloma, je ne me sentais pas très bien. Plusieurs hémorragies sérieuses m'avaient beaucoup affaiblie. Mon médecin me conseillait une opération.

J'avais écrit à Inès pour lui demander de venir s'occuper de la maison et des enfants durant mon séjour à la clinique. Elle me répondit qu'elle ne pourrait quitter Paris à ce moment-là. Lorsque je parlai à Pablo de la nécessité de cette opération, il déclara qu'il n'en était pas question dans le présent. « J'ai bien trop à faire pour que vous puissiez vous absenter maintenant. De toute façon, il n'y a aucune raison pour que les femmes soient malades si souvent. »

Je décidai qu'il n'y avait plus qu'une chose à faire : rentrer immédiatement à Paris avec les enfants. J'avertis Pablo qu'à dater du 30 septembre je m'installerais avec eux rue Gay-Lussac et les inscrirais à l'École alsacienne, pour la rentrée d'octobre. On aborderait les autres problèmes plus tard. Je réservai des places de chemin de fer. Jusqu'à la dernière minute, Pablo fut convaincu que je changerais d'avis. Quand le taxi arriva et que nous y montâmes, les enfants et moi, emportant nos valises, il était si furieux qu'il ne dit même pas au revoir. Il cria simplement « Merde ! » avant de rentrer dans la maison.

À Paris, je revis Kostas. Nous voulions établir entre nous des relations stables, mais cela ne dura pas. Il était d'ailleurs impossible qu'il en fût autrement : je n'étais pas vraiment prête. Il était assez difficile déjà d'amener à leur conclusion dix années de ma vie, sans essayer d'entreprendre immédiatement quelque chose d'autre. Je n'étais pas encore libérée de mon attachement pour Pablo. Kostas ne put le supporter. Moins de trois mois après, nous rompions.

Longtemps avant que je quitte Pablo, Mme Ramié, qui savait que les choses n'allaient pas très bien entre nous, avait même trouvé d'autres moyens d'ajouter à la confusion générale. Pendant l'automne 1952, elle avait engagé une de ses jeunes cousines, Jacqueline Roque, comme vendeuse à la poterie. D'habitude, elle laissait les vendeuses repartir à l'automne. Mais Jacqueline était venue à la fin de la saison. Elle parlait un peu l'espagnol, et, comme il n'y avait pas beaucoup de poteries à vendre l'hiver, son occupation principale semblait être de converser en espagnol avec Pablo. Elle avait à peine plus d'un mètre cinquante et une gentille petite tête, avec les pommettes hautes et les yeux bleus. Elle habitait une maison entre Golfe-Juan et Juan-les-Pins, qu'elle appelait *Le Ziquet*. C'est une expression du Midi pour « petite chèvre », et Pablo l'appelait souvent « Madame Z ».

Une semaine après mon départ de Vallauris, le 30 septembre, Pablo vint passer quinze jours à Paris. Dès son retour dans le Midi, Jacqueline Roque se manifesta : « On ne peut pas laisser ce pauvre homme ainsi, à son âge. Il faut que je m'occupe de lui. » C'est tout au moins ce qui parut dans les journaux. Des reporters campaient à ma porte ou dans l'escalier, au point que je n'osais plus sortir. Notre séparation était bien la dernière chose dont je désirasse parler. Pourtant, je pus lire des articles fantaisistes selon lesquels j'avais quitté Pablo parce que je ne voulais pas vivre avec un « monument historique ». Je n'ai jamais dit cela, pour la bonne raison que je n'ai jamais fait la moindre déclaration à la presse.

À Noël, je fis le voyage de Cannes en train avec Claude et Paloma, afin qu'ils pussent passer les vacances avec leur père. Mme Ramié nous attendait à la gare. Je lui demandai si, selon elle, je devais accompagner les enfants chez Pablo. Elle me répondit qu'il était préférable de ne pas le faire, car il ne voulait plus me voir. Je repris donc le train le soir même, sans passer à *La Galloise*. À la fin des vacances, je retournai chercher les enfants à Cannes. Mme Ramié les avait amenés à la gare, et je rentrai à Paris, toujours sans avoir revu Pablo. En y réfléchissant, je compris qu'elle avait agi en ce sens dès le début, me suppliant de ne pas partir et faisant, du même coup, tout ce qu'elle pouvait pour m'en donner l'envie. Propriétaire, en nom, de *La Galloise*, je n'avais emporté que les vêtements dont les enfants et moi avions besoin dans l'immédiat. Je n'avais pas du tout prévu un déménagement. Un des appartements de la rue Gay-Lussac m'appartenait aussi, et, avant mon départ, Pablo et moi avions décidé, dans un moment d'accalmie, de nous retrouver de temps en temps à Paris et à Vallauris.

Mais il semblait que, depuis, on lui avait si souvent répété que je devais être la plus méchante et la plus égoïste des femmes pour le traiter ainsi, que Pablo, déjà rendu furieux par mon départ, avait vite été gagné à cette manière de voir. Après trois mois d'un tel régime, on prétendait qu'il refusait de jeter les yeux sur moi.

Pour les vacances de Pâques, je décidai d'aller le voir avec les enfants dans le Midi, et, quelques jours avant, je le prévins par lettre. À *La Galloise*, Pablo me reçut aimablement.

Il avait appris ma rupture avec Kostas. « Je savais bien que vous ne pourriez pas vivre avec un autre que moi », me dit-il gaiement. Et puis, plus sobrement : « Je vais vous parler comme un vieux philosophe à un jeune philosophe : maintenant, quoi que vous fassiez, votre vie se jouera devant un miroir. Il vous renverra tout ce que vous avez vécu avec moi, car chacun de nous porte en soi le poids de ses expériences passées et ne peut s'en défaire. Vous m'aimiez, et comme vous m'étiez arrivée toute fraîche du néant, il vous était facile d'être généreuse, étant disponible. Vous n'avez pas encore compris que, petit à petit, la vie nous donne forme, en nous coulant dans un moule. Je vous ai dit que vous rencontreriez le vide, même en croyant aller vers la compréhension et le dialogue. Vous avez commencé votre vie avec moi, je vous ai marquée de mon angoisse, et vous l'avez assimilée. Maintenant, même un être qui voudrait se consacrer entièrement à vous ne pourrait, faute d'avoir été éprouvé par le même feu, vous sauver mieux que vous n'avez pu le faire. »

Je répondis que les déserts faisaient naître des mirages, mais qu'on y trouvait aussi des oasis, et que, parfois, un verre d'eau était le plus précieux des dons. Il rejeta ce point de vue, déclarant que nous devrions recommencer à vivre ensemble, mais sur une « autre base », en amis, pour que je puisse l'aider dans son travail. Nous aurions à poursuivre nos conversations, qui lui étaient devenues nécessaires. Il userait de sa liberté comme bon lui semblerait, et ne me demanderait pas de comptes non plus. Sous un nouveau nom, c'était toujours le même royaume. Malgré l'échec avec Kostas, je savais que mon union avec Pablo était terminée. Puisque je devais affronter la solitude ou un long exil, mieux valait ne pas accepter de compromis. Je ne pouvais revenir sur mes pas.

À ce moment, il n'y avait pas d'animosité entre nous : « La récompense de l'amour est l'amitié », me dit Pablo. Nous avions traversé bien des épreuves ensemble, nous éprouvions beaucoup d'affection et d'estime l'un pour l'autre, et il n'y avait aucune raison pour que ces sentiments disparaissent, d'autant moins que cette stabilisation aurait une influence apaisante sur les enfants.

Nous avons beaucoup discuté peinture pendant les quinze jours qui ont suivi. En me montrant ce qu'il avait fait depuis mon départ, il soupira : « C'est dommage que vous repartiez. Il n'y a personne avec qui je puisse parler ainsi des choses qui m'intéressent le plus. Ma solitude est tellement plus grande en votre absence ! Nous avions bien des difficultés ensemble, mais j'ai l'impression que ce sera encore plus aride de vivre séparément. » Je ne relevai pas la remarque. Quelques jours plus tard, il me dit : « Puisque vous êtes ici, vous devriez aller voir Mme Ramié. » Je me rendis donc à la poterie. Mme Ramié me témoigna beaucoup de froideur.

« Que faites-vous ici ? me demanda-t-elle. Vous ne pouvez imaginer comme vous avez fait souffrir cet homme. Vous allez le rendre malade à revenir ainsi. On voit bien que vous n'avez pas de cœur. Ce que vous faites est déplorable. J'espère qu'il vous l'a dit. »

Je lui appris qu'il n'en était rien et que je ne voyais aucune raison pour que Pablo et moi ne puissions plus nous parler normalement.

« Il y a pourtant une excellente raison, me répliqua-t-elle. Vous ne le savez peut-être pas, mais il y a quelqu'un d'autre dans sa vie, à présent. »

Je dis qu'il ne m'en avait pas parlé et qu'il valait peut-être mieux qu'elle lui en laisse le soin.

« Il faut que vous le sachiez tout de suite, dit-elle, parce que c'est la vérité. Et si vous croyez pouvoir aller et venir à votre guise, vous vous trompez lourdement. »

Étant donné que je n'avais aucune intention de reprendre la vie commune, il valait peut-être mieux, pensai-je alors, que je parte tandis que nos relations étaient encore amicales. De cette façon, Pablo organiserait sa vie comme il l'entendrait, et nous pourrions nous revoir de temps à autre, en amis. Je ne lui parlai pas de ma conversation avec Mme Ramié. Sans doute attendait-il de voir ma réaction pour se décider. Quand je quittai Vallauris, il était convenu que je reviendrais y passer un mois, au début de l'été, avec les enfants. Je les lui laisserais, en compagnie de leur gouvernante, et passerais les chercher au moment de la rentrée des classes. *La Galloise* resterait la maison de famille, à cause des enfants.

Je revins donc avec eux en juillet. Je trouvai Pablo seul à nouveau, mais Jacqueline Roque venait presque chaque jour. Nous allâmes même déjeuner plusieurs fois chez elle. Pablo semblait trouver sa présence utile, mais, à ce moment-là, n'y voyait pas un arrangement à long terme. Nous reprîmes notre vieille habitude de parler peinture après son travail, jusqu'à deux ou trois heures du matin. Pablo était très agité, mais très gentil avec moi.

« Puisque nous sommes ensemble, profitons-en et amusons-nous un peu, au moins. »

Cela me fit sourire, car, durant toutes les années que nous avions partagées, l'idée de s'« amuser » ne nous avait jamais effleurés. Une seule fois je l'avais vu aller au cinéma, et nous n'avions jamais pénétré dans un cabaret ou une boîte de nuit.

Or, pendant plusieurs semaines, cet été-là, nous passâmes des nuits entières dans des boîtes de Juan-les-Pins et des environs. Pablo rentrait rarement avant l'aube. Et une fois qu'il avait vu le jour se lever, il déclarait : « Inutile de rentrer maintenant. » La nouvelle journée commençait aussitôt. Nous faisions le tour du cadran de cette façon, nuit après nuit. J'étais épuisée, Pablo toujours gai et vif. Nous étions entourés d'un groupe de dix à vingt personnes, dont Jacqueline Roque, ses amis de Bandol, et des Espagnols chargés par Pablo d'organiser la première course de taureaux à Vallauris. Nous allions de Juan-les-Pins à Bandol, et de Bandol à Nîmes, de corrida en corrida. À Vallauris, je vivais à *La Galloise*, et lui aussi, mais nous occupions des chambres séparées. En arrivant à Bandol, et comme nous devions passer la nuit à l'hôtel, je demandai une chambre pour moi seule. Il insista pour que je partage la sienne, comme nous l'avions toujours fait en voyage. Jacqueline Roque était indignée et déclara que l'idée même en était immorale.

J'avais l'intention de partir fin juillet, mais Pablo me demanda de rester jusqu'à la corrida de Vallauris, qui devait avoir lieu en son honneur : « Si vous voulez me faire une dernière faveur, vous ouvrirez la corrida. L'année dernière, quand vous êtes partie, j'étais vraiment d'une humeur massacrante. Vous sortez de ma vie, mais vous méritez de partir avec les honneurs de la guerre. Pour moi, le taureau est le plus fier des symboles, et votre symbole est le cheval. Je veux que nos deux symboles s'affrontent dans ce rituel. »

J'acceptai. Je devais entrer dans l'arène à cheval, accomplir un certain nombre de figures de haute école, faire plusieurs fois le tour de l'arène au pas espagnol, et lire une proclamation annonçant que la course avait lieu sous la présidence de Pablo Picasso et en son honneur. Mais il n'était pas facile de trouver un pur-sang dressé, et il ne restait pas assez de temps pour entreprendre un pareil travail. À Nice, je découvris finalement un cheval, et, après quinze jours d'entraînement, j'arrivai à un résultat qui permettait d'espérer que ce cheval-là, au moins, s'en tirerait honorablement.

Mme Ramié ne cachait pas sa désapprobation : « Imaginez, s'indignait-elle, que cette personne, qui vient de quitter notre grand et cher maître, a maintenant le privilège d'ouvrir la première corrida de Vallauris – et en son honneur ! » Ses protestations me parvinrent, en tout cas, sous cette forme. Quand elle fit allusion devant moi au fait qu'elle trouvait cela « peu convenable », je lui rappelai que Pablo en avait manifesté le désir. Pas moi. J'aurais été heureuse de céder ma place à quelqu'un d'autre, mais il était préférable que ce fût une personne qui tînt en selle. Voulait-elle essayer ?

Elle devint écarlate !

Jacqueline Roque, pendant ce temps, avait gardé son calme. Mais le matin de la corrida, elle arriva à la maison en coup de vent, le visage ruisselant de larmes. « Je vous en supplie, ne faites pas *ça*, dit-elle. C'est trop ridicule pour tout le monde ! » Pablo lui demanda de quoi elle voulait parler.

« Françoise ne peut pas arriver à cheval dans l'arène pour ouvrir la corrida, dit-elle. Que vont raconter les journalistes ? »

Pablo éclata de rire : « Depuis le temps qu'on imprime des bêtises à mon sujet, ce n'est pas ce qu'on pourrait publier de pire. Si Françoise et moi voulons que cela se passe ainsi, nous le ferons. Les journaux n'ont qu'à en profiter. »

Elle vit qu'il était inflexible, essuya ses larmes et écarta ses cheveux de sa figure : « Vous avez peut-être raison. Je n'avais pas compris. Vous avez toujours raison. » Et elle partit.

Cet après-midi-là, les réjouissances commencèrent de façon hilarante. Paulo s'était rasé un côté de la tête et parcourait en voiture les rues de Vallauris, tandis que Pablo le suivait, avec un petit orchestre de jazz, dans une autre voiture. Après la corrida, Pablo fut plein d'entrain. « Vous avez été merveilleuse, me dit-il. Absolument sublime. Il faut vraiment que vous restiez près de moi. Vous êtes la seule personne avec qui je m'amuse. Vous savez créer l'ambiance. » Je lui répondis que je me sentais incapable maintenant de supporter notre ancienne vie, et je partis ce soir-là. Après mon départ, il retomba dans ses humeurs sombres et ne put supporter de rester à Vallauris. Il emmena les enfants, leur nurse, Jacqueline Roque et sa fille, et le reste de la troupe à Collioure. Il y passa la fin de l'été, faisant de multiples dessins de Mme de Lazerme.

Cet automne-là, à Paris, je tombai malade et dus subir une opération d'urgence. Peu après ma sortie de clinique, Kahnweiler vint me dire que Pablo voulait voir les enfants, le dimanche suivant. Il n'y aurait que lui, Kahnweiler, et Pablo. Claude et Paloma étant encore très jeunes – sept et cinq ans –, je pensai que le plus simple pour tout le monde serait que je les accompagne. Kahnweiler et Pablo passèrent nous prendre en voiture. Ils étaient assis devant, et moi derrière avec les enfants, tandis que Kahnweiler nous conduisait vers sa propriété de Saint-Hilaire, sur la route d'Orléans. Au milieu du déjeuner, Pablo déclara soudain qu'il se sentait très mal et que son cœur était en train de flancher. Je m'offris à le soigner, mais il ne voulut pas que je m'occupe de lui. Naturellement, Kahnweiler était très ému. Pablo quitta la table pour aller se reposer dans une chambre. Au bout d'une heure, j'allai prendre de ses nouvelles. Il semblait sur le point d'expirer, mais reprit assez de force pour me dire : « Vous êtes un monstre ; un être totalement dénaturé ; votre présence suffit à me rendre malade. Si je vous vois une fois de plus, je mourrai. Quand je pense à tout ce que vous me devez ! » Comme, naturellement, je comprenais son état d'esprit, j'acquiesçai avec compassion et déclarai qu'il avait bien raison : il m'avait trouvée gisant dans le ruisseau, m'avait recueillie et fait vivre en princesse dans un château. Cela le rendit plus furieux encore. Il se mit à tonitruer contre l'éthique des classes bourgeoises, maudit mes parents de m'avoir élevée dans l'aisance, puis déclara qu'il aurait aimé faire jeter mon père en prison, car il avait réussi dans les affaires, habituant sa fille à une vie de luxe et lui enseignant des sophismes. « Si je vous *avais* vraiment trouvée dans le ruisseau, cria-t-il, tout irait mieux ! Vous me *devriez* tout, et vous seriez assez intelligente pour le reconnaître. Si nous étions sous l'*Ancien Régime* et si j'étais roi, j'*enverrais* votre père à la Bastille. Tout est de sa faute. »

J'étais bien obligée de rire. Je lui dis qu'il était vraiment comique de l'entendre regretter l'*Ancien Régime*. Je lui fis aussi remarquer que, si nous étions vraiment sous l'Ancien Régime, ce serait plutôt mon père qui obtiendrait contre lui une lettre de cachet, pour le punir d'avoir détourné sa fille de la vertu. Pablo se redressa sur son lit : « Vous ne pouvez tout de même pas me regarder en face et me dire que vous êtes pure ! » Je le regardai en face et le lui dis. « Et vous ne considérez pas que vous avez une énorme dette envers moi ? demanda-t-il. – Si », répondis-je. Il m'avait énormément appris. Mais je lui avais, en retour, apporté beaucoup, pendant toutes ces années, au moins autant qu'il m'avait donné, et je trouvais donc que ma dette était éteinte.

« Alors, vous croyez que vous avez payé votre vie avec moi en supportant quelques ennuis de temps à autre ? »

J'affirmai qu'il n'était pas question des ennuis. J'avais payé tout ce que j'avais reçu, de mon sang, à tout point de vue, et bien plus qu'il ne voulait l'admettre. Voyant qu'il ne pouvait espérer aucun repentir de ma part, il abandonna. Il était trop las pour discuter plus longtemps, ajouta-t-il. Il désirait rentrer à Paris aussitôt.

Il descendit l'escalier en trombe et déclara : « Françoise me rend malade. Je ne veux plus jamais la revoir. C'est une terrible erreur de votre part de l'avoir amenée. »

Kahnweiler pâlit. Je m'excusai, mais dis qu'il était de mon devoir d'accompagner les enfants, d'autant plus qu'il n'y avait personne pour s'occuper d'eux.

Aucun de nous ne prononça un mot pendant le voyage de retour. De temps en temps, Pablo semblait prêt à s'évanouir. J'étais sûre qu'il n'était pas malade, sauf lorsqu'il se souvenait d'avoir à jouer sa petite comédie.

En décembre, son fils Paulo dut être opéré d'une hernie par le docteur Blondin. Après l'opération, il souffrit d'une embolie pulmonaire et resta plusieurs jours entre la vie et la mort. Blondin télégraphia à Pablo, dans le Midi, que Paulo était très malade et qu'il faudrait qu'il vienne le voir. Il ne le fit pas. Tandis que Paulo était toujours à la clinique, l'état de sa mère, Olga, qui était hospitalisée à Cannes, impotente, et atteinte d'un cancer, empira soudain. Paulo ne pouvait bouger. Je crois qu'il souffrait beaucoup à la pensée qu'il ne reverrait pas sa mère et qu'elle mourrait seule. Ce qui arriva en effet quelques jours plus tard. Par une disgrâce suprême, elle fut inhumée à Vallauris, lieu qu'elle détestait depuis que Pablo et moi nous y étions installés. Elle avait longtemps vécu à Cannes, et il aurait semblé plus naturel de l'enterrer au cimetière russe de cette ville puisqu'elle était orthodoxe pratiquante. On décida que Vallauris était préférable.

Quinze jours plus tard, alors que Paulo se rétablissait, Pablo vint à Paris pour des raisons personnelles. Je voulais stabiliser ma vie. Je pensais que je serais heureuse avec Luc Simon, un jeune peintre que je connaissais depuis mon adolescence. Je l'avais perdu de vue, jusqu'au jour où je le rencontrai en avril 1954, tout à fait par hasard, dans une librairie de la rive gauche. Au bout d'un certain temps, nous décidâmes de nous marier, et je voulais le dire à Pablo. Je lui téléphonai rue des Grands-Augustins pour prendre un rendez-vous. Il me reçut, après le déjeuner, dans la longue pièce emplie de livres. Quand j'annonçai que j'avais l'intention de me marier, il eut un mouvement de colère : « C'est monstrueux ! Vous ne pensez qu'à vous. » Je lui répondis que non ; je pensais aussi aux enfants. Il se calma : « Bon, ce n'est pas la peine de nous disputer. Je vais vous chercher un fruit. » Il disparut dans la cuisine et revint avec une mandarine. Il m'en donna quelques quartiers.

« Il vaut mieux ne pas nous quereller à tout propos », déclara-t-il, se souvenant sans doute de notre dernière entrevue chez Kahnweiler.

Sous le charme d'un cadre qui nous avait toujours été faste, je voyais qu'il voulait orienter la conversation vers un apaisement de nos relations.

Nous restions là, assis, à parler, presque envoûtés par l'atmosphère de cette pièce qui évoquait pour nous le passé ; il était agréable de se retrouver en un lieu où tout avait commencé. Pablo semblait détendu et heureux. Et puis, la porte qui menait à l'atelier de sculpture s'entrebâilla. À contrejour se découpait la silhouette de celle qui écoutait notre conversation. Dès que nos paroles prenaient un tour trop personnel, la porte s'ouvrait un peu plus, comme pour prévenir Pablo que le terrain était dangereux. Il dit, d'un ton plus neutre :

« Vous me devez tant ! C'est comme cela que vous me remerciez, j'imagine. Eh bien, je n'ai qu'une chose à ajouter : les autres hommes auront mes défauts, mais aucun n'aura mes qualités. J'espère que vous allez vers un échec, ingrate. »

Il portait un bracelet-montre que je lui avais donné. Il l'arracha et me le jeta : « Votre temps n'est plus le mien. » Comme je portais, moi aussi, une montre qu'il m'avait donnée, je la lui tendis. Il se mit à rire. Mais la porte s'entrouvrit de nouveau, et il reprit son sérieux. Il ne servait à rien de poursuivre cette conversation : je partis.

Cet été-là, j'envoyai Claude et Paloma, accompagnés de ma femme de chambre martiniquaise, chez Pablo, et je m'entendis avec Maya pour qu'elle s'y trouve en même temps qu'eux et puisse les surveiller.

C'est le 4 juillet que Luc et moi nous sommes mariés dans la plus stricte intimité. Puis nous sommes partis pour Venise. Je devais retrouver les enfants à

Vallauris au début de septembre. Pendant que j'étais à Venise, Maya m'envoyait des nouvelles de Claude et Paloma et de leur vie à *La Californie*, près de Cannes. Juste avant mon retour, elle m'écrivit pour m'annoncer que *La Galloise* avait été vidée à peu près complètement. J'écrivis à une amie de toujours, en lui demandant de faire appel à un huissier. Lorsque j'arrivai à Vallauris, l'huissier était là pour établir que mes affaires avaient été enlevées. Il reçut les dépositions des gardiens, M. et Mme Michel, qui déclarèrent que tout ce qui m'appartenait avait été déménagé. Non seulement ce que Pablo m'avait donné, des peintures et des dessins, mais aussi des objets personnels, et mes livres auxquels je tenais beaucoup ; même des lettres que m'avait écrites Matisse avaient disparu. Il ne restait plus que les lits et quelques chaises.

Je ne revis jamais Pablo après mon retour à Paris. J'eus quelquefois de ses nouvelles, indirectement. Ainsi, au printemps, je ne fus pas invitée à exposer au Salon de mai, et l'automne suivant, quelques jours après mon retour de la clinique où je me trouvais pour la naissance de ma fille Aurélia, je reçus un mot de Kahnweiler mettant fin à mon contrat.

Et puis, il y a ceux qui me comblaient d'attentions quand je vivais avec Pablo et qui, maintenant, détournent leurs regards quand nous nous croisons.

Au cours de ce premier après-midi que nous avions passé ensemble, en février 1944, Pablo m'avait dit que notre rencontre éclairerait nos deux vies ; ma venue vers lui était une fenêtre qui s'ouvrait et qui devait rester ouverte. Je le voulais aussi, tant que la fenêtre laissait pénétrer la lumière. Quand il n'en a plus été ainsi, je l'ai fermée, bien à contrecœur. À partir de ce moment, Pablo a brûlé tous les ponts qui me reliaient au passé que j'avais partagé avec lui. Mais il m'a ainsi forcée à me découvrir et, par là même, à survivre.

Je ne cesserai jamais de lui en être reconnaissante.

INDEX DES NOMS CITÉS

C

D

J

K

L

M

N

O

P

R

S

T

U

V

W

Z

TABLE

Pour plus d'information :

#lisez! engagé
www.lisez.com
Imprimé sur du papier issu de forêts gérées durablement.

10/18 – 92 avenue de France, 75013 PARIS

Imprimé en France par
CPI Bussière

N° d'impression : 2072666
Dépôt légal : janvier 2006
Suite du premier tirage : juillet 2023
X04260/18

1904 à 1909 Picasso Paris

F. Gilot rencontre Picasso à 21 ans
lui a 61 ans
Est sa compagne
de 1944 à 1953